重庆工商大学数学与统计学院统计学（207/63201503512）
经费资助

高维数据模型的统计学习方法和预测精度评估

Statistical Learning Methods and Prediction Accuracy Evaluation for
HIGH-DIMENSIONAL DATA MODELS

胡雪梅 ◎著

中国财经出版传媒集团
经济科学出版社
Economic Science Press
·北京·

前言 PREFACE

随着海量数据的急剧涌现和信息技术的快速发展，微阵列、脑成像、视频数据、泛函数据、基因数据、金融数据等高维数据的建模方法面临新的挑战，传统的统计方法不能有效解决这些高维统计推断问题。本书系统研究了高维数据模型的统计学习方法、预测精度评估和实际应用研究。

全书共分为八章。

第 1 章四种惩罚逻辑回归预测乳腺癌。先从威斯康星州大学的乳腺癌数据选取 10 个指标作为预测变量，将诊断结果为良性或恶性作为响应变量 Y，建立四个分类器：逻辑回归、LASSO 惩罚逻辑回归、L_2 惩罚逻辑回归和弹性网（Elastic net，ENet）惩罚逻辑回归，用训练集学习四个分类器，结合测试集计算混淆矩阵、灵敏度和特异度，绘制 ROC 曲线评价预测表现。

第 2 章六种统计学习方法预测肝癌。先介绍原发性肝癌数据来源，提取 10 个指标预测肝癌肿瘤性状，再引入逻辑回归、L_2 惩罚逻辑回归及其估计方法，引入模型预测肝癌精度评估方法，最后比较逻辑回归、L_2 惩罚逻辑回归、支持向量机、梯度提升决策树、人工神经网络和极限梯度提升算法，发现 L_2 惩罚逻辑回归预测精度最高，支持向量机预测精度排第二位，极限梯度提升算法预测精度排第三位，逻辑回归预测精度排第四位，梯度提升决策树预测精度排第五位，人工神经网络预测精度排名最低。

第 3 章组 LASSO/SCAD/MCP 惩罚逻辑回归预测卵巢癌。首先选取苏州大学附属第三医院收治的 349 例卵巢癌患者，选取 46 个预测变量，分成 11 个组，然后引入组 LASSO/SCAD/MCP 惩罚逻辑回归，发展组坐标下降算法，得到模型参数的组 LASSO/SCAD/MCP 估计，最后比较五种方法—— GLASSO/GSCAD/

GMCP 惩罚逻辑回归、支持向量机和人工神经网络的预测表现，发现组惩罚逻辑回归优于支持向量机和人工神经网络等机器学习方法。

第 4 章九种统计学习方法预测美国航空公司股价的涨跌运动。先建立四种统计学习方法：逻辑回归、支持向量机、人工神经网络和基于五类统计指标的一阶自回归逻辑模型预测美国航空公司股价的涨跌运动，通过混淆矩阵和 ROC 曲线比较四种方法的预测精度，再对逻辑回归引入五种惩罚函数，结合 10 折交叉验证和坐标下降算法建立五种具有技术指标的惩罚逻辑回归，采用混淆矩阵和 ROC 曲线评估五种方法的预测精度。

第 5 章组 LASSO/SCAD/MCP 惩罚逻辑回归预测国外上市公司股价的涨跌运动。选取 24 个技术指标，分为五个不同指标组，建立具有五个指标组的组 LASSO/SCAD/MCP 惩罚逻辑回归预测美国上市公司股价的涨跌趋势，引入两类混淆矩阵和 ROC 曲线评估预测精度：先用 ADP、CNC、DRE 和 KIM 四只股票训练集学习 LASSO/SCAD/MCP 惩罚逻辑回归和组 LASSO/SCAD/MCP 惩罚逻辑回归，得到参数估计，建立预测模型，最后比较六种方法——LASSO/SCAD/MCP 惩罚逻辑回归和组 LASSO/SCAD/MCP 惩罚逻辑回归预测表现。

第 6 章三类分类问题的统计学习方法与预测精度评估。重点介绍惩罚多项 logit 回归的 Ridge 估计、三项 logit 回归的 Newton-Raphson 迭代估计方法、LASSO/Ridge/ENet 惩罚三项 logit 回归的坐标下降算法及其迭代加权估计方法，引入贝叶斯分类器和三类混淆矩阵、ROC 曲面、PDI、Kappa 系数与 HUM 等指标评价预测精度，建立具有 24 个技术指标的 LASSO/Ridge/ENet 惩罚三项 logit 回归、支持向量机、人工神经网络和随机森林预测股价上涨、横盘和下跌运动，结合丙型肝炎患者数据的 12 个预测变量诊断丙型肝炎病毒的临床三期：非丙肝、丙肝恶化期和肝硬化问题等。

第 7 章四种惩罚泊松回归在生育意愿和区域创新中的统计学习研究。提出 Ridge/LASSO/SCAD/MCP 惩罚泊松回归建模高维计数数据，发展循环坐标下降算法得到参数估计，利用惩罚泊松回归研究中国居民生育意愿和区域创新产出的统计学习和预测研究，证实 SCAD/MCP 惩罚泊松回归的变量选择和预测表现优于 Ridge/LASSO 惩罚泊松回归。

第 8 章半变系数面板数据模型同时预测多个股价。首先介绍半变系数模型及其剖面似然估计；其次介绍具有个体效应的半变系数面板数据模型及其估计方法和检验统计量；最后将技术指标和收盘价作为解释变量、股票收益作为响应变量建立预测模型，发现具有固定效应的半变系数面板数据模型的预测表现优于半变系数模型。

本书的参编人员包括蒋慧凤、李想、杨艳林、杨俊文、潘莹、徐瑛聪、谢英和李佳丽。其中，谢英对第 1 章和第 3 章提供了数据、程序和计算结果；李佳丽对第 2 章提供了数据、程序和计算结果；蒋慧凤参与第 4 章的写作，还提供了数据、程序和计算结果；杨艳林参与第 5 章写作，并对第 5 章提供了数据、程序和计算结果；杨俊文参与第 6 章写作，并对第 6 章提供了数据、程序和计算结果；李想和徐瑛聪参与了第 7 章写作，提供了数据、程序和计算结果；潘莹参与第 8 章写作，并对第 8 章提供了数据、程序和计算结果。

最后感谢重庆工商大学数学与统计学院统计学（207/63201503512）、重庆市教委科学技术研究计划重大项目（KJZD-M202100801）、经济社会应用统计重庆市重点实验室平台开放项目（KFJJ2022056）、重庆市科委基础研究与前沿探索一般项目（2018jcjA2073）、第五批重庆市高等学校优秀人才支持计划《基于分类方法预测股价的趋势运动》、重庆市 2018 年《统计学》研究生导师团队的经费资助。

需要说明的是，由于图片格式转换问题，本书部分图示与数据运行结果有细微差别，但不影响全书内容与结论。

目录 CONTENTS

第 1 章

四种惩罚逻辑回归预测乳腺癌

1.1 引言

乳腺癌目前是全球排名第一位的肿瘤疾病，居女性恶性肿瘤发病率之首。乳腺癌诊断方法主要有乳腺 X 摄片、乳管内视镜检查、临床触诊、乳腺 B 超扫描检查、乳腺穿刺活检、外科手术活检或冰冻切片检查、核磁共振成像术、近红外线乳腺扫描、钼靶、针吸细胞学检查等。传统的诊断方法可能会由于低劣的图像质量以及临床医生的视觉疲劳或疏忽等导致漏诊或误诊。随着信息技术的快速发展，借助计算机技术辅助诊断可以帮助医生和乳腺癌患者。深度学习在计算机视觉、图像处理、语音识别和自然语言理解领域有很好的识别效果，目前已应用于病理成像等医学图像模式，在分类、分割和检测方面表现不俗。在乳腺癌诊断中已实现机器学习方法筛查病症。例如，Huang 等（2008）对 118 个乳腺肿瘤是良性还是恶性提出了支持向量机分类方法；Montazeri 等（2016）采用机器学习预测乳腺癌生存率；Xia 等（2020）对具有不同输入数据类型的乳腺癌细胞提出卷积神经网络分类方法等。

惩罚逻辑回归是常用的高维二类分类方法，已得到越来越多的关注。例如，

Park 和 Hastie（2008）提出 L_2 惩罚逻辑回归检测基因—基因与基因—环境的相互作用；Meier、Van de Geer 和 Bühlmann（2008）提出组 LASSO 惩罚逻辑回归；Friedman、Hastie 和 Tibshirani（2010）对具有 ENet 惩罚的线性模型、逻辑回归和多项 logit 回归等广义线性模型发展了坐标下降算法和 glmnet 程序包；Ayers 和 Cordell（2010）对预测变量为单基因多态性（Single Nucleotide Polymorphisms，SNPs）的逻辑回归引入五类惩罚：ENet 惩罚、L_2 惩罚、LASSO 惩罚、MCP 惩罚和 NEG（Normal Exponential Gamma）惩罚研究基因关联问题，比较了不同方法的灵敏度和特异度；Breheny 和 Huang（2015）对具有非凸组惩罚的线性回归和逻辑回归发展了组坐标下降算法；Li 等（2016）利用 ENet 惩罚逻辑回归作多指标图像分类，提高多目标分类的预测表现；Sari、Aidi 和 Sartono（2017）采用 LASSO 惩罚逻辑回归和支持向量机（Support Vector Machine，SVM）做信用评分分析；Münch 等（2019）提出了改进特征选取和分类表现的组 ENet 逻辑回归；Carretero 等（2020）发展了逐步逻辑回归、LASSO 惩罚逻辑回归和 ENet 惩罚逻辑回归预测高血压肥胖人群维生素 D 缺乏症，并采用灵敏度、特异度、误分类率和 AUC 评价预测表现等。

诊断乳腺肿瘤是良性还是恶性肿瘤本质上一个二类分类问题。这里先从威斯康星州大学的乳腺癌诊断数据选取 10 个指标作为预测变量，将诊断结果为良性（$Y=0$）或恶性（$Y=1$）作为响应变量 Y，建立四个分类器：逻辑回归和三类惩罚逻辑回归（LASSO 惩罚逻辑回归、L_2 惩罚逻辑回归和 ENet 惩罚逻辑回归），用训练数据学习分类模型，再用测试集 X 预测响应变量 Y 的发生概率，选取最佳阈值 c 确定预测值 $\hat{Y}$，最后由所有样本和预测结果计算混淆矩阵、灵敏度和特异度，绘制 ROC（Receiver Operating Characteristic）曲线得到 AUC（Area Under Curve）评价不同模型的分类预测精度。比较四个分类器的预测结果可知，LASSO 惩罚逻辑回归的分类效果最好，预测精度达到 97. 18%；ENet 惩罚逻辑回归的分类效果随着 α 的增大发生变化，特别当 $\alpha=0.9$ 时，ENet 惩罚逻辑回归的分类精度达到 97. 18%，与 LASSO 惩罚逻辑回归的分类表现一样好；L_2 惩罚逻辑回归的分类效果和预测精度排第三位；逻辑回归的分类效果和预测精度最差。因此，本章提出的 LASSO 惩罚逻辑回归和 ENet 惩罚逻辑回归可以有效预测乳腺癌肿瘤的良性和恶性问题，提高诊断精度。更多细节可参考胡雪梅、谢英和蒋慧凤（2021）相关研究。

1.2 数据来源与预处理

乳腺癌诊断数据来自威斯康星大学 UCI 网站①。数据特征值通过乳腺肿块的细针穿刺数字化图像计算得到，描述样本图像中细胞核的形态特征。数据包含 10 个特征，涵盖 3 组不同值，前 10 个是细胞核特征值的平均值，中间 10 个是细胞核特征值的标准差，后 10 个是细胞核特征值的最大值，这个最大值是特征值前三名的平均值，可减弱计算和测算过程中误差所带来的影响。另外包括患者的 ID 编号和诊断结果：良性与恶性，其中良性 357 例（占比 62.7%），恶性 212 例（占比 37.3%），两个类别不算失衡（一般两个类别比为 9：1，表示失衡；两个类别比为 99：1，表示严重失衡）。本章选取数据集中细胞核特征值的平均值（均值体现样本细胞核的总体形态特征）进行分析，表 1.1 详细介绍了数据涉及的预测变量，每个指标分别从不同方面刻画肿瘤细胞核的特征，这些特征有助于医生诊断肿瘤的恶性和良性特征。表 1.2 列举了乳腺癌数据 10 个指标的重要描述统计量。

表 1.1　　预测变量名称与说明

变量名称	变量说明
radius（半径，X_1）	半径表示细胞核的中心到边界的距离。恶性肿瘤细胞的形态和大小不一致，细胞核的体积增大，因此恶性肿瘤细胞比正常细胞、良性肿瘤细胞都大
texture（纹理，X_2）	良性/恶性乳腺肿瘤的边界光滑/粗糙，呈现椭圆状/蟹足状。如果边界形状不规则，数字图像明暗像素分布越不均匀，表示肿瘤细胞核边界纹理越粗糙，呈现恶性肿瘤的可能性越大
perimeter（周长，X_3）	恶性肿瘤细胞核的周长比良性或正常细胞核大，形态和大小也不一致
area（面积，X_4）	恶性肿瘤细胞核的面积比良性或正常细胞核大
smoothness（平滑度，X_5）	平滑度即似圆度。细胞核半径长度的局部变化越大，似圆度越低；细胞核边缘越光滑，半径长度局部变化越小，属于良性肿瘤的可能性增大；细胞核边缘越不规则，半径长度局部变化越大，属于恶性肿瘤的可能性增大

① https：//archive. ics. uci. edu/ml/datasets/Breast + Cancer + Wisconsin%28Diagnostic%29

续表

变量名称	变量说明
compactness（紧密程度，X_6）	compactness（紧密程度）= perimeter（边缘）^{2}/area（面积）- 1.0 计算细胞核的紧密程度
concavity（凹度，X_7）	细胞核的凹度或细胞核轮廓的凹性程度。恶性肿瘤形状不规则，其细胞核的轮廓存在凹点，并且凹陷程度比正常细胞核大
concave point（凹点，X_8）	细胞核的凹点表示细胞核边缘出现的凹痕数量。恶性肿瘤形状不规则，凹痕数量比正常细胞核和良性肿瘤细胞核多
symmetry（对称性，X_9）	恶性肿瘤细胞核具有高度异质性，形态不规则，更容易出现不对称情形
fractal dimension（分形维数，X_{10}）	描述分形对空间填充程度的统计量。假设 N 表示组合成原来图形所需要的变换后的图形份数，r 代表图形缩小比例，则相似维数 $D = \ln(N)/\ln(r)$ 是计算分形维数的一种方法。恶性肿瘤形状不规则，纹理粗糙且平滑度低，故恶性肿瘤分形维数略大于良性肿瘤的分形维数

观察表 1.2 发现：细胞核的半径、纹理、周长和面积的最小值和最大值相差较大，表明良性肿瘤细胞和恶性肿瘤细胞差异明显；细胞核半径和纹理的均值和中位数比较接近，且方差和标准差也比较接近，说明半径和纹理数据波动不大；细胞核的周长和面积的方差及标准差都比较大，说明周长和面积数据波动大；其余 6 个指标的方差和标准差都非常小，说明数值波动小，比较稳定，且均值和中位数接近，最小值和最大值之间的波动也很小。表 1.2 显示部分指标存在相关关系，参考相关系数矩阵图 1.1。圆圈越大代表相关性（包括正相关和负相关）越强。

表 1.2　　乳腺癌数据 10 个指标变量的描述统计量

变量	最小值	最大值	均值	中位数	方差	标准差
X_1	6.981	28.110	14.218	13.430	12.49697	3.53511
X_2	9.71	39.28	18.93	18.61	16.81722	4.10088
X_3	43.79	188.50	92.61	86.49	593.98768	24.37186
X_4	143.5	2499.0	663.2	551.1	123574.0	351.53094
X_5	0.06251	0.14470	0.09679	0.09686	0.000191	0.01382
X_6	0.01938	0.34540	0.10578	0.09445	0.002979	0.05458
X_7	0	0.42680	0.09204	0.06651	0.006641	0.08149
X_8	0	0.20120	0.05068	0.03700	0.001562	0.03952
X_9	0.1167	0.3040	0.1832	0.1812	0.000799	0.02827
X_{10}	0.04996	0.09744	0.06279	0.06154	0.0000505	0.00711

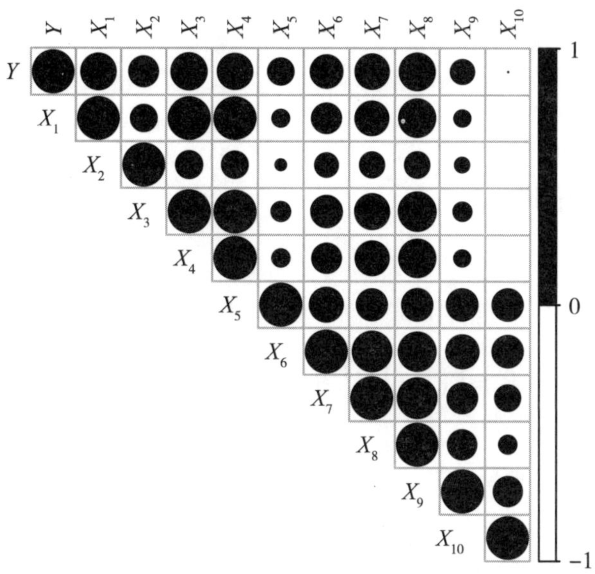

图 1.1 10 个指标变量的相关系数矩阵

图 1.1 中，细胞核的紧密程度与凹度的相关系数为 0.89，和凹点的相关系数为 0.84，具有强相关性；凹度与凹点的相关系数为 0.92，具有强相关性；细胞核的周长、面积与半径的相关系数接近 1，具有更强的相关性；而细胞核之间的似圆度有差异，不能完全确定其相关关系，故分成两个特征指标计算。表 1.3 列出了预测变量与响应变量之间的相关系数。

表 1.3 预测变量与响应变量之间的相关系数

ρ_{Y,X_1}	ρ_{Y,X_2}	ρ_{Y,X_3}	ρ_{Y,X_4}	ρ_{Y,X_5}	ρ_{Y,X_6}	ρ_{Y,X_7}	ρ_{Y,X_8}	ρ_{Y,X_9}	$\rho_{Y,X_{10}}$
0.72	0.51	0.74	0.70	0.39	0.60	0.67	0.77	0.32	0.00015

这里先将患者的诊断结果 B 和 M 重新编码为 0 和 1（0 表示良性，1 表示恶性）；再对数据集作标准化处理，标准化处理后的数据均值为 0，标准差为 1；最后将 75% 的数据集分为训练集，用来学习分类模型；25% 的数据集分为测试集，用来检验预测精度。下面利用逻辑回归、LASSO 惩罚逻辑回归、L_2 惩罚逻辑回归和 ENet 惩罚逻辑回归预测乳腺肿瘤的良性与恶性问题，协助临床医生诊断患者肿瘤状态，减少误诊，提升诊断效率，进而提升乳腺癌患者的治愈率和存活率。

1.3 四种分类器

1.3.1 逻辑回归

逻辑回归是一种广义回归模型，常用于二类分类问题。先引入二类逻辑回归

$$P := P(Y=1|X;\beta) = \frac{e^{X^\top\beta}}{1+e^{X^\top\beta}} = h_\beta(X)$$

$$1-P = P(Y=0|X;\beta) = \frac{1}{1+e^{X^\top\beta}} = 1-h_\beta(X), \tag{1.3.1}$$

其中，响应变量 $Y=1$ 表示恶性肿瘤，$Y=0$ 表示良性肿瘤，预测变量

$$X=(1,X_1,X_2,\cdots,X_{10})^\top$$

表示实值随机变量，$P(Y|X)$ 表示条件概率，$\beta=(\beta_0,\beta_1,\beta_2,\cdots,\beta_{10})^\top$ 表示预测变量对肿瘤分类的影响。注意到 $X^\top\beta=\beta_0+\beta_1X_1+\beta_2X_2+\cdots+\beta_{10}X_{10}$，对应的 logit 变换为 $\operatorname{logit} P=\ln\left(\frac{P}{1-P}\right)$。事件发生与不发生的概率比为优势比（odds）：

$$\frac{P}{1-P} = \frac{h_\beta(X)}{1-h_\beta(X)} = e^{\beta_0+\beta_1X_1+\beta_2X_2+\cdots+\beta_{10}X_{10}}, \tag{1.3.2}$$

取对数得到

$$\ln\left(\frac{P}{1-P}\right) = \beta_0+\beta_1X_1+\beta_2X_2+\cdots+\beta_{10}X_{10}. \tag{1.3.3}$$

由于 $P(Y|X;\beta)=h_\beta(X)^Y(1-h_\beta(X))^{1-Y}$，故似然函数为

$$L(\beta)=\prod_{i=1}^{n}P(Y^{(i)}|X^{(i)};\beta)=\prod_{i=1}^{n}h_\beta(X^{(i)})^{Y^{(i)}}(1-h_\beta(X^{(i)}))^{1-Y^{(i)}}. \tag{1.3.4}$$

对数似然函数为

$$\begin{aligned}\ell(\beta) &= \ln(L(\beta)) = \ln\left(\prod_{i=1}^{n}h_\beta(X^{(i)})^{Y^{(i)}}(1-h_\beta(X^{(i)}))^{1-Y^{(i)}}\right)\\ &= \sum_{i=1}^{n}\left(Y^{(i)}\ln(h_\beta(X^{(i)}))+(1-Y^{(i)})\ln(1-h_\beta(X^{(i)}))\right).\end{aligned} \tag{1.3.5}$$

对数似然函数关于 β 求导并令导数等于 0，得到得分（score）方程

$$
\begin{aligned}
\ell'(\beta) &= \frac{\partial \ell(\beta)}{\partial \beta} = \sum_{i=1}^{n}\left(\frac{Y^{(i)}}{h_\beta(X^{(i)})} - \frac{1-Y^{(i)}}{1-h_\beta(X^{(i)})}\right)\frac{\partial h_\beta(X^{(i)})}{\partial \beta} \\
&= \sum_{i=1}^{n}\left(\frac{Y^{(i)}}{h_\beta(X^{(i)})} - \frac{1-Y^{(i)}}{1-h_\beta(X^{(i)})}\right)h_\beta(X^{(i)})(1-h_\beta(X^{(i)}))X^{(i)} \\
&= \sum_{i=1}^{n}(Y^{(i)} - h_\beta(X^{(i)}))X^{(i)} = 0.
\end{aligned} \tag{1.3.6}
$$

显然，$\partial\ell(\beta)/\partial\beta=0$ 为非线性隐式方程，故用梯度下降迭代法解

$$
\beta_j := \beta_j - \alpha\frac{\partial J(\beta)}{\partial \beta_j},\ j=1,2,\cdots,10, \tag{1.3.7}
$$

其中，α 称为学习率或者参数 β_j 变化的步长，损失函数

$$
J(\beta) = -\ell(\beta) = -\sum_{i=1}^{n}(Y^{(i)}\ln(h_\beta(X^{(i)})) + (1-Y^{(i)})\ln(1-h_\beta(X^{(i)}))) \tag{1.3.8}
$$

及关于 β_j 的一阶导数

$$
J'(\beta) = \frac{\partial J(\beta)}{\partial \beta_j} = -\sum_{i=1}^{n}(Y^{(i)} - h_\beta(X^{(i)}))X_{(j)}^{(i)}. \tag{1.3.9}
$$

注意 α 的取值不宜过大或过小：α 过大，难以得到理想的 β_j；α 过小，β_j 值变化很小，收敛速度很慢，要迭代多次才能得到理想的 β_j。通常取 $\alpha=0.1$，0.01 或 0.05。牛顿迭代法是求多项式函数根的常用算法。β_j 的牛顿迭代公式为

$$
\beta_{j,n+1} = \beta_{j,n} - \frac{J'(\beta_{j,n})}{J''(\beta_{j,n})}, \tag{1.3.10}
$$

其中，$J'(\beta)=\frac{\partial J(\beta)}{\partial \beta}$，$J''(\beta)=\frac{\partial^2 J(\beta)}{\partial\beta\partial\beta^\top}$。如果 $\beta=(\beta_1,\beta_2)^\top$，则海森（Hessian）矩阵为

$$
H_{\ell(\beta)} = \begin{bmatrix} \frac{\partial^2\ell}{\partial\beta_1\partial\beta_1} & \frac{\partial^2\ell}{\partial\beta_1\partial\beta_2} \\ \frac{\partial^2\ell}{\partial\beta_2\partial\beta_1} & \frac{\partial^2\ell}{\partial\beta_2\partial\beta_2} \end{bmatrix} \tag{1.3.11}
$$

如果 $\beta=(\beta_1,\beta_2,\beta_3)^\top$，则海森矩阵为

$$
H_{\ell(\beta)} = \begin{bmatrix} \frac{\partial^2\ell}{\partial\beta_1\partial\beta_1} & \frac{\partial^2\ell}{\partial\beta_1\partial\beta_2} & \frac{\partial^2\ell}{\partial\beta_1\partial\beta_3} \\ \frac{\partial^2\ell}{\partial\beta_2\partial\beta_1} & \frac{\partial^2\ell}{\partial\beta_2\partial\beta_2} & \frac{\partial^2\ell}{\partial\beta_2\partial\beta_3} \\ \frac{\partial^2\ell}{\partial\beta_3\partial\beta_1} & \frac{\partial^2\ell}{\partial\beta_3\partial\beta_2} & \frac{\partial^2\ell}{\partial\beta_3\partial\beta_3} \end{bmatrix} \tag{1.3.12}
$$

对多元向量 $\beta=(\beta_1,\beta_2,\cdots,\beta_p)^\top$，如果 $\nabla\ell(\beta)$ 表示一阶导数向量，$H_{\ell(\beta)}$ 表示海森矩阵，则 β 的牛顿迭代公式为

$$\beta_{n+1}=\beta_n-H_{\ell(\beta)}^{-1}\nabla\ell(\beta). \tag{1.3.13}$$

1.3.2 LASSO 惩罚逻辑回归

Tibshirani（1996）对线性回归的残差平方和引入 L_1 惩罚（回归系数的绝对值之和小于一个调整参数）建立 LASSO 惩罚线性回归，实现变量选择和收缩估计。这里利用训练样本得到逻辑回归的负对数似然函数，引入一个 L_1 惩罚作变量选择的同时得到参数估计，再结合检验样本验证预测精度。LASSO 惩罚逻辑回归的估计表示为

$$\hat{\beta}_{\text{LASSO}}=\arg\min_{\beta}\left\{-\ell(\beta)+\lambda\sum_{j=1}^{10}|\beta_j|\right\}, \tag{1.3.14}$$

其中 $\ell(\beta)$ 的定义见式（1.3.5）。式（1.3.14）中系数的惩罚力度主要由调节参数 λ 决定并控制模型的拟合优度。$\lambda=0$ 对应没有惩罚的逻辑回归，估计为极大似然估计；λ 增大对应的系数估计压缩越多，特别当 $\lambda\to\infty$ 时，所有系数都被压缩为 0。Breheny 和 Huang（2011）对 LASSO 惩罚逻辑回归引入坐标下降算法迭代得到参数估计

$$\hat{\beta}_{\text{LASSO}}(Z_j,\lambda)=\frac{S(Z_j,\lambda)}{v_j}, \tag{1.3.15}$$

这里软门限算子 $S(Z_j,\lambda)=\text{sign}(Z_j)(|Z_j|-\lambda)_+$ 和 $v_j=n^{-1}X_j^\top WX_j$，其中，

$$Z_j=n^{-1}X_j^\top W(\tilde{Y}-X_{-j}\beta_{-j}),\ j=1,\cdots,10,\ W=\text{diag}\{W_i=\tilde{P}_i(1-\tilde{P}_i)\},$$

$$\tilde{P}=\frac{\exp(X^\top\hat{\beta}_{\text{LASSO}})}{1+\exp(X^\top\hat{\beta}_{\text{LASSO}})},\ X_{-j}=(X_1,\cdots,X_{j-1},0,X_{j+1},\cdots,X_{10}),$$

$$\tilde{Y}=X^\top\beta+W^{-1}(Y-\tilde{P}),\ \beta_{-j}=(\beta_1,\cdots,\beta_{j-1},0,\beta_{j+1},\cdots,\beta_{10}).$$

1.3.3 L_2 惩罚逻辑回归

对逻辑回归的负对数似然函数引入 L_2 惩罚，建立 L_2 惩罚逻辑回归的似然函数

$$\ell^\lambda(\beta)=\ell(\beta)-\lambda\|\beta\|_2^2, \tag{1.3.16}$$

实现变量选择和回归系数收缩，其中 λ 为调整参数，$\|\beta\|_2^2=\sum_{j=1}^{10}\beta_j^2$ 是参数向量 β 的 2 范数。调整参数 λ 控制 β 范数的收缩范围，λ 越大，收缩越大，回归系数收缩趋向于 0；λ 越小，收缩越小，回归系数趋向于通常逻辑回归的极大似然估计。当预测变量数目较多或者预测变量之间高度相关时会产生不稳定的参数估计，而对逻辑回归引入 L_2 惩罚得到的收缩估计，不仅估计方差更小，而且模型更加稳定。但是，合理选择参数 λ 是一个关键问题。记式（1.3.16）的极大值为 $\hat{\beta}^\lambda$。求解 $\hat{\beta}^\lambda$ 与极大似然估计类似，可用 Newton-Raphson 算法得到 $\hat{\beta}^\lambda$ 的一阶导数

$$U^\lambda(\beta)=\sum_{i=1}^{n}X^{(i)\top}\{Y^{(i)}-h_\beta(X^{(i)})\}-2\lambda\beta:=U(\beta)-2\lambda\beta. \tag{1.3.17}$$

$\hat{\beta}^\lambda$ 的二阶导数矩阵的负数形式为

$$\Omega^\lambda(\beta)=X^\top V(\beta)X+2\lambda I=\Omega(\beta)+2\lambda I, \tag{1.3.18}$$

其中，$V(\beta)=\{h_\beta(X^{(i)})(1-h_\beta(X^{(i)}))\}$，$\Omega(\beta)=X^\top V(\beta)X$。$L_2$ 惩罚似然函数关于真实参数 β_0 的一阶导数的泰勒级数展开式为

$$U^\lambda(\hat{\beta}^\lambda)=U^\lambda(\beta_0)+(\hat{\beta}^\lambda-\beta_0)^\top\Omega(\beta_0)+o(\|\hat{\beta}^\lambda-\beta_0\|). \tag{1.3.19}$$

使用式（1.3.17）和式（1.3.18）以及 $U^\lambda(\hat{\beta}^\lambda)=0$ 产生 $\hat{\beta}^\lambda$ 的一阶渐近如下：

$$\begin{aligned}\hat{\beta}^\lambda&=\beta_0+\{\Omega(\beta_0)+2\lambda I\}^{-1}\{\Omega(\beta_0)-2\lambda\beta_0\}\\&=\{\Omega(\beta_0)+2\lambda I\}^{-1}\{U(\beta_0)+\Omega(\beta_0)\beta_0\}.\end{aligned} \tag{1.3.20}$$

类似的也可得到 $\hat{\beta}=\beta_0+\Omega^{-1}(\beta_0)U(\beta_0)$。因此，$L_2$ 惩罚似然函数的极大值为

$$\hat{\beta}^\lambda=\{\Omega(\beta_0)+2\lambda I\}^{-1}\Omega(\beta_0)\hat{\beta}. \tag{1.3.21}$$

$\hat{\beta}^\lambda$ 的渐近方差为

$$\{\Omega(\beta_0)+2\lambda I\}^{-1}\Omega(\beta_0)\{\Omega(\beta_0)+2\lambda I\}^{-1}. \tag{1.3.22}$$

1.3.4　ENet 惩罚逻辑回归

Zou 和 Hastie（2005）提出了将 L_1 惩罚和 L_2 惩罚进行折中的 ENet 惩罚方法，适合 $p\gg n$ 的高维稀疏情况和多重共线性模型。ENet 惩罚结合了 LASSO 惩罚与 L_2 惩罚的优点，既能进行变量选择又能消除共线性影响。对逻辑回归引入 ENet 惩罚能改进模型拟合表现，降低模型预测误差。先对逻辑回归的负对数似然函数引入

ENet 惩罚，建立 ENet 惩罚逻辑回归的参数估计

$$\hat{\beta}_{\text{ENet}} = \arg\min_{\beta}\left\{ -\ell(\beta) + \lambda_1 \sum_{j=1}^{10} |\beta_j| + \lambda_2 \sum_{j=1}^{10} \beta_j^2 \right\}. \tag{1.3.23}$$

令 $\alpha = \dfrac{\lambda_1}{\lambda_1 + \lambda_2}$，$\lambda = \lambda_1 + \lambda_2$，故式（1.3.23）可写成

$$\hat{\beta}_{\text{ENet}} = \arg\min_{\beta}\left\{ -\ell(\beta) + \lambda\alpha \sum_{j=1}^{10} |\beta_j| + \lambda(1-\alpha) \sum_{j=1}^{10} \beta_j^2 \right\}. \tag{1.3.24}$$

当 $\alpha = 0$ 时，ENet 惩罚逻辑回归为 L_2 惩罚逻辑回归；当 $\alpha = 1$ 时，ENet 惩罚逻辑回归为 LASSO 惩罚逻辑回归。

1.4 模型预测表现

分类问题常用混淆矩阵和 ROC 曲线评估预测精度。如果 0 表示良性，1 表示恶性，则二类混淆矩阵如表 1.4 所示。

表 1.4　二类混淆矩阵

	真实类 1（恶性：$Y=1$）	真实类 2（良性：$Y=0$）
预测类 1（恶性：$\hat{Y}=1$）	*TP*（真阳性）	*FP*（假阳性）
预测类 2（良性：$\hat{Y}=0$）	*FN*（假阴性）	*TN*（真阴性）

注：*TN* 表示正确预测恶性的样本个数，*FN* 表示预测为恶性但实际为良性（或错误预测恶性）的样本个数，*FP* 表示错误预测良性的样本个数，*TP* 表示正确预测良性的样本个数。

利用混淆矩阵计算准确率、精确率、错误率、灵敏度和特异度等指标，其中，

$$\text{准确率(Accuracy)} = \frac{TP + TN}{TP + TN + FN + FP}$$

表示模型预测正确的样本数与所有样本数的比值，

$$\text{精确率(Precision)} = \frac{TP}{TP + FP}$$

表示模型预测为正例的样本中，实际为正例的样本所占比例，

$$\text{错误率(Error rate)} = \frac{FP + FN}{TP + TN + FN + FP}$$

表示预测错误的样本数与所有样本数的比值,

$$灵敏度(\text{Sensitivity}) = \frac{TP}{TP + FN}$$

表示正确预测的正例样本数在实际正例样本数中的占比,

$$特异度(\text{Specificity}) = \frac{TN}{TN + FP}$$

表示正确预测的负例样本在实际负例样本中的占比。由于这些指标无法直观判断模型效果,因此利用 1 – 特异度和灵敏度两个指标绘制 ROC 曲线:1 – 特异度为 x 轴,表示假阳性率(False Positive Rate,FPR),FPR 越小,误判率越低,预测正例中实际负例越小;灵敏度为 y 轴,表示真阳性率(True Positive Rate,TPR),TPR 越大,命中率越高,预测正例中实际正例越多。给定不同阈值 c,绘制 1 – 特异度和灵敏度的组合变化。ROC 曲线下的阴影面积就是 AUC 指标。通常 AUC 越大,模型拟合效果越好。利用乳腺癌数据集建立逻辑回归得到预测变量对应的参数估计,如表 1.5 所示。

表 1.5　　逻辑回归的参数估计值

参数	估计值	标准差	P 值	影响程度
β_0	0.88077	0.67925	0.19470	
β_1	-9.26892	14.25207	0.51546	
β_2	2.08449	0.37052	0.00000[a]	***
β_3	1.52746	14.09893	0.91773	***
β_4	13.03594	6.98969	0.06218	•
β_5	1.48110	0.55838	0.00799	**
β_6	-0.43662	1.22075	0.72059	
β_7	0.40020	0.77923	0.60755	
β_8	2.38043	1.32156	0.07167	•
β_9	0.04267	0.34870	0.90261	
β_{10}	-0.09078	0.66404	0.89126	

注:"*"表示变量显著,*数量越多,表示显著性越强;"•"表示变量显著性不强;空白表示变量不显著;"a"表示接近 0。

从表 1.5 中看出显著变量并不多,但不显著变量对诊断结果也不是完全没有影响,这里用逐步回归作变量选择,如表 1.6 所示。

表 1.6 变量选择后的参数估计值

参数	估计值	标准差	P 值	影响程度
β_0	1.0042	0.6215	0.106121	
β_1	-9.3932	4.9318	0.056832	•
β_2	2.0845	0.3676	0.000000[a]	***
β_4	14.8600	6.0566	0.014147	*
β_5	1.3598	0.4270	0.001449	**
β_8	2.5228	0.6570	0.000123	***

注：“*”表示变量显著，* 数量越多，表示显著性越强；“•”表示变量显著性不强；空白表示变量不显著；“a”表示接近 0。

从表 1.6 可看出选择的变量显著。比较两个模型的 AIC，包含全部变量的模型 $AIC=130.13$，用逐步回归作变量选择后得到的模型 $AIC=120.66$。AIC 越低，模型拟合更好，因此通过逐步回归的变量选择改进了模型拟合效果。这里变化显著的是 X_4 和 X_8，其中，$\hat{\beta}_4$ 从 13.03594 上升到 14.8600，P 值从 0.06218 下降到 0.014147，$\hat{\beta}_4$ 变得更加显著；$\hat{\beta}_8$ 从 2.38043 上升到 2.5228，P 值从 0.07167 下降到 0.000123，$\hat{\beta}_8$ 变得更加显著。因此预测模型为

$$\ln\left(\frac{P}{1-P}\right)=1.0042-9.3932X_1+2.0845X_2+14.8600X_4+1.3598X_5+2.5228X_8. \tag{1.4.25}$$

由模型（1.4.25）可观察到，X_1 每增加 1 单位，优势比对数减少 9.3932，即乳腺肿瘤细胞核的半径与肿瘤是良性还是恶性呈负相关；X_2 每增加 1 单位，优势比增加 2.0845，即乳腺肿瘤细胞核的纹理与肿瘤是良性还是恶性呈正相关；其余的 X_4、X_5、X_8 呈现正相关。

利用 75% 的数据作为训练集学习预测模型，利用 25% 的数据作为测试集建立混淆矩阵和 ROC 曲线评价模型预测性能。先设定一个阈值 c，将概率值大于 c 的归为 1 类，小于 c 的归为 0 类。最佳阈值的选取会直接影响模型预测结果，这里将预测值和实际值从低到高进行排序，在［0，1］区间中选取相对最佳阈值，再计算混淆矩阵，如表 1.7 所示。通过混淆矩阵计算：准确率 $=\frac{33+103}{33+4+2+103}=$ 0.9577；精确率 $=\frac{33}{33+4}=0.8919$；灵敏度 $=\frac{33}{33+2}=0.9429$；特异度 $=\frac{103}{4+103}=$

0.9626。利用灵敏度和1-特异度绘制ROC曲线，如图1.2(a)所示。从图1.2(a)得出最佳阈值为0.738，特异度为0.963，灵敏度为0.943，AUC为0.990。AUC越大，模型拟合越好，预测精度越高。

表1.7　逻辑回归的混淆矩阵

	1（恶性）	0（良性）
1（恶性）	33	4
0（良性）	2	103

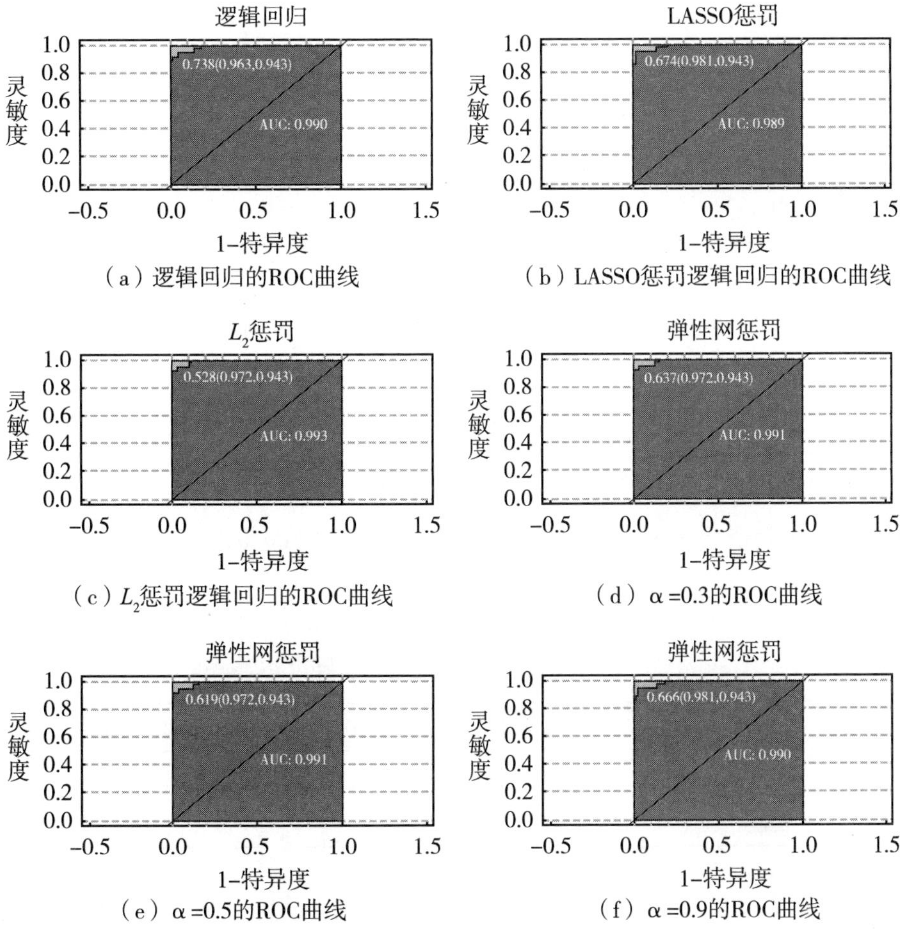

（a）逻辑回归的ROC曲线　（b）LASSO惩罚逻辑回归的ROC曲线
（c）L_2惩罚逻辑回归的ROC曲线　（d）α=0.3的ROC曲线
（e）α=0.5的ROC曲线　（f）α=0.9的ROC曲线

图1.2　6种方法产生的ROC曲线

利用10个预测变量和响应变量建模LASSO惩罚逻辑回归，用10折交叉验证方法选取模型。对于每一个λ值，目标参量的均值左右，可以得到一个目标参量的置信区间。两条虚线分别指示了两个特殊的λ值：一个是lambda.min，指给出最小交叉核实误差的 λ 值；另一个是 lambda. 1se，指给出交叉核实误差最小值的 1 倍标准差范围的 λ 值。通过选取模型准确性较高的 λ 作为调节参数，得到 LASSO 惩罚逻辑回归的混淆矩阵表 1.8。通过混淆矩阵计算：准确率 $=\frac{33+105}{33+2+2+105}=0.9718$；精确率 $=\frac{33}{33+2}=0.9429$；灵敏度 $=\frac{33}{33+2}=0.9429$；特异度 $=\frac{105}{2+105}=0.9813$。利用灵敏度和 1 - 特异度绘制 ROC 曲线，如图 1.2(b)所示。从图 1.2(b)中得出相对最佳阈值为 0.674，特异度为 0.981，灵敏度为 0.943，AUC 为 0.989，预测效果有所提升。

表 1.8　　LASSO 惩罚逻辑回归的混淆矩阵

	1（恶性）	0（良性）
1（恶性）	33	2
0（良性）	2	105

计算 L_2 惩罚逻辑回归混淆矩阵表 1.9，再计算准确率 $=\frac{33+104}{33+2+3+104}=0.9648$；精确率 $=\frac{33}{33+3}=0.9167$；灵敏度 $=\frac{33}{33+2}=0.9429$；特异度 $=\frac{104}{3+104}=0.9720$。利用灵敏度和 1 -特异度绘制 ROC 曲线，如图 1.2(c)所示。从图 1.2(c)得出相对最佳阈值为 0.528，特异度为 0.972，灵敏度为 0.943，AUC 为 0.993，预测准确性比 LASSO 惩罚逻辑回归稍差一点。

表 1.9　　L_2 惩罚逻辑回归的混淆矩阵

	1（恶性）	0（良性）
1（恶性）	33	3
0（良性）	2	104

对 ENet 惩罚选取 3 个不同 α 值，建立 3 个 ENet 惩罚逻辑回归并比较预测表现。

$\alpha=0.3$ 时得到混淆矩阵表 1.10，再计算准确率 $=\frac{33+104}{33+2+3+104}=0.9648$；精确率 $=\frac{33}{33+3}=0.9167$；灵敏度 $=\frac{33}{33+2}=0.9429$；特异度 $=\frac{104}{3+104}=0.9720$。利用

灵敏度和1-特异度绘制 ROC 曲线，如图 1.2(d)所示。从图 1.2(d)得出相对最佳阈值为 0.637，特异度为 0.972，灵敏度为 0.943，AUC 为 0.991。

表 1.10　　$\alpha=0.3$ 的混淆矩阵

	1（恶性）	0（良性）
1（恶性）	33	3
0（良性）	2	104

$\alpha=0.5$ 得到混淆矩阵表 1.11，再计算准确率 $=\frac{33+104}{33+2+3+104}=0.9648$；精确率 $=\frac{33}{33+3}=0.9167$；灵敏度 $=\frac{33}{33+2}=0.9429$；特异度 $=\frac{104}{3+104}=0.9720$。利用灵敏度和1-特异度绘制 ROC 曲线，如图 1.2(e)所示。从图 1.2(e)中得出相对最佳阈值 0.619，特异度为 0.972，灵敏度为 0.943，AUC 为 0.991。

表 1.11　　$\alpha=0.5$ 的混淆矩阵

	1（恶性）	0（良性）
1（恶性）	33	3
0（良性）	2	104

$\alpha=0.9$ 得到混淆矩阵表 1.12，再计算准确率 $=\frac{33+105}{33+2+2+105}=0.9718$；精确率 $=\frac{33}{33+2}=0.9429$；灵敏度 $=\frac{33}{33+2}=0.9429$；特异度 $=\frac{105}{2+105}=0.9813$。利用灵敏度和1-特异度绘制 ROC 曲线，如图 1.2(f)所示。从图 1.2(f)中得出相对最佳阈值为 0.666，特异度为 0.981，灵敏度为 0.943，AUC 为 0.990。α 不同，预测效果不同，当 $\alpha=0.9$ 时预测效果最佳，与 LASSO 惩罚逻辑回归一样，预测准确率为 0.9718。

表 1.12　　$\alpha=0.9$ 的混淆矩阵

	1（恶性）	0（良性）
1（恶性）	33	2
0（良性）	2	105

由表 1.7 至表 1.12 可知模型的预测准确率，初步判断模型预测效果：逻辑回

归的准确率为 0.9577；LASSO 惩罚逻辑回归的准确率为 0.9718；L_2 惩罚逻辑回归的准确率为 0.9648；ENet 惩罚逻辑回归的最佳预测准确率为 0.9718。因此，惩罚逻辑回归的预测效果优于逻辑回归。ROC 曲线能更好地评价分类效果，AUC 越大，分类效果越好。$AUC \in (0.5,1)$，AUC 越接近 1，分类效果越好；当 $AUC = 0.5$ 时，分类器基本不起作用，和随机猜测表现一样差；$AUC \in (0.5,0.7)$，准确性较低；$AUC \in (0.7,0.9)$，准确性较好；$AUC \in (0.9,1)$，准确性很高。由图 1.2（a）至图 1.2（f）可知，逻辑回归的 $AUC = 0.990$；LASSO 惩罚逻辑回归的 $AUC = 0.989$；L_2 惩罚逻辑回归的 $AUC = 0.993$；$\alpha = 0.9$ 时对应的 ENet 惩罚逻辑回归的 $AUC = 0.990$。显然，四个分类器的分类准确性都很高。

1.5 结论与展望

本章研究威斯康星大学的真实诊断数据，先选取 10 个指标的平均值作为预测变量建立四种分类器：逻辑回归、LASSO 惩罚逻辑回归、L_2 惩罚逻辑回归和 ENet 惩罚逻辑回归预测乳腺癌肿瘤的良恶性问题，再利用 75% 的数据作为训练集学习分类模型，利用 25% 的数据作为测试集并引入混淆矩阵和 ROC 曲线评估模型预测精度。结果表明，LASSO 惩罚逻辑回归的分类效果最好，预测精度达到 97.18%；ENet 惩罚逻辑回归的分类效果随着 α 的增大发生变化，特别当 $\alpha = 0.9$ 时，其分类精度达到 97.18%，与 LASSO 惩罚逻辑回归的分类表现一样好；L_2 惩罚逻辑回归排第三位，逻辑回归最差。显然，四种分类器预测准确率较高，能实现快速高效的乳腺癌诊断，有助于医生快速诊断、及时采取有效治疗方案，提升患者治愈率和存活率。但在乳腺肿瘤诊断中建议医生借助 LASSO 惩罚逻辑回归和 ENet 惩罚逻辑回归提高诊断精度。

第 2 章

六种统计学习方法预测肝癌

2.1 引言

肝细胞癌（Hepatocelluar Carcinoma，HCC）的病死率在所有癌症中高居第2位，而我国HCC新发病例占比超过世界一半。HCC治疗方法受肝功能、结节大小、结节数、肿瘤扩展、患者年龄和存在合并症等因素影响。目前临床上有五种治疗选择：（1）肝切除术；（2）肝移植；（3）射频消融；（4）经动脉化疗；（5）索拉非尼。前三种治疗方法具有较高治愈率，其中手术切除是HCC患者的首要选择，但术后复发风险较高。机器学习能够提高早期HCC肿瘤的预测精度，进一步提高患者痊愈率。

目前机器学习主要分为监督学习、无监督学习、半监督学习和强化学习等方向。常用的方法包括随机森林（Random Forests，RF）、支持向量机（SVM）、人工神经网络（Artificial Neural Network，ANN）和决策树（Decision Tree，DT）等方法，主要用于分类预测和癌症诊断等方面的研究。例如，Golub等（1999）基于脱氧核糖核酸（Deoxyribonucleic Acid，DNA）微阵列监控的基因表示提出了癌症分类的一般方法；Khan等（2001）使用ANN和基因表示图案发展了癌症分类方法；Dudoit、Fridlyand和Speed（2002）利用基因表示数据和最近邻域、线性判别分析、回归树、Bagging与Boosting等机器学习方法研究了肿瘤分类方法；Isabelle 等（2002）利用 SVM 建立了适合基因诊断和疾病发现的新基因选择方法；Lin 等（2016）利用惩罚逻辑回归研究晚期结肠直肠癌和晚期癌前息肉的风险分层规则；Morgul 等（2016）利用逐步惩罚逻辑回归研究肝硬化患者的 HCC 诊断；Huang 等（2017）利用 SVM 和 SVM 集成器预测乳腺癌分类问题，发现 SVM 集成器优于 SVM。由于给定一个癌症样本，SVM 只能预测一个类指标，不能提供类概率估计。而逻辑回归不仅能像 SVM 一样预测癌症的分类指标，而且能够提供分类概率估计。美中不足的是，逻辑回归面临多重共线性和过度拟合的问题，因此人们引入惩罚逻辑回归解决这些问题。例如，Cessie 和 Van（1992）研究了逻辑回归的岭估计，改进了参数估计，减小了预测误差；Zhao 和 Yu（2006）研究了 LASSO 的模型选择相合性；Zhu 和 Hastie（2004）采用惩罚逻辑回归分类器研究癌症诊断问题；Meier、Van 和 Bühlmann（2008）将组 LASSO 推广到逻辑回归，提出了适合高维的有效算法，也可用于求解广义线性模型的最优凸问题；Hastie、Tibshirani 和 Friedman（2017）对包含线性模型、逻辑回归和多项式回归的广义线性模型发展了 ENet 惩罚、坐标下降算法和 glmnet 程序包等。

预测肝癌患者肿瘤性状本质上是一个二分类问题，即找一个二类分类函数 g：$X \to Y$，使用尽可能精确可行的训练样本（包括输入特征和类结果）学习这个分类函数，再结合测试样本预测新观察的类指标。这里将采用 Kaggle 官网大数据平台提供的肝癌患者的总胆红素、结合胆红素、血清总蛋白等 10 个指标预测肝癌肿瘤性状，将随机抽取的 492 个观察单位作为训练样本，利用梯度下降算法得到逻辑回归的参数估计，利用迭代加权最小二乘法得到 L_2 惩罚逻辑回归的参数估计，计算患者肿瘤为恶性和良性的估计概率；再用剩下的 87 个观察单位作为测试集计算混淆矩阵、灵敏度和 1 - 特异度，绘制 ROC 曲线，得到 AUC，评价模型预测精度。更多细节参考胡雪梅、李佳丽和蒋慧凤（2022）相关研究。

2.2 数据来源与数据处理

数据来自 Kaggle 官方大数据平台①，包含 441 名男性病人和 142 名女性病人，

---

① http：//archive. ics. uci. edu/ml

删除 4 名缺失部分指标信息的病人后还有 579 名病人，从中随机抽取 492 名病人作为训练集学习模型，剩下的 87 名病人作为测试集检验模型。原发性肝癌是常见恶性肿瘤，分为肝内胆管细胞癌、肝细胞肝癌和混合型肝癌三种。如果患者的 HCC 肿瘤为恶性，记为 $Y=1$；如果患者的 HCC 肿瘤为良性，记为 $Y=0$。数据指标包括总胆红素、结合胆红素、血清总蛋白、白蛋白、碱性磷酸酶、白蛋白 - 球蛋白比、丙氨酸转氨酶、天冬氨酸转氨酶、年龄和性别。胆红素是指血清中胆红素的浓度，分为总胆红素、结合胆红素和直接胆红素，是评估肝功能的主要指标。血清总蛋白分为白蛋白和球蛋白，总蛋白的降低会引发恶性肿瘤、重症结核和肝硬化等问题，导致肝功能受损和肝细胞病变等。蛋白类肿瘤标志物是肿瘤在发生发展过程中，癌细胞脱落或分泌到组织或体液中的物质，或者体内新生物质刺激宿主产生物质进入组织或体液中的物质，对辅助诊断肿瘤、病情分析等具有较高临床价值。一般正常人的总胆红素范围在 5.1 ~ 19.0mg/dL；结合胆红素范围在 5.0 ~ 12.0mg/dL；血清总蛋白范围在 6000 ~ 8000mg/dL；白蛋白正常范围按不同年龄阶段分为新生儿范围为 2800 ~ 4400mg/dL、14 岁后范围为 3800 ~ 5400mg/dL、成人范围为 3500 ~ 5000mg/dL、60 岁后范围为 3400 ~ 4800mg/dL；白球蛋白比率范围为 1.5 : 1.0 ~ 2.5 : 1.0；丙氨酸转氨酶范围为 0 ~ 50U/L；天冬氨酸转氨酶范围为 0 ~ 40U/L。

表 2.1 列举了影响肝癌预测的变量名称与变量解释，表 2.2 列举了 HCC 患者指标的总结统计量。当预测变量之间相关性较强时，模型会出现多重共线性并降低模型预测精度。表 2.3 列举了 HCC 患者指标和响应变量之间的相关系数矩阵，其中总胆红素和结合胆红素的相关系数为 0.875，谷草转氨酶和血清丙氨酸转氨酶的相关系数为 0.792，白蛋白和血清总蛋白之间的相关系数为 0.784，白蛋白和白球蛋白比率的相关系数为 0.687。因此，这里将对预测变量相关的逻辑回归引入正则方法，建立 L_2 惩罚逻辑回归，保留重要预测变量，提高肿瘤分类预测精度。

表 2.1 预测变量名称与解释

预测变量名称	预测变量解释
X_1（年龄，AGE）	年龄范围：4 岁到 90 岁
X_2（性别，GEN）	男性表示为 0，女性表示为 1
X_3（总胆红素，TBIL）	总胆红素是结合胆红素和间接胆红素二者的总和

续表

预测变量名称	预测变量解释
X_4（结合胆红素，DBIL）	结合胆红素是非结合胆红素经过葡萄糖醛酸转移酶的作用和葡萄糖醛酸相结合形成的，能够直接溶于水，可以通过肾脏被排出体外
X_5（碱性磷酸酶，AP）	碱性磷酸酶存在于人体骨骼、肝脏、肾脏、肠道以及胎盘等组织中，经过肝脏向胆外排出的一组同工酶，目前已经发现包含的同工酶是六种
X_6（丙氨酸转氨酶，ALT）	丙氨酸转氨酶存在于肝脏、心脏和骨骼肌中，主要存在于肝细胞浆内
X_7（天冬氨酸转氨酶，AST）	天冬氨酸转氨酶是肝功能检查指标，用来判断肝脏是否受到损害
X_8（血清总蛋白，TP）	血清蛋白质是各种蛋白的复杂混合物。血浆中的白蛋白、a1、a2、β 球蛋白、纤维蛋白原、凝血酶原和其他凝血因子等均由肝细胞合成
X_9（白蛋白，ALB）	白蛋白是由肝实质细胞合成
X_{10}（白球蛋白比率，AGR）	白球蛋白比率是肝功能检查中的一项重要参考指标，反映的是肝脏的合成功能

表 2.2　HCC 患者指标的总结统计量

指标	均值	标准差	最小值	最大值
TBIL	2.299	6.210	0.4	75
DBIL	1.486	2.808	0.1	19.7
AP	290.6	242.938	63	2110
ALT	80.71	182.602	10	2000
AST	109.9	288.919	10	4929
TP	6.483	1.085	2.7	9.6
ALB	3.142	0.796	0.9	5.5
AGR	0.947	0.318	0.3	2.8
AGE	44.75	16.189	4	90

表 2.3　　HCC 患者指标和响应变量之间的相关系数矩阵

	TBIL	DBIL	ALT	AST	TP	ALB	AGR	TT
TBIL	1.000	0.875	0.214	0.238	-0.008	-0.222	-0.207	0.220
DBIL	0.875	1.000	0.234	0.258	0.000	-0.229	-0.201	0.246
ALT	0.214	0.234	1.000	0.792	-0.043	-0.003	-0.003	0.185
AST	0.238	0.258	0.792	1.000	-0.026	-0.085	-0.071	0.163
TP	-0.008	0.000	-0.043	-0.026	1.000	0.784	0.233	0.152
ALB	-0.222	-0.229	-0.030	-0.085	0.784	1.000	0.687	-0.035
AGR	-0.207	-0.201	-0.003	-0.071	0.233	0.687	1.000	-0.161
TT	0.220	0.246	0.185	0.163	0.152	-0.035	-0.161	1.000

2.3　逻辑回归及其估计方法

假设 X_{j1}、X_{j2}、X_{j3}、X_{j4}、X_{j5}、X_{j6}、X_{j7}、X_{j8}、X_{j9}、X_{j10} 分别表示第 j 个患者的 10 个指标，$X_j=(1,X_{j1},X_{j2},X_{j3},X_{j4},X_{j5},X_{j6},X_{j7},X_{j8},X_{j9},X_{j10})$，$j=1,\cdots,579$，表示第 j 个患者的预测向量，二元响应变量

$$Y_j=\begin{cases}1, & \text{如果 HCC 肿瘤为恶性}\\ 0, & \text{如果 HCC 肿瘤为良性}\end{cases} \tag{2.3.1}$$

表示第 j 个患者的肿瘤性状，则建模 HCC 肿瘤性状的逻辑回归可表示为

$$P(Y_j=1\mid X_j,\beta)=\frac{e^{X_j^\top\beta}}{1+e^{X_j^\top\beta}}:=h_\beta(X_j),$$

$$P(Y_j=0\mid X_j,\beta)=\frac{1}{1+e^{X_j^\top\beta}}:=1-h_\beta(X_j), \tag{2.3.2}$$

其中，$\beta=(\beta_0,\beta_1,\cdots,\beta_{10})^\top$ 为回归系数向量。模型的 logit 变换为

$$\ln\frac{P(Y_j=1\mid X_j)}{P(Y_j=0\mid X_j)}=\beta_0+\beta_1X_1+\cdots+\beta_{10}X_{10}. \tag{2.3.3}$$

当 $P(Y_j=1/X_j,\beta)/P(Y_j=0/X_j,\beta)>1$，表示病人肿瘤为恶性的概率大于 50%；当 $P(Y_j=1/X,\beta)/P(Y_j=0/X,\beta)<1$，表示病人肿瘤为良性的概率大于 50%。下面根据 McCullagh 和 Nelder（1989）提出的极大似然方法估计回归系数 $\beta_{ji},i=1,\cdots,10$。假设训练集为 492 名 HCC 肿瘤患者观察对 (X_j,Y_j)，$j=1,\cdots,492$，则其似然函数为

$$H_\beta = \prod_{j=1}^{492} P(Y_j \mid X_j;\beta) = \prod_{j=1}^{492} h_\beta(X_j)^{Y_j}(1-h_\beta(X_j))^{1-Y_j}. \tag{2.3.4}$$

对数似然函数为

$$\begin{aligned} L_\beta &= \ln H_\beta = \ln \prod_{j=1}^{492} P(Y_j \mid X_j;\beta) \\ &= \prod_{j=1}^{492} [Y_j \ln h_\beta(X_j) + (1-Y_j)\ln(1-h_\beta(X_j))]. \end{aligned} \tag{2.3.5}$$

对β求导数得到得分方程

$$\frac{\partial L_\beta}{\partial \beta} = \sum_{j=1}^{492} X_j^\top (Y_j - p(X_j,\beta)) = 0. \tag{2.3.6}$$

式（2.3.6）是β的非线性方程，可用 Newton-Raphson 算法求解。先计算二阶导数矩阵

$$\frac{\partial^2 L_\beta}{\partial\beta\partial\beta^\top} = -\sum_{j=1}^{492} X_j X_j^\top p(X_j,\beta)(1-p(X_j,\beta)). \tag{2.3.7}$$

给定初值β^{old}，Newton 迭代值为

$$\beta^{new} = \beta^{old} - \left(\frac{\partial^2 L_\beta}{\partial\beta\partial\beta^\top}\right)^{-1} \bigg|_{\beta=\beta^{old}} \frac{\partial L_\beta}{\partial\beta}\bigg|_{\beta=\beta^{old}}. \tag{2.3.8}$$

引入记号 $Y=(Y_1,\cdots,Y_{492})$，$X=(X_1^\top,\cdots,X_{492}^\top)^\top$，$P=\{p(X_1,\beta^{old}),\cdots,p(X_{492},\beta^{old})\}$，$W=diag\{p(X_1,\beta^{old})(1-p(X_1,\beta^{old})),\cdots,p(X_{492},\beta^{old})(1-p(X_{492},\beta^{old}))\}$。式（2.3.6）和式（2.3.7）可重写为

$$\frac{\partial L_\beta}{\partial\beta} = X^\top(Y-P) = 0. \tag{2.3.9}$$

$$\frac{\partial^2 L_\beta}{\partial\beta\partial\beta^\top} = -X^\top WX. \tag{2.3.10}$$

因此，牛顿迭代为

$$\beta^{new} = \beta^{old} + (X^\top WX)^{-1}X^\top(Y-P) = (X^\top WX)^{-1}X^\top W[X\beta^{old} + W^{-1}(Y-P)]. \tag{2.3.11}$$

记调整响应变量为

$$Z = X\beta^{old} + W^{-1}(Y-P). \tag{2.3.12}$$

由于每次迭代解加权最小二乘问题

$$\beta^{new} \leftarrow \arg\min (Z-X\beta)^\top W(Z-X\beta), \tag{2.3.13}$$

所以逻辑回归中估计参数的 Newton-Raphson 算法变为迭代加权最小二乘（Iteratively

Reweighted Least Squares，IRLS）算法，更多细节参考胡雪梅和刘锋（2020）相关研究。将迭代得到的最终估计 $\hat{\beta}$ 代入逻辑回归（2.3.2），得到 HCC 肿瘤为恶性和良性的概率估计：

$$\hat{P}(Y_j=1|X_j,\hat{\beta})=\frac{e^{X_j^\top\hat{\beta}}}{1+e^{X_j^\top\hat{\beta}}},\quad \hat{P}(Y_j=0|X_j,\hat{\beta})=\frac{1}{1+e^{X_j^\top\hat{\beta}}}. \tag{2.3.14}$$

2.4　L_2 惩罚逻辑回归及其迭代加权最小二乘估计

逻辑回归无法解决多重共线性和过度拟合问题，而惩罚逻辑回归可以解决。病人检查出来的指标之间往往具有相关性，进行疾病预测时，会影响预测的评估。引入惩罚逻辑回归可以避免过度拟合现象，提高预测精度，其中 L_2 惩罚通过减弱权重选取重要特征，其他特征退化为 0。近年来，Knight 和 Fu（2000）、Staal 等（2004）、Tropp（2006）、Donoho（2006）和 Meinshausen（2007）等学者研究了一系列惩罚回归问题。这里主要基于 Lee 和 Silvapulle（1988）、Cessie 和 Van Houwelingen（1992）提出的 L_2 惩罚函数，研究 L_2 惩罚逻辑回归预测肝癌的良性和恶性问题。先建立 HCC 肿瘤性状的惩罚似然函数

$$L(\beta,\lambda)=\boldsymbol{L}(\beta)-\frac{\lambda}{2}\|\beta\|_2^2, \tag{2.4.15}$$

其中，$\boldsymbol{L}(\beta,\lambda)$ 是无约束对数似然，$\|\beta\|_2^2=\sum_j\beta_j^2$ 是参数向量 β 的 2 范数，λ 为控制 β 范数收缩的调整参数。当 $\lambda=0$ 时，解是极大似然估计。当 λ 增大时，惩罚力度变大，β_j 缩小，特别当 $\lambda\to\infty$ 时，β_j 趋近于0。模型（2.4.15）的极大值记为 $\hat{\beta}$，采用 Newton-Raphson 算法得到迭代加权最小二乘估计

$$\begin{aligned}\beta^{new}&=\beta^{old}-\left(\frac{\partial^2\boldsymbol{L}(\beta,\lambda)}{\partial\beta\partial\beta^\top}\right)^{-1}\frac{\partial\boldsymbol{L}(\beta,\lambda)}{\partial\beta}\\&=(\mathbf{X}^\top\mathbf{W}\mathbf{X}+\boldsymbol{\Lambda})^{-1}\mathbf{X}^\top\mathbf{W}[\mathbf{X}\beta^{old}+\mathbf{W}^{-1}(\mathbf{Y}-\mathbf{P})]\\&=(\mathbf{X}^\top\mathbf{W}\mathbf{X}+\boldsymbol{\Lambda})^{-1}\mathbf{X}^\top\mathbf{W}\mathbf{Z},\end{aligned} \tag{2.4.16}$$

其中，$W=\mathrm{diag}(P_j(1-P_j))$ 是对角矩阵，$P_j=P(Y_j=1)$ 表示响应变量等于 1 的概率，$j=1,\cdots,492$，Λ 是对角矩阵 $\mathrm{diag}(\lambda,\cdots,\lambda)$，$Z=X\beta^{old}+W^{-1}(Y-P)$ 是迭代加权最小二乘估计对应的工作变量。假设 $I(\beta)$ 表示信息矩阵，则系数估计 $\hat{\beta}$ 的方差

(sandwich 估计) 可以表示为

$$\begin{aligned}\mathrm{Var}(\hat{\beta}) &= \mathrm{Var}[(\mathbf{X}^\top\mathbf{W}\mathbf{X}+\mathbf{\Lambda})^{-1}\mathbf{X}^\top\mathbf{W}\mathbf{Z}] \\ &= (\mathbf{X}^\top\mathbf{W}\mathbf{X}+\mathbf{\Lambda})^{-1}\mathrm{Var}[\mathbf{X}^\top(\mathbf{Y}-\mathbf{P})](\mathbf{X}^\top\mathbf{W}\mathbf{X}+\mathbf{\Lambda})^{-1} \\ &= \left(\frac{\partial^2 L(\beta,\lambda)}{\partial\beta\partial\beta^\top}\right)^{-1}\mathbf{I}(\beta)\left(\frac{\partial^2 L(\beta,\lambda)}{\partial\beta\partial\beta^\top}\right)^{-1}.\end{aligned} \tag{2.4.17}$$

2.5 两类预测精度评价：混淆矩阵和 ROC 曲线

先通过训练集学习六种肝癌预测模型，再通过测试集检验模型的预测表现：利用预测值和真实值计算混淆矩阵，判断预测准确率；计算灵敏度和特异度绘制 ROC 曲线，评估模型预测表现（见表 2.4）。

表 2.4　　两类混淆矩阵

	观测良性（$Y_j=0$）	观测恶性（$Y_j=1$）
预测良性（$\hat{Y}_j=0$）	*TP*（真阳性）	*FP*（假阳性）
预测恶性（$\hat{Y}_j=1$）	*FN*（假阴性）	*TN*（真阴性）

由混淆矩阵计算准确率、错误率（误分类率）、灵敏度（正例覆盖率，真阳性率，TPR）和特异度（负例覆盖率，1－假阳性率，1－FPR）。准确率指预测正确的总体样本数量的比例，用来评估总体样本分类正确情况，但不能体现两类分类错误对应的损失。因此引入误分类率和 ROC 曲线评估肝癌分类的预测精度。ROC 曲线通过特异度和灵敏度两个指标绘制，X 轴为 1－特异度，Y 轴为灵敏度。绘制 ROC 曲线过程中，可以考虑不同阈值下特异度和灵敏度之间的组合变化。阈值的设定会影响预测值 $\hat{Y}$：临界阈值上升，被预测到的恶性肿瘤会减小，更多恶性肿瘤被判定为良性肿瘤。因此，阈值的设定十分重要，不仅影响预测精度和混淆矩阵，而且影响 ROC 曲线和 AUC 值。设定一系列阈值 c，计算相应的灵敏度和特异度，绘制成对应的 ROC 曲线（即点集$\{(TPR(c),FPR(c)),c\in(-\infty,\infty)\}$），其中

$$TPR(c)=\frac{TP}{TP+FN}=P(X_1<c),$$

表示在阈值 c 处的真正例率（True Positive Rate，TPR），而

$$FPR(c)=\frac{\mathrm{FP}}{\mathrm{TP+FN}}=P(X_2<c)$$

表示在阈值 c 处的假正例率（False Positive Rate，FPR）。而 ROC 曲线下的面积（$AUC = P(X_1 < X_2)$）表示来自不同类的两个测量正确排序的概率。AUC 可以评价分类器的分类效果：当 AUC =1 时，分类器很完美，采用这个分类器预测模型时，不管设定什么阈值都能得到精准的预测类；当 AUC≥0.9 时，分类器预测的准确率较高；当 0.9 >AUC >0.7 时，分类器有一定的准确率；当 0.7 >AUC >0.5 时，分类器通常预测能力较低；当 AUC≤0.5 时，分类器表现很差，没有预测能力。

2.6 六种 HCC 肿瘤预测方法

通过训练集学习六种 HCC 肿瘤预测模型，通过测试集检验模型预测表现：利用预测值和真实值计算混淆矩阵、灵敏度和特异度，绘制 ROC 曲线评估预测表现。

2.6.1 逻辑回归预测方法及精度评价

将预测变量 X_1、X_2、X_3、X_4、X_5、X_6、X_7、X_8、X_9、X_{10}和响应变量

$$Y = \begin{cases} 1, & \text{如果 HCC 肿瘤为恶性}, \\ 0, & \text{如果 HCC 肿瘤为良性}, \end{cases} \tag{2.6.18}$$

代入逻辑回归（2.3.2），利用训练集数据学习逻辑回归二类分类器得到模型参数估计 $\hat{\beta} = (\hat{\beta}_0, \hat{\beta}_1, \cdots, \hat{\beta}_{10})$ 及相关统计量，如表 2.5 所示。从表 2.5 可以看出 β_0、β_1、β_6、β_9 的 P 值小于 0.05，β_8、β_{10}的 P 值在 0.05 和 0.1 之间，当显著性水平取 0.05 时，常数项和预测变量 X_1、X_6、X_8 和 X_9 是显著变量，而预测变量 X_2、X_3、X_4、X_5、X_7 和 X_{10}不是显著变量。由此得到的模型预测准确率为 0.678。当显著性水平取 0.1 时，常数项和预测变量 X_1、X_6、X_8、X_9 和 X_{10}是显著变量，而预测变量 X_2、X_3、X_4、X_5 和 X_7 不是显著变量。由此得到的模型预测准确率为 0.713。因此，这里取显著性水平 0.1，消除不显著变量 X_2、X_3、X_4、X_5 和 X_7，建立具有 5 个指标的逻辑回归模型，用训练集得到模型参数估计及其相关统计量。表 2.6 中预测变量 X_1、X_6、X_8、X_9、X_{10}比表 2.5 中相应预测变量更显著。这说明去掉不显著变量后，显著变量的重要性有所提高。因此建立预测 HCC 肿瘤的逻辑回归：

$$\ln\left(\frac{P}{1-P}\right)=1.8090+0.2918X_1+3.1605X_6+2.3812X_8-3.1224X_9+1.2580X_{10}.\tag{2.6.19}$$

从模型（2.6.19）可以看出，X_1 每增加 1 单位，恶性和良性比的对数增加 0.2918，即年龄增加会促使人患肝癌；X_6 每增加 1 单位，恶性和良性比的对数增加 3.1605，即丙氨酸转氨酶指标的增加会促使人患肝癌；X_8 每增加 1 单位，恶性和良性比的对数增加 2.3812，即血清总蛋白的增加会促使人患肝癌；X_9 每增加 1 单位，恶性和良性比的对数减少 3.1224，即白蛋白指标的增加会抑制人患肝癌；X_{10} 每增加 1 单位，恶性和良性比的对数增加 1.258，即白蛋白比率增加会促使人患肝癌。前面我们利用训练集学习 HCC 肿瘤预测模型（2.6.19），下面采用测试集和 ROC 曲线分析方法评价模型（2.6.19）的预测精度。为了得到预测结果，选取一个发生概率阈值，通常选取 0.5。由于良性（$Y=0$）预测精度较低，这里使用相对最优阈值 0.748 和测试集得到预测类，结合真实类建立二类混淆矩阵，得到预测精度，计算灵敏度和特异度，绘制 ROC 曲线评价预测精度，见图 2.1（a）。由图 2.1（a）可知，逻辑回归（2.6.19）的相对最佳阈值为 0.748，灵敏度为 0.686，特异度为 0.824，AUC 为 0.755，故逻辑回归（2.6.19）的预测精度不高。

表 2.5　逻辑回归的参数估计及相关统计量

参数	估计值	标准差	P 值	影响程度
β_0	1.89808	0.26944	0.00000[a]	***
β_1	0.29035	0.11201	0.00954	**
β_2	−0.02294	0.10929	0.83372	
β_3	0.08100	0.49267	0.86941	
β_4	0.83957	0.64003	0.18960	
β_5	0.29319	0.20637	0.15540	
β_6	2.36879	1.06471	0.02609	*
β_7	0.48923	0.95099	0.60694	
β_8	1.34628	0.48816	0.05820	**
β_9	−1.74092	0.69963	0.01283	*
β_{10}	0.69661	0.42109	0.09806	•

注：“ * ”表示变量显著，* 数量越多，表示显著性越强；“ • ”表示变量显著性不强；空白表示变量不显著；“a”表示接近 0。

表 2.6　　逻辑回归的参数估计及其相关统计量

参数	估计值	标准差	P 值	影响程度
β_0	1.8090	0.2456	0.000000[a]	***
β_1	0.2918	0.11841	0.013678	*
β_6	3.1605	0.8199	0.000116	***
β_8	2.3812	0.6892	0.000551	***
β_9	−3.1224	0.9674	0.001248	**
β_{10}	1.2580	0.5638	0.025667	*

注："＊"表示变量显著，＊数量越多，表示显著性越强；"a"表示接近 0。

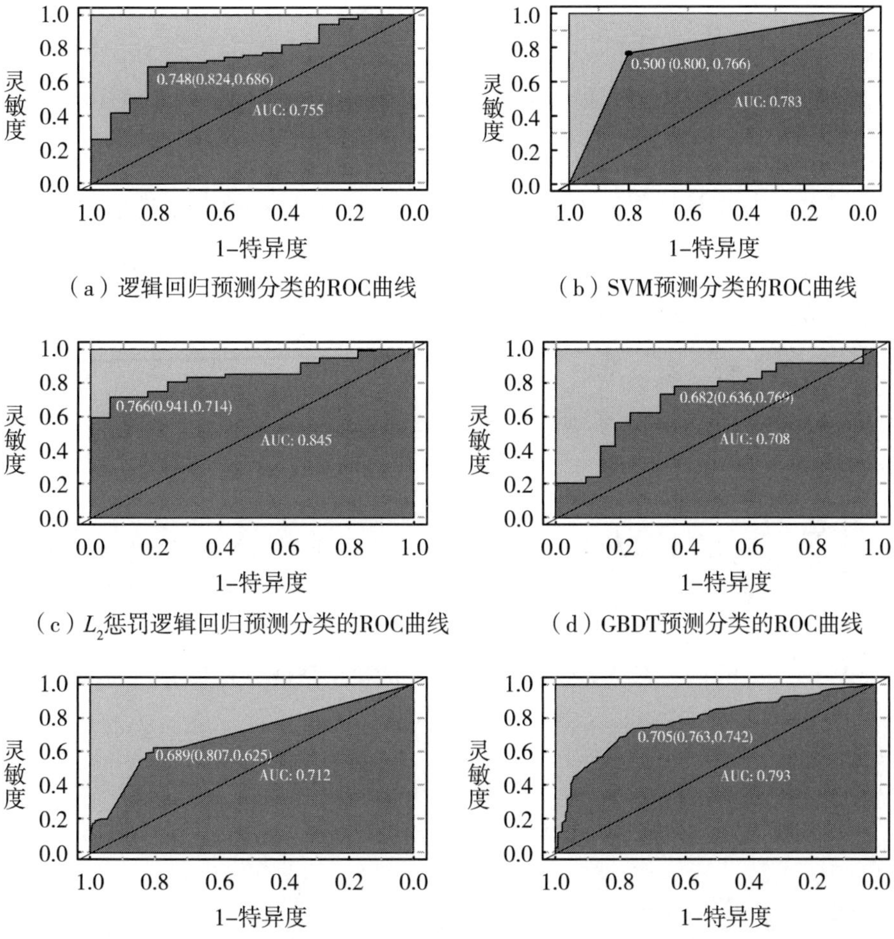

（a）逻辑回归预测分类的ROC曲线　（b）SVM预测分类的ROC曲线

（c）L_2惩罚逻辑回归预测分类的ROC曲线　（d）GBDT预测分类的ROC曲线

（e）ANN预测分类的ROC曲线　（f）XGBoost预测分类的ROC曲线

图 2.1　六种分类器预测 HCC 肿瘤分类的 ROC 曲线

2.6.2 SVM 预测方法及精度评价

为了处理机器学习中的非线性可分数据，Cortes 和 Vapnik（1995）提出了SVM分类器，通过核函数将数据从低维特征空间映射到高维特征空间。核函数分为全局和局部两类：全局核函数具有很强的外推能力，专注于寻找全局最优解，如多项式核函数 $K(X_j,X_{j'})=(X_j,X_{j'})^d$，$d$ 为多项式阶数；局部核函数具有较强的内插能力，专注于寻找局部最优解，如高斯核函数 $K(X_j,X_{j'})=\exp(-\gamma\|X_j-X_{j'}\|^2)$。高斯核函数可用于高维、低维、大样本、小样本等情况，是用于分类问题的理想核函数，应用最为广泛。这里采用 SVM 预测 HCC 肿瘤患者的肿瘤性状：先使用变换 $Z=\Phi(X)$ 将非线性特征空间 X 映射到新线性特征空间 Z；再利用训练数据学习线性 SVM，即先将 492 个样本构成的训练集 S 分成 10 个不相交子集 $\{S_1,\cdots,S_{10}\}$，每次选出 9 个子集 S_i 作为训练集，剩下一个 S_i 作为测试集得到经验误差，10 次计算得到 10 个经验误差，选出平均经验误差最小的 S_i，再使用所有训练集做一次训练，得到 SVM 预测 HCC 肿瘤分类问题；最后用 87 个测试数据构成的测试集预测 SVM 的预测精度。

首先将预测变量 X_1、X_2、X_3、X_4、X_5、X_6、X_7、X_8、X_9、X_{10} 和响应变量 Y 代入 SVM，再利用训练数据观察对 $(X_1,Y_1),\cdots,(X_{492},Y_{492})$ 建立非线性 SVM 标准：

$$\min_{\alpha}\frac{1}{2}\sum_{j=1}^{492}\sum_{j'=1}^{492}\alpha_j\alpha_{j'}Y_jY_{j'}<\Phi(X_j),\Phi(X_{j'})>-\sum_{j=1}^{492}\alpha_j \quad \text{s.t.} \quad \sum_{j=1}^{492}\alpha_jY_j=0,\ 0<\alpha_j<C, \tag{2.6.20}$$

其中，$X_j=(X_{j1},X_{j2},\cdots,X_{j10})$ 表示预测向量 X 的第 j 个值，Y_j 表示二元响应变量 Y 的第 j 个值，内积 $<\Phi(X_j),\Phi(X_{j'})>$ 计算分为两步：先将 X 映射到 Z 空间，再在 Z 空间中作高维内积 $<Z_j,Z_{j'}>$。为了降低计算复杂度，引入核函数 $K(X_j,X_{j'})=<\Phi(X_j),\Phi(X_{j'})>$，则非线性 SVM 标准可重新表示为

$$\min_{\alpha}\frac{1}{2}\sum_{j=1}^{492}\sum_{j'=1}^{492}\alpha_j\alpha_{j'}Y_jY_{j'}K(X_j,X_{j'})-\sum_{j=1}^{492}\alpha_j \quad \text{s.t.} \quad \sum_{j=1}^{492}\alpha_jY_j=0,0<\alpha_j<C. \tag{2.6.21}$$

注意到 $K(X_j,X_{j'})$ 是原始特征空间 X 的函数，C 是调整参数，表示 SVM 解线性系数

对偶变量假设的取值范围，即 $0<\alpha_j<C$。这里采用搜索法求得 $C=3$。相应的最优决策函数为

$$f(X) = \operatorname{sign}\left(\sum_{j=1}^{492}\alpha_j Y_j K(X_j, X + b^*)\right), \tag{2.6.22}$$

其中，sign 表示符号函数，X 表示训练样本的特征值，$b^*=-\frac{1}{2}\sum_{j=1}^{492}\alpha_j Y_j[K(X_j, X_r)+K(X_j, X_s)]$，$X_r$ 和 X_s 为任意支持向量。此时，SVM 是包含一个隐层的多层感知器，隐层节点数由算法自动确定。再将测试样本 $(X_{493}, Y_{493}), \cdots, (X_{579}, Y_{579})$ 代入 SVM 作预测研究，利用真实值 Y_j，$j=493,\cdots,579$ 和预测值 $\hat{Y}_j$，$j=493,\cdots,579$ 计算混淆矩阵，利用灵敏度和特异度绘制 SVM 分类预测评价的 ROC 曲线，如图 2.1(b)所示。

2.6.3 L_2 惩罚逻辑回归预测方法及精度评价

将预测变量 X_1、X_2、X_3、X_4、X_5、X_6、X_7、X_8、X_9、X_{10} 和响应变量 Y 代入惩罚似然函数（2.4.15），利用训练数据学习 L_2 惩罚逻辑回归，得到模型参数估计 $\hat{\beta}=(\hat{\beta}_0, \hat{\beta}_1, \cdots, \hat{\beta}_{10})$，如表 2.7 所示。

表 2.7 L_2 惩罚逻辑回归的参数估计

参数	β_0	β_1	β_2	β_3	β_4	β_5
估计值	1.26448	0.23407	0.00000	0.00000	0.83948	0.29979
参数	β_6	β_7	β_8	β_9	β_{10}	
估计值	0.69216	0.17995	0.02388	0.00000	0.15825	

根据表 2.7 建立预测 HCC 肿瘤分类的逻辑回归：

$$\ln\left(\frac{P}{1-P}\right)=1.2645+0.2341X_1+0.8394X_4$$
$$+0.2998X_5+0.6922X_6+0.1800X_7+0.0239X_8-0.1583X_{10}. \tag{2.6.23}$$

比较 L_2 惩罚后的逻辑回归（2.6.23）和逻辑回归（2.3.2），发现两个模型的系数作了调整，逻辑回归（2.3.2）的系数 β_2、β_3、β_9 变为零。由图 2.1(c)可得

AUC =0.845，从 AUC 值接近 0.9 可看出 L_2 惩罚后的逻辑回归（2.6.23）表现不错。将训练样本与测试样本打散重分，计算 10 次实验的平均准确率 ± 标准差，得到的预测精确度达到 0.812 ± 0.038。通过 10 折交叉验证作变量选择，当 $\ln\lambda = -4.6$ 时，阈值为 0.816 时模型拟合效果最佳。

2.6.4 GBDT 预测方法及精度评价

Friedman（2001）提出梯度提升决策树（Gradient Boosting Decision Tree，GBDT）算法，对加法分类模型采用前向分步学习算法，基函数选分类与回归树（Classification and Regression Trees，CRT），损失函数取指数损失函数 $L(Y|f(X))=\ln(1+\exp(-Yf(X)))$。下面利用训练数据 $(X_1,Y_1),\cdots,(X_{492},Y_{492})$ 建立 HCC 肿瘤分类 GBDT 模型。

（1）初始化一个弱分类器：

$$f_0(X)=\arg\min_c \sum_{j=1}^{492} L(Y_j,c). \tag{2.6.24}$$

这里 $L(Y_j,c)=\frac{1}{2}(Y_j-c)^2$ 为二次损失函数。对凸函数 $L(Y_j,c)$ 求导数 $\frac{\partial L(Y_j,c)}{\partial c}$，令导数等于 0，得到 $c=\sum_{j=1}^{492} Y_j/492$。

（2）计算损失函数的负梯度值：

$$\begin{aligned} r_{mj} &= -\left[\frac{\partial L(Y_j,f(X_j))}{\partial f(X_j)}\right]_{f(X)=f_{m-1}(X)} \\ &= -\left[\frac{\partial \ln(1+\exp(-Y_j f(X_j)))}{\partial f(X_j)}\right]_{f(X)=f_{m-1}(X)} \\ &= \frac{Y_j}{1+\exp(-Y_j f_{m-1}(X_j))}. \end{aligned} \tag{2.6.25}$$

（3）利用数据集 (X_j,r_{mj}) 拟合下一轮基础模型，得到对应的 J 个叶子节点 $R_{mj},j=1,\cdots,J$，计算每个叶子节点 R_{mj} 的最佳拟合值：

$$\begin{aligned} c_{mj} &= \arg\min_c \sum_{X_j\in R_{mj}} L(Y_j,f_{m-1}(X_j)+c) \\ &= \arg\min_c \sum_{X_j\in R_{mj}} \ln(1+\exp(-Y_j(f_{m-1}(X_j)+c))), \end{aligned} \tag{2.6.26}$$

建立第 m 个基础模型 $f_m(X)=\sum_{j=1}^{J}c_{mj}I(X_j\in R_{mj})$。

(4) 重复(2)和(3)，结合前 $m-1$ 轮基础模型构建 HCC 肿瘤分类 GBDT：

$$F_M(X)=F_{M-1}(X)+f_m(X)=F_{M-1}(X)+\sum_{j=1}^{J}c_{mj}I(X_j\in R_{mj})$$
$$=\sum_{m=1}^{M}\sum_{j=1}^{J}c_{mj}I(X_j\in R_{mj}),\tag{2.6.27}$$

其中，c_{mj} 表示第 m 个基础模型 $f_m(X)$ 在叶节点 j 上的预测值，$F_M(X)$ 表示由 M 个基础模型构成的梯度提升树，即每个基础模型在样本点 X_j 处的输出值 c_{mj} 之和。

将测试集 $(X_{493},Y_{493}),\cdots,(X_{579},Y_{579})$ 代入 HCC 肿瘤分类 GBDT 得到预测值。利用真实值 Y_j 和预测值 $\hat{Y}_j$，$j=493,\cdots,579$，计算灵敏度和特异度并绘制 ROC 曲线，如图 2.1(d)所示。

2.6.5 ANN 预测方法及精度评价

ANN 是对人脑的抽象、简化和模拟，由大量处理单元广泛互连构成的网络。McCulloch 和 Pitts（1943）首次给出了神经元的基本模型和工作方式。简单神经网络结构包括输入层、隐藏层和输出层，每一个连接上会有对应权重。

图 2.2 描述肝癌的两层 ANN 结构图。图 2.2 中输入向量 $X_j=(X_{j1},X_{j2},\cdots,X_{j10})$，输出向量 Y_j；隐藏层第 h 个节点的输入是 $\alpha_h=\sum_{i=1}^{10}v_{ih}X_{ji}$，输出是 $b_h=f(\alpha_h+\gamma_h)$，其中 $v_{ih},i=1,\cdots,10$ 为输入权重，γ_h 为偏移量；输出层节点的输入是 $\beta=\sum_{h=1}^{4}w_hb_h$，输出是 $Y_j=f(\beta+\theta)$，其中 $w_i,i=1,2,3,4$ 为输入权重，$f(z)=\frac{1}{1+e^{-z}}$，θ 为偏移量。

先用训练数据 $(X_1,Y_1),\cdots,(X_i,Y_i),\cdots,(X_{492},Y_{492})$ 建立 HCC 肿瘤分类 ANN 模型，再将测试集的观察对 $(X_{493},Y_{493}),\cdots,(X_{579},Y_{579})$ 代入 ANN 模型得到预测值，最后利用真实值 Y_j，$j=493,\cdots,579$ 和预测值 $\hat{Y}_j$，$j=493,\cdots,579$ 计算混淆矩阵、灵敏度和特异度，绘制 ROC 曲线，如图 2.1(e)所示。

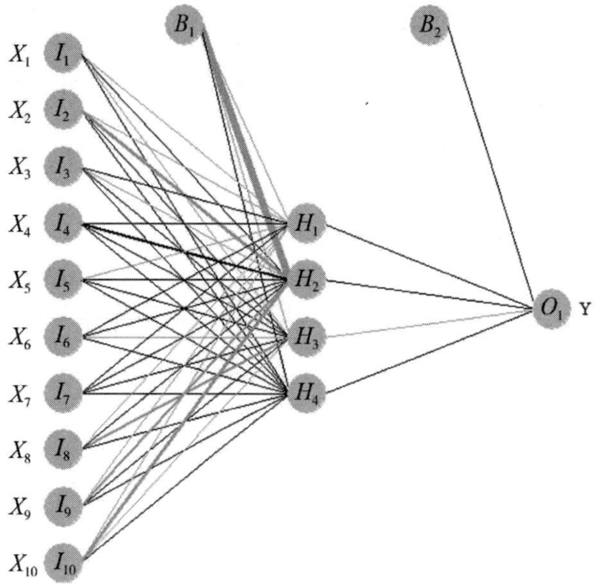

图 2.2　肝癌 ANN 结构

2.6.6　XGBoost 预测方法及精度评价

Chen 和 Guestrin（2016）提出了支持列抽样的极限梯度提升算法（eXtreme Gradient Boosting，XGBoost），防止过拟合，减少计算量。XGBoost 算法在三个方面改进了 GBDT 算法：（1）XGBoost 算法的损失函数后添加正则项；（2）XGBoost 算法采用损失函数的泰勒展开二项式函数（损失函数一阶、二阶都连续可导），与 GBDT 算法要求损失函数负梯度（一阶导数）不同；（3）XGBoost 算法完成一次迭代，会将叶子节点权乘以该系数，削弱每棵树的影响，让后面的迭代有更大的学习空间。因此，XGBoost 算法集合许多 CART 回归树模型，形成一个更强的分类器。用 $X_j=(X_{j(1)},\cdots,X_{j(10)})$，$j=1,\cdots,492$ 和 Y_j 分别表示第 j 个解释变量和预测变量。下面利用训练集 $(X_1,Y_1),\cdots,(X_{492},Y_{492})$ 建立 XGBoost 分类器。具体步骤如下：

（1）利用训练集 $\{X_j,Y_j\}_{j=1}^{492}$ 学习 6 棵 CART 树，预测值 $\hat{Y}_j$ 为 6 棵 CART 树的累加值：

$$\hat{Y}_j=\sum_{k=1}^{6} f_k(X_j),\ f_k\in F, \tag{2.6.28}$$

$F=\{f(X)=\omega_q(x)\}(q:R^m\to T,\omega\in R^T)$ 是 CART 树空间，其中 q 表示每棵树结构，T 是每棵树的叶节点数。每个 f_k 对应一个独立树结构 q 和叶子权重 ω，ω_k 表示第 k 棵回归树的叶子权重。

（2）为了学习模型中使用的函数集，求以下目标函数的最小值：

$$L^{(t)}\simeq\sum_{j=1}^{492}\left[l(Y_j,\hat{Y}^{(t-1)})+g_jf_t(X_j)+\frac{1}{2}h_jf_t^2(X_j)\right]+\Omega(f_t) \qquad (2.6.29)$$

其中，$\Omega(f)=\gamma T+\frac{1}{2}\lambda\|w\|^2$，$\gamma$ 和 λ 为正则项的调整参数。当参数为零时，目标函数为梯度提升树。这里 $l(\cdot)$ 是可微凸损失函数，用于度量预测值 $\hat{Y}_i$ 和目标值 Y_i 间的差异。模型使用可加方式进行学习。令 $\hat{Y}_j^{(t)}=\hat{Y}_j^{(t-1)}+f_t(X_j)$ 为第 t 步迭代中第 j 个样本的预测值，增加 f_t 来求以下目标函数的最小值，

$$L^{(t)}=\sum_{j=1}^{492}l(Y_j,\hat{Y}_j^{(t-1)})+f_t(X_j)+\Omega(f_t). \qquad (2.6.30)$$

（3）为了快速求解目标函数的最优值，对损失函数 $l(\cdot)$ 作二阶泰勒展开：

$$L^{(t)}\simeq\sum_{j=1}^{492}\left[l(Y_j,\hat{Y}^{(t-1)})+g_jf_t(X_j)+\frac{1}{2}h_jf_t^2(X_j)\right]+\Omega(f_t) \qquad (2.6.31)$$

其中，$g_j=\partial_{\hat{Y}^{(t-1)}}l(Y_j,\hat{Y}^{(t-1)})$ 和 $h_j=\partial^2_{\hat{Y}^{(t-1)}}l(Y_j,\hat{Y}^{(t-1)})$ 是损失函数 $l(\cdot)$ 的一阶和二阶梯度统计量。移除常数项，则第 t 步的简化目标函数：

$$L^{(t)}\approx\sum_{j=1}^{492}\left[g_jf_t(X_j)+\frac{1}{2}h_jf_t^2(X_j)\right]+\Omega(f_t). \qquad (2.6.32)$$

（4）定义 $I_i=\{k\mid q(x_j)=i\}$ 作为叶节点的实例集。将式（2.6.28）代入式（2.6.31）得

$$\begin{aligned}L^{(t)}&=\sum_{j=1}^{492}\left[g_jf_t(X_j)+\frac{1}{2}h_jf_t^2(X_j)\right]+\gamma T+\frac{1}{2}\lambda\sum_{i=1}^{T}\omega_i^2\\&=\sum_{i=1}^{T}\left[(\sum_{k\in I_i}g_k)\omega_i+\frac{1}{2}(\sum_{k\in I_i}h_k+\lambda)\omega_i^2\right]+\gamma T.\end{aligned} \qquad (2.6.33)$$

对固定结构 $q(x)$，计算叶节点 j 的最优权 $\omega_i^*=\dfrac{\sum_{k\in I_i}g_k}{\sum_{k\in I_i}h_k+\lambda}$，得到最优值

$$L^{(t)}=-\frac{1}{2}\sum_{i=1}^{T}\frac{(\sum_{k\in I_i}g_k)^2}{\sum_{k\in I_i}h_k+\lambda}+\gamma T. \qquad (2.6.34)$$

最后将测试集$(X_{493},Y_{493}),\cdots,(X_{579},Y_{579})$代入 XGBoost 得到预测值。利用真实值 Y_j 和预测值 $\hat{Y}_j$, $j=493,\cdots,579$ 计算灵敏度和特异度，绘制 ROC 曲线如图 2.2（f）所示。

2.7 分类器的预测表现

利用 R 软件构建 10 轮模型，每次随机抽取 85% 的数据作为训练集，剩余 15% 的数据作为测试集。计算 10 轮实验的平均准确率与标准差反映不同算法的泛化能力和稳定性。表 2.8 列举了七种分类器的预测表现，其中第七种分类器 RF 是 Macaulay 等（2021）为非洲妇女乳腺癌预测提供的一种定制风险模型。

表 2.8　七种分类器的预测精度（均值 ± 标准差）和运行时间

模型	准确率	误分类率	灵敏度	特异度	平均运行时间(s)
逻辑回归	0.700 ±0.042	0.300 ±0.042	0.672 ±0.108	0.768 ±0.153	0.068
SVM	0.713 ±0.034	0.287 ±0.034	0.133 ±0.073	0.952 ±0.024	0.135
GBDT	0.693 ±0.052	0.307 ±0.052	0.735 ±0.060	0.602 ±0.068	8.558
ANN	0.686 ±0.066	0.314 ±0.066	0.650 ±0.105	0.786 ±0.098	0.214
XGBoost	0.703 ±0.023	0.297 ±0.023	0.876 ±0.014	0.681 ±0.051	0.131
L_2 惩罚逻辑回归	0.812 ±0.038	0.188 ±0.038	0.790 ±0.055	0.843 ±0.097	0.328
RF	0.692 ±0.041	0.308 ±0.041	0.876 ±0.037	0.329 ±0.062	6.266

从表 2.8 可以看出，RF 预测肝癌的准确率为 0.692 ±0.041（灵敏度为 0.876 ±0.037，特异度为 0.329 ±0.062），运行时间是 6.266(s)；从准确率、灵敏度、特异度和时间方面看，L_2 惩罚逻辑回归更适合预测 HCC 肿瘤分类。L_2 惩罚逻辑回归的准确率为 0.812 ±0.038（灵敏度为 0.790 ±0.055，特异度为 0.843 ±0.097），运行时间是 0.328(s)；逻辑回归的准确率为 0.700 ±0.042（灵敏度为 0.672 ±0.108，特异度为 0.768 ±0.153），运行时间是 0.068(s)；SVM 的准确率为 0.713 ±0.034（灵敏度为 0.133 ±0.073，特异度为 0.952 ±0.024），运行时间是 0.135(s)；而 GBDT 的准确率为 0.693 ±0.052（灵敏度为 0.735 ±0.060，特异度为 0.602 ±0.068），运行时间是 8.558(s)；ANN 的准确率为 0.686 ±0.066（灵敏度为 0.650 ±

0.105，特异度为 0.786 ±0.098），运行时间是 0.214(s)；XGBoost 的准确率为 0.703 ±0.023（灵敏度为 0.876 ±0.014，特异度为 0.681 ±0.051），运行时间是 0.131(s)。逻辑回归、SVM、L_2 惩罚逻辑回归、ANN 和 XGBoost 运行时间差别不大，GBDT 用时最长，为 8.558(s)。L_2 惩罚逻辑回归的预测准确率比 GBDT、逻辑回归、SVM、ANN 和 XGBoost 都高。XGBoost 的灵敏度比 L_2 惩罚逻辑回归的灵敏度高 0.086，但 L_2 惩罚逻辑回归的特异度比 XGBoost 的特异度高 0.261；SVM 的特异度比 L_2 惩罚逻辑回归的特异度高 0.109，但 L_2 惩罚逻辑回归的灵敏度比 SVM 的灵敏度高 0.657。从预测精度、AUC 和运行时间上来看，使用 L_2 惩罚逻辑回归预测 HCC 肿瘤分类更合理，其预测表现明显优于逻辑回归、SVM、GBDT、ANN、XGBoost 和 RF。

2.8　结论与展望

肝癌在所有癌症中病死率高居第二位。机器学习能够改进疾病预测精度，因此本章利用它们研究肝癌前期诊断问题，提高肝癌预测精度。采用 Kaggle 官网大数据平台提供的肝癌患者的总胆红素、结合胆红素、血清总蛋白等 10 个指标的平均值作为协变量预测肝癌肿瘤性状，将 579 位肝癌患者分为两组：随机抽取 492 位患者构成训练样本，剩余 87 位患者构成检验样本。再利用训练样本建立六个分类器：逻辑回归、L_2 惩罚逻辑回归、SVM、GBDT、ANN 和 XGBoost 计算患者肿瘤细胞为恶性和良性的概率估计，确定最佳阈值预测肿瘤性状。再用剩下的 87 个观察作测试集计算混淆矩阵、灵敏度和特异度，绘制 ROC 曲线得到 AUC，评价模型预测精度。最后比较六个分类器的预测表现发现：L_2 惩罚逻辑回归预测精度最高，SVM 预测精度排第二位，XGBoost 预测精度排第三位，逻辑回归预测精度排第四位，GBDT 预测精度排第五位，ANN 预测精度最低。其他肿瘤预测问题也可以选取相关指标建立 L_2 惩罚逻辑回归预测肿瘤的良性和恶性问题，采用二类混淆矩阵和 ROC 曲线评价预测精度。因此本章提供了一种结合重要指标和惩罚逻辑回归提高肿瘤预测精度的有效方法。今后将对更高维或超高维 LASSO/SCAD/MCP 或组 LASSO/SCAD/MCP 惩罚逻辑回归作分类预测研究。

第 3 章

组 LASSO/SCAD/MCP 惩罚逻辑回归预测卵巢癌

3.1 引言

卵巢癌（Ovarian Cancer，OC）是女性最常见的癌症类型之一，是一种生长在卵巢上的恶性肿瘤。其发病率低于宫颈癌和子宫内膜癌，但其死亡率高于宫颈癌和子宫内膜癌的总和，在妇科癌症中居首位。2020 年世界卫生组织公布的全球癌症数据包括 314000 新发 OC 病例和 207000 死亡 OC 病例，而中国包括 55000 新发 OC 病例和 38000 死亡 OC 病例。卵巢肿瘤（Ovarian Tumors，OT）通常很容易诊断，但良恶性肿瘤的鉴别很难诊断。正确的良恶性诊断需要辅助检查，如超声检查、细胞学检查、腹腔镜检查、肿瘤标志物的测定和影像学诊断。计算机断层扫描（Computed Tomography，CT）和磁共振成像（Magnetic Resonance Imaging，MRI）可以清晰地显示肿瘤图像，通过观察肿瘤残留变化和肿瘤复发对 OT 诊断具有重要作用。正电子发射断层扫描（Positron Emission Tomography，PET）在鉴别良性和恶性肿瘤及诊断癌症复发方面也很重要。具有 CT 和 PET 功能的 PET－CT 可以更好地诊断。晚期 OC 是妇女癌症死亡的主要原因。特别是化疗后，复发率达 70% 以上。晚期 OC 恶性程度高、复发率高、预后差已成为影响 OC 患者生存的一些突出因素。因此，鉴别卵巢良恶性肿瘤至关重要。

OC是女性癌症死亡的第五大原因，其死亡人数超过任何其他妇科癌症。因此，正确区分卵巢良恶性肿瘤在医学领域具有重要意义。例如，Kikkawa等（1998）评价了肿瘤标志物和临床特征在鉴别成熟囊性畸胎瘤（Mature Cystic Teratoma，MCT）和由MCT引起的鳞状细胞癌（Squamous Cell Carcinoma，SCC）中的价值，证明了CEA是MCT引起的SCC的最佳筛选标记物，而年龄和肿瘤大小是比CA125或CA19-9更好的标记，年龄和肿瘤大小的最佳截止值分别为45岁和99毫米。Robbins等（2009）研究生殖因素对上皮性卵巢癌诊断后生存的预后影响，应用Kaplan-Meier方法估计生存概率，使用Cox比例风险模型估计风险比和95%置信区间，发现高寿命排卵周期（Lifespan of Ovulation Cycles，LOC）和初潮年龄较早与排卵后存活率下降相关。Diaz-Padilla等（2012）总结了上皮性OC初级治疗期间血清肿瘤抗原125（CA125）水平动态变化的临床相关性，以及其对患者管理和辅助临床试验设计的潜在影响。Anton等（2012）考虑肿瘤标志物CA125、人附睾蛋白4（HE4）、卵巢恶性肿瘤风险算法（Risk Ovarian Malignancy Algorithm，ROMA）和恶性肿瘤风险指数（Risk Malignancy Index，RMI）值的贡献，发现CA125、HE4、ROMA和RMI区分卵巢恶性和良性肿块的灵敏度分别为70.4%、79.6%、74.1%和63%，CA125、HE4、ROMA（绝经前、绝经后）和RMI的灵敏度分别为93.5%、87.1%、80%、95.2%和87.1%。Wang等（2014）对CA125、HE4、ROMA在OC诊断中的诊断价值进行了meta分析（a meta-analysis），系统搜索PubMed和ScienceDirect数据库，发现32项研究评估CA125、HE4和ROMA在诊断OC中的作用研究：HE4在绝经前人群的高特异性可能有助于诊断OC，而CA125和ROMA更适合诊断绝经后人群的OC。Muinao、Boruah和Pal（2019）展示了一组生物标志物作为未来原型开发的潜在工具，以及其他用于OC早期诊断的先进方法，以避免误诊和成本过高。Lu等（2020）提出机器学习预测OC，结合ROMA和逻辑回归对良性OT和OC进行准确分类，证明机器学习在预测复杂疾病方面具有良好的潜力。逻辑回归常用于疾病诊断和金融预测。对于高维二类分类问题，常将组惩罚函数与逻辑回归相结合建立组惩罚逻辑回归改进分类表现。例如，Wei和Zhu（2012）对组SCAD（Smoothly Clipped Absolute Deviation）或组MCP（Minimax Concave Penalty）惩罚逻辑回归等非凸惩罚回归提出了组坐标下降算法。Simon、Friedman和

Hastie（2013）对组惩罚多响应多项回归提出了块坐标下降算法。Vincent 和 Hansen（2014）对多项稀疏组 LASSO（Least Absdute Shrinkage and Selection Operator）分类器提出了坐标梯度下降算法，证实了多项稀疏组 LASSO 分类器在分类误差方面明显优于多项 LASSO 分类器，而且包含的分类特征更少。Shimizu 等（2015）提出了 LASSO 惩罚逻辑回归来捕捉最关键的输入特征，应用组 LASSO 选择与诊断相关的脑区，获得 31 名抑郁症患者和 31 名对照者的语义和语音语言流畅性磁共振成像数据，比较了 LASSO 组、稀疏组与标准 LASSO、SVM 和 RF 的表现。Chen 和 Xiang（2017）建立了组 LASSO 逻辑回归的信用评分模型，其中调优参数 λ 分别由赤池信息准则（Akaike Information Criterion，AIC）、贝叶斯信息准则（Bayesian Information Criterion，BIC）和交叉验证（Cross Validation，CV）预测误差选择，证明了组 LASSO 在可解释性和预测精度方面均优于后向消除法。Liu 等（2017）考虑到同时预测几个不同认知分数问题，这些分数与将受试者归类为正常的、轻微的认知障碍有关，阿尔茨海默病在多任务学习框架中使用从阿尔茨海默病神经成像倡议（Alzheimer's Disease Neuroimaging Initiative，ADNI）获得的大脑图像中提取的特征，提出了一种多任务稀疏组 LASSO（MT-SGL）框架估计跨任务耦合的稀疏特征，并处理与任何广义线性模型相关的损失函数，最后说明了 MT-SGL 对 ADNI 的良好预测表现。Ghosal 等（2020）开发了一种函数线性并行回归的变量选择方法，扩展了经典的标量对标量变量选择方法，如 LASSO、SCAD 和 MCP，表明在函数线性同步回归中，变量选择问题可以被称为组 LASSO 及其自然推广：组 SCAD/MCP 问题，说明了具有组 SCAD/MCP 的方法能够准确地识别出相关变量。这里对逻辑回归引入组 LASSO/SCAD/MCP 惩罚逻辑回归诊断良恶性卵巢肿瘤，更多细节参见 Hu 等（2023）相关研究。

3.2 数据和变量

3.2.1 卵巢癌数据来源

从 Kaggle 网站①下载苏州大学附属第三医院 2011 年 7 月至 2018 年 7 月收治的

① https://www.kaggle.com/saurabhshahane/predict-ovarian-cancer

349 例卵巢癌患者，包括 178 例卵巢良性肿瘤和 171 例卵巢癌。该数据集分为两个部分：70% 的卵巢癌患者组成训练集和 30% 的卵巢癌患者组成测试集，如表 3.1 所示。

表 3.1　　卵巢癌患者

分类	良性卵巢肿瘤（$Y=0$）	卵巢癌（$Y=1$）	合计
训练集	98	146	$n_1=244$
测试集	80	25	$n_2=105$
合计	178	171	$n=349$

数据集由 49 个变量组成：19 项血液常规检查，22 项一般化学检查，6 项肿瘤标志物，年龄和绝经期（见表 3.2）。患者术后均确诊为病例，术前均未实行化疗。根据世界卫生组织规定诊断的组织学类型进行分类。

表 3.2　　响应变量和 49 个预测变量

记号	变量	定义	取值范围
Y	*TYPE*	Tumor type(肿瘤类型)	BOT = 0, OC = 1
X_1	*MPV*	Mean platelet volume(血小板平均体积)	7.4 ~ 12.5(fL)
X_2	*PLT*	Platelet count(血小板数目)	125 ~ 350(10^9/L)
X_3	*PDW*	Platelet distribution width(血小板分布宽度)	5.5 ~ 18.1(%)
X_4	*PCT*	Thrombocytocrit(血小板比容)	0.114 ~ 0.282(L/L)
X_5	*BASO#*	Basophil cell count(嗜碱性细胞数)	0 ~ 0.06(10^9/L)
X_6	*BASO%*	Basophil cell ratio(嗜碱性细胞比率)	0 ~ 1(%)
X_7	*EO#*	Eosinophil count(嗜酸细胞数)	0.02 ~ 0.52(10^9/L)
X_8	*EO%*	Eosinophil ratio(嗜酸性粒细胞比率)	0.02 ~ 0.52(%)
X_9	*NEU*	Neutrophil ratio(中性粒细胞比值)	40 ~ 75(%)
X_{10}	*LYM#*	Lymphocyte count(淋巴细胞数)	1.1 ~ 3.2(10^9/L)
X_{11}	*LYM%*	Lymphocyte ratio(淋巴细胞比)	20-50(%)
X_{12}	*MONO#*	Mononuclear cell count(单核细胞数)	0.1 ~ 0.6(10^9/L)
X_{13}	*MONO%*	Monocyte ratio(单核细胞比)	3 ~ 10(%)
X_{14}	*MCV*	Mean corpuscular volume(红细胞平均体积)	82 ~ 100(fL)
X_{15}	*MCH*	Mean corpuscular hemoglubin(红细胞血红蛋白平均值)	27 ~ 34(Pg)
X_{16}	*RDW*	Red blood cell distribution width(红细胞分布宽度)	10.6 ~ 15.5(%)
X_{17}	*HGB*	Hemoglobin(血红蛋白)	110 ~ 150(g/L)

续表

记号	变量	定义	取值范围
X_{18}	*RBC*	Red blood cell count(红细胞数)	3.5~5.5(10^12/L)
X_{19}	*HCT*	Hematocrit(血细胞比容)	0.35~0.45(L/L)
X_{20}	*Mg*	Magnesium(镁)	0.73~1.3(mmol/L)
X_{21}	*PHOS*	Phosphorus(磷)	0.7~1.62(mmol/L)
X_{22}	*Ca*	Calcium(钙)	1.12~1.32(mmol/L)
X_{23}	*Na*	Natrium(钠)	137~147(mmol/L)
X_{24}	*Ka*	Kalium(钾)	3.5~5.3(mmol/L)
X_{25}	*CL*	Chlorine(氯)	99~110(mmol/L)
X_{26}	*ALB*	Albumin(白蛋白)	35~55(g/L)
X_{27}	*TP*	Total protein(总蛋白)	60~82(g/L)
X_{28}	*GLO*	Globulin(球蛋白)	20~40(g/L)
X_{29}	*TBIL*	Total bilirubin(总胆红素)	4~19(μmol/L)
X_{30}	*DBIL*	Direct bilirubin(直接胆红素)	1.5~7(μmol/L)
X_{31}	*IBIL*	Indirect bilirubin(间接胆红素)	2~15(μmol/L)
X_{32}	*GGT*	Gama glutamyltransferasey(伽马谷氨酸转移酶)	3~73(U/L)
X_{33}	*ALP*	Alkaline phosphatase(碱性磷酸酶)	25~130(U/L)
X_{34}	*AST*	Aspartate aminotransferase(天冬氨酸转氨酶)	6~40(U/L)
X_{35}	*ALT*	Alanine aminotransferase(丙氨酸转氨酶)	1~45(U/L)
X_{36}	*CA*125	Carbohydrate antigen 125(糖类抗原 125)	0~35(U/mL)
X_{37}	*CA*19-9	Carbohydrate antigen 19-9(糖类抗原 19-9)	0~37(U/mL)
X_{38}	*CA*72-4	Carbohydrate antigen 72-4(糖类抗原 72-4)	0~7(U/mL)
X_{39}	*AFP*	Alpha-fetoprotein(甲胎蛋白)	0~7(ng/mL)
X_{40}	*HE*4	Human epididymis protein 4(人附睾蛋白 4)	0~140(pmol/L)
X_{41}	*CEA*	Carcinoembryonic antigen(癌胚抗原)	0~5(ng/mL)
X_{42}	*CREA*	Creatinine(肌酸酐)	44~144(μmol/L)
X_{43}	*UA*	Urie acid(尿酸)	90~450(μmol/L)
X_{44}	*BUN*	Blood urea nitrogen(血尿素氮)	1.7~8.3(mmol/L)
X_{45}	*AG*	Anion gap(阴离子间隙)	8~30(mmo/L)
X_{46}	CO_2CP	Carban dioxide-combining power(二氧化碳结合力)	18~30(mmol/L)
X_{47}	*GLU*	Glucose(葡萄糖)	3.9~6.1(mmol/L)
X_{48}	*Age*	Age(年龄)	15~83
X_{49}	MENO	Menopause(绝经期)	Premenopausal = 0 Postmenopausal = 1

3.2.2 46个预测变量和11个不同组

在原始数据中，总蛋白是白蛋白和球蛋白的总和，总胆红素是直接胆红素和间接胆红素的总和。因此，总蛋白（TP，X_{27}）和总胆红素（TBIL，X_{29}）从49个预测变量中被删除。此外，69% CA72-4（糖类72-4抗原）值被遗漏。因此，X_{27}、X_{29}和X_{38}从49个预测变量中删除，其余46个预测变量被保留作为预测向量，其中小的缺失值用均值填充数据。在癌症筛查，血常规测试通常包括相关因素的血小板，白细胞和红细胞，肝功能和肾功能测试是肝脏和肾脏的基本生理功能的测试，化学、酸碱平衡和血糖是用来测量人体是否处于平衡状态，肿瘤标志物用于检测卵巢癌。因此，根据这些检查项目将46个预测变量分为11个不同的组。表3.3指定了11个不同组。

表3.3　　11个不同组

分组	检查项目	变量	描述
第1组	血小板	X_1，X_2，X_3，X_4	血小板的主要作用是加速凝血、促进止血、修复受损血管
第2组	白血细胞	X_5，X_6，X_7，X_8，X_9，X_{10}，X_{11}，X_{12}，X_{13}	白血细胞可吞噬外来物质产生抗体，治愈机体损伤，抵抗病原体侵袭和疾病免疫
第3组	红血细胞	X_{14}，X_{15}，X_{16}，X_{17}，X_{18}，X_{19}	红血细胞的主要作用是运输氧气和二氧化碳，可增强吞噬作用和免疫粘附
第4组	化学元素	X_{20}，X_{21}，X_{22}，X_{23}，X_{24}，X_{25}	离子被用来测量人体电解质。阳离子和阴离子数量的失衡会引起电解质紊乱，导致不同程度的身体损害
第5组	肝功能	X_{26}，X_{28}，X_{30}，X_{31}，X_{32}，X_{33}，X_{34}，X_{35}	肝功能检查一般包括蛋白质代谢功能、胆红素、胆汁酸代谢功能和血清酶指标
第6组	肿瘤标志物	X_{36}，X_{37}，X_{39}，X_{40}，X_{41}	肿瘤标志物可用于肿瘤早期发现、筛查和鉴别诊断，也可用于患者疗效检测、复发和预后判断

续表

分组	检查项目	变量	描述
第7组	肾功能	X_{42}，X_{43}，X_{44}	肾脏的主要功能是分泌和排泄尿液及毒素，调节体液量和水分，维持体内环境的平衡
第8组	酸碱平衡	X_{45}，X_{46}	正常人血液的pH值总保持在一定水平，一旦酸碱平衡被破坏，就会发生酸中毒或碱中毒
第9组	血糖	X_{47}	血液中的葡萄糖被称为血糖。血糖的产生和利用都处于动态平衡状态，维持体内各器官和组织的需要
第10组	年龄	X_{48}	OC与年龄有一定关系。最常见的年龄段是中老年女性，但许多年轻女性也可能患OC
第11组	绝经期	X_{49}	闭经早或晚对女性身体健康有一定影响，闭经时间越晚，OC风险越大

3.3 组惩罚逻辑回归

3.3.1 组LASSO惩罚逻辑回归

Tibshirani（1996）研究了LASSO惩罚线性回归。Yuan和Lin（2006）提出了组LASSO惩罚线性回归，建立了对数似然函数

$$Q(\beta;\lambda)=\frac{1}{2}\left\|Y-\sum_{j=1}^{J}X_{(j)}\beta_{(j)}\right\|_2^2+\lambda\sum_{j=1}^{J}\sqrt{d_j}\,\|\beta_{(j)}\|_2, \qquad (3.3.1)$$

其中，$\beta=(\beta_{(1)},\cdots,\beta_{(J)})$是系数向量，第$j$组系数向量为

$$\beta_{(j)}=\left(\beta_{d_{j-1}+1},\cdots,\beta_{d_{j-1}+d_j}\right)^{\top}, \qquad (3.3.2)$$

其长度为$d_j=\dim(\beta_{(j)})$。组LASSO（GLASSO）估计为

$$\hat{\beta}_{(j)}^{GLASSO}=\left(1-\frac{\lambda\sqrt{d_j}}{\|S_j\|}\right)_+S_j,\ j=1,\cdots,J, \qquad (3.3.3)$$

其中，$S_j=X_{(j)}^{\top}(Y-\beta_{-(j)})$，$\beta_{-(j)}=(\beta_{(1)}^{\top},\cdots,\beta_{(j-1)}^{\top},0,\beta_{(j+1)}^{\top},\cdots,\beta_{(J)}^{\top})$。Meier、Van de Geer和Bühlmann（2008）提出了组LASSO惩罚逻辑回归研究OC。这里提出具有

11 个不同组的组 LASSO 惩罚逻辑回归

$$\ln \frac{P_\beta(X_i)}{1 - P_\beta(X_i)} = \beta_0 + \sum_{j=1}^{11} X_{i(j)}^\top \beta_{(j)} = \eta_i, i = 1,\cdots,244, j = 1,\cdots,11, \tag{3.3.4}$$

建模 Y 和 $X = (X_{(1)},\cdots,X_{(11)})^\top$ 之间的关系，其中 $P_\beta(X_i) = P(Y_i = 1 \mid X_i; \beta) = \frac{\exp\left(\beta_0 + \sum_{j=1}^{11} X_{i(j)}^\top \beta_{(j)}\right)}{1 + \exp\left(\beta_0 + \sum_{j=1}^{11} X_{i(j)}^\top \beta_{(j)}\right)}$ 是卵巢良性肿瘤的条件概率，β_0 是截距，$\beta = (\beta_{(1)},\cdots,\beta_{(11)})$ 是未知参数。基于训练集 $\{X_i, Y_i\}_{i=1}^{n_1}$，建立了负组对数似然函数

$$\begin{aligned} L(\beta) &= -l(\beta) \\ &= -\frac{1}{244}\sum_{i=1}^{244}\{Y_i \ln P_\beta(X_i) + (1 - Y_i)\ln(1 - P_\beta(X_i))\} \\ &= -\frac{1}{244}\sum_{i=1}^{244}\left\{Y_i\left(\beta_0 + \sum_{j=1}^{11} X_{i(j)}^\top \beta_{(j)}\right) - \ln\left[1 + \exp\left(\beta_0 + \sum_{j=1}^{11} X_{i(j)}^\top \beta_{(j)}\right)\right]\right\} \end{aligned} \tag{3.3.5}$$

和组 LASSO 惩罚逻辑对数似然函数

$$Q(\beta;\lambda) = L(\beta) + \lambda \sum_{j=1}^{11} \sqrt{d_j}\, \|\beta_{(j)}\|, \tag{3.3.6}$$

其中，调整参数 $\lambda \geqslant 0$ 控制惩罚大小。假设对于单变量 Z，单变量软门限算子为

$$S(Z,\lambda) = \begin{cases} Z - \lambda, & \text{如果 } Z > 0, \lambda < |Z|, \\ 0, & \text{如果 } |Z| \leqslant \lambda, \\ Z + \lambda, & \text{如果 } \lambda > |Z|. \end{cases} \tag{3.3.7}$$

对于向量值参数 Z，多变量软门限算子为

$$S(Z,\lambda) = S(\|Z\|,\lambda)\frac{Z}{\|Z\|}, \tag{3.3.8}$$

其中，$Z/\|Z\|$ 是 Z 方向上的单位向量。换句话说，$S(Z,\lambda)$ 将向量 Z 缩短到 0，如果 Z 的长度小于 λ，向量一直收缩到 0。令 $\eta = \beta_0 + \sum_{j=1}^{11} X_{(j)}^\top \beta_{(j)}$，$\eta_i = \beta_0 + \sum_{j=1}^{11} X_{i(j)}^\top \beta_{(j)}$，$v = \max_i \sup_\eta \{\nabla^2 L_i(\eta)\}$，$L_i(\eta) = Y_i \eta_i - \ln(1 + e^{\eta_i})$，$i = 1,\cdots,244$，$vI - \nabla^2 L(\eta)$ 对所有点 η 都是半正定矩阵。Breheny 和 Huang（2011，2015）对组 LASSO 惩罚逻辑回归（Group LASSO Penalized Logistic Regression，GLASSO−PLR）提出了

组坐标下降（Group Coordinate Descent，GCD），算法如下：

算法 1 GLASSO－PLR 的 GCD 算法

1. 令 $\eta=\beta_0+\sum_{j=1}^{11}X_{(j)}^{\top}\beta_{(j)}$，$\eta_i=\beta_0+\sum_{j=1}^{11}X_{i(j)}^{\top}\beta_{(j)}$，$i=1,\cdots,244,P=e^{\eta}/(1+e^{\eta})$。
2. 在 $m+1$ 次迭代的第 j 步，$j=1,2,\cdots,11$，执行(A)－(C)：
   (A) 计算 $\tilde{r}\leftarrow(Y-P)/v$ 和 $Z_{(j)}=X_{(j)}^{\top}\tilde{r}+\beta_{(j)}$；
   (B) 更新 $\hat{\beta}_{(j)}^{GLASSO}(m+1)\leftarrow S(vZ_{(j)},\lambda_j)/v$；
   (C) 更新残差 $\tilde{r}\leftarrow\tilde{r}-X_{(j)}^{\top}\left(\hat{\beta}_{(j)}^{GLASSO}(m+1)-\hat{\beta}_{(j)}^{GLASSO}(m)\right)$。
3. 更新 $m\leftarrow m+1$。
4. 重复 2 和 3 直到收敛。

假设 $P_i=e^{\eta_i}/(1+e^{\eta_i})$，$W=\text{diag}\{P_1(1-P_1),\cdots,P_{n_1}(1-P_{n_1})\}$，$X_{-(j)}=(X_{(1)}^{\top},\cdots,X_{(j-1)}^{\top},0^{\top},X_{(j+1)}^{\top},\cdots,X_{(11)}^{\top})$ 和 $\beta_{-(j)}=(\beta_{(1)}^{\top},\cdots,\beta_{(j-1)}^{\top},0^{\top},\beta_{(j+1)}^{\top},\cdots,\beta_{(11)}^{\top})$。计算 $\tilde{Y}=X^{\top}\tilde{\beta}^{GLASSO}+W^{-1}(Y-P)$，$Z_{(j)}=X_j^{\top}(\tilde{Y}-X_{-(j)}\beta_{-(j)})$，建立 GLASSO 估计

$$\tilde{\beta}_{(j)}^{GLASSO}=\frac{1}{v}S\left(vZ_{(j)},\lambda\sqrt{d_j}\right)=\frac{1}{v}S\left(v\|Z_{(j)}\|,\lambda\sqrt{d_j}\right)\frac{Z_{(j)}}{\|Z_{(j)}\|},j=1,\cdots,11. \tag{3.3.9}$$

3.3.2 组 SCAD 惩罚逻辑回归

Fan 和 Li（2001）提出了 SCAD 惩罚

$$P_{SCAD}(\beta;\lambda,\gamma)=\begin{cases}\lambda\beta,\text{如果 }\beta\leqslant\lambda,\\ \dfrac{2\lambda\gamma\beta-(\beta^2+\lambda^2)}{2(\gamma-1)},\text{如果 }\lambda<\beta\leqslant\gamma\lambda,\\ \dfrac{\lambda^2(\gamma^2-1)}{2(\gamma-1)},\text{如果 }\beta>\gamma\lambda,\end{cases} \tag{3.3.10}$$

其中，$\lambda>0$，$\gamma>2$。关于参数向量 β 的一阶导数为

$$P'_{SCAD}(\beta;\lambda,\gamma)=\lambda\left\{I(\beta\leqslant\lambda)+\frac{(\gamma\lambda-\beta)_+}{(\gamma-1)\lambda}I(\beta>\lambda)\right\}=\begin{cases}\lambda,\text{如果 }\beta\leqslant\lambda,\\ \dfrac{\gamma\lambda-\beta}{\gamma-1},\text{如果 }\lambda<\beta\leqslant\lambda\gamma,\\ 0,\text{如果 }\beta>\lambda\gamma.\end{cases} \tag{3.3.11}$$

组 SCAD 惩罚逻辑回归（group SCAD penalized logistic regression，GSCAD-PLR）的组惩罚对数似然

$$Q(\beta;\lambda,\gamma)=L(\beta)+\sum_{j=1}^{11}P_{SCAD}(\|\beta_{(j)}\|;\lambda\sqrt{d_j},\gamma). \tag{3.3.12}$$

对 GSCAD-PLR 应用 GCD 算法，得到第 j 组 SCAD 估计

$$\hat{\beta}_{(j)}^{GSCAD}=\begin{cases}\frac{1}{v}S(vZ_{(j)},\lambda\sqrt{d_j}),\text{如果}\|Z_{(j)}\|\leqslant 2\lambda\sqrt{d_j},\\ \frac{\gamma-1}{\gamma-2}\cdot\frac{1}{v}S\left(vZ_{(j)},\frac{\lambda\sqrt{d_j}\gamma}{\gamma-1}\right),\text{如果}2\lambda\sqrt{d_j}<\|Z_{(j)}\|\leqslant\lambda\sqrt{d_j}\gamma,\gamma>2,\\ Z_{(j)},\text{如果}\|Z_{(j)}\|>\lambda\sqrt{d_j}\gamma.\end{cases} \tag{3.3.13}$$

更多细见看算法 2。

算法 2　GSCAD-PLR 的 GCD 算法

1. 令 $\eta=\beta_0+\sum_{j=1}^{11}X_{(j)}^{\top}\beta_{(j)}$，$\eta_i=\beta_0+\sum_{j=1}^{11}X_{i(j)}^{\top}\beta_{(j)}$，$i=1,\cdots,244$，$P_i=e^{\eta_i}/(1+e^{\eta_i})$。
2. 在 $m+1$ 次迭代的第 j 步，$j=1,2,\cdots,11$，执行(A)-(C)：
   (A)计算 $\tilde{r}\leftarrow(Y-P)/v$ 和 $Z_{(j)}=X_{(j)}^{\top}\tilde{r}+\beta_{(j)}$；
   (B)更新 $\hat{\beta}_{(j)}^{GSCAD}=\begin{cases}\frac{1}{v}S(vZ_{(j)},\lambda\sqrt{d_j}),\quad\text{如果}\|Z_{(j)}\|\leqslant 2\lambda\sqrt{d_j},\\ \frac{\gamma-1}{\gamma-2}\cdot\frac{1}{v}S\left(vZ_{(j)},\frac{\lambda\sqrt{d_j}\gamma}{\gamma-1}\right),\quad\text{如果}2\lambda\sqrt{d_j}<\|Z_{(j)}\|\leqslant\lambda\sqrt{d_j}\gamma,\gamma>2,\\ Z_{(j)},\quad\text{如果}\|Z_{(j)}\|>\lambda\sqrt{d_j}\gamma;\end{cases}$
   (C)更新残差 $\tilde{r}\leftarrow\tilde{r}-X_{(j)}^{\top}\left(\hat{\beta}_{(j)}^{GSCAD}(m+1)-\hat{\beta}_{(j)}^{GSCAD}(m)\right)$。
3. 更新 $m\leftarrow m+1$。
4. 重复 2 和 3 直到收敛。

3.3.3　组 MCP 惩罚逻辑回归

Zhang（2010）提出了非凸 MCP 函数

$$P_{MCP}(\beta;\lambda,\gamma)=\begin{cases}\lambda\beta-\frac{\beta^2}{2\gamma},\quad\text{如果}\beta\leqslant\gamma\lambda,\\ \frac{\gamma\lambda^2}{2},\quad\text{如果}\beta>\gamma\lambda,\end{cases} \tag{3.3.14}$$

其中，$\lambda>0$，$\gamma>1$。关于参数向量β的一阶导数为

$$P'_{MCP}(\beta;\lambda,\gamma)=\lambda\left(1-\frac{\beta}{\lambda\gamma}\right)_{+}\operatorname{sign}(\beta)=\begin{cases}\lambda-\dfrac{\beta}{\gamma}, & \text{如果}\beta\leqslant\gamma\lambda,\\ 0, & \text{如果}\beta>\lambda\gamma,\end{cases}\tag{3.3.15}$$

其中 $\operatorname{sign}(\beta)=-1$，0，1 分别对应 $\beta<0$，$\beta=0$，$\beta>0$。组 MCP 惩罚逻辑回归（Group MCP Penalized Logistic Regression，GMCP-PLR）的组惩罚对数似然为

$$Q(\beta;\lambda,\gamma)=L(\beta)+\sum_{j=1}^{11}P_{MCP}\left(\|\beta_{(j)}\|;\lambda\sqrt{d_j},\gamma\right).\tag{3.3.16}$$

应用 GCD 算法到 GMCP-PLR，得到第j组 MCP 估计

$$\hat{\beta}_{(j)}^{GMCP}=\begin{cases}\dfrac{\gamma}{\gamma-1}\cdot\dfrac{1}{v}S(vZ_{(j)},\sqrt{d_j}\lambda), & \text{如果}\|Z_{(j)}\|\leqslant\sqrt{d_j}\lambda\gamma,\gamma>1,\\ Z_{(j)}, & \text{如果}\|Z_{(j)}\|>\sqrt{d_j}\lambda\gamma.\end{cases}\tag{3.3.17}$$

更多细节见算法 3。

算法 3　GMCP-PLR 的 GCD 算法

1. 令 $\eta=\beta_0+\sum_{j=1}^{11}X_{(j)}^{\top}\beta_{(j)},\eta_i=\beta_0+\sum_{j=1}^{11}X_{i(j)}^{\top}\beta_{(j)},i=1,\cdots,244,P_i=e^{\eta_i}/(1+e^{\eta_i})$。
2. 在 $m+1$ 次迭代的第j步，$j=1,2,\cdots,11$，执行（A）－（C）：

   （A）计算 $\tilde{r}\leftarrow(Y-P)/v$ 和 $Z_{(j)}=X_{(j)}^{\top}\tilde{r}+\beta_{(j)}$；

   （B）更新 $\hat{\beta}_{(j)}^{GMCP}=\begin{cases}\dfrac{\gamma}{\gamma-1}\cdot\dfrac{1}{v}S(vZ_{(j)},\sqrt{d_j}\lambda), & \text{如果}\|Z_{(j)}\|\leqslant\sqrt{d_j}\lambda\gamma,\gamma>1,\\ Z_{(j)}, & \text{如果}\|Z_{(j)}\|>\sqrt{d_j}\lambda\gamma;\end{cases}$

   （C）更新残差 $\tilde{r}\leftarrow\tilde{r}-X_{(j)}^{\top}\left(\hat{\beta}_{(j)}^{GMCP}(m+1)-\hat{\beta}_{(j)}^{GMCP}(m)\right)$。
3. 更新 $m\leftarrow m+1$。
4. 重复 2 和 3 直到收敛。

应用 GCD 算法到三个组惩罚逻辑回归，应用训练集$\{(X_i,Y_i),i=1,\cdots,n_1\}$得到参数估计$\hat{\beta}_0^{\lambda,\gamma}$和$\hat{\beta}^{\lambda,\gamma}$，计算概率估计

$$\hat{P}_i=\hat{P}\left(Y_i=1\mid X_i;\hat{\beta}_0^{\lambda,\gamma},\hat{\beta}^{\lambda,\gamma}\right)=\frac{\exp\left(\hat{\beta}_0^{\lambda,\gamma}+X_i^{\top}\hat{\beta}^{\lambda,\gamma}\right)}{1+\exp\left(\hat{\beta}_0^{\lambda,\gamma}+X_i^{\top}\hat{\beta}^{\lambda,\gamma}\right)},\tag{3.3.18}$$

$$1-\hat{P}_i=\hat{P}\left(Y_i=0\mid X_i;\hat{\beta}_0^{\lambda,\gamma},\hat{\beta}^{\lambda,\gamma}\right)=\frac{1}{1+\exp\left(\hat{\beta}_0^{\lambda,\gamma}+X_i^{\top}\hat{\beta}^{\lambda,\gamma}\right)},\tag{3.3.19}$$

最后应用测试集$\{(X_i,Y_i),i=n_1+1,\cdots,n_1+n_2\}$，$n_1=244$ 和 $n_2=105$，按照以下规则：

$$\text{如果 } \hat{P}_i>c,\quad \text{则 } \hat{Y}_i=1,\quad \text{否则 } \hat{Y}_i=0, \tag{3.3.20}$$

估计预测值 $\hat{Y}_i$，其中 c 是给定阈值。对平衡数据，c 通常取 0.5。对不平衡数据，约登指数被广泛用于选择最优阈值（Raghavan，Ashour & Bailey，2016）。

评论 与局部线性/二次渐近算法比较，GCD 算法具有以下优点：(1) 每一组的优化都有一个封闭解；(2) 更新可以计算得非常快；(3) 初始值永远不会远离解，且只需要几次迭代。

3.3.4 两类分类表现

对于两类分类问题，通常使用两类混淆矩阵、ROC 曲线和 AUC 评价预测表现。通过改变不同阈值 c，得到不同 1-特异度和灵敏度，可以绘制 ROC 曲线，其中 1-特异度是 x 轴，表示假阳性率。FPR 越小，假阳性率越低，在预测的负类中实际负类越少。灵敏度为 y 轴，表示真阳性率（true positive rate，TPR）。TPR 越大，hit 越高，预测阳性类中的实际阳性类就越多。AUC $\in(0,1)$，一般 AUC 值越大，预测表现越好。

3.3.5 路径选择

调优参数 λ 控制惩罚强度的大小。λ 越大，惩罚程度越强，被压缩到 0 的系数越多，选择的非零参数越少。因此，调优参数 λ 的选择至关重要。常用的方法有 AIC、BIC 和 CV。然而，这里感兴趣的不仅是由一个 λ 值得到 $\hat{\beta}^{\lambda,\gamma}$，而是 λ 的取值范围，即包括从所有惩罚系数为 0 的最大值 $\lambda_{\max}$ 到所有惩罚系数为 0 的最小值 $\lambda_{\min}$ 或模型变得过大或无法识别的最小值 $\lambda_{\min}$ 的取值范围。这里考虑 λ 在格点上的值 $\{\lambda_0,\cdots,\lambda_{K+1}\}$。应用 10 折 CV 方法选择最优 λ，通过最优 λ 得到 $\hat{\beta}$。对于默认的 γ，GSCAD 为 4，GMCP 为 3，算法从 $\lambda_{\max}$ 开始到 $\lambda_{\min}$ 结束。当目标函数为严格凸函数时，估计系数在 $\lambda\in[\lambda_{\min},\lambda_{\max}]$ 内连续变化，产生正则化解路径。算法 1 是迭

代算法，以 λ_{max} 在 $\beta=0$ 时的最大值为迭代初值，组 LASSO 惩罚逻辑回归取 $\lambda_{max}=\max_j\{v\|Z_{(j)}\|\}$，由最大值向最小值趋近，前一个 λ 得到的 $\hat{\beta}^{\lambda,\gamma}$ 作为下一个迭代初值来确保初值不脱离解。表 3.4 列举了对应 GLASSO/GSCAD/GMCP 惩罚的相对最优。

表 3.4　对应 GLASSO/GSCAD/GMCP 惩罚的相对最优 λ

	GLASSO	GSCAD	GMCP
最优 λ 值	0.0462	0.0430	0.0520

3.4 模型估计和预测表现

3.4.1 模型估计

应用算法 1 至算法 3 获得 GLASSO/GSCAD/GMCP 估计，调用 grprep 包计算它们的值。首先，在组内对训练集进行正交，通过 10 倍 CV 过程选出最优 λ（见表 3.4），将最优 λ 和默认 γ 应用于式（3.3.9）、式（3.3.13）至式（3.3.17），计算 GLASSO/GSCAD/GMCP 估计（见表 3.5）。其次，应用式（3.3.18）至式（3.3.20）得到概率估计和类指标估计，然后用测试集计算混淆矩阵。最后计算准确率、灵敏度、特异度，绘制 ROC 曲线并计算 AUC 值来评估预测表现。图 3.1 为 GLASSO/GSCAD/GMCP 惩罚选择的系数路径，其中横坐标为 λ 值，纵坐标为系数估计 $\hat{\beta}$。

10 折 CV 方法选择的相对最优 λ 如图 3.2 所示，其中纵坐标表示交叉验证错误，横坐标表示 $\ln\lambda$，上面的数字表示模型在对应 λ 处选择的变量数目。表 3.4 列举了 10 折 CV 方法根据卵巢肿瘤数据集选择的相对最优 λ。

根据表 3.4 发现 GMCP 惩罚逻辑回归的最优 λ 比 GLASSO/GSCAD 惩罚逻辑回归的最优 λ 更大。因此，GMCP 的惩罚强度越大，压缩到 0 的系数越多，选择的变量组越少。决定最优 λ 后，应用 GCD 算法和 grprep 包计算 GLASSO/GSCAD/GMCP 估计（见表 3.5）。

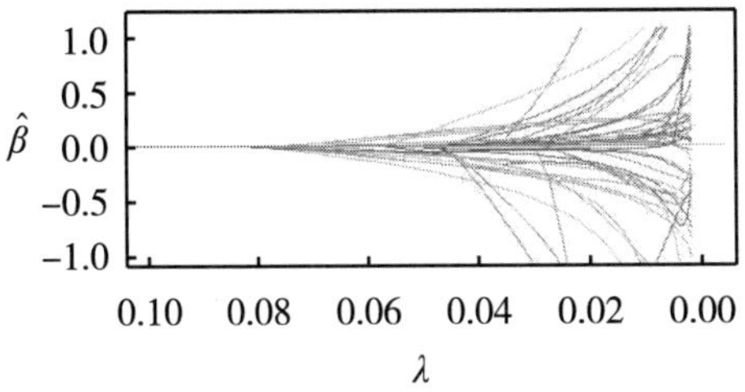

（a）GLASSO

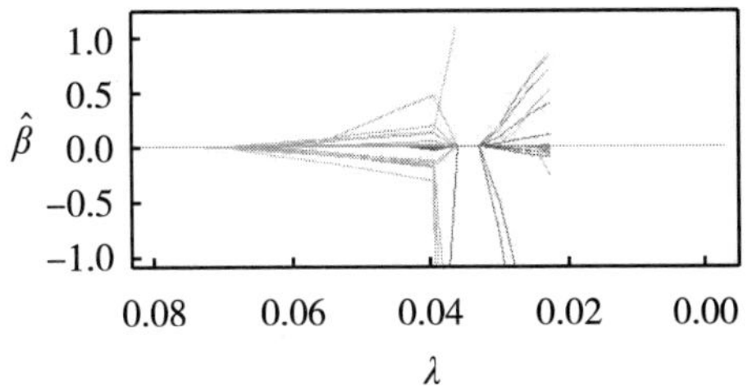

（b）GSCAD

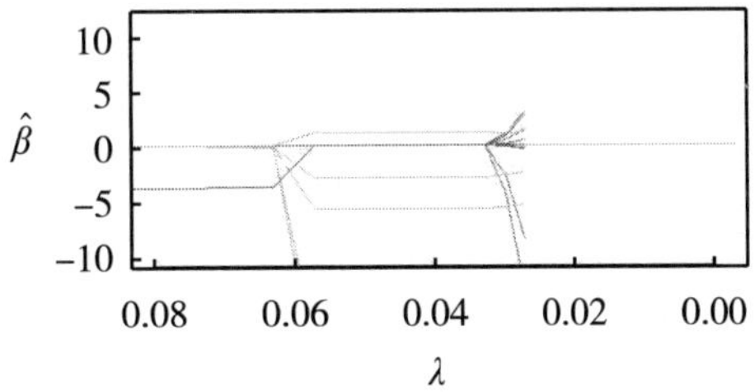

（c）GMCP

图 3.1　组 GLASSO/GSCAD/GMCP 惩罚逻辑回归的系数路径

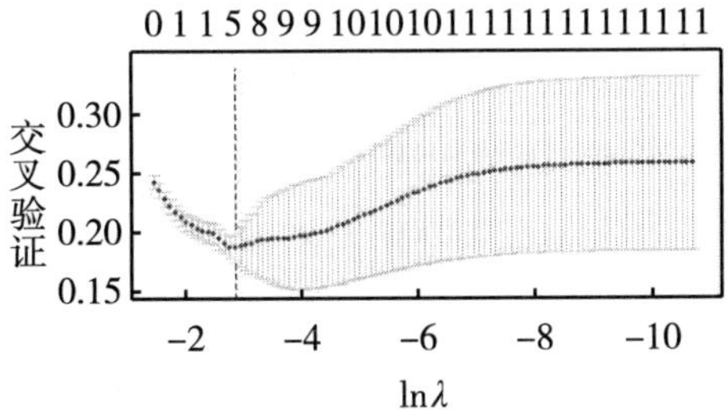

（a）GLASSO

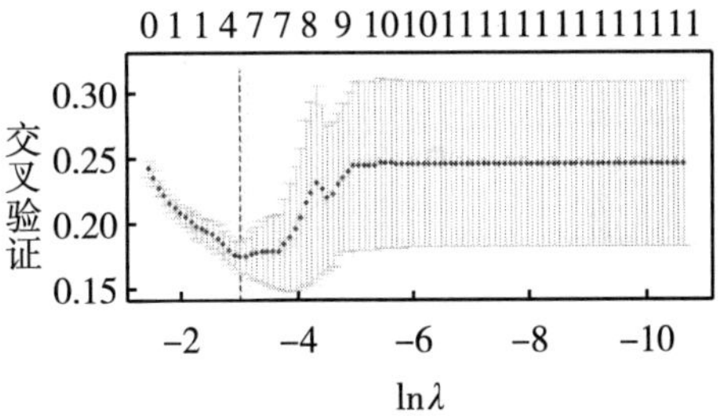

（b）GSCAD

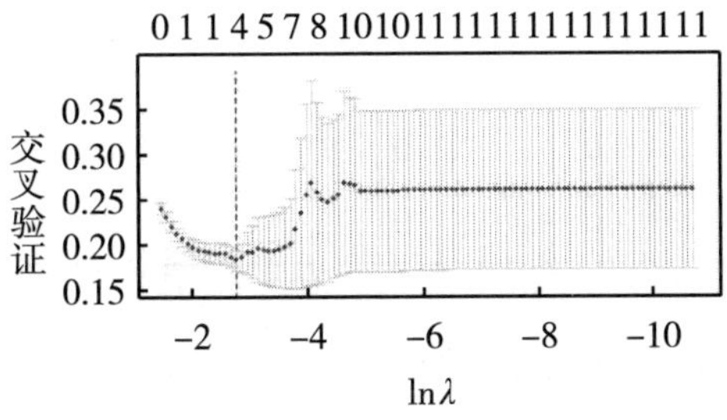

（c）GMCP

图 3.2　GLASSO/GSCAD/GMCP 的交叉验证误差

表 3.5 **GLASSO/GSCAD/GMCP 估计**

变量	GLASSO	GSCAD	GMCP
β_0	-1.7058	-2.6146	-4.8250
$\beta_{(1-1)}$	-0.0781	0	0
$\beta_{(1-2)}$	-0.0238	0	0
$\beta_{(1-3)}$	-0.0213	0	0
$\beta_{(1-4)}$	0.0104	0	0
$\beta_{(2-5)}$	0	0	0
$\beta_{(2-6)}$	0	0	0
$\beta_{(2-7)}$	0	0	0
$\beta_{(2-8)}$	0	0	0
$\beta_{(2-9)}$	0	0	0
$\beta_{(2-10)}$	0	0	0
$\beta_{(2-11)}$	0	0	0
$\beta_{(2-12)}$	0	0	0
$\beta_{(2-13)}$	0	0	0
$\beta_{(3-14)}$	0	0	0
$\beta_{(3-15)}$	0	0	0
$\beta_{(3-16)}$	0	0	0
$\beta_{(3-17)}$	0	0	0
$\beta_{(3-18)}$	0	0	0
$\beta_{(3-19)}$	0	0	0
$\beta_{(4-20)}$	0	0	0
$\beta_{(4-21)}$	0	0	0
$\beta_{(4-22)}$	0	0	0
$\beta_{(4-23)}$	0	0	0
$\beta_{(4-24)}$	0	0	0
$\beta_{(4-25)}$	0	0	0
$\beta_{(5-26)}$	-0.0830	-0.1234	0
$\beta_{(5-28)}$	-0.1639	-0.1591	0
$\beta_{(5-30)}$	0.0370	0.0395	0
$\beta_{(5-31)}$	0.1349	0.1628	0
$\beta_{(5-32)}$	0.0061	0.0180	0
$\beta_{(5-33)}$	0.1263	0.1025	0
$\beta_{(5-34)}$	-0.1672	-0.1532	0
$\beta_{(5-35)}$	-0.1691	-0.1593	0
$\beta_{(6-36)}$	-0.2574	-0.2659	-17.3783
$\beta_{(6-37)}$	0.0988	0.1180	1.1620
$\beta_{(6-39)}$	-0.0903	-0.1089	-5.6947
$\beta_{(6-40)}$	-0.1336	-0.1411	-20.3392
$\beta_{(6-41)}$	-0.0942	-0.1122	-2.8399
$\beta_{(7-42)}$	0.1868	0.3735	0
$\beta_{(7-43)}$	0.0229	0.0388	0
$\beta_{(7-44)}$	-0.0045	0.0003	0
$\beta_{(8-45)}$	0	0	0
$\beta_{(8-46)}$	0	0	0
$\beta_{(9-47)}$	0	0	0
$\beta_{(10-48)}$	-2.1425	-3.3630	0
$\beta_{(11-49)}$	-0.0528	0	0

根据表3.5发现，GLASSO 惩罚逻辑回归保留了由22个非零解释变量组成的6个组和由24个零解释变量组成的5个组。GSCAD 惩罚逻辑回归保留了由17个非零解释变量组成的4个组。GMCP 逻辑回归选择肿瘤标记组中第6组解释变量，包括 CA125、CA19-9、AFP、HE4、CEA，其余解释变量的系数被压缩为0，表明其余10组对卵巢良恶性肿瘤没有显著影响。因此，GMCP 逻辑回归可以有效预测卵

巢肿瘤良恶性。其概率估计如下：

$$\hat{P}(Y_i=1|X_i)=\frac{e^{-4.8250-17.3783X_{36}+1.1620X_{37}-5.6947X_{39}-20.3392X_{40}-2.8399X_{41}}}{1+e^{-4.8250-17.3783X_{36}+1.1620X_{37}-5.6947X_{39}-20.3392X_{40}-2.8399X_{41}}},$$

$$\hat{P}(Y_i=0|X_i)=\frac{1}{1+e^{-4.8250-17.3783X_{36}+1.1620X_{37}-5.6947X_{39}-20.3392X_{40}-2.8399X_{41}}}.$$

由此得到肿瘤标志物群是诊断卵巢良恶性肿瘤的重要指标的结论。

3.4.2　预测表现

应用 GLASSO/GSCAD/GMCP 惩罚逻辑回归区分良恶性 OT。表 3.6 和表 3.7 分别列举了 GLASSO/GSCAD/GMCP 惩罚逻辑回归、SVM 和 ANN 的两类混淆矩阵和预测表现。

表 3.6　五种方法的两类混淆矩阵

		1（OC）	0（BOT）
GLASSO	1（OC）	21	14
	0（BOT）	4	66
GSCAD	1（OC）	21	11
	0（BOT）	4	69
GMCP	1（OC）	22	4
	0（BOT）	3	76
SVM	1（OC）	14	16
	0（BOT）	11	64
ANN	1（OC）	24	28
	0（BOT）	1	52

表 3.7　五种方法的预测表现

方法	精确度	准确度	特异度	灵敏度
GLASSO	0.8286	0.6000	0.8250	0.8400
GSCAD	0.8571	0.6563	0.8625	0.8400
GMCP	0.9333	0.8462	0.9500	0.8800
SVM	0.7429	0.4667	0.8000	0.6400
ANN	0.7238	0.4615	0.6500	0.9600

从表3.7可以看出，组惩罚逻辑回归的预测表现优于机器学习方法。GMCP逻辑回归的预测精确度、准确度和特异度分别为93.33%、84.62%和95%。GSCAD惩罚逻辑回归的预测精确度是85.71%，GLASSO惩罚逻辑回归的预测精确度是82.86%，SVM和ANN的预测精确度分别是74.29%和72.38%。ANN预测最差，与GMCP逻辑回归的预测准确率相差20.95%，精确度和特异度最低，分别为46.15%和65%，但灵敏度最高，为96%。支持向量机的预测表现略优于人工神经网络，预测精度为74.29%，预测灵敏度最低，为56%。AUC越大，预测表现越好。图3.3的ROC曲线由pROC包绘制。

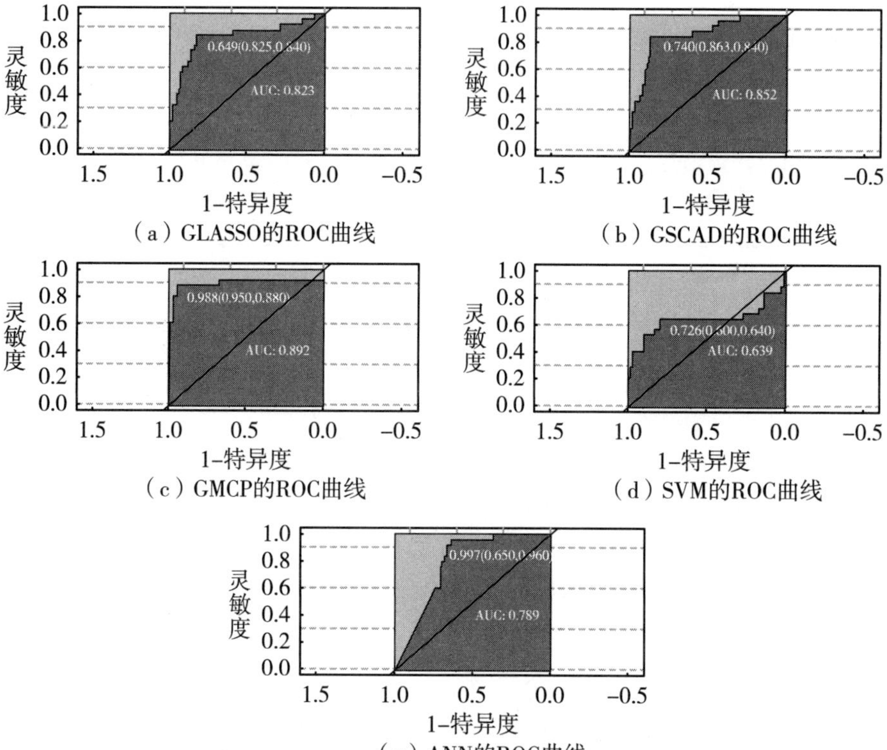

（a）GLASSO的ROC曲线　（b）GSCAD的ROC曲线

（c）GMCP的ROC曲线　（d）SVM的ROC曲线

（e）ANN的ROC曲线

图3.3　五种方法的ROC曲线

图3.3中模型的灵敏度和特异度与表3.7一致，GLASSO/GSCAD/GMCP惩罚逻辑回归的最优阈值分别为0.649、0.740、0.988，AUC分别为0.823、0.852、0.892。SVM的最优阈值为0.726，AUC为0.639。ANN的最优阈值为0.997、AUC为0.789。组惩罚逻辑回归的AUC超过0.8，预测精度较高。SVM和ANN的AUC均低于0.8，预测效果较差。因此，预测卵巢良恶性肿瘤，GMCP逻辑回归

的 AUC 最高，预测最佳。

3.5 结论与展望

本章对逻辑回归引入了三个惩罚函数，提出了组 LASSO/SCAD/MCP 惩罚逻辑回归区分卵巢良恶性肿瘤，改进预测精度。先将苏州大学收治的 349 例卵巢癌患者分成训练集和测试集，再将血常规、一般化学检测、肿瘤标志物和基本信息等 46 个变量分成 11 个不同变量组，建立组 LASSO/SCAD/MCP 惩罚逻辑回归，发展组坐标下降算法，利用训练集得到组估计和类概率估计，应用测试集计算混淆矩阵、灵敏度、特异度和 AUC 评估预测性能。最后比较组 LASSO/SCAD/MCP 组惩罚逻辑回归和 ANN/SVM 五个分类器发现，前者的预测精度和 AUC 优于后者。

第 4 章

九种统计学习方法预测美国航空公司股价的涨跌运动

4.1 引言

机器学习方法已成功应用于股票市场预测。例如，Wang 和 Zhu（2010）开发了 SVM 和两步核学习方法用于金融时间序列预测。Nair 等（2011）提出了自适应人工神经网络预测股市指数的第二天收盘价格。Cavalcante 等（2016）系统回顾了人工智能、神经网络和 SVM 预测股票价格或方向变化方面的研究进展。Zhang 等（2018）提出了一种新股价趋势预测系统预测股价运动及其涨跌区间。Wen 等（2019）利用频繁模式重构序列简化金融时间序列，利用卷积神经网络预测股价涨跌趋势。Nabipour 等（2020）采用机器学习和深度学习算法降低趋势预测风险等。Shen 和 Shafiq（2020）提出深度学习预测中国股票价格趋势等。

近年来开始研究投资者情绪对股票收益的影响。例如，Joshi、Bharathi 和 Rao（2016）对新闻情绪进行分类，预测未来股票走势。Li、Bu 和 Wu（2017）将投资者情绪与市场因素结合，提出了长短期记忆神经网络提高预测表现。Xing、Cambria 和 Zhang（2019）通过捕捉资产价格变动和市场情绪之间的双向交互作用，提出了一种新的情绪感知波动率预测器。Khan 等（2020）提出了具有情绪和情境特征的机器学习方法预测股票未来走势。Li、Ning 和 Zhang（2021）通过添加情绪感知变量构建上证综指的收益分布。此外，Malandri 等（2018）研究了公众情绪如何影响投资组合管理。Xing、Cambria 和 Welsch（2018）调查了市场情绪在资产配置问题中产生的作用。Xing 等（2018）将公众情绪形式化为市场观点与现代投资组合理论进行整合。Picasso 等（2019）将技术分析与新闻情绪分析结合，构建了基于机器学习的投资组合回报预测模型等。

预测股票的涨跌趋势本质上是一个二类分类问题。本章采用能提供类概率估计又能提高预测精度的逻辑回归作为二类分类函数，结合 Murphy（1999）的技术分析选取重要技术指标作为预测向量，以股票的涨跌趋势作为二元响应变量 Y 建立具有技术指标的逻辑回归预测股价涨跌趋势。首先采用 2010～2020 年美国航空公司股价数据的 80% 作为训练样本，学习具有 18 个技术指标的逻辑回归分类器，利用迭代加权最小二乘法得到模型的参数估计，计算股价上涨和下跌的概率估计；再采用剩余 20% 的美国航空公司股价数据作为检验样本，计算混淆矩阵、灵敏度和特异度，绘制 ROC 曲线评价预测精度，其中 AUC 常用作分类表现的总结指标。预测结果表明，与 SVM、ANN 和基于五类统计指标的一阶自回归逻辑模型（Autoregression Logistic Model，ARL）相比，具有技术指标的逻辑回归在预测精度和 AUC 方面表现最好，不仅能得到股价涨跌的概率估计，而且具有很好的统计解释能力和更高更稳定的趋势预测精度。因此本章提供了一种结合技术指标和逻辑回归提高股价趋势预测精度的有效方法，可参考胡雪梅和蒋慧凤（2021）相关研究。

4.2　18 个技术指标

假设 C_t、H_t、L_t 和 P_t 分别表示第 t 天的收盘价、最高价、最低价和股票价格。根据 Murphy（1999）的金融股票市场分析和 R 软件程序包 TTR 选择和计算可能影响股票涨跌趋势的 18 个技术指标。

（1）双指数移动平均线（DEMA，X_{t1}），提供比指数移动平均线（Exponential Moving Average，EMA）延迟更少、更加平滑的平均线，其中指数移动平均线跟随 K 线趋势，对越新数据的权重越大。

（2）平均趋向指标（ADX，X_{t2}），根据 +DI、 -DI、ADX 三条线的变化情况判断趋向变动程度的指标。

（3）趋同与背离的移动平均线（MACD，X_{t3}），显示收市价格的快指数移动平均线和慢指数移动平均线之间的差异，快表示短期平均线，慢表示长期平均线，常采用 12 日的 EMA 减去 26 日的 EMA。

（4）顺势指标（CCI，X_{t4}），对股票价格与股价在固定期间平均水平的偏离程度进行界定的指标，展现资产价格、移动平均线和标准差之间的关系。

（5）动量（MOM，X_{t5}），衡量证券价格给定时间内的变化量，显示股票价格变化率。

（6）相对强度指数（RSI，X_{t6}），表示定向价格变动的速度和幅度。通过观察某特定时期对应股价的变动情况得到市场买卖力量的对比情况，再利用对比情况预测股票未来的涨跌趋势。

（7）平均真实波幅（ATR，X_{t7}），衡量波动性的指标，没有提供价格方向指示。

（8）收盘价位置（CLV，X_{t8}），用来评估收盘价相对于当日最高和最低价格的一个指标。CLV 值的范围从 -1 到 1，正值越大，表示收盘价越接近当天价格的高点，负值越大，表示收盘价越接近当天价格的低点。

（9）蔡金货币流量（CMF，X_{t9}），比较收盘价、最高价和最低价，其结构与累积分配线非常相似。

（10）钱德动量摆动（CMO，X_{t10}）指标，计算所有最近收益和与所有最近损失和之差。

（11）简易波动（EMV，X_{t11}），演示股票价格变化和成交量之间的关系，更容易显示股票在任何给定时间上涨或下跌。

（12）货币流动指数（MFI，X_{t12}），使用价格和交易量数据生成超买或超卖信号的技术振荡器，可以用来发现价格趋势变化的背离情况，振荡器在 0 到 100 之间移动。

（13）变化率（ROC，X_{t13}），衡量当前价格与过去价格差，显示价格变动速度。

（14）十字过滤线（VHF，X_{t14}），判断所处行情种类，还判断指定时间段的行情是盘整市还是单边市。

（15）抛物线指标（SAR，X_{t15}），用来确定趋势方向和价格的潜在反转，能用量化的价格给出止损点位和反转点。SAR 指标对一般投资者的行情研判提供相当大的帮助作用，具体表现在持币观望、持股待涨和明确止损三个方面。

（16）三重平滑指数振荡器（TRIX，X_{t16}），一种结合趋势和动量的振荡器，是为了过滤价格噪声和无关紧要的价格波动。

（17）威廉指标（WPR，X_{t17}），用来衡量股票市场中的超买超卖行为。通过研究股价的波动幅度，即某段时间内的股票最高价、最低价以及收盘价三者之间的关系来判断股票市场的强弱和是否过度买入或卖出等行为。

（18）信噪比指标（SNR，X_{t18}），表示股票的趋势方向的核心趋势指标。

4.3 预测精度评估

混淆矩阵是展现分类模型预测结果的列联表，以矩阵形式将真实类别和预测类别进行汇总。混淆矩阵的行表示真实类，列表示预测类。表 4.1 列举了观测涨跌和预测涨跌的二类混淆矩阵。

表 4.1　　二类混淆矩阵

预测类	真实类	
	观测涨：$Y_t=1$	观测跌：$Y_t=0$
预测涨：$\hat{Y}_t=1$	TP	FP
预测跌：$\hat{Y}_t=0$	FN	TN

注：FN 表示第一类错误（原假设正确但拒绝原假设），即观测股价上涨但预测股价下跌的概率；FP 表示第二类错误（原假设错误但接受原假设），即观测股价下跌但预测上涨的概率。

根据混淆矩阵可以计算 3 个指标：总体精确率、灵敏度和特异度，其中

$$\text{总体精确率}=\frac{TP+TN}{TP+TN+FP+FN} \tag{4.3.1}$$

指分类模型所有判断正确的结果与总观测值的比重。它在一定程度上反映了预测表现，但不能反映两类错误对应的损失。因此，需要结合精确率和 AUC 评价预测准确性。ROC 曲线是通过阈值 c 生成曲线上的一组关键点。不断移动阈值 c，计算不同真阳性率和假阳性率，即点集$(TPR(c),FPR(c)),c\in(\infty,\infty)$，绘制 ROC 曲

线，特别最靠近左上角的 ROC 曲线上的点所对应的阈值是分类错误最少的最优阈值。

$$灵敏度(真阳性率,TPR)=TP/(TP+FN), \tag{4.3.2}$$

$$特异度(1-假阳性率,1-FPR)=TN/(TN+FP). \tag{4.3.3}$$

$TPR(c)=P(X_1<c)$表示阈值为 c 时的灵敏度（即在所有观测为上涨的样本中预测值上涨所占的比例），$FPR(c)=P(X_2<c)$表示在阈值 c 处的假阳性率（即在所有观测为下跌样本中预测为上涨所占的比例）。一般 TPR 越大越好，FPR 越小越好。AUC 用作分类性能的汇总指标，等于概率 $P(X_1<X_2)$（即不同类别的两个测量值被正确排序的概率）。利用 R 程序包 pROC 可以绘制 ROC 曲线并获得相关统计数据。也可参考胡雪梅和刘锋（2020）相关研究。

4.4 逻辑回归预测美国航空公司股价涨跌趋势

4.4.1 股票数据分析

这里研究美国航空公司 2010～2020 年样本容量为 $n+N=2744$ 的股票数据，选取 80% 的观测数据作为训练集（样本容量 $n=2195$）学习美国航空公司股票价格的涨跌趋势，剩余 20% 的观测数据作为检验集（样本量为 $N=549$）预测股票价格的涨跌趋势。首先通过 R 函数 getSymbols 从雅虎金融端口中获得美国航空公司 2010～2020 年的开盘价（O_t）、最高价（H_t）、最低价（L_t）、收盘价（C_t）、成交量（V_t）和调整后价格（A_t）。然后采用 R 的 TTR 程序包计算 18 个技术指标：DEMA、ADX、MACD、CCI、MOM、RSI、ATR、CLV、CMF、CMO、EMV、MFI、ROC、VHF、SAR、TRIX、WPR 和 SNR。Vanston 和 Finnie（2009）认为在股市预测研究中长期预测模型应使用基本指标，短期预测模型（如日预测模型）应关注技术指标。为了预测每日股票的涨跌趋势，选择 18 个技术指标作为预测变量，利用收盘价的涨跌作为响应变量，建立了逻辑回归、SVM、ANN 和 ARL，预测美国航空公司的股价涨跌趋势。表 4.2 列出了训练集$\{x_t,y_t\}_{t=1}^{n=2195}$下美国航空公司股价的 18 项技术指标的总结统计量和方差膨胀因子（variance inflation factor,

VIF)，其中 VIF 表示 18 个技术指标之间的共线性关系。

表 4.2 美国航空公司股价的 18 个技术指标的描述统计量和方差膨胀因子

统计量	均值	中位数	最大值	最小值	标准差	VIF
$DEMA_t$	29.174	35.429	59.186	4.094	16.828	56604.318
ADX_t	42.560	40.720	89.280	12.120	14.780	1.167
$MACD_t$	0.535	0.540	13.485	-10.069	3.110	2.631
CCI_t	0.181	0.388	5.000	-5.000	2.834	9.564
MOM_t	0.061	0.090	6.890	-7.270	1.685	18.228
RSI_t	51.828	52.707	96.682	3.353	22.444	27.065
ATR_t	0.961	0.989	2.756	-0.235	0.497	4.350
CLV_t	-0.028	-0.038	1.000	-1.000	0.613	2.615
CMF_t	-0.020	-0.013	0.826	-0.875	0.304	2.738
CMO_t	2.574	6.173	100.000	-100.000	60.152	17.695
EMV_t	-0.00001	0.000005	0.006	-0.011	0.001	1.673
MFI_t	51.660	53.110	100.000	0.000	27.072	4.608
ROC_t	0.004	0.004	0.303	-0.271	0.063	6.605
VHF_t	0.596	0.578	1.000	0.084	0.193	1.616
SAR_t	28.580	34.020	59.080	3.960	16.731	193.896
$TRIX_t$	0.085	0.104	3.850	-2.326	0.795	7.104
WPR_t	48.500	47.100	100.000	0.000	30.900	13.300
SNR_t	1.261	1.133	4.495	0.000	0.875	1.711

从表 4.2 可以看出，DEMA 最大值与最小值相差不大，说明美国航空公司股价波动范围较窄。ADX 在［12.120，89.280］内波动显示股票趋向变动程度：ADX 低于 20 ~25，市场没有明显趋势；趋向变动平均程度为高于 25 的 42.560，说明股票趋势变动比较明显。MACD 的均值、标准差和极差很小。CCI 在［-5.000，5.000］内取值显示股价存在窄幅震荡整理期。5 日动量线 MOM 的均值为 0.061，表示收盘价高于当天最高价与最低价均值的天数超过一半，美国航空公司股价总体呈上涨趋势。RSI 均值 51.828 ∈ (10,80) 属于观察期，最大值 96.682 大于 80，对应卖出时期，最小值 3.353 小于 10，对应买入时期。CLV ∈ (10,80)，CLV 越大表示收盘价越接近当天最高价，CLV 越小表示收盘价越接近当天最低价。CMF 的

最小值为 -0.875，小于 -0.05，表示处于看跌状态，最大值 0.826 大于 0.05，表示处于看涨状态。如果 CMO 大于 50 为超买状态，小于 -50 为超卖状态。这里 CMO 的均值为 2.574，说明股价在正常的震荡区间。当 EMV 在 0 以下波动时，代表市场处于弱市，即没有上涨趋势且存在下跌风险；当 EMV 在 0 上方波动时，代表市场处于强市。EMV 的均值为 0.00001，说明弱势市场和强势市场均有出现且量能相差不大。MFI 的最小值 0.000 小于 20，说明资金处于冷却区，MFI 的最大值 100 大于 80，说明资金处于短期过热区，其均值为 51.660，说明资金量处于正常状态。ROC 从上向下突破 0 轴线时，为股票卖出时机；当 ROC 从下向上穿破 0 轴线时，为股票买进时机。ROC 均值为 0.004，标准差为 0.063，说明市场盈利机会稍大于亏损，且 ROC 波动幅度较小。无法单独根据 VHF 判断股市行情，需要借助其他技术指标。VHF 标准差为 0.193，表示其离散程度小。不管价格在何时达到新的最高点或最低点，SAR 都会根据股票情况不断加速并调紧止损，解决滞后性带来的问题。表 4.2 显示 SAR 的最小值、最大值、均值、标准差相对其他指标较大，说明 SAR 具有较高灵敏性。当 TRIX 值大于 0 时，动量上升；当 TRIX 小于 0 时，动量下降。TRIX 最小值为 -2.326，最大值为 3.850，所以极差较小，标准差也较小，平均值为 0.085，说明谷歌股价平均趋势变动较快。$WPR \in [0,100]$：当 WPR 高于 80 时处于超卖区，当 WPR 低于 20 时处于超买区，WPR 处于 20 ~ 80 属于正常波动状态。WPR 均值为 48.5，说明股票处于正常波动状态的时间较长。SNR = 5 表示市场在给定的回顾期内已产生了五倍波动率（平均真实范围），其平均波动相当于波动率的 1.261 倍。为了检验 18 个指标是否存在共线性，引入 VIF 进行检验。由表 4.2 可看出，$DEMA_t$、SAR_t 的 VIF 远远大于 10，MOM_t、RSI_t、CMO_t、WPR_t 的 VIF 都大于 10，说明 18 个指标存在共线性关系，需要对逻辑回归引入惩罚函数减弱或消除共线性现象，避免过度拟合。先分析 18 个技术指标变量间的相关关系。

图 4.1 的相关矩阵使用主成分分析对变量重新排序后使二元变量的关系模式更明显，其中下三角图形用阴影深度表示相关性大小，上三角图形用饼图填充比例表示相关性，主对角线上是变量名字。由图 4.1 可知，X_{t1}、X_{t7}、X_{t15}的相关程度很高，X_{t8}、X_{t9}、X_{t4}、X_{t10}、X_{t11}、X_{t6}、X_{t5}、X_{t12}、X_{t13}、X_{t16}、X_{t3}所在区域的阴影部分较为明显，说明变量间的相关性较高。由表 4.2 可知指标之间存在不同量纲，指

标数值存在较大差异。为了消除这些差异造成的影响，先对变量进行标准化处理。为了直观了解美国航空公司股票涨跌趋势的变化，利用美国航空公司 2010 ~2020 年的收盘价绘制了美国航空公司股价趋势，如图 4.2 所示。

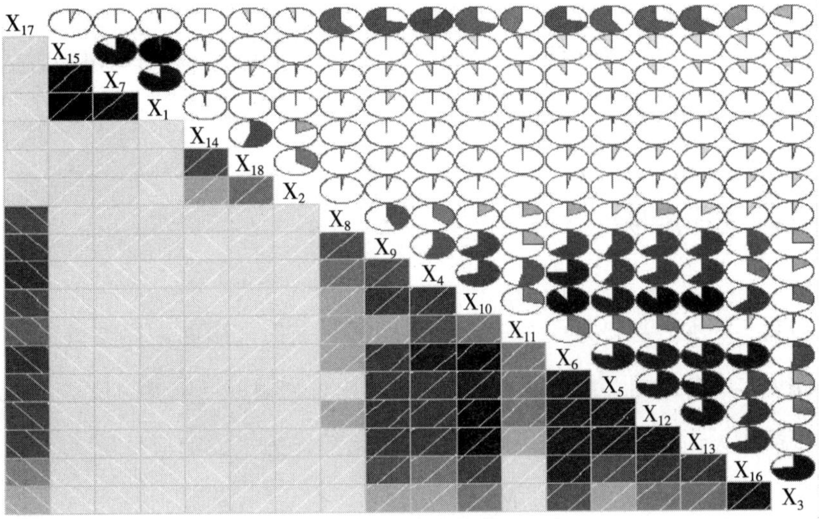

图 4.1　变量相关性

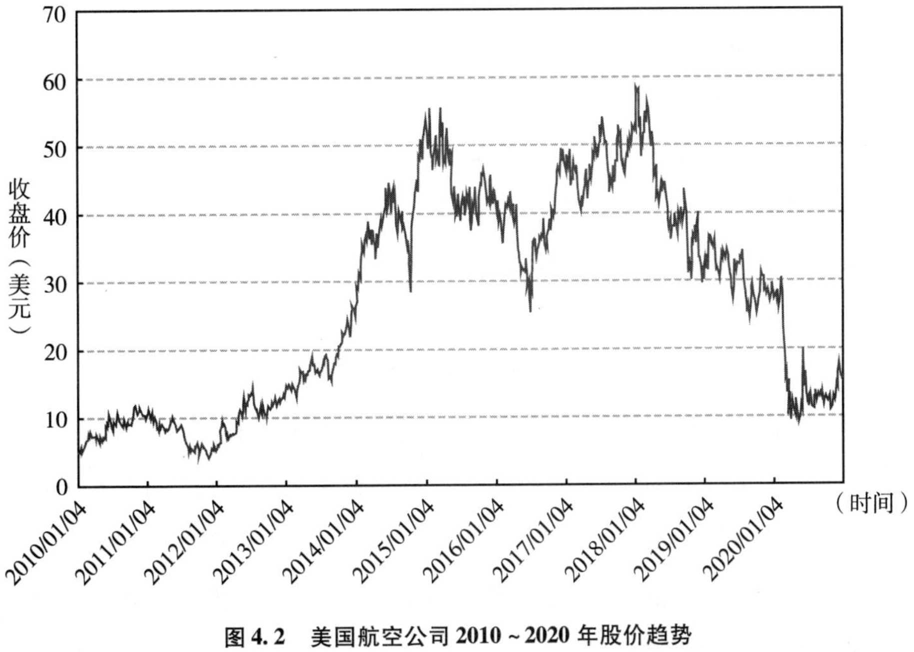

图 4.2　美国航空公司 2010 ~2020 年股价趋势

从图 4.2 可以看出，2010 ~2012 年美国航空公司股票在一个较低的价格水平内波动，没有明显的上升或者下降趋势；2013 ~2015 年的股价存在明显的上升趋势；2015 ~2017 年股价波动的幅度较大；2018 ~2020 年美国航空公司股价存在明显的下降趋势，可能的原因在于2018 年3 月中美贸易摩擦开始发酵，日益紧张的国际局势可能会对航空公司的商务旅客流量产生负面影响，导致美国航空公司股价下跌。2019 年3 月美国航空公司旗下最经济的波音 737MAX 飞机在全球停飞，导致股价进一步下跌。2019 年底到 2020 年新冠疫情爆发对全球经济产生重大冲击，美国航空公司的股价受到严重影响。

4.4.2 逻辑回归

预测股票的涨跌趋势是一个二类分类问题。下面采用能提供类概率估计的逻辑回归作为二类分类器，结合 Murphy（1999）对金融市场发展的技术分析选取重要技术指标作为预测向量 X_t，以股票的涨跌趋势作为二元响应变量 Y_t，建立具有技术指标的逻辑回归预测股票的涨跌趋势。

假设 C_t 表示股票在第 t 个交易日的收盘价，则 $Z_t(k)=C_t-C_{t-k}$ 表示第 k 期回报。

$$Y_t=\begin{cases}1, & \text{如果 } Z_t(k)\geqslant 0,\\ 0, & \text{如果 } Z_t(k)<0,\end{cases} \tag{4.4.4}$$

表示股票价格在第 t 个交易日的涨跌趋势。希望利用当前和过去的数据预测未来股票回报的涨跌趋势。如果 X 的概率分布已知，那么可以构造一个误分类率最小的两类分类模型。由于 X 的分布通常未知，因此只能用训练样本 $D=\{x_t,y_t\}_{t=1}^{n}$ 来学习一个两类分类模型，而最优的两类分类模型隐藏在原始数据中。由 4.4.1 节的分析可知，选取的 18 个技术指标与美国航空公司股价涨跌趋势有较强的相关性。下面利用这 18 个技术指标建立逻辑回归预测美国航空公司股价的涨跌运动。假设 $X_t=(X_{t1},\cdots,X_{t18})^{\top}$，其中 X_{t1}，X_{t2}，…，X_{t18} 分别表示在 t 个交易日的 18 个技术指标：$DEMA_t$、ADX_t、$MACD_t$、CCI_t、MOM_t、RSI_t、ATR_t、CLV_t、CMF_t、CMO_t、EMV_t、MFI_t、ROC_t、VHF_t、SAR_t、$TRIX_t$、WPR_t、SNR_t，具体的计算公式和相关解释参考 4.2 节的内容。逻辑回归可以表示为

$$P(X_t;\beta_0,\beta)=P(Y_t=1\mid X_t=x_t;\beta_0,\beta)=\frac{e^{\beta_0+x_t^{\top}\beta}}{1+e^{\beta_0+x_t^{\top}\beta}}, \tag{4.4.5}$$

$$1-P(X_t;\beta_0,\beta)=P(Y_t=0\mid X_t=x_t;\beta_0,\beta)=\frac{1}{1+e^{\beta_0+x_t^\top\beta}},\tag{4.4.6}$$

其中，$\beta=(\beta_1,\cdots,\beta_{18})^\top$和$x_t=(x_{t1},\cdots,x_{t18})^\top$。式（4.4.5）和式（4.4.6）的 logit 变换为

$$\ln\{P(X_t;\beta_0,\beta)/[1-P(X_t;\beta_0,\beta)]\}=\beta_0+X_t^\top\beta,\tag{4.4.7}$$

其中，$\ln\{P(X_t;\beta_0,\beta)/[1-P(X_t;\beta_0,\beta)]\}$称为优势比或机会比。当优势比取对数后为正值，即$\ln\{P(X_t;\beta_0,\beta)/[1-P(X_t;\beta_0,\beta)]\}>1$，则表示股票价格上涨的概率大于50%。逻辑回归中的预测变量可以是分类变量或连续变量，其中连续变量由于量纲不一致或尺度差别大，可以先进行标准化处理，将连续变量转化成均值为0、方差为1的变量。然后采用极大似然方法估计回归系数。给定训练集$D=\{x_t,y_t\}_{t=1}^n$，逻辑回归的似然函数为

$$W(\beta)=\prod_{t=1}^n[P(x_t;\beta_0,\beta)]^{y_t}[1-P(x_t;\beta_0,\beta)]^{1-y_t}.\tag{4.4.8}$$

两边取对数，得到对数似然函数

$$\begin{aligned}L(\beta)&=\sum_{t=1}^n\{y_t\ln P(x_t;\beta_0,\beta)+(1-y_t)\ln[1-P(x_t;\beta_0,\beta)]\},\\&=\sum_{t=1}^n\left[y_t(\beta_0+x_t^\top\beta)-\ln\left(1+e^{\beta_0+x_t^\top\beta}\right)\right].\end{aligned}\tag{4.4.9}$$

负对数似然函数

$$l(\beta)=-L(\beta)=\sum_{t=1}^n\left[-y_t(\beta_0+x_t^\top\beta)+\ln\left(1+e^{\beta_0+x_t^\top\beta}\right)\right].\tag{4.4.10}$$

求$l(\beta)$关于β的一阶和二阶导数

$$\frac{\partial l}{\partial\beta}=\sum_{t=1}^n[P(x_t;\beta_0,\beta)-y_t]x_t=x^\top(p-y),\tag{4.4.11}$$

$$\frac{\partial^2 l}{\partial\beta\partial\beta^\top}=\sum_{t=1}^n x_t^\top P(x_t;\beta_0,\beta)[1-P(x_t;\beta_0,\beta)]x_t=-x^\top p(1-p)x,\tag{4.4.12}$$

其中，$x=(x_1,\cdots,x_n)^\top$和$p=(P(x_t;\beta_0,\beta),\cdots,P(x_n;\beta_0,\beta))^\top$。令

$$m_t=P(x_t;\beta_0,\beta)[1-P(x_t;\beta_0,\beta)],$$

则有

$$\frac{\partial^2 l}{\partial\beta\partial\beta^\top}=\sum_{t=1}^n x_t^\top m_t x_t=x^\top mx,\tag{4.4.13}$$

其中，x 是 $n\times s$ 的样本矩阵（n 和 s 分别表示样本数和特征维数），m 是对角元素 m_t 的对角矩阵。假设 β 表示式（4.4.10）的最优估计，则 β 满足条件

$$\frac{\partial l}{\partial \beta}=x^{\top}(p-y)=0. \tag{4.4.14}$$

为了得到式（4.4.14）的解，需要用 Newton-Raphson 迭代法。如果 β^{old} 和 β^{new} 分别表示 β 的当前估计值和新估计值，则有

$$\begin{aligned}\beta^{\text{new}}&=\beta^{\text{old}}-\left(\frac{\partial^2 l}{\partial\beta\partial\beta^{\top}}\right)^{-1}\frac{\partial l}{\partial\beta}\\&=\beta^{\text{old}}+(x^{\top}mx)^{-1}x^{\top}(y-p)\\&=(x^{\top}mx)^{-1}x^{\top}m(x\beta^{\text{old}}+m^{-1}(y-p))\\&=(x^{\top}mx)^{-1}x^{\top}mz,\end{aligned} \tag{4.4.15}$$

其中，$z=x\beta^{\text{old}}+m^{-1}(y-p)$，并且式（4.4.15）中的一阶和二阶导数按当前估计值计算。显然，Newton-Raphson 迭代算法等价于求解下面的加权最小二乘问题

$$\beta^{new}=\arg\min_{\beta}(z-x\beta)^{\top}m(z-x\beta). \tag{4.4.16}$$

记参数 β_0 和 β 的迭代加权最小二乘估计为 $\hat{\beta}_0$ 和 $\hat{\beta}$，将估计代入逻辑回归，得到股票涨跌的概率估计

$$\hat{P}\left(y_t=1\mid x_t;\hat{\beta}_0,\hat{\beta}\right)=\hat{P}\left(x_t;\hat{\beta}_0,\hat{\beta}\right)=\frac{e^{\hat{\beta}_0+x_t^{\top}\hat{\beta}}}{1+e^{\hat{\beta}_0+x_t^{\top}\hat{\beta}}},\ n+1\leqslant t\leqslant N, \tag{4.4.17}$$

$$\hat{P}\left(y_t=0\mid x_t;\hat{\beta}_0,\hat{\beta}\right)=1-\hat{P}\left(x_t;\hat{\beta}_0,\hat{\beta}\right)=\frac{1}{1+e^{\hat{\beta}_0+x_t^{\top}\hat{\beta}}},\ n+1\leqslant t\leqslant N. \tag{4.4.18}$$

4.4.3 逻辑回归预测方法及精度评价

下面将预测变量 x_{t1}（DEMA）、x_{t2}（ADX）、x_{t3}（MACD）、x_{t4}（CCI）、x_{t5}（MOM）、x_{t6}（RSI）、x_{t7}（ATR）、x_{t8}（CLV）、x_{t9}（CMF）、x_{t10}（CMO）、x_{t11}（EMV）、x_{t12}（MFI）、x_{t13}（ROC）、x_{t14}（VHF）、x_{t15}（SAR）、x_{t16}（TRIX）、x_{t17}（WPR）和 x_{t18}（SNR）和响应变量 y_t 代入逻辑回归式（4.4.5）和式（4.4.6），利用 2010～2020 年美国航空公司股票数据的 80% 作为训练样本学习逻辑回归，结合极大似然和 Newton-Raphson 迭代算法得到模型参数估计 $\hat{\beta}$ 及相关统计量，如表 4.3 所示。

表 4.3 具有 18 个技术指标的逻辑回归的参数估计及相关统计量

参数	估计值	标准差	P 值	影响程度
β_0	1.683	0.794	0.034	*
β_1	6.750	0.762	0.000	***
β_2	0.001	0.004	0.873	
β_3	-0.027	0.028	0.333	
β_4	-0.091	0.057	0.113	
β_5	-1.196	0.154	0.000	***
β_6	0.027	0.012	0.031	*
β_7	-0.025	0.233	0.914	
β_8	-0.526	0.142	0.000	***
β_9	-2.503	0.304	0.000	***
β_{10}	-0.016	0.004	0.000	***
β_{11}	-0.020	65.44	0.003	**
β_{12}	-0.024	0.004	0.000	***
β_{13}	6.832	2.278	0.000	***
β_{14}	1.497	0.361	0.000	**
β_{15}	0.184	0.0448	0.000	***
β_{16}	-0.874	0.189	0.000	***
β_{17}	-4.825	0.630	0.000	***
β_{18}	-0.253	0.085	0.003	**

从表 4.3 可知，β_1、β_5、β_8、β_9、β_{10}、β_{12}、β_{13}、β_{14}、β_{15}、β_{16}、β_{17}的 P 值都远远小于 0.05，β_{11}和β_{18}的 P 值稍微小于 0.05。给定显著性水平 0.05，预测变量 x_{t1}、x_{t5}、x_{t8}、x_{t9}、x_{t10}、x_{t12}、x_{t13}、x_{t14}、x_{t15}、x_{t16}、x_{t17}、x_{t11}和 x_{t18}显著，而其余预测变量不显著。根据影响程度来看，“***”代表预测变量对响应变量的影响程度较大，“**”代表预测变量对响应变量的影响程度一般，空格代表预测变量对响应变量的影响程度非常小。β_0 和 β_6 的影响程度是“*”，影响轻微，故 x_{t6}列为不显著变量。从表 4.3 可知，DEMA 每增加 1 个单位，优势比的对数增加 6.750，即 DEMA 指标值与股票价格涨跌呈正相关关系；MACD 每增加 1 个单位，优势比的对数减少 0.027，即 MACD 指标值与股票价格涨跌呈负相关关系。同理，ADX、RSI、ROC、VHF、SAR 均与股票价格涨跌呈正相关关系，CCI、MOM、ATR、CLV、CMF、CMO、EMV、MFI、TRIX、WPR 和 SNR 均与股票价格涨跌呈负相关关系。

前面利用训练集学习美国航空公司股价趋势，下面采用检验集建立混淆矩阵绘制 ROC 曲线评价逻辑回归的预测精度。先选取一个发生概率阈值 c：如果概率值

大于这个阈值 c，预测值取 1；如果概率值小于这个阈值 c，预测值取 0。显然，阈值的选取对模型预测精度影响很大。通常取 0.5，这里使用最优阈值 0.431，先利用检验集计算预测类，再基于预测类和实际类建立二类混淆矩阵，如表 4.4 所示。根据混淆矩阵计算模型预测的总体精确率、灵敏度和特异度。

表 4.4　　评价逻辑回归分类表现的真实混淆矩阵

	观测涨：$Y_t = 1$	观测跌：$Y_t = 0$
预测涨：$\hat{Y}_t = 1$	228	73
预测跌：$\hat{Y}_t = 0$	61	187

$$\text{总体精确率} = \frac{228 + 187}{228 + 187 + 73 + 61} \approx 0.756,$$

$$\text{灵敏度} = \frac{228}{228 + 61} \approx 0.789, \text{特异度} = \frac{187}{187 + 73} \approx 0.719.$$

总体准确率是评价预测最简单的指标，但不能完全反映两类误差对应的损失。因此利用不同阈值计算灵敏度和特异度，绘制评价预测精度的 ROC 曲线，如图 4.3 所示。

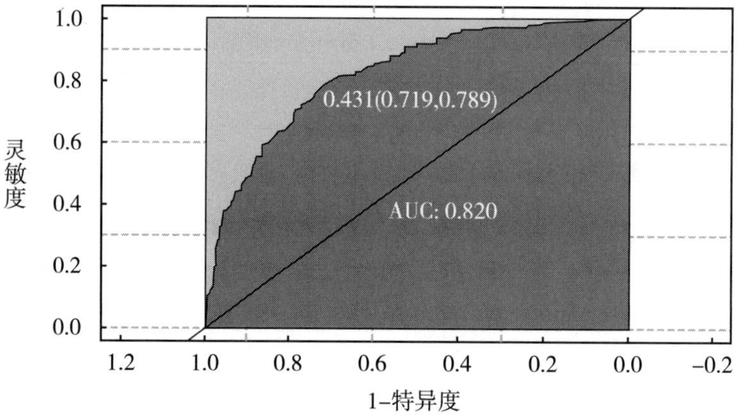

图 4.3　逻辑回归预测美国航空公司股价涨跌趋势的 ROC 曲线

4.4.4　SVM、ANN 和 ARL 预测涨跌趋势方法比较

先采用 2010 ~2020 年美国航空公司股票数据前面 80% 的样本作为训练样本，再利用 SVM、ANN 和 ARL 三种方法预测股票涨跌趋势，最后比较三种方法和逻辑

回归的总体精确率和 ROC 曲线。

引入 SVM 预测谷歌股票涨跌趋势。通过变换 $\boldsymbol{Z}=\phi(X)$ 将非线性特征空间 X 映射到新线性特征空间 $\boldsymbol{Z}$，用线性 SVM 训练数据得到分类模型。用训练数据集 $\{(x_1,y_1),\cdots,(x_t,y_t),\cdots,(x_n,y_n)\}$ 建立非线性 SVM 标准

$$\min_{\alpha}\frac{1}{2}\sum_{i=1}^{n}\sum_{t=1}^{n}\alpha_i\alpha_t y_i y_t\langle\phi(x_i),\phi(x_t)\rangle-\sum_{i=1}^{n}\alpha_i,$$

$$\text{s. t.}\quad \sum_{i=1}^{n}\alpha_i y_i=0,\alpha_i\geqslant 0,i=1,2,\cdots,n.$$

其中，$x_t=(x_{t1},x_{t2},\cdots,x_{t18})$，$y_t$ 是取值为 0 或 1 的二元类变量，$\langle\phi(x_i),\phi(x_t)\rangle$ 计算分两步，先将 x 映射到 $\boldsymbol{Z}$ 空间，然后在 $\boldsymbol{Z}$ 空间作高维内积 $\langle\boldsymbol{Z}_i,\boldsymbol{Z}_t\rangle$。为了降低计算复杂度，引入核函数 $\boldsymbol{K}(x_i,x_t)=\langle\phi(x_i),\phi(x_t)\rangle$，则非线性 SVM 标准可重新表示为

$$\min_{\alpha}\frac{1}{2}\sum_{i=1}^{n}\sum_{t=1}^{n}\alpha_i\alpha_t y_i y_t\boldsymbol{K}(x_i,x_t)-\sum_{i=1}^{n}\alpha_i,$$

$$\text{s. t.}\quad \sum_{i=1}^{n}\alpha_i y_i=0,\alpha_i\geqslant 0,i=1,2,\cdots,n.$$

注意 $\boldsymbol{K}(x_i,x_t)$ 是原始特征空间 x 的函数。svm( ) 函数中的 kernel 参数有四个可选核函数，分别为线性核函数、多项式核函数、高斯核函数及神经网络核函数。这里选取径向基（radial basis function，RBF）函数

$$\boldsymbol{K}(x_i,x_t)=\exp(-\|x_i-x_t\|^2/2\sigma^2)$$

进行计算，预测精度更高。表 4.5 是 SVM 预测谷歌股价涨跌趋势的混淆矩阵。

表 4.5　　评价 SVM 分类表现的真实混淆矩阵

	观测涨：$Y_t=1$	观测跌：$Y_t=0$
预测涨：$\hat{Y}_t=1$	217	65
预测跌：$\hat{Y}_t=0$	72	195

根据混淆矩阵计算 SVM 模型的总体精确率、灵敏度和特异度：

$$\text{总体精确率}=\frac{217+195}{217+195+65+72}\approx 0.750,$$

$$\text{灵敏度}=\frac{217}{217+72}\approx 0.751,\text{特异度}=\frac{195}{195+65}=0.750.$$

利用不同阈值计算灵敏度和特异度，绘制评价预测精度的 ROC 曲线，如图 4.4 所示。

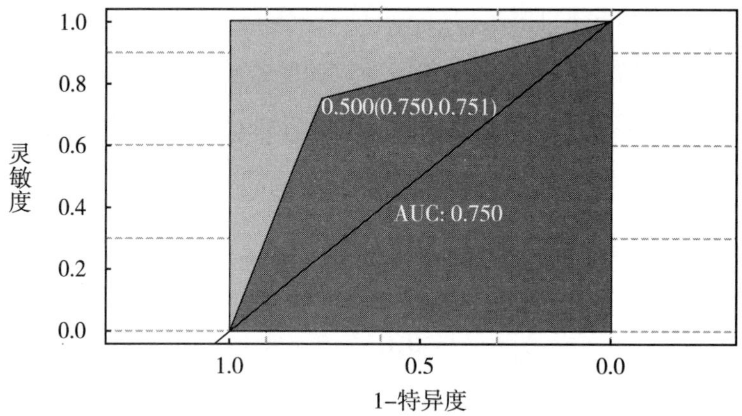

图 4.4　SVM 预测美国航空公司股价涨跌趋势的 ROC 曲线

由图 4.4 可知，非线性 SVM 的灵敏度为 0.751，特异度为 0.750，AUC 为 0.750，总体精确率为 0.750，所以 SVM 的预测结果不理想。原因在于：（1）SVM 假设样本的所有特征对目标值的贡献相同，许多实际问题中并不满足这个要求；（2）对具有非线性特征的 SVM 预测模型输入高噪声和高维度数据时容易产生过拟合；（3）SVM 的参数选择会影响 SVM 的实用性，例如高斯核函数是一个局部核函数，只在测试点附近的小邻域内对数据点有影响，其学习能力强、泛化能力较弱。

ANN 是由人工建立的以有向图为拓扑结构的动态系统，两层 ANN 结构如图 4.5所示。图 4.5 中输入向量 $x_t=(x_{t1},\cdots,x_{t18})$，输出向量为 $g(x_t)$，隐藏层第 h 个节点的输入权重为 $v_{1h},\cdots,v_{18h}$，对应的偏移量为 γ_h。隐藏层第 h 个节点的输入是 $\alpha_h=\sum_{i=1}^{18}v_{ih}x_{ti}$，隐藏层第 h 个节点的输出是 $b_h=f(\alpha_h+\gamma_h)$。输出层节点的输入权重为 $\omega_1,\cdots,\omega_h$，对应的偏移量为 θ_t。输出层节点的输入是 $\mu_t=\sum_{h=1}^{k}w_h b_h$，输出层节点的输出是 $g(x_t)=f(\mu_t+\theta_t)$，其中 $f(z)=\dfrac{1}{1+e^{-z}}$。图 4.6 是 ANN 预测美国航空公

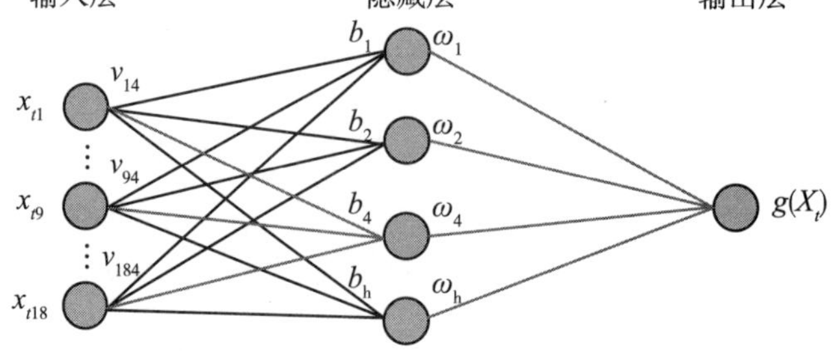

图 4.5　两层 ANN 结构

司股价涨跌趋势的 ROC 曲线。因为 ANN 不稳定，即程序每运行一次相当于重新学习一次，每一次得到的预测结果也不相同，这里进行了 9 次运算，预测结果如图 4.6 所示。取 9 次 ANN 预测美国航空公司股票涨跌的平均 AUC 和平均总体精确度，分别为 0.683 和 0.716。与 SVM 比较，ANN 预测精度较低。

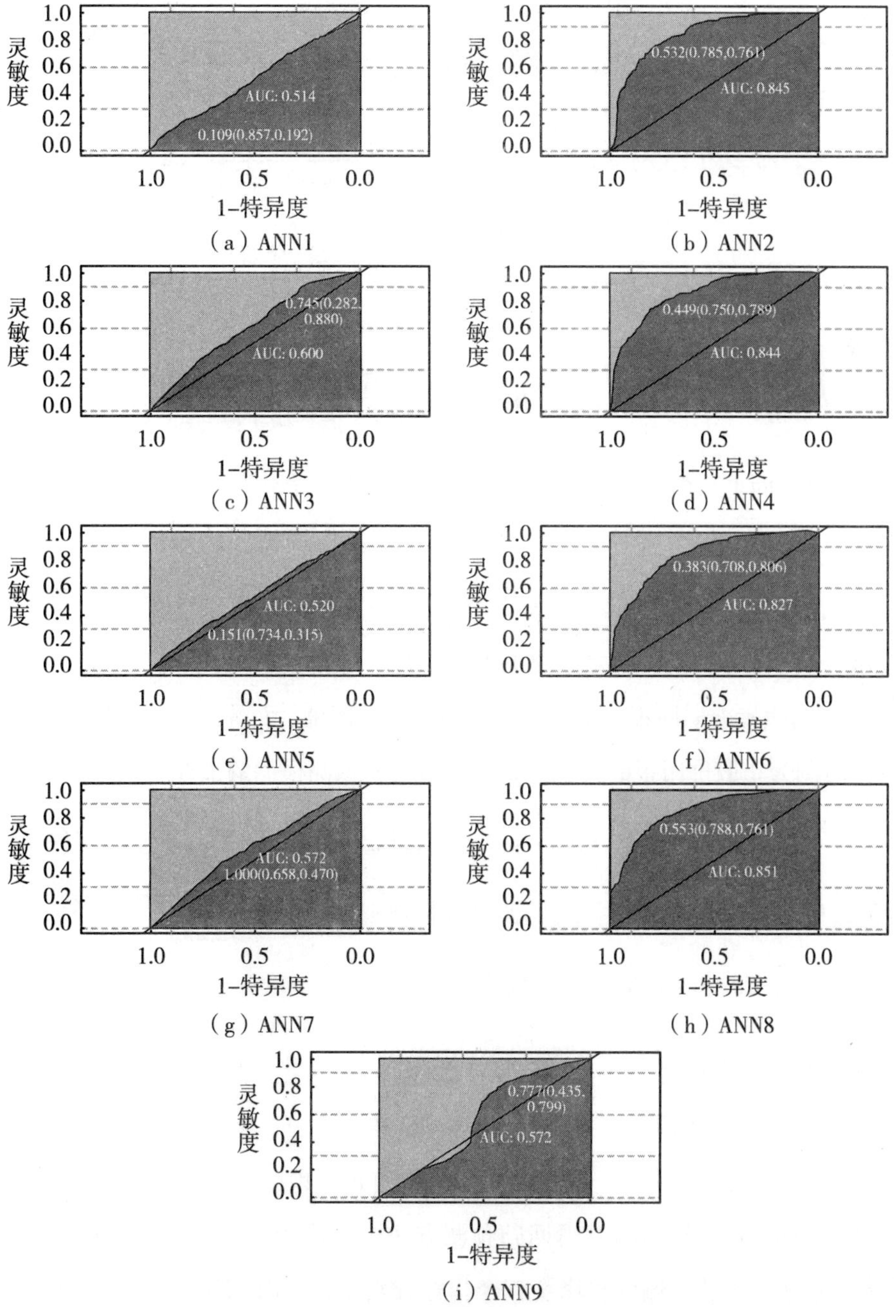

图 4.6　9 次 ANN 预测美国航空公司股价涨跌趋势的 ROC 曲线

Hong 和 Chung（2003）利用股价过去的方向、水平、扩散、偏度和峰度五个指标分别结合 ARL 得到五个预测模型：

$$(1)\ P_{ts1}(c)=P(Y_t(c)=s;I_{t-1},\beta_{01}^s,\beta_1^s)=\frac{e^{\beta_{01}^s+\sum_{j=1}^m Y_{t-j}\beta_1^{sj}}}{\sum_{s=0}^{2}e^{\beta_{01}^s+\sum_{j=1}^m Y_{t-j}\beta_1^{sj}}},s=0,1,2,$$

$$(2)\ P_{ts2}(c)=P(Y_t(c)=s;I_{t-1},\beta_{02}^s,\beta_2^s)=\frac{e^{\beta_{02}^s+\sum_{j=1}^m C_{t-j}\beta_2^{sj}}}{\sum_{s=0}^{2}e^{\beta_{02}^s+\sum_{j=1}^m C_{t-j}\beta_2^{sj}}},s=0,1,2,$$

$$(3)\ P_{ts3}(c)=P(Y_t(c)=s;I_{t-1},\beta_{03}^s,\beta_3^s)=\frac{e^{\beta_{03}^s+\sum_{j=1}^m C_{t-j}^2\beta_3^{sj}}}{\sum_{s=0}^{2}e^{\beta_{03}^s+\sum_{j=1}^m C_{t-j}^2\beta_3^{sj}}},s=0,1,2,$$

$$(4)\ P_{ts4}(c)=P(Y_t(c)=s;I_{t-1},\beta_{04}^s,\beta_4^s)=\frac{e^{\beta_{04}^s+\sum_{j=1}^m C_{t-j}^3\beta_4^{sj}}}{\sum_{s=0}^{2}e^{\beta_{04}^s+\sum_{j=1}^m C_{t-j}^3\beta_4^{sj}}},s=0,1,2,$$

$$(5)\ P_{ts5}(c)=P(Y_t(c)=s;I_{t-1},\beta_{05}^s,\beta_5^s)=\frac{e^{\beta_{05}^s+\sum_{j=1}^m C_{t-j}^4\beta_5^{sj}}}{\sum_{s=0}^{2}e^{\beta_{05}^s+\sum_{j=1}^m C_{t-j}^4\beta_5^{sj}}},s=0,1,2,$$

研究股票价格向上、向下和横向运动的方向可料性，其中

$$Y_t(c)=\begin{cases}1, & 若\ Z_t\geqslant c,\\ 2, & 若\ -c<Z_t<c,\\ 3, & 若\ Z_t\leqslant -c.\end{cases}$$

$Z_t=C_t-C_{t-k}$表示 k 期回报，C_t 表示收盘价，c 是阈值，$I_{t-1}=\{C_{t-1},C_{t-2},\cdots\}$表示到 $t-1$ 时刻为止股价回报的信息集，再用这五种预测模型的加权平均：

$$\hat{P}_t(c)=\frac{1}{5}\sum_{i=1}^{5}\omega_{tsi}\hat{P}_{tsi}(c),\tag{4.4.19}$$

作为最终概率预测方法，其中 ω_{it}的两种选择规则如下：

（1）对所有 k 和 s 选取相同的权重 $\omega_{it}=\frac{1}{5}$；

（2）时变权重 $\omega_{it}=I(\hat{C}_{tsi}(c)=1)/\sum_{i=1}^{5}I(\hat{C}_{tsi}(c)=1)$，其中正确可料指标

$$\hat{C}_{tsi}(c)=\begin{cases}1, & 如果在\ t-1\ 时刻模型\ s\ 正确预测\ t\ 时刻的方向改变,\\ 0, & 如果在\ t-1\ 时刻模型\ s\ 没有正确预测\ t\ 时刻的方向改变.\end{cases}$$

为了和具有技术指标的逻辑回归预测方法进行比较，考虑利用股价过去一期的方向、水平、扩散、偏度和峰度五个指标分别结合 ARL 模型建立只能预测股价上涨和下跌两种趋势的五个模型：

（1）$P_{t11}=P(Y_t=1;Y_{t-1})=\dfrac{1}{1+e^{-\beta^{01}-Y_{t-1}\beta^1}}$，$P_{t10}=P(Y_t=0\mid Y_{t-1})=\dfrac{1}{1+e^{\beta^{01}+Y_{t-1}\beta^1}}$，

（2）$P_{t21}=P(Y_t=1;C_{t-1})=\dfrac{1}{1+e^{-\beta^{02}-C_{t-1}\beta^2}}$，$P_{t20}=P(Y_t=0\mid C_{t-1})=\dfrac{1}{1+e^{\beta^{02}+C_{t-1}\beta^2}}$，

（3）$P_{t31}=P(Y_t=1;C_{t-1}^2)=\dfrac{1}{1+e^{-\beta^{03}-C_{t-1}^2\beta^3}}$，$P_{t30}=P(Y_t=0\mid C_{t-1}^2)=\dfrac{1}{1+e^{\beta^{03}+C_{t-1}^2\beta^3}}$，

（4）$P_{t41}=P(Y_t=1;C_{t-1}^3)=\dfrac{1}{1+e^{-\beta^{04}-C_{t-1}^3\beta^4}}$，$P_{t40}=P(Y_t=0\mid C_{t-1}^3)=\dfrac{1}{1+e^{\beta^{04}+C_{t-1}^3\beta^4}}$，

（5）$P_{t51}=P(Y_t=1;C_{t-1}^4)=\dfrac{1}{1+e^{-\beta^{05}-C_{t-1}^4\beta^5}}$，$P_{t50}=P(Y_t=0\mid C_{t-1}^4)=\dfrac{1}{1+e^{\beta^{05}+C_{t-1}^4\beta^5}}$.

再将这五种预测模型的概率加权平均

$$\hat{P}_{t1}=\sum_{i=1}^{5}\omega_{ti}\hat{P}_{ti1},\quad \hat{P}_{t0}=\sum_{i=1}^{5}\omega_{ti}\hat{P}_{ti0} \tag{4.4.20}$$

作为股价涨跌概率估计，其中 ω_{ti} 分别采用下面两种选择：

（1）等概率权重：$\omega_{ti}=\dfrac{1}{5}$，$i=1$，2，3，4，5，

（2）时变权重：$\omega_{ti}=I(\hat{C}_{tsi}=s)\Big/\sum_{i=1}^{5}I(\hat{C}_{tsi}=s)$，$s=0,1$，$i=1,2,3,4,5$，其中

$$\hat{C}_{tsi}=\begin{cases}1, & \text{如果在 } t-1 \text{ 时刻第 } i \text{ 个模型正确预测 } t \text{ 时刻的方向改变,}\\ 0, & \text{如果在 } t-1 \text{ 时刻第 } i \text{ 个模型错误预测 } t \text{ 时刻的方向改变.}\end{cases}$$

为正确可料指标。图 4.7 展示了基于五类统计指标的 ARL 模型预测美国航空公司股价涨跌趋势的 ROC 曲线。观察图 4.7 可知，等概率权和时变权的基于五类统计指标的 ARL 模型预测美国航空公司股价涨跌趋势的 AUC 分别为 0.514 和 0.531，而等概率权和时变权基于五类统计指标的 ARL 模型预测的总体精确率分别为 0.505 和 0.528，说明模型预测结果很不理想。

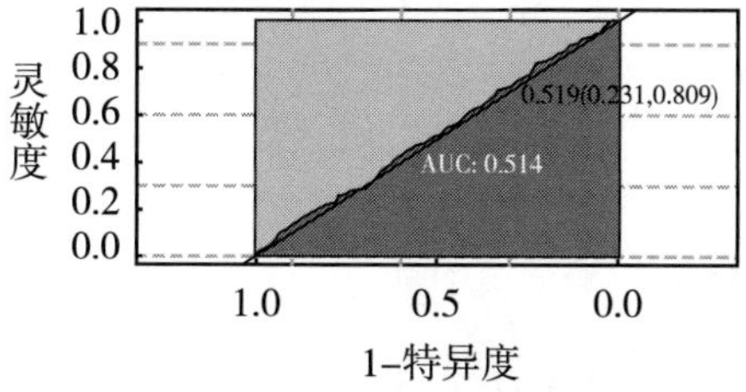

（a）等概率权ARL模型预测股价涨跌趋势的ROC曲线

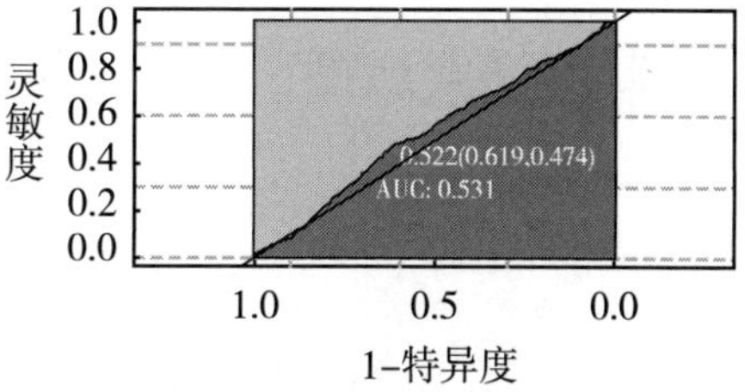

（b）时变权ARL模型预测股价涨跌趋势的ROC曲线

图 4.7　基于五类统计指标的 ARL 模型预测美国航空公司股价涨跌趋势的 ROC 曲线

最后比较四个模型逻辑回归、SVM、ANN 和 ARL 的预测结果，发现逻辑回归的 AUC 为 0.820，总体精确率为 0.756，SVM 的 AUC 为 0.750，总体精确率为 0.750，九次 ANN 预测股票涨跌的平均 AUC 和平均总体精确度分别为 0.683 和 0.716，等概率权和时变权基于五类统计指标的 ARL 预测涨跌趋势的 AUC 分别为 0.514 和 0.531；总体精确率分别为 0.505 和 0.528。比较预测结果发现，具有技术指标的逻辑回归具有较高的预测精度。由表 4.2 可知，逻辑回归中存在多重共线性现象。为了提高预测精度，下面将对逻辑回归引入不同惩罚函数建立惩罚逻辑回归。

4.5 惩罚逻辑回归预测美国航空公司股价涨跌趋势

由于具有多个技术指标的逻辑回归可能存在过拟合和多重共线性，因此为了提高股价涨跌趋势的预测表现，对具有 18 个技术指标的逻辑回归引入五种惩罚：Ridge、LASSO、ENet、SCAD 和 MCP，建立的五种惩罚逻辑回归不仅提供类指标信息和类概率估计，而且通过缩小回归系数避免过拟合现象，降低共线性关系，提高模型预测精度。首先将迭代加权最小二乘算法与 10 折交叉验证方法结合，计算模型参数的整体解路径并从整体解路径中选择特定解路径。然后采用二项式偏差和交叉验证误差作为风险度量选择适当调整参数 λ，并用训练集和坐标下降算法获得参数估计和概率估计。接着使用测试集和最优阈值构建两类混淆矩阵和 ROC 曲线评估五个惩罚逻辑回归的预测性能。最后比较逻辑回归、SVM、ANN 和五种惩罚逻辑回归，发现 ENet 惩罚逻辑回归在股票收益预测方面表现最好，所以建议投资者使用 ENet 惩罚逻辑回归预测股票价格的涨跌趋势。更多细节参考胡雪梅和蒋慧凤（2021）相关研究。

4.5.1 五类惩罚

Zou 和 Hastie（2005）提出了 ENet 惩罚

$$p_{\lambda,\alpha}(\beta)=\frac{1}{2}\lambda[(1-\alpha)\|\beta\|_2^2+\alpha\|\beta\|_1], \tag{4.5.21}$$

其中，$\lambda\in(0,\infty)$为调节参数，$\alpha\in(0,1)$为常数，$\|\beta\|_2^2$ 为 β 的 L_2 范数，$\|\beta\|_1$ 为 β 的 L_1 范数。当 $\alpha=0$ 时，式（4.5.21）为 L_2 惩罚（岭回归惩罚，ridge-regression penalty)。当 $\alpha=1$ 时，式（4.5.21）为 L_1 惩罚，即 LASSO 惩罚。当 $\alpha\in(0,1)$ 时，式（4.5.21）是 ENet 惩罚。惩罚函数的一阶导数 $p'_{\lambda,\alpha}(\beta)$ 显示惩罚函数对损失函数的影响程度，即惩罚力度。对于岭回归惩罚，$p'_{\lambda,\alpha}(\beta)=\lambda|\beta|$，表示对很小的回归系数，惩罚力度也很小，因而无法将回归系数压缩至 0，即岭回归惩罚不存在变量选择的作用。对于 LASSO 惩罚，$p'_{\lambda,\alpha}(\beta)=\lambda$，惩罚力度是一个常数，对所有回归系数的惩罚力度均相同，因而对很小的回归系数也有很大的惩罚力度，可以将回归系数压缩至 0，达到变量选择的目的。ENet 惩罚介于二者之间，是岭回归惩罚（$\alpha=0$）和 LASSO 惩罚（$\alpha=1$）的折中，对于较小的回归系数，有一定的惩罚力度，具有变量选择的能力。

LASSO 惩罚通过减少预测模型方差达到降低预测总误差的目的，但它容易过度压缩大系数，产生有偏系数估计。为了得到渐近无偏估计并降低预测误差，Fan 和 Li（2001）提出了 SCAD 惩罚，可以将小回归系数压缩到 0，实现变量选择的同时得到渐近无偏估计：当 β 较大时，$E(\hat{\beta})\approx\beta$。因此，SCAD 惩罚降低了估计偏差和预测误差，得到更精确的统计模型。Fan 和 Li（2001）提出了 SCAD 惩罚函数：

$$p_{\lambda,\alpha}(\beta)=\begin{cases}\lambda\beta, & \text{若 }\beta\leqslant\lambda,\lambda\geqslant0,\\ \dfrac{\lambda\alpha\beta-0.5(\beta^2+\lambda^2)}{\alpha-1}, & \text{若 }\lambda<\beta\leqslant\lambda\alpha,\alpha>2,\\ \dfrac{\lambda^2(\alpha+1)}{2}, & \text{若 }\beta>\lambda.\end{cases}\tag{4.5.22}$$

一阶导数为

$$p'_{\lambda,\alpha}(\beta)=\begin{cases}\lambda, & \text{若 }\beta\leqslant\lambda,\\ \dfrac{\lambda\alpha-\beta}{\alpha-1}, & \text{若 }\lambda<\beta\leqslant\lambda\alpha,\\ 0, & \text{若 }\beta>\lambda\alpha.\end{cases}\tag{4.5.23}$$

即当 β 较小时，惩罚函数 $p_{\lambda,\alpha}(\beta)$ 为线性函数；当 β 较大时，惩罚函数为二次函数；当 β 很大时，惩罚函数为常数。SCAD 惩罚满足 Oracle 性质，即无偏性、稀疏性、连续性。

Zhang（2010）提出了连续可微的非凸 MCP 惩罚函数：

$$p_{\lambda,\alpha}(\beta)=\begin{cases}\lambda\beta-\dfrac{\beta^2}{2\alpha}, & \text{若 }\beta\leqslant\alpha\lambda,\lambda\geqslant0,\alpha>1,\\ \dfrac{1}{2}\alpha\lambda^2, & \text{若 }\beta>\alpha\lambda.\end{cases}\tag{4.5.24}$$

一阶导数为

$$p'_{\lambda,\alpha}(\beta)=\begin{cases}\lambda-\dfrac{\beta}{\alpha}, & 若\ \beta\leqslant\alpha\lambda,\\ 0, & 若\ \beta>\alpha\lambda.\end{cases} \tag{4.5.25}$$

MCP 惩罚开始采用与 LASSO 相同的惩罚率，随着 β 的增大不断放松惩罚，直到 $\beta>\alpha\lambda$ 时，惩罚率降至 0。MCP 惩罚与 SCAD 惩罚相似，开始采用和 LASSO 相同的惩罚率 λ，不同之处在于转变方式不同。当 $\beta\leqslant\lambda$ 时，惩罚率为一个常数，当 $\beta>\lambda$ 时，随着 β 的逐渐增大，惩罚率逐渐降低到 0。将不同惩罚与式（4.4.10）结合得到惩罚对数似然函数

$$Q(\beta;\lambda,\alpha)=l(\beta)+P_{\lambda,\alpha}(\beta). \tag{4.5.26}$$

4.5.2 坐标下降算法

采用坐标下降算法求解惩罚逻辑回归的估计参数。坐标下降算法是指每次固定其他 $p-1$ 维变量，只对一个一维变量进行优化，然后逐个优化其余变量至算法收敛。负对数似然函数（4.4.10）不可微。如果参数的当前估计是 $\left(\hat{\beta}_0,\hat{\beta}(m)\right)$，将式（4.4.10）转换为加权最小二乘函数（负对数似然函数的二次逼近）：

$$l_Q(\beta_0,\beta)=-\frac{1}{2n}\sum_{t=1}^{n}W_t(\tilde{Y}_t-\beta_0-x_t^{\top}\beta)^2+C\left(\hat{\beta}_0,\hat{\beta}(m)\right)^2,$$

其中，$\tilde{Y}_t=\hat{\beta}_0+x_t^{\top}\hat{\beta}(m)+\dfrac{y_t-\tilde{P}_t}{\tilde{P}_t(1-\tilde{P}_t)}$，$W_t=\tilde{P}_t(1-\tilde{P}_t)$，$\tilde{P}_t=\dfrac{\exp\left(x_t^{\top}\hat{\beta}(m)\right)}{1+\exp\left(x_t^{\top}\hat{\beta}(m)\right)}$，$C\left(\hat{\beta}_0,\hat{\beta}(m)\right)^2$ 为常数。惩罚负对数似然函数（4.5.26）也不可微。故将式（4.5.26）中的负对数似然函数 $l(\beta)$ 用加权最小二乘函数 $l_Q(\beta_0,\beta)$ 替换，应用坐标下降算法得到参数估计

$$\hat{\beta}^{\lambda,\alpha}=\arg\min_{\beta}\{l_Q(\beta_0,\beta)+p_{\lambda,\alpha}(\beta)\}, \tag{4.5.27}$$

其中，截距项 β_0 不被惩罚。更多细节见 Breheny 和 Huang（2011）相关研究。令 $\lambda_{\max}=\lambda_0>\lambda_1>\cdots>\lambda_K>\lambda_{K+1}=\lambda_{\min}$，对 $\lambda\in[\lambda_{\min},\lambda_{\max}]$ 考虑 $\hat{\beta}^{\lambda,\alpha}$ 在不同格点 $\{\lambda_0,\cdots,\lambda_{K+1}\}$ 取值。先从范围最大值 $\lambda_{\max}$ 惩罚所有系数为 0 到 $\lambda=0$ 或 $\lambda_{\min}$ 没有惩罚系数导

致模型过大或不可识别。因此，λ 从 λ_{max}最大（对应$\beta(0)=0$）开始向 λ_{min}移动可以保证初始值不会远离解。对于 α，通常取 $\alpha=3.7$。这里取不同 α 值，发现 MCP 取 $\alpha=5$ 和 SCAD 取 $\alpha=10$ 更好。算法 1 提供了应用坐标下降算法得到 MCP 逻辑回归参数估计的伪代码。Breheny 和 Huang（2011）对 LASSO/SCAD/MCP 惩罚逻辑回归引入坐标下降算法，得到 LASSO/SCAD/MCP 迭代估计：

$$\hat{\beta}_j^{LASSO}(Z_j;\lambda)=\frac{S(Z_j,\lambda)}{v_j}.$$

$$\hat{\beta}_j^{MCP}(Z_j;\lambda,\alpha)=\begin{cases}\dfrac{S(Z_j,\lambda)}{v_j-1/\alpha}, & \text{如果}\,|Z_j|\leqslant v_j\lambda\alpha,\\[2ex] \dfrac{Z_j}{v_j}, & \text{如果}\,|Z_j|>v_j\lambda\alpha,\alpha>1/v_j.\end{cases}$$

$$\hat{\beta}_j^{SCAD}(Z_j;\lambda,\alpha)=\begin{cases}\dfrac{S(Z_j,\lambda)}{v_j}, & \text{如果}\,|Z_j|\leqslant\lambda(v_j+1),\\[2ex] \dfrac{S(Z_j,\alpha\lambda/(\alpha-1))}{v_j-1/(\alpha-1)}, & \text{如果}\,\lambda(v_j+1)<|Z_j|\leqslant v_j\lambda\alpha,\\[2ex] \dfrac{Z_j}{v_j}, & \text{如果}\,|Z_j|>v_j\lambda\alpha,\alpha>1+1/v_j.\end{cases}$$

先引入记号

$$\hat{P}_t=\exp\left(x_t^{\top}\hat{\beta}^{\lambda,\alpha}(m)\right)/\left[1+\exp\left(x_t^{\top}\hat{\beta}^{\lambda,\alpha}(m)\right)\right],$$

$$W_t=\hat{P}_t(1-\hat{P}_t),t=1,\cdots,n,W=\operatorname{diag}\{W_1,W_2,\cdots,W_n\},$$

$$\tilde{Y}=x_t^{\top}\hat{\beta}^{\lambda,\alpha}(m)+W^{-1}(Y-\hat{P}),\hat{P}=(\hat{P}_1,\cdots,\hat{P}_n),$$

$$x_{\cdot j}=(x_{1j},\cdots,x_{nj})^{\top},v_j=n^{-1}x_{\cdot j}^{\top}Wx_{\cdot j},\ j=1,\cdots,p,$$

$$Z_j=n^{-1}x_{\cdot j}^{\top}W\left(\tilde{Y}-x_{\cdot -j}\beta_{-j}\right)=n^{-1}x_{\cdot j}^{\top}Wr+v_j\hat{\beta}_j^{\lambda,\alpha}(m),$$

$$x_{\cdot -j}=(x_{\cdot 1},\cdots,x_{\cdot (j-1)},0,x_{\cdot (j+1)},\cdots,x_{\cdot p})^{\top},$$

$$\beta_{-j}=(\beta_1,\cdots,\beta_{j-1},0,\beta_{j+1},\cdots,\beta_p).$$

然后将坐标下降算法应用于五类惩罚逻辑回归，获得最终参数估计 $\hat{\beta}_0^{\lambda,\alpha}$ 和 $\hat{\beta}^{\lambda,\alpha}$，最后计算概率估计值

$$\hat{P}\left(Y_t=0\mid x_t;\hat{\beta}_0^{\lambda,\alpha},\hat{\beta}^{\lambda,\alpha}\right)=\frac{\exp\left(\hat{\beta}_0^{\lambda,\alpha}+x_t^{\top}\hat{\beta}^{\lambda,\alpha}\right)}{1+\exp\left(\hat{\beta}_0^{\lambda,\alpha}+x_t^{\top}\hat{\beta}^{\lambda,\alpha}\right)},$$

$$\hat{P}\left(Y_t=0\mid x_t;\hat{\beta}_0^{\lambda,\alpha},\hat{\beta}^{\lambda,\alpha}\right)=\frac{1}{1+\exp\left(\hat{\beta}_0^{\lambda,\alpha}+x_t^{\top}\hat{\beta}^{\lambda,\alpha}\right)}.$$

注意：与局部线性/二次逼近算法相比，坐标下降算法具有以下优点：（1）对每个单个参数的优化都有单个封闭解；（2）更新计算速度非常快；（3）初始值永远不会远离解，且只需要几次迭代就可以得到收敛估计。

算法 1　应用坐标下降算法计算 MCP 逻辑回归的参数估计

Require：训练集$\{x_t=(x_{t,1},x_{t,2},\cdots,x_{t,p}),y_t\}_{t=1}^{n}$，$\lambda$ 随网格 $\Lambda=\{\lambda_1,\cdots,\lambda_L\}$ 递增，$\alpha=5$，给定一个容忍极限 ε 和一个最大迭代数 M。

初始化 $\hat{\beta}(0)=\hat{\beta}(\lambda_{\max}=\lambda_L,\alpha=5)$
for each $m=0,1\cdots$，each $l\in\{L,L-1,\cdots,1\}$，do
　repeat
　　$\hat{\eta}_t \Leftarrow \beta_0+x_t^{\top}\hat{\beta}^{\lambda,\alpha}(m)$
　　$\hat{P}_t \Leftarrow \left\{e^{\hat{\eta}_t}/\left(1+e^{\hat{\eta}_t}\right)\right\}_{t-1}^{n}$
　　$W \Leftarrow \mathrm{diag}\left\{\hat{P}_1\left(1-\hat{P}_1\right),\cdots,\hat{P}_n\left(1-\hat{P}_n\right)\right\}$
　　$r \Leftarrow W^{-1}\{Y-\hat{P}\}$
　　$\tilde{Y} \Leftarrow \eta+r$
　　while 没有收敛 **do**
　　　for each $j\in\{1,2,\cdots,p\}$ **do**
　　　　$v_j \Leftarrow n^{-1}x_{\cdot j}^{\top}W_{x\cdot j}$
　　　　$Z_j \Leftarrow \frac{1}{n}x_{\cdot j}^{\top}W\left(\tilde{Y}-x_{\cdot -j}\beta_{-j}\right)$
　　　　　$\Leftarrow \frac{1}{n}x_{\cdot j}^{\top}Wr+v_j\hat{\beta}_j^{\lambda,\alpha}(m)$
　　　　其中将截距项的 λ 设为 0
　　　　if $|Z_j|\leqslant v_j\alpha\lambda$ **then**
　　　　　$\hat{\beta}_j^{\lambda,\alpha}(m+1) \Leftarrow \frac{S(Z_j,\lambda)}{v_j-1/\alpha}$
　　　　else
　　　　　$\hat{\beta}_j^{\lambda,\alpha}(m+1) \Leftarrow \frac{Z_j}{v_j}$
　　　　end if
　　　　$r \Leftarrow r-x_{\cdot j}^{\top}(\hat{\beta}_j^{\lambda,\alpha}(m+1)-\hat{\beta}_j^{\lambda,\alpha}(m))$
　　　end for
　　end while
　until $\|\hat{\beta}^{\lambda,\alpha}(m+1)-\hat{\beta}^{\lambda,\alpha}(m)\|_2^2\leqslant\varepsilon$ 或者迭代数到达最大 M
end for

Ensure：$\hat{\beta}^{\lambda,\alpha}$

4.5.3　不同系数路径

将 Ridge 惩罚、LASSO 惩罚、ENet 惩罚与逻辑回归相结合，通过坐标下降算法得到正则路径。利用 R 软件 glmnet 包实现路径可视化，如图 4.8 所示。

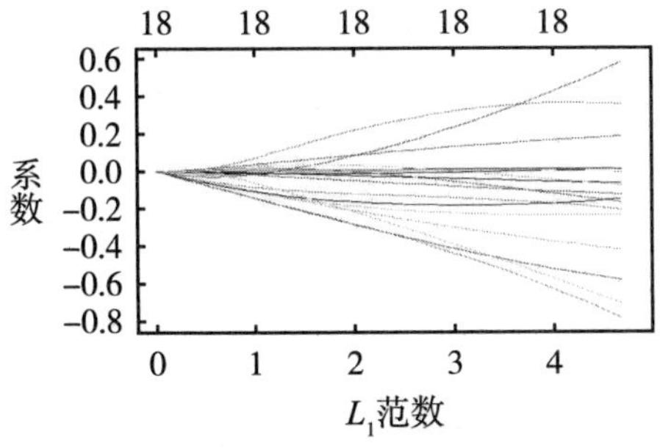

（a）Ridge

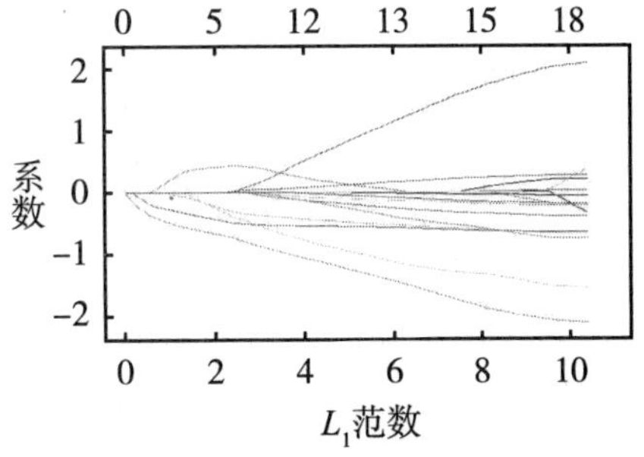

（b）LASSO

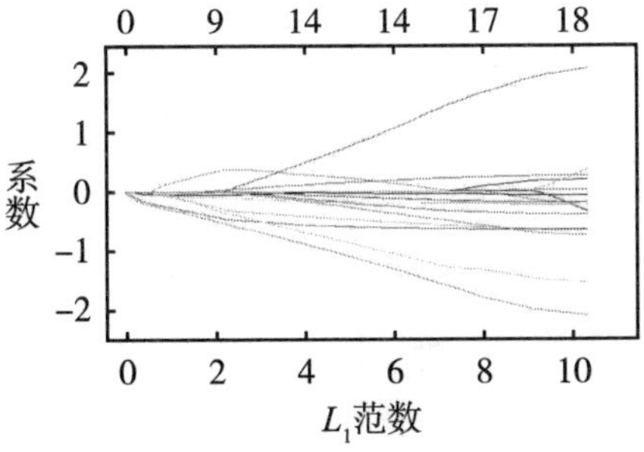

（c）ENet

图 4.8　Ridge、LASSO 和 ENet 的系数路径

图 4.8 分别拟合了 Ridge、LASSO 和 ENet 系数的收缩路径，横坐标为 L_1 范数，即系数的绝对值之和，也称为曼哈顿距离；纵坐标为系数，图的顶部是模型中保留的变量数，正则化路径上系数的选择过程展现在图 4.8 中。Ridge 允许 $N=18$ 个技术指标进入模型，而 LASSO 允许 5 ~ 18 个技术指标进入模型，ENet 在两者之间提供了一个折中方案，其原理是平均高度相关的技术指标，然后将平均后的技术指标输入模型。ENet 的压缩过程与 LASSO 相似，有些系数可以连续压缩到 0，从而达到变量选择的目的。除了 Ridge、LASSO 和 ENet 外，还研究了 SCAD/MCP 惩罚逻辑回归的坐标下降算法。利用训练集和 R 软件包 ncvreg 得到模型系数

路径，如图 4. 9 所示。

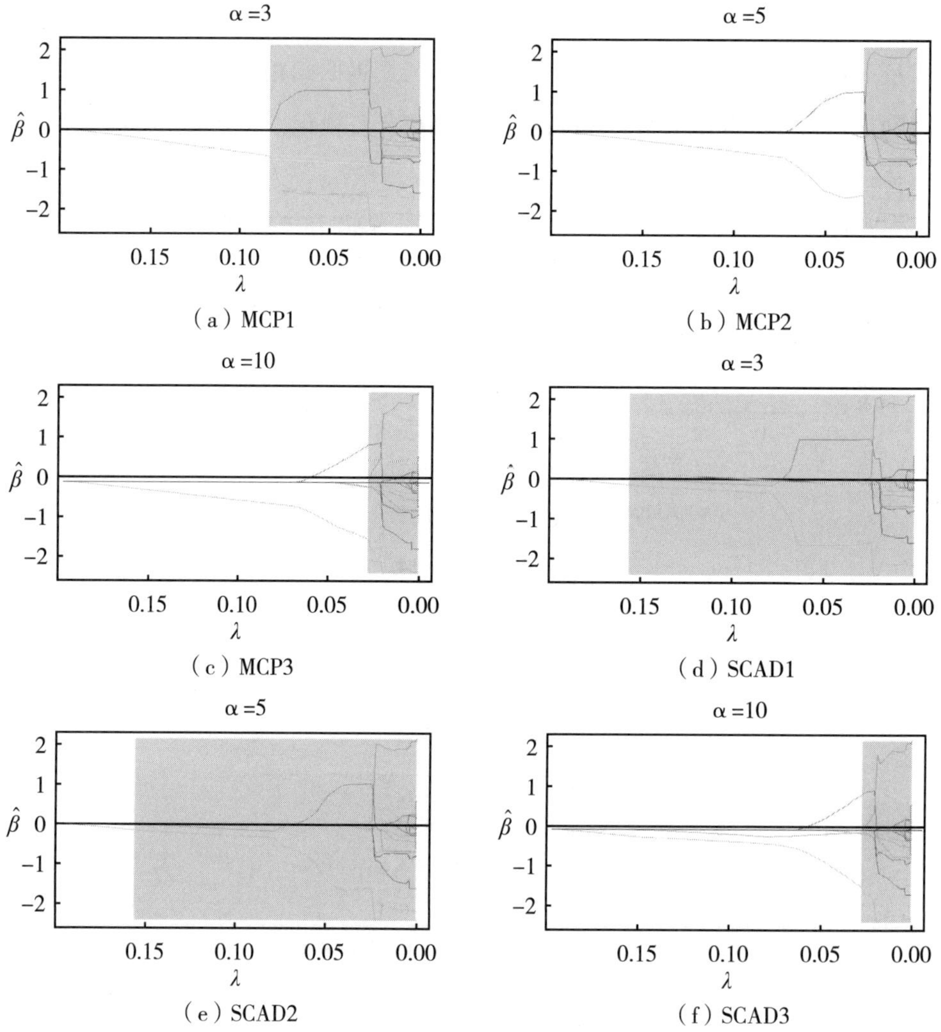

图 4. 9　不同 α 的 MCP 和 SCAD 系数路径

图 4. 9 是 $\alpha=3$、5、10 分别对应的 MCP 和 SCAD 系数路径。在无阴影的局部凸区域，解是光滑的并且表现良好，但是在右侧的阴影区域，解是不连续的和有噪声的。阴影区域的噪声解可能是由于数值收敛到次优解，或者由于最小化非凸函数而导致的统计变化。图 4. 9 中 $\alpha=5$ 的 MCP 路径与 $\alpha=10$ 的 SCAD 路径非常相似。

4.5.4 调节参数选择

调节参数 λ 决定 Ridge、LASSO 和 ENet 惩罚的变量选择，可通过 CV、AIC 或 BIC 等信息准则选择 λ。但对于 $p>N$ 的惩罚回归采用 AIC 或 BIC 信息准则会有问题。这里采用 10 折交叉验证方法选择合适的 λ，计算模型参数的解路径，再用二项式偏差作为风险度量选择一个具体解，最后得到平均交叉验证误差曲线和 1 倍标准误差带，如图 4.10 所示。MCP/SCAD 惩罚逻辑回归依赖于正则参数 α 和调节参数 λ 的选择。

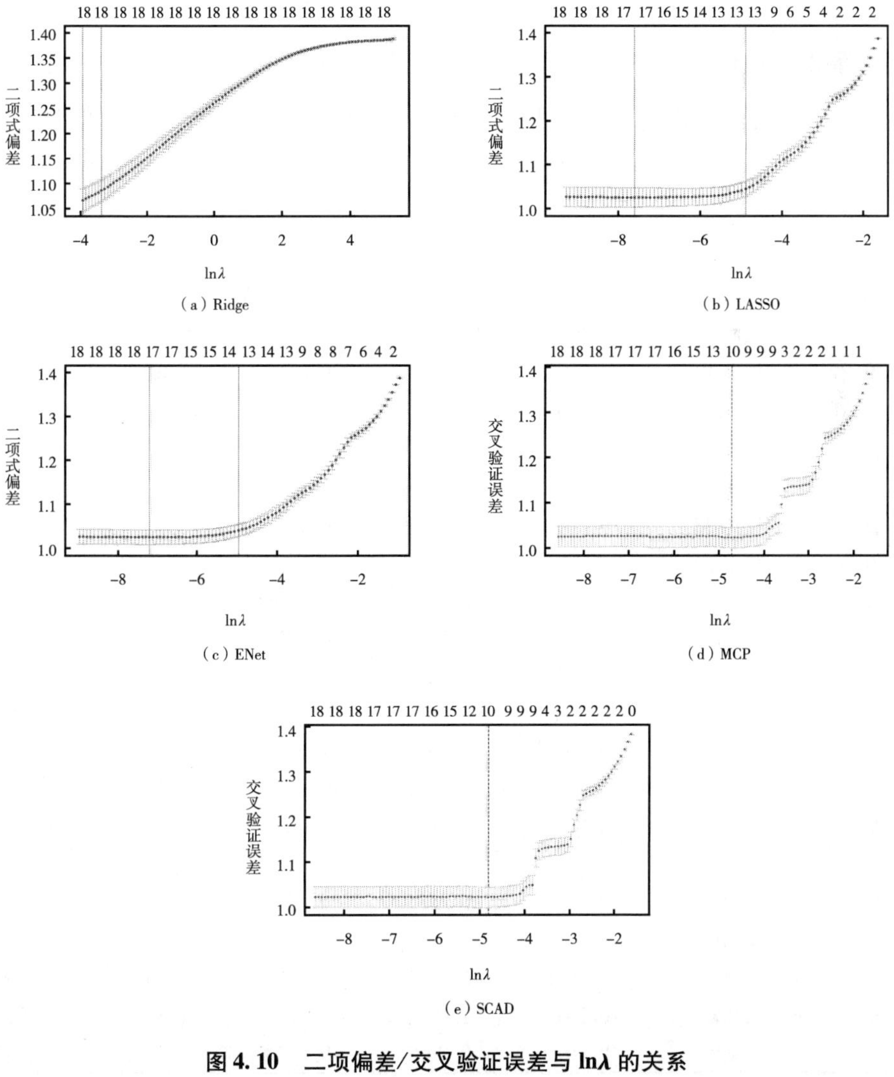

图 4.10 二项偏差/交叉验证误差与 lnλ 的关系

下面结合二项偏差和 10 折交叉验证方法选择合适的调节参数 λ。图 4. 10(a)(b)(c)分别为由 R 函数 cv 绘制的 Ridge、LASSO 和 ENet 的二项偏差曲线，而(d)(e) 分别表示由 R 函数 plot. cv. ncvreg 绘制的 SCAD 和 MCP 的交叉验证误差曲线。对于图 4. 10，每个图上面的数字表示所选择的变量数。左边垂直线对应均方误差最小时的 $\ln\lambda$，右边垂直线对应 1 倍标准误差时的 $\ln\lambda$，两条垂直线之间的 $\ln\lambda$ 表示误差在最小标准误差范围内，即“一个标准误差”规则。经常使用该规则选择相对最优模型。从图 4. 10 可以观察到 Ridge、LASSO 和 ENet 的“一个标准误差”范围分别为 0. 0192 ~ 0. 0279、0. 0006 ~ 0. 0074 和 0. 0006 ~ 0. 0077。然而，对于 MCP 和 SCAD，只有一条垂直线，当平均最小误差发生时，对应于对数 $\ln\lambda$，见图 4. 10 (d)(e)。评估每个 λ 和 α 的预测表现，对 MCP 选择 $\lambda = 0.0083$ 和 $\alpha = 5$ 对应的相对最优模型，对 SCAD 选择 $\lambda = 0.0078$ 和 $\alpha = 10$ 对应的相对最优模型，产生最后五个惩罚。比较这五个惩罚逻辑回归与逻辑回归发现，Ridge 惩罚逻辑回归没有删除变量，保留 18 个变量，与逻辑回归相似，而其他四种惩罚逻辑回归选择了不同变量，如表 4. 6 所示。

表 4. 6　　逻辑回归和五类惩罚逻辑回归的变量选择

系数	逻辑回归	Ridge	LASSO	ENet	MCP	SCAD
β_0	0. 4918	-0. 0448	-0. 0447	-0. 0493	-0. 0568	-0. 0563
β_1	0. 2401	-0. 0016				
β_2	-0. 2343	0. 0070				
β_3	0. 0016	0. 0018	-0. 0048			
β_4	-0. 0192	0. 3572	0. 0797	0. 1556		
β_5	-0. 1959	-0. 2376	-0. 1228	-0. 1870		
β_6	0. 0373	0. 3854	0. 9760	1. 0086	1. 8927	1. 8975
β_7	-0. 0313	-0. 0566	-0. 0124	-0. 0370		
β_8	0. 0213	-0. 1113	-0. 2261	-0. 2472	-0. 3787	-0. 3769
β_9	-0. 2859	-0. 3642	-0. 5059	-0. 5149	-0. 6478	-0. 6473
β_{10}	0. 3466	-0. 5942	-1. 3415	-1. 2818	-2. 0948	-2. 0955
β_{11}	0. 0208	-0. 0415	-0. 0630	-0. 1042	-0. 2706	-0. 2714
β_{12}	0. 0507	-0. 5061	-0. 5662	-0. 6214	-0. 6502	-0. 6493
β_{13}	0. 0145	-0. 1788				
β_{14}	-9. 7226	0. 1578	0. 1389	0. 1838	0. 2070	0. 1994
β_{15}	0. 6910	0. 0036				
β_{16}	-0. 0057	-0. 1696	-0. 3270	-0. 3561	-0. 7068	-0. 7096
β_{17}	1. 3665	-0. 5412	-1. 0382	-1. 0296	-1. 4224	-1. 4184
β_{18}	-0. 9247	-0. 1072	-0. 0687	-0. 1151	-0. 1079	-0. 0959

4.5.5 惩罚逻辑回归预测方法及精度评价

将预测变量 x_{t1}，x_{t2}，…，x_{t18}和响应变量

$$y_t=\begin{cases}1, & \text{美国航空公司股票当日价格大于或者等于前一交易日的价格,}\\ 0, & \text{美国航空公司股票当日价格小于前一交易日的价格,}\end{cases}$$

代入不同惩罚逻辑回归，结合前面选择的 λ 和 α 建立五个惩罚逻辑回归，并与逻辑回归比较（见表 4.6）。由表 4.6 可知，逻辑回归对应的系数相对较小，Ridge 惩罚逻辑回归没有变量选择能力。ENet 惩罚逻辑回归是 Ridge 惩罚逻辑回归和 LASSO 惩罚逻辑回归的折中，选择的变量数介于两者选择的变量数之间。Ridge 惩罚逻辑回归包含所有变量，不能清除不重要变量，增加了模型复杂度。LASSO 惩罚逻辑回归能将一些较小的系数压缩为 0，降低模型复杂度。但是由于 LASSO 的惩罚力度过大，会导致一部分解释变量损失。ENet 惩罚逻辑回归是 Ridge 惩罚逻辑回归和 LASSO 惩罚逻辑回归的凸组合，当 α 偏小时，ENet 惩罚逻辑回归表现类似 Ridge 惩罚逻辑回归；当 α 偏大时，ENet 惩罚逻辑回归表现与 LASSO 惩罚逻辑回归表现类似。MCP 惩罚逻辑回归和 SCAD 惩罚逻辑回归比 LASSO 惩罚逻辑回归的变量选择表现更好。

计算五种惩罚逻辑回归的 VIF 值（见表4.7）。从表4.2 中可以发现，$DEMA_t$、SAR_t 的 VIF 分别为 56604.318 和 193.896，都远远大于 10，MO_t、RSI_t、CMO_t、WPR_t 的 VIF 也都大于 10，这表明指标之间存在较强的多重共线性关系。由表 4.7 可知，引入 LASSO 或 ENet 惩罚后，只有 RSI_t、CMO_t 和 WPR_t 的 VIF 大于 10，其余指标的 VIF 均小于 10，引入 MCP 或 SCAD 惩罚后，只有 RSI_t 的 VIF 大于 10，分别为 14.653 和 14.653。因此，惩罚逻辑回归极大减弱了技术指标间的共线性关系。利用训练集$\{x_t,y_t\}_{t=1}^{n=2195}$学习美国航空公司股价涨跌趋势，利用测试集$\{x_t,y_t\}_{t=2194}^{2744}$和 ROC 曲线评价预测表现。根据预测类和实际类建立两类混淆矩阵（见表4.8）。

表 4.7　　剩余变量的 VIF

剩余变量	VIF（LASSO）	VIF（ENet）	VIF（MCP）	VIF（SCAD）
X_{t3}	2.401			
X_{t4}	9.663	9.641		
X_{t5}	3.978	3.976		
X_{t6}	17.215	16.789	14.653	14.653
X_{t7}	1.043	1.044		
X_{t8}	2.532	2.531	2.301	2.301
X_{t9}	2.662	2.656	2.426	2.426
X_{t10}	11.275	10.945	9.213	9.213
X_{t11}	1.683	1.682	1.474	1.474
X_{t12}	4.528	4.504	4.365	4.365
X_{t14}	1.518	1.518	1.508	1.508
X_{t16}	5.857	4.531	4.035	4.035
X_{t17}	13.286	13.276	7.082	7.082
X_{t18}	1.502	1.501	1.493	1.493

表 4.8　　评价 Ridge 惩罚逻辑回归预测涨跌表现的真实混淆矩阵

	观测涨：$Y_t=1$	观测跌：$Y_t=0$
预测涨：$\hat{Y}_t=1$	237	89
预测跌：$\hat{Y}_t=0$	52	171

总体精确率、灵敏度、特异度的计算方法和逻辑回归的计算方法类似，计算结果如表 4.9 所示。从表 4.9 可知，ENet 惩罚逻辑回归的总体精确率比 Ridge/LASSO 惩罚逻辑回归的总体精确率高，这是因为 ENet 惩罚逻辑回归结合了两者的优点，而 Ridge 或 LASSO 惩罚逻辑回归的总体精确率比逻辑回归的总体精确率低，说明在原函数添加惩罚项不一定会提高预测精度。MCP 或 SCAD 惩罚逻辑回归的预测精度低于 ENet 和逻辑回归的预测精度。因为总体准确率是评价预测最简单的一类指标，不能完全反映两类误差对应的损失。因此引入 ROC 曲线评价预测表现，利用不同阈值计算灵敏度和特异度，绘制评价预测精度的 ROC 曲线（见图 4.11）。

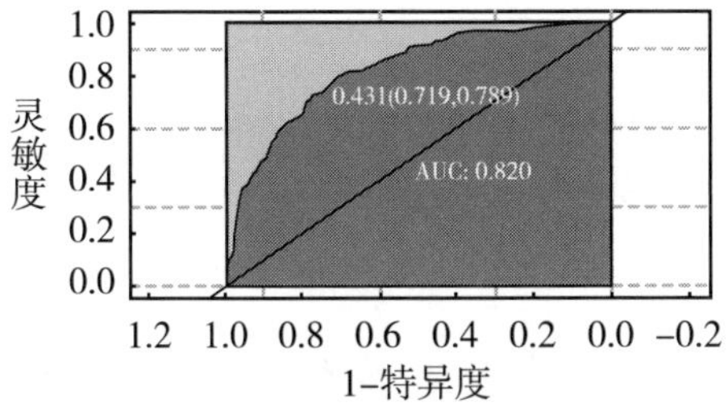

（a）逻辑回归的ROC曲线

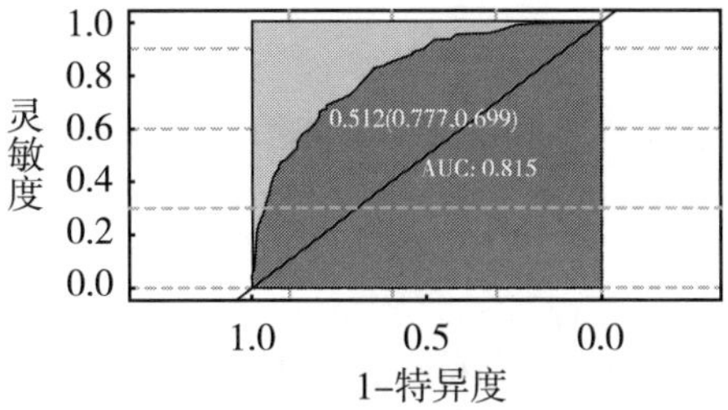

（b）Ridge惩罚逻辑回归的ROC曲线

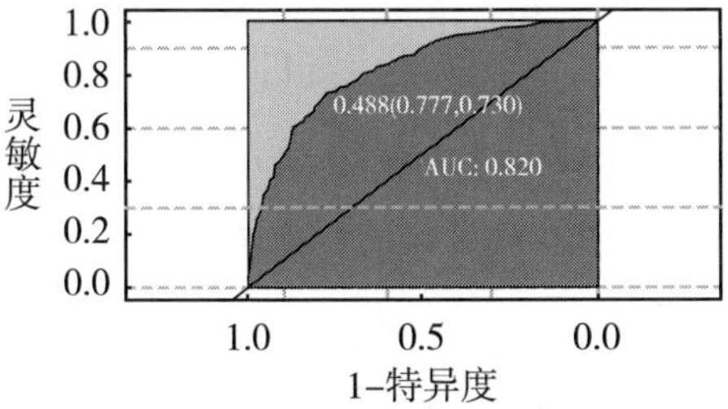

（c）LASSO惩罚逻辑回归的ROC曲线

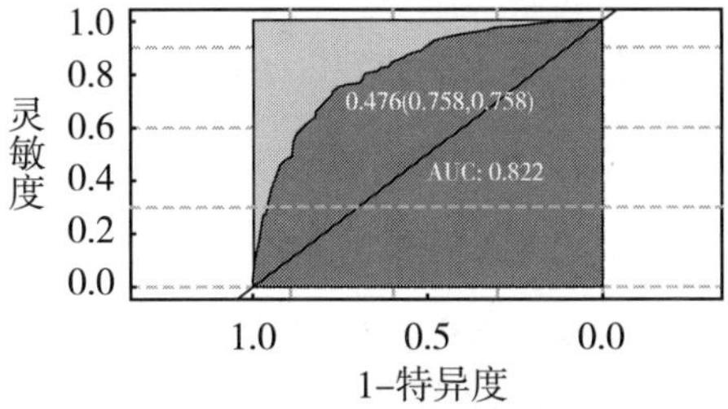

（d）ENet惩罚逻辑回归的ROC曲线

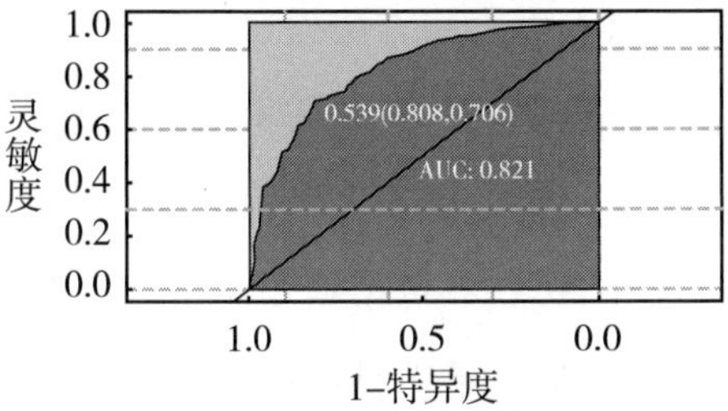

（e）MCP惩罚逻辑回归的ROC曲线

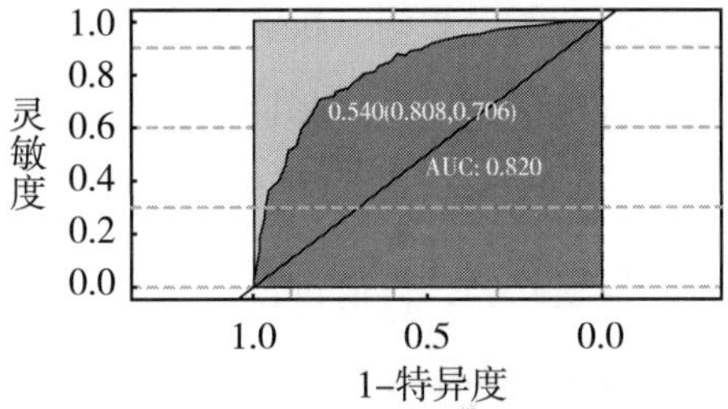

（f）SCAD惩罚逻辑回归的ROC曲线

图 4.11　六种模型预测股价涨跌趋势的 ROC 曲线

观察图 4.11(a)～(f)发现，六种模型的 AUC 分别为 0.820（逻辑回归）、0.815（Ridge）、0.820（LASSO）、0.822（ENet）、0.821（MCP）和 0.820（SCAD），结合表 4.9 的总体精确率可知，具有技术指标的 ENet/MCP/SCAD 惩罚逻辑回归和具有技术指标的逻辑回归比具有技术指标的 Ridge/LASSO 惩罚逻辑回归预测表现更好，而且提出的具有技术指标的逻辑回归和五种惩罚逻辑回归均优于 SVM、ANN 和 ARL。ENet 惩罚逻辑回归在预测股价上涨和下跌趋势方面表现更佳。

表 4.9　　逻辑回归与五类惩罚逻辑回归的总体精确率、灵敏度、特异度

评价标准	逻辑回归	Ridge	LASSO	ENet	MCP	SCAD
灵敏度	0.789	0.699	0.730	0.758	0.706	0.706
特异度	0.719	0.777	0.777	0.758	0.808	0.808
总体精确率	0.756	0.736	0.758	0.752	0.754	0.754

4.6 结论与展望

本章基于 Murphy 的技术分析方法，提出了具有 18 个技术指标的逻辑回归，并将技术指标与五类惩罚逻辑回归相结合，提出了五类惩罚逻辑回归预测美国航空公司股价的涨跌趋势。预测结果表明，具有技术指标的逻辑回归优于 SVM、ANN 和基于五类统计指标的 ARL。具有技术指标的 ENet 惩罚逻辑回归优于逻辑回归/Ridge/LASSO/MCP/SCAD 惩罚逻辑回归，具有更高的趋势预测精度和更好的预测表现。因此，这里将技术指标与逻辑回归结合，提高了股票收益的预测性能，发展了一种新的有效股票涨跌预测方法。对于其他股价趋势预测问题，也可以结合统计图、数据分析和股票市场的经验知识等手段和方法提取影响股价趋势预测的技术指标，针对不同股价的趋势预测问题建立具有不同技术指标的逻辑回归或惩罚逻辑回归，利用合适的训练样本学习股价趋势模型，利用检验样本预测股价的涨跌趋势，再通过混淆矩阵、ROC 曲线和 AUC 评价模型预测精度。因此，本章提供了一种结合技术指标和惩罚逻辑回归提高股价趋势预测精度的有效方法。该方法不仅能得到股价涨跌的概率估计，而且还具有很好的统计解释能力和更高更稳定的趋势预测精度及 AUC，并能给投资者带来更加丰厚的回报。当变量个数远大于样本容量时，可以引入组惩罚逻辑回归预测股价趋势运动，通过坐标下降算法得到模型参数估计，再计算股价涨跌概率作预测分析。

第 5 章

组 LASSO/SCAD/MCP 惩罚逻辑回归预测国外上市公司股价的涨跌运动

5.1 引言

股市预测受经济状况、投资者情绪、政治事件等多种因素的影响。技术分析、基本分析、时间序列预测和机器学习（Hellstrom & Holmstromm，1998）等方法被成功用于股市预测。技术分析通过分析价格和成交量的历史数据预测股票未来的价格，主要以图表为工具预测价格未来趋势，适合短期预测（Blume et al.，1994）。基本分析通过分析相关的经济和金融因素包括经济状况、行业状况等宏观因素和公司管理效率等微观因素来预测股票价格，适合长期预测。时间序列预测通常作平稳和线性假设，通过分析过去股价收益预测未来股价（Engle，1982；Bollerslev，1986；White，2000）。近年来，ANN（Senol & Ozturan，2008；Boonpeng & Jeatrakul，2016）、SVM（Cao & Tay，2001；Huang et al.，2005；Atsalakis & Valavanis，2009）、RF（Basak et al.，2019）等机器学习方法能够处理非平稳非线性数据，常用来预测股价和趋势运动方向，但也具有局限性，例如噪声积累和非平稳特性导致预测性能不稳定，建模过程不透明导致解释能力差等。

逻辑回归（Hastie et al.，2009；Hosmer et al.，2013；Cheng，2015）是一种处理二分类问题的统计学习方法，具有计算简单、预测精度高、模型解释效果好等优点。但对于高维数据，逻辑回归难以用少量样本估计大量参数。对于这类高维问题，变量选择是一种特别有效的方法。但 LASSO、SCAD 和 MCP 等经典变量选择方法不能处理包括金融时间序列等在内的组相关数据，而组 LASSO（Yuan & Lin，2007；Meier et al.，2008）、组 SCAD（Wang et al.，2007）和组 MCP（Huang et al.，2012）能够直接处理组相关数据，实现更好的变量选择。例如，组 LASSO 被广泛应用于生物学（Chen et al.，2020；Li & Sun et al.，2020），如肿瘤基因的选择（Wang et al.，2019；Huo，2020）、疾病风险预测（Akrami et al.，2018；Li et al.，2020）和阿尔茨海默病的认知结果（Liu et al.，2018；Cao et al.，2018）等，组 SCAD/MCP 用于生物医学（Breheny & Huang，2009；Guo et al.，2015；Cao et al.，2016；Li et al.，2021）、臭氧问题（Lee et al.，2016）、生育力问题（Wulandari et al.，2019）等其他领域。Murphy（1999）研究了金融市场的技术分析，提出了很多影响股价走势的技术指标。本章主要结合 Murphy（1999）的技术分析与组 LASSO/SCAD/MCP 惩罚逻辑回归来研究预测变量与股价走势之间的潜在关系，提出组 LASSO/SCAD/MCP 惩罚逻辑回归预测股价涨跌趋势。首先，通过经验常识选择了 24 个技术指标，根据指标属性分为 5 个技术指标组，为四家上市公司建立结合技术指标的组 LASSO/SCAD/MCP 惩罚逻辑回归。然后，利用训练集学习组 LASSO/SCAD/MCP 惩罚逻辑回归的组参数和概率估计，利用测试集得到混淆矩阵和 ROC 曲线评价预测表现，预测结果表示组 LASSO/SCAD/MCP 惩罚逻辑回归的预测精度超过 71%，AUC 为 0.77。最后比较组 LASSO/SCAD/MCP 惩罚逻辑回归和 LASSO/SCAD/MCP 惩罚逻辑回归的预测表现发现，组 LASSO/SCAD/MCP 惩罚逻辑回归的预测性能优于 LASSO/SCAD/MCP 惩罚逻辑回归。

本章其余部分安排如下：第二部分介绍了数据来源与数据处理，选择的 24 个技术指标被分为 5 个技术指标组；第三部分将五组技术指标代入组 LASSO/SCAD/MCP 惩罚逻辑回归建立新模型预测股价涨跌趋势；第四部分利用 3 个数据集比较不同模型的预测性能。

5.2　数据来源与数据处理

上市公司的可持续发展离不开融资，而发行股票是一种筹资风险较小的直接融资方式。股票不仅能够帮助上市公司获得长期稳定的资金来源，其流动性又为投资者提供了理想的投资方式。股票价格作为衡量上市公司内在价值的重要工具，受投资者情绪（何诚颖等，2021）、股票交易制度（王朝阳和王振霞，2017）、自然因素（许闲、刘淇和王怿丹，2021）、经济周期（周泽将、汪帅和王彪华，2021）、宏观经济政策（陆静和喻浩，2021）和企业会计信息（袁媛、田高良和廖明情，2019）等诸多因素影响。预测股票价格未来的涨跌趋势是计量经济学和金融学的一个重要难题。技术分析是研究股价的重要方法，通过研究价格和成交量的历史数据预测股价未来的走势。Murphy（1999）系统总结了金融市场的技术分析，提出了许多技术指标。每个技术指标都有内在的属性。本章将结合技术指标和组惩罚逻辑回归来预测长江经济带上市公司股价的涨跌趋势。预测变量为 R 程序包 TTR 生成的 24 个技术指标，并根据每个技术指标的性质分为五组：移动平均组（moving average indicators）、振荡组（oscillator indicators）、趋势组（trend indicators）、交易量组（volume indicators）和波动率组（volatility indicators）。24 个技术指标具体介绍见附录，详细分组如表 5.1 所示。

表 5.1　五组技术指标

组别	五组技术指标
移动平均组	WMA($X_{t,1}$)、DEMA($X_{t,2}$)、SMA($X_{t,3}$)、EMA($X_{t,4}$)
振荡组	MACD($X_{t,5}$)、RSI($X_{t,6}$)、CMO($X_{t,7}$)、TRIX($X_{t,8}$)、DPO($X_{t,9}$)、ROC($X_{t,10}$)
趋势组	CCI($X_{t,11}$)、ADX($X_{t,12}$)、Aroon($X_{t,13}$)、VHF($X_{t,14}$)、DC($X_{t,15}$)
交易量组	MFI($X_{t,16}$)、CMF($X_{t,17}$)、CAD($X_{t,18}$)、OBV($X_{t,19}$)
波动率组	ATR($X_{t,20}$)、CV($X_{t,21}$)、PA($X_{t,22}$)、BBands($X_{t,23}$)、EMV($X_{t,24}$)

为了消除预测变量间的不同量纲，对 LASSO/SCAD/MCP 惩罚逻辑回归中的预测变量使用标准化形式，对于组 LASSO/SCAD/MCP 惩罚逻辑回归使用组内正交化方法对组预测变量进行标准化处理。LASSO/SCAD/MCP 惩罚逻辑回归的参数

估计通过 R 程序包 ncvreg 计算得到，而组 LASSO/SCAD/MCP 惩罚逻辑回归的参数估计通过 R 程序包 grpreg 得到。

选取自动数据处理公司（Automatic Data Processing，股票代码：ADP）、康西哥（Centene Corporation，股票代码：CNC）、杜克房地产（Duke Realty Corporation，股票代码：DRE）和金科（Kimco Realty Corporation，股票代码：KIM）四家上市公司2010 年1 月1 日至2019 年12 月31 日10 年开盘日的股票数据（开盘价、最高价、最低价、收盘价、成交量）作为总样本，其中每只股票的开盘日股票数据来自雅虎财经，其中收盘价走势如图 5. 1 所示。

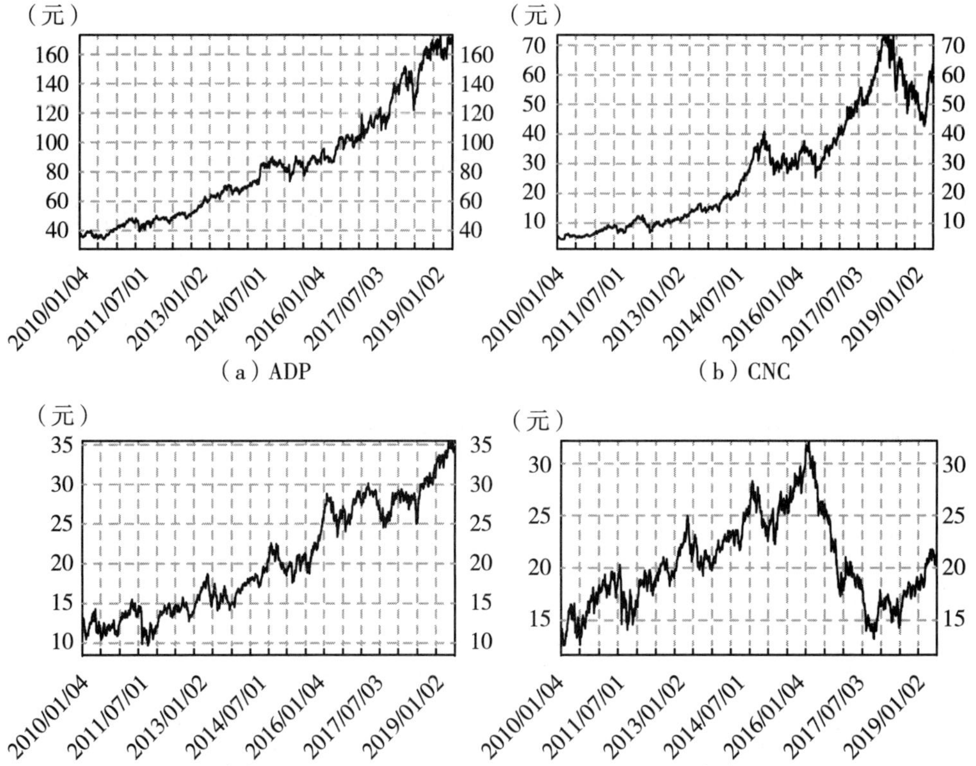

（a）ADP （b）CNC

（c）DRE （d）KIM

图 5. 1　2010 年 1 月 1 日至 2019 年 12 月 31 日 10 年开盘日四只股票收盘价走势

数据集分为训练集和测试集两部分：前面 70% 的数据作为训练集用于学习组 LASSO/SCAD/MCP 惩罚逻辑回归模型；后面 30% 的数据作为测试集用于评估预测表现。由于股市停牌和技术指标的周期性，剔除缺失数据后，四个数据集的训练集和测试集分布情况如表 5. 2 所示。

表 5.2 四个数据集的训练集和测试集分布情况

数据集	训练集			测试集		
	上涨次数	下跌次数	总计	上涨次数	下跌次数	总计
ADP	921	796	1717	405	330	735
CNC	902	815	1717	400	335	735
DRE	876	843	1717	386	349	735
KIM	904	813	1717	370	365	735

5.3 组惩罚逻辑回归预测股价的涨跌趋势

假设以下二元响应变量表示股票价格的涨跌方向：

$$Y_t = \begin{cases} 1, & C_{t+1} > C_t, \\ 0, & C_{t+1} \leqslant C_t, \end{cases} \tag{5.3.1}$$

其中，$Y_t=1$ 表示上涨趋势，$Y_t=0$ 表示下跌趋势。预测向量 $X_t=(X_{t,1},\cdots,X_{t,p})^{\top}$ 由表示影响股票价格涨跌趋势的 p 个因素组成，这里 $p=24$。测试集 $\{(X_t,Y_t)\}$ 由二元响应变量 $Y_t\in\{0,1\}$ 和预测向量 $X_t\in\mathbb{R}^p$ 组成，$t=1,\cdots,n_1=1717$。

5.3.1 惩罚逻辑回归及其估计方法

建模股价上涨和下跌的惩罚逻辑回归为

$$p_\beta(\boldsymbol{X}_t) = P_\beta(Y_t=1 \mid \boldsymbol{X}_t) = \frac{\exp\left(\beta_0 + \sum_{j=1}^{24} \boldsymbol{X}_{t,j}\beta_j\right)}{1 + \exp\left(\beta_0 + \sum_{j=1}^{24} \boldsymbol{X}_{t,j}\beta_j\right)}, \tag{5.3.2}$$

$$1 - p_\beta(\boldsymbol{X}_t) = P_\beta(Y_t=0 \mid \boldsymbol{X}_t) = \frac{1}{1 + \exp\left(\beta_0 + \sum_{j=1}^{24} \boldsymbol{X}_{t,j}\beta_j\right)}, \tag{5.3.3}$$

其中，$\beta=(\beta_0,\beta_1,\cdots,\beta_{24})^{\top}$ 为未知参数向量，$X_t=(X_{t,1},\cdots,X_{t,24})^{\top}$ 为预测向量，β_0 为截距项。利用训练集 $\{(\boldsymbol{X}_t,Y_t),t=1,\cdots,n_1\}$ 得到对数似然函数

$$l(\beta) = \sum_{t=1}^{n_1} \{Y_t\eta_\beta(\boldsymbol{X}_t) - \ln[1 + \exp(\eta_\beta(\boldsymbol{X}_t))]\}, \tag{5.3.4}$$

其中，$\eta_\beta(\boldsymbol{X}_t)=\ln\left\{\frac{p_\beta(\boldsymbol{X}_t)}{1-p_\beta(\boldsymbol{X}_t)}\right\}=\beta_0+\sum_{j=1}^{24}\boldsymbol{X}_{t,j}^\top\beta_j$。对负对数似然函数 $-l(\beta)$ 引入惩罚函数得到惩罚负对数似然函数

$$S_{\lambda,\gamma}(\beta)=-l(\beta)+\sum_{j=1}^{24}P(\beta_j;\lambda,\gamma),\qquad(5.3.5)$$

其中，$P(\beta_j;\lambda,\gamma)$ 为表 5.3 所列的惩罚函数，λ 为调整参数，γ 为正则参数。式（5.3.5）一般不惩罚截距项 β_0，使 $S_{\lambda,\gamma}(\beta)$ 达到最小的估计记为 $\hat{\beta}$。根据 Fan 和 Li（2001）相关研究，贝叶斯风险对 γ 的选择不敏感。SCAD 惩罚和 MCP 惩罚的正则参数 γ 分别取值为 3.7 和 3.0。根据胡雪梅和刘锋（2020）相关研究，用坐标下降算法可以得到表 5.4 的参数估计。

表 5.3　　LASSO、SCAD 和 MCP 惩罚函数

标记	惩罚函数
LASSO	$P_{LASSO}(\beta;\lambda)=\lambda\sum_{j=1}^{p}\lvert\beta_j\rvert,\lambda>0.$
SCAD	$P_{SCAD}(\beta;\lambda,\gamma)=\begin{cases}\lambda\beta, & \beta\leqslant\lambda,\lambda\geqslant0,\\ \frac{\lambda\gamma\beta-0.5(\beta^2+\lambda^2)}{\gamma-1}, & \lambda<\beta\leqslant\lambda\gamma,\gamma>2,\\ \frac{\lambda^2(\gamma+1)}{2}, & \beta>\lambda\gamma.\end{cases}$
MCP	$P_{MCP}(\beta;\lambda,\gamma)=\begin{cases}\lambda\beta-\frac{\beta^2}{2\gamma}, & \beta\leqslant\gamma\lambda,\lambda\geqslant0,\\ \frac{1}{2}\gamma\lambda^2, & \beta>\gamma\lambda,\gamma>1.\end{cases}$

表 5.4　　惩罚逻辑回归的参数估计

惩罚函数	惩罚逻辑回归的参数估计
LASSO	$\hat{\beta}_j^{LASSO}=\frac{S(Z_j,\lambda)}{v_j}.$
SCAD	$\hat{\beta}_j^{SCAD}=\begin{cases}\frac{S(Z_j,\lambda)}{v_j}, & \lvert Z_j\rvert\leqslant\lambda(v_j+1),\\ \frac{S(Z_j,\gamma\lambda/(\gamma-1))}{v_j-1/(\gamma-1)}, & \lambda(v_j+1)<\lvert Z_j\rvert\leqslant v_j\lambda\gamma,\gamma>1+1/v_j,\\ \frac{Z_j}{v_j}, & \lvert Z_j\rvert>v_j\lambda\gamma.\end{cases}$

续表

惩罚函数	惩罚逻辑回归的参数估计
MCP	$\hat{\beta}_j^{MCP}=\begin{cases}\dfrac{S(Z_j,\lambda)}{v_j-1/\gamma}, & \lvert Z_j\rvert\leqslant v_j\lambda\gamma,\\ \dfrac{Z_j}{v_j}, & \lvert Z_j\rvert>v_j\lambda\gamma,\gamma>1/v_j.\end{cases}$
记号	$v_j=n_1^{-1}X_j^{\top}WX_j,\ j=1,\cdots,p,Z_j=n_1^{-1}X_j^{\top}W(\tilde{Y}-X_{-j}\beta_{-j})$, $\tilde{Y}=X^{\top}\beta^{(m)}+W^{-1}(Y-P),X_{-j}=(X_1,\cdots,X_{j-1},0,X_{j+1},\cdots,X_p)$, $\beta_{-j}=(\beta_1,\cdots,\beta_{j-1},0,\beta_{j+1},\cdots,\beta_p)$.

注：$X=(X_1,\cdots,X_{n_1})^{\top}$为$n_1\times p$预测变量矩阵，$Y=(Y_1,\cdots,Y_{n_1})^{\top}$为$n_1\times 1$响应变量，$W$为加权对角矩阵，$P$为当前迭代估计概率，$\beta^{(m)}$为当前迭代参数，$n_1$为训练集的样本容量，$p$为预测变量数目。

5.3.2 组惩罚逻辑回归及其估计方法

将p维预测向量$\boldsymbol{X}_t$按指标属性分为五组，记为$x_t=(x_{t,1}^{\top},\cdots,x_{t,5}^{\top})^{\top}$，其中$x_{t,g}=(X_{t,df_{g-1}+1},\cdots,X_{t,df_g})$，$g=1,\cdots,5,df_g$为第$g$组的自由度，则建模股价上涨和下跌的组惩罚逻辑回归为

$$p_{\beta}(x_t)=P_{\beta}(Y_t=1\mid x_t)=\frac{\exp\left(\beta_0+\sum_{g=1}^{5}x_{t,g}^{\top}\beta_g\right)}{1+\exp\left(\beta_0+\sum_{g=1}^{5}x_{t,g}^{\top}\beta_g\right)},\tag{5.3.6}$$

$$1-p_{\beta}(x_t)=P_{\beta}(Y_t=0\mid x_t)=\frac{1}{1+\exp\left(\beta_0+\sum_{g=1}^{5}x_{t,g}^{\top}\beta_g\right)},\tag{5.3.7}$$

其中，β_g为第g组预测变量对应的组参数向量。利用训练集$\{(x_t,Y_t),t=1,\cdots,n_1\}$得到组对数似然函数

$$\tilde{l}(\beta)=\sum_{t=1}^{n_1}\{Y_t\eta_{\beta}(x_t)-\ln[1+\exp(\eta_{\beta}(x_t))]\},\tag{5.3.8}$$

其中，$\eta_{\beta}(x_t)=\ln\left\{\frac{p_{\beta}(x_t)}{1-p_{\beta}(x_t)}\right\}=\beta_0+\sum_{g=1}^{5}x_{t,g}^{\top}\beta_g$。对$-\tilde{l}(\beta)$引入组惩罚得到组惩罚负对数似然函数

$$\tilde{S}_{\lambda,\gamma}(\beta)=-\tilde{l}(\beta)+\sum_{g=1}^{5}P(\|\beta_g\|;\lambda\sqrt{df_g},\gamma),\tag{5.3.9}$$

其中，组惩罚函数$P(\|\beta_g\|;\lambda\sqrt{df_g},\gamma)$如表5.5所示，$\lambda$为调整参数，$\gamma$为正则参数。式（5.3.9）对截距项$\beta_0$不惩罚，估计$\tilde{\beta}$为$\tilde{S}_{\lambda,\gamma}(\beta)$的最小值。组SCAD和组MCP惩罚中的$\gamma$分别取4和3。根据胡雪梅和刘锋（2020）相关研究，可以采用组坐标下降算法迭代得到表5.6模型参数的组估计。

表5.5　组LASSO、组SCAD和组MCP惩罚函数

标记	组惩罚函数
gLASSO	$P_{gLASSO}(\|\beta_g\|,\lambda\sqrt{df_g})=\lambda\sqrt{df_g}\|\beta_g\|,\lambda>0.$
gSCAD	$P_{gSCAD}(\|\beta_g\|,\lambda\sqrt{df_g},\gamma)=\begin{cases}\lambda\sqrt{df_g}\|\beta_g\|, & \|\beta_g\|\leqslant\lambda\sqrt{df_g},\lambda\geqslant0,\\ \dfrac{2\lambda\sqrt{df_g}\gamma\|\beta_g\|-(\|\beta_g\|^2+\lambda^2 df_g)}{2(\gamma-1)}, & \lambda\sqrt{df_g}<\|\beta_g\|\leqslant\lambda\sqrt{df_g}\gamma,\\ \dfrac{\lambda^2 df_g(\gamma^2-1)}{2(\gamma-1)}, & \|\beta_g\|>\lambda\sqrt{df_g}\gamma,\gamma>2.\end{cases}$
gMCP	$P_{gMCP}(\|\beta_g\|,\lambda\sqrt{df_g},\gamma)=\begin{cases}\lambda\sqrt{df_g}\|\beta_g\|-\|\beta_g\|^2/2\gamma, \|\beta_g\|\leqslant\lambda\sqrt{df_g}\gamma,\lambda\geqslant0,\gamma>1,\\ \lambda^2 df_g\gamma/2, \|\beta_g\|>\lambda\sqrt{df_g}\gamma.\end{cases}$

注：gLASSO表示组LASSO，gSCAD表示组SCAD，gMCP表示组MCP。

表5.6　组惩罚逻辑回归的组LASSO、组SCAD和组MCP估计

组惩罚函数	组惩罚逻辑回归的组参数估计
gLASSO	$\hat{\beta}_g^{gLASSO}=\dfrac{1}{v}S(vZ_g,\sqrt{df_g}\lambda).$
gSCAD	$\hat{\beta}_g^{gSCAD}=\begin{cases}\dfrac{1}{v}S(vZ_g,\sqrt{df_g}\lambda), & \|Z_g\|\leqslant2\sqrt{df_g}\lambda,\\ \dfrac{\gamma-1}{\gamma-2}\cdot\dfrac{1}{v}S\left(vZ_g,\dfrac{\sqrt{df_g}\lambda\gamma}{\gamma-1}\right), & 2\sqrt{df_g}\lambda<\|Z_g\|\leqslant\sqrt{df_g}\lambda\gamma,\gamma>2,\\ Z_g, & \|Z_g\|\geqslant\sqrt{df_g}\lambda\gamma.\end{cases}$
gMCP	$\hat{\beta}_g^{gMCP}=\begin{cases}\dfrac{\gamma}{\gamma-1}\cdot\dfrac{1}{v}S(vZ_g,\sqrt{df_g}\lambda), & \|Z_g\|\leqslant\sqrt{df_g}\lambda\gamma,\gamma>1,\\ Z_g, & \|Z_g\|\geqslant\sqrt{df_g}\lambda\gamma.\end{cases}$
记号	$v=\max\limits_{t}\sup\limits_{\eta}\{\Delta^2 L_t(\eta)\},L_t(\eta)=Y_t\eta_\beta(x_t)-\ln(1+e^{\eta_\beta(x_t)}),t=1,\cdots,n_1,$ $Z_g=x_g^\top(\tilde{Y}-x_{-(g)}\beta_{-(g)}),g=1,\cdots,5,\tilde{Y}=x^\top\beta^{(m)}+W^{-1}(Y-P),$ $x_{-(g)}=(X_{(1)}^\top\cdots X_{(g-1)}^\top,0^\top,X_{(g+1)}^\top\cdots,X_{(5)}^\top),$ $\beta_{-(g)}=(\beta_{(1)}^\top\cdots,\beta_{(g-1)}^\top,0^\top,\beta_{(g+1)}^\top,\cdots,\beta_{(5)}^\top).$

注：$x=(x_1,\cdots,x_{n_1})^\top$为$n_1\times5$预测变量矩阵，$Y=(Y_1,\cdots,Y_{n_1})^\top$为$n_1\times1$响应变量，$W$为加权对角矩阵，$P$为当前迭代估计概率，$\beta^{(m)}$为当前迭代参数，$n_1$为训练集的样本容量，$p$为预测变量数目，$g$为预测变量的组数。

5.4 预测性能评估方式

5.4.1 两类混淆矩阵

两类混淆矩阵（见表5.7）是真实类与预测类的交叉表，其中 *TP* 表示正确预测股价上涨，*FP* 表示股价下跌被错误预测上涨，*FN* 表示股价上涨被错误预测下跌，*TN* 表示正确预测股价下跌。根据表5.7计算准确率（accuracy）、精确率（precision）、灵敏度（sensitivity）和特异度（specificity），评估股价涨跌运动的预测表现。

表5.7　两类混淆矩阵

	观测涨：$Y_t=1$	观察跌：$Y_t=0$
预测涨：$\hat{Y}_t=1$	*TP*	*FP*
预测跌：$\hat{Y}_t=0$	*FN*	*TN*

5.4.2 ROC 曲线

ROC 曲线综合反映了灵敏度和特异度之间的关系，是通过设置不同阈值 c 计算不同灵敏度和1－特异度绘制成的曲线。ROC 曲线为分类预测提供了一种清晰简明的评价方法，曲线越靠近左上角，预测的准确性越高。AUC 为 ROC 曲线下方与坐标轴围成图形的面积，AUC 的取值范围在0.5和1之间，越接近1，表示预测性能越好。这里用 ggplot2 程序包绘制 ROC 曲线。

5.5 实证分析

5.5.1 模型估计

利用训练集和坐标下降算法计算 LASSO/SCAD/MCP 惩罚逻辑回归的参数估

计，利用训练集和组坐标下降算法计算组 LASSO/SCAD/MCP 惩罚逻辑回归的参数估计。对于组 LASSO/SCAD/MCP 惩罚逻辑回归，λ 控制惩罚强度。随着 λ 增大，组系数逐渐趋于 0。图 5.2 至图 5.5 显示组 LASSO/SCAD/MCP 惩罚逻辑回归建模四个数据集的系数路径。

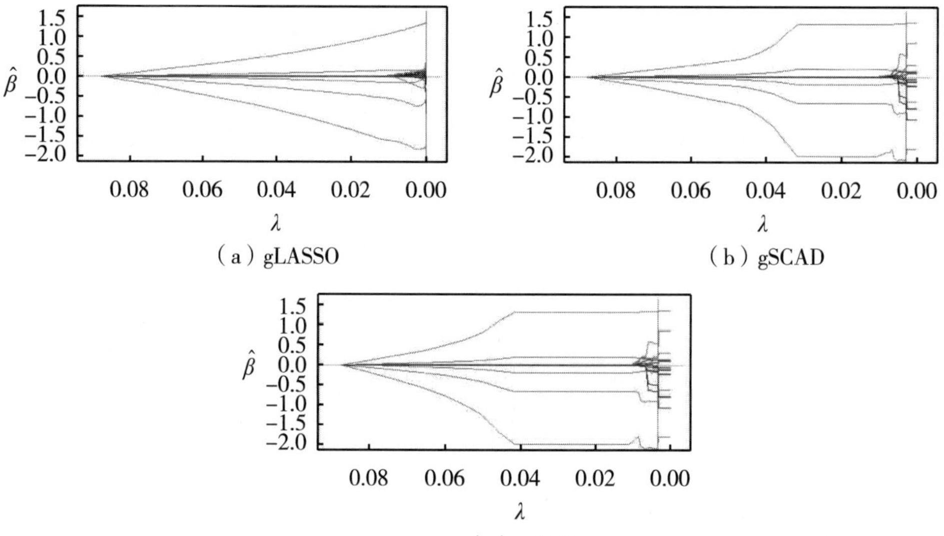

（a）gLASSO （b）gSCAD （c）gMCP

图 5.2 ADP 数据集的系数路径

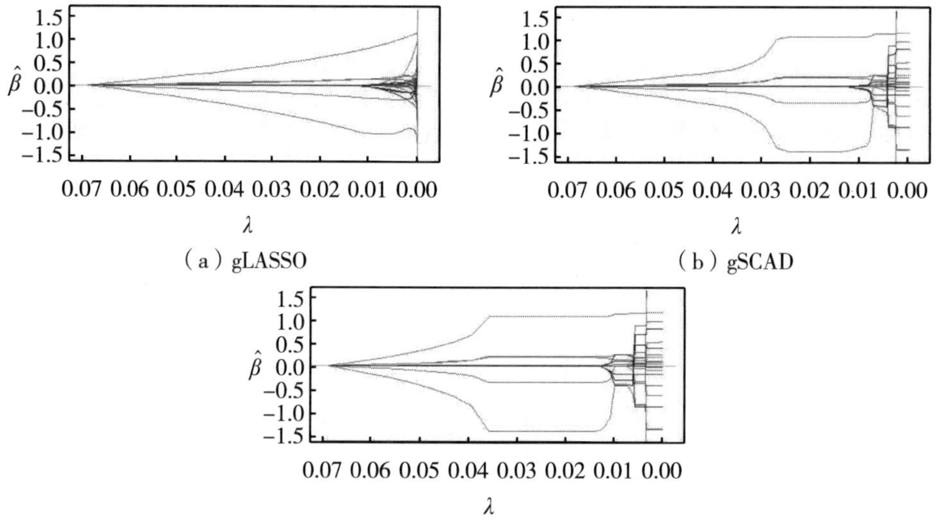

（a）gLASSO （b）gSCAD （c）gMCP

图 5.3 CNC 数据集的系数路径

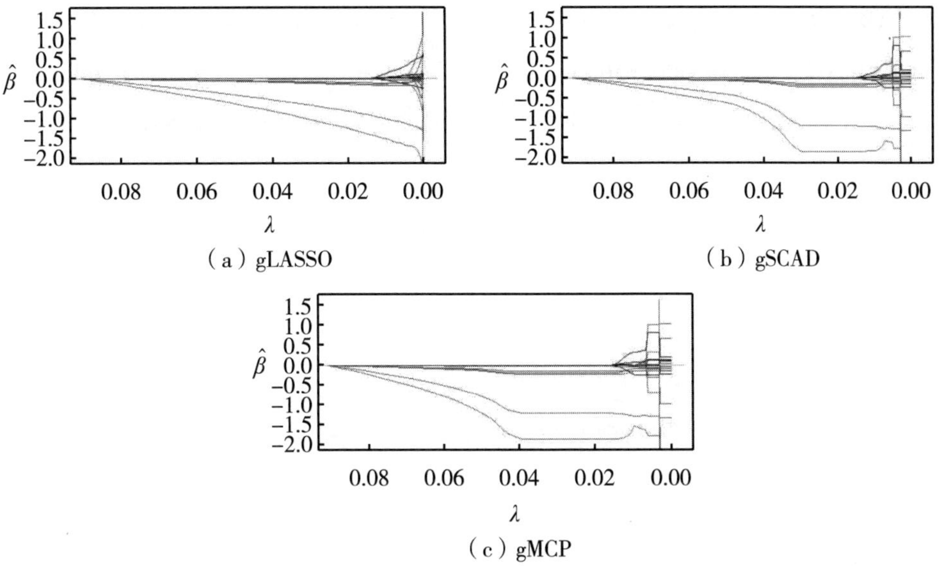

图 5.4　DRE 数据集的系数路径

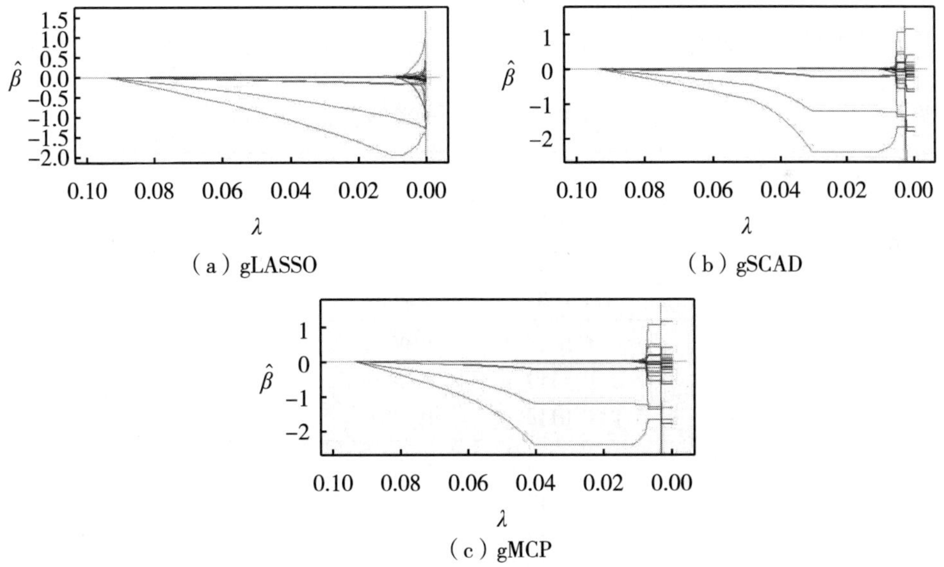

图 5.5　KIM 数据集的系数路径

代码如下：

fit - gLASSO < - grpreg(x1, y1, group, penalty = "grLasso",
family = "binomial")

plot(fit - gLASSO)

其中，$x1$ 为 x_t 中的训练集，$y1$ 为 Y_t 中的训练集。对于组 SCAD 惩罚和组 MCP 惩罚，只要将 *penalty* = “*grLasso*” 改成 *penalty* = “*grSCAD*” 或 *penalty* = “*grMCP*” 即可。

选择 AIC (Akaike Information Criterion) (Akaike1974) 、BIC (Bayesian Information Criterion) (Schwartz, 1978) 和 GCV (Generalized Cross-Validation) (Craven & Wahba, 1979) 三种信息准则选择最优 λ (Breheny & Huang, 2009) ，其中，

$$AIC(\lambda) = L(\lambda) + 2df_{\lambda}, \tag{5.5.10}$$

$$BIC(\lambda) = L(\lambda) + \ln n_1 \cdot df_{\lambda}, \tag{5.5.11}$$

$$GCV = \frac{L(\lambda)}{(1 - \mathrm{d}f_{\lambda}/n_1)^2}, \tag{5.5.12}$$

其中，df_{λ} 为组估计系数的有效数目，$L(\lambda) = \tilde{S}_{\lambda,\gamma}(\beta)/n_1$ 为偏差，n_1 为训练集的样本容量。对于组 LASSO/SCAD/MCP 惩罚逻辑回归，AIC、BIC 和 GCV 选择的 λ 路径如图 5.6 所示。

利用训练集 $\{(x_t, Y_t), t = 1, \cdots, n_1\}$ 选择的最优 λ 为准则（5.5.10）至准则（5.5.12）的最小值。对于组 LASSO/SCAD/MCP 惩罚逻辑回归，AIC、BIC 和 GCV 准则选择的最优 λ 如表 5.8 所示。

表 5.8　　四个数据集选择的最优 λ

组惩罚函数	信息准则	ADP	CNC	DRE	KIM
gLASSO	AIC	0.0078	0.0067	0.0046	0.0076
	BIC	0.0113	0.0118	0.0129	0.0110
	GCV	0.0085	0.0081	0.0046	0.0076
gSCAD	AIC	0.0113	0.0074	0.0081	0.0121
	BIC	0.0113	0.0272	0.0155	0.0121
	GCV	0.0113	0.0074	0.0089	0.0121
gMCP	AIC	0.0113	0.0074	0.0107	0.0121
	BIC	0.0113	0.0142	0.0155	0.0121
	GCV	0.0113	0.0107	0.0107	0.0121

其代码如下：

```
fit-gLASSO <-grpreg(x1,y1,group,penalty="grLasso",
family="binomial")
select(fit-gLASSO,"AIC")
select(fit-gLASSO,"BIC")
select(fit-gLASSO,"GCV")
```

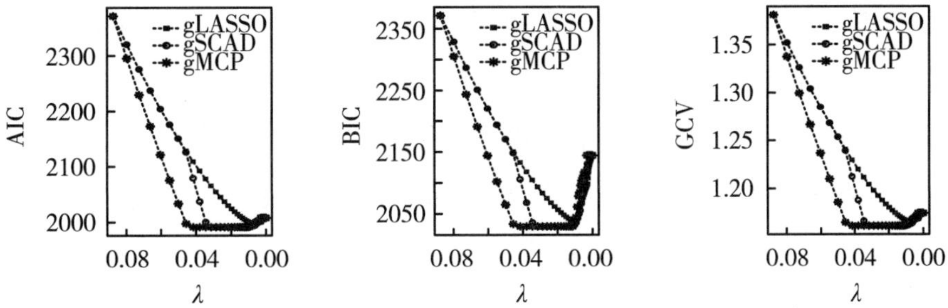

（a）ADP

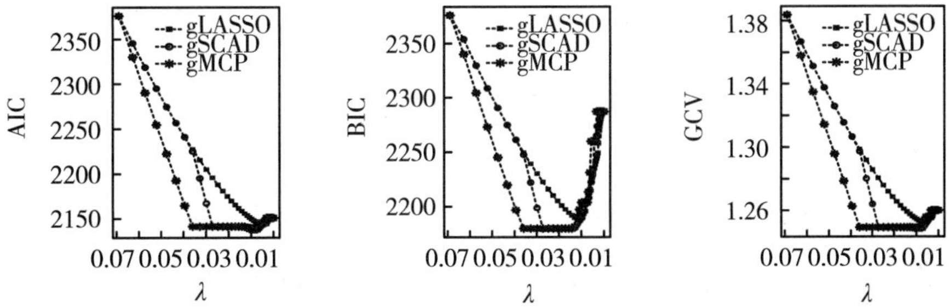

（b）CNC

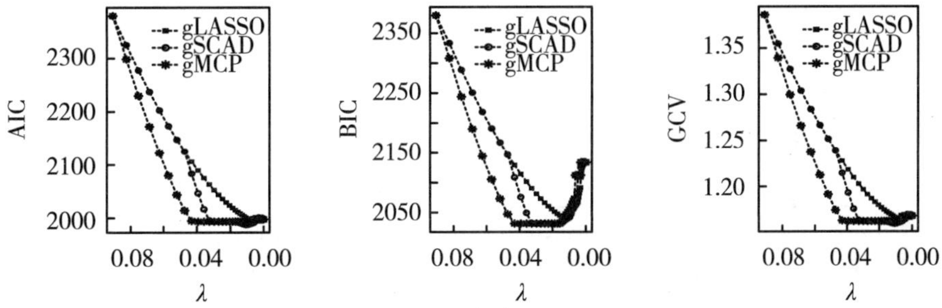

（c）DRE

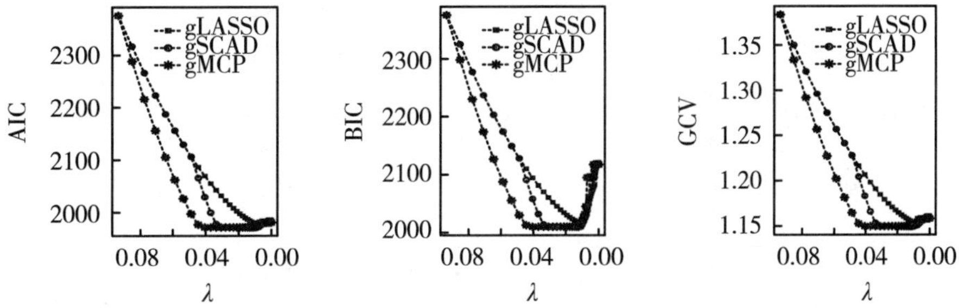

（d）KIM

图 5.6　AIC、BIC 和 GCV 选择的 λ 路径

其中，$x1$ 为 x_t 中的训练集，$y1$ 为 Y_t 中的训练集。对于组 SCAD 惩罚和组 MCP 惩罚，只要将 *penalty* = “*grLASSO*” 改成 *penalty* = “*grSCAD*” 或 *penalty* = “*grMCP*” 即可。

由表 5.8 可知，从组惩罚逻辑回归来看，三个信息准则对组 LASSO 惩罚逻辑

回归选择的最优 λ 和组 SCAD 惩罚逻辑回归、组 MCP 惩罚逻辑回归基本不相同，对于 ADP 和 KIM 数据集的组 SCAD 和组 MCP 惩罚逻辑回归，三个信息准则选择的最优 λ 都相同。从信息准则来看，BIC 准则选择的最优 λ 要大于或等于 AIC 和 GCV 准则选择的最优 λ，BIC 选择的最优 λ 的惩罚力度最大。因此相对于 AIC 准则和 GCV 准则，采用 BIC 准则选取的最优 λ 可以得到更少的变量和组系数。选取了最优 λ 后，应用组坐标下降算法得到组 LASSO/SCAD/MCP 惩罚逻辑回归的组 LASSO/SCAD/MCP 估计，选取的预测变量组和组估计如表 5.9 所示。

表 5.9　四个数据集的组系数估计

数据集	组惩罚函数	信息准则	截距项
ADP	gLASSO	AIC	-1.5270
		BIC	-1.5256
		GCV	-1.5140
	gSCAD	AIC	-1.9503
		BIC	-1.9503
		GCV	-1.9503
	gMCP	AIC	-1.9503
		BIC	-1.9503
		GCV	-1.9503
CNC	gLASSO	AIC	-1.0188
		BIC	-0.9461
		GCV	-1.0527
	gSCAD	AIC	-0.8584
		BIC	-1.2604
		GCV	-0.8584
	gMCP	AIC	-0.8582
		BIC	-1.3712
		GCV	-1.2593
DRE	gLASSO	AIC	-1.2953
		BIC	-1.4348
		GCV	-1.2953
	gSCAD	AIC	-1.4328
		BIC	-1.8704
		GCV	-1.5893
	gMCP	AIC	-1.4381
		BIC	-1.8704
		GCV	-1.4381

续表

数据集	组惩罚函数	信息准则	截距项
KIM	gLASSO	AIC	-1.9477
		BIC	-1.8508
		GCV	-1.9477
	gSCAD	AIC	-2.2995
		BIC	-2.2995
		GCV	-2.2995
	gMCP	AIC	-2.2995
		BIC	-2.2995
		GCV	-2.2995

数据集	组惩罚函数	信息准则	移动平均组
ADP	gLASSO	AIC	(0.0000,0.0000,0.0000,0.0000)
		BIC	(0.0000,0.0000,0.0000,0.0000)
		GCV	(0.0000,0.0000,0.0000,0.0000)
	gSCAD	AIC	(0.0000,0.0000,0.0000,0.0000)
		BIC	(0.0000,0.0000,0.0000,0.0000)
		GCV	(0.0000,0.0000,0.0000,0.0000)
	gMCP	AIC	(0.0000,0.0000,0.0000,0.0000)
		BIC	(0.0000,0.0000,0.0000,0.0000)
		GCV	(0.0000,0.0000,0.0000,0.0000)
CNC	gLASSO	AIC	(0.0000,0.0000,0.0000,0.0000)
		BIC	(0.0000,0.0000,0.0000,0.0000)
		GCV	(0.0000,0.0000,0.0000,0.0000)
	gSCAD	AIC	(0.0000,0.0000,0.0000,0.0000)
		BIC	(0.0000,0.0000,0.0000,0.0000)
		GCV	(0.0000,0.0000,0.0000,0.0000)
	gMCP	AIC	(0.0000,0.0000,0.0000,0.0000)
		BIC	(0.0000,0.0000,0.0000,0.0000)
		GCV	(0.0000,0.0000,0.0000,0.0000)
DRE	gLASSO	AIC	(0.0000,0.0000,0.0000,0.0000)
		BIC	(0.0000,0.0000,0.0000,0.0000)
		GCV	(0.0000,0.0000,0.0000,0.0000)
	gSCAD	AIC	(0.0000,0.0000,0.0000,0.0000)
		BIC	(0.0000,0.0000,0.0000,0.0000)
		GCV	(0.0000,0.0000,0.0000,0.0000)
	gMCP	AIC	(0.0000,0.0000,0.0000,0.0000)
		BIC	(0.0000,0.0000,0.0000,0.0000)
		GCV	(0.0000,0.0000,0.0000,0.0000)

续表

数据集	组惩罚函数	信息准则	移动平均组
KIM	gLASSO	AIC	(0.0000,0.0000,0.0000,0.0000)
		BIC	(0.0000,0.0000,0.0000,0.0000)
		GCV	(0.0000,0.0000,0.0000,0.0000)
	gSCAD	AIC	(0.0000,0.0000,0.0000,0.0000)
		BIC	(0.0000,0.0000,0.0000,0.0000)
		GCV	(0.0000,0.0000,0.0000,0.0000)
	gMCP	AIC	(0.0000,0.0000,0.0000,0.0000)
		BIC	(0.0000,0.0000,0.0000,0.0000)
		GCV	(0.0000,0.0000,0.0000,0.0000)

数据集	组惩罚函数	信息准则	振荡组
ADP	gLASSO	AIC	(−0.5744,−1.6226,−0.1495,0.0202,1.1142,0.1599)
		BIC	(−0.5333,−1.5869,−0.1436,0.0159,1.0333,0.1517)
		GCV	(−0.5617,−1.6107,−0.1491,0.0183,1.0967,0.1600)
	gSCAD	AIC	(−0.6694,−1.9935,−0.1838,0.0205,1.3133,0.1951)
		BIC	(−0.6694,−1.9935,−0.1838,0.0205,1.3133,0.1951)
		GCV	(−0.6694,−1.9935,−0.1838,0.0205,1.3133,0.1951)
	gMCP	AIC	(−0.6694,−1.9935,−0.1838,0.0205,1.3133,0.1951)
		BIC	(−0.6694,−1.9935,−0.1838,0.0205,1.3133,0.1951)
		GCV	(−0.6694,−1.9935,−0.1838,0.0205,1.3133,0.1951)
CNC	gLASSO	AIC	(−0.2819,−1.0380,0.1684,0.0251,0.8957,0.1392)
		BIC	(−0.2546,−0.9934,0.1345,0.0164,0.7612,0.1389)
		GCV	(−0.2719,−1.0319,0.1572,0.0203,0.8546,0.1413)
	gSCAD	AIC	(0.0054,−0.3948,0.2433,0.0412,1.1246,0.1350)
		BIC	(−0.3322,−1.2882,0.1837,0.0161,0.9812,0.1721)
		GCV	(0.0054,−0.3948,0.2433,0.0412,1.1246,0.1350)
	gMCP	AIC	(0.0055,−0.3946,0.2433,0.0412,1.1246,0.1350)
		BIC	(−0.3597,−1.3921,0.2017,0.0158,1.0575,0.1829)
		GCV	(−0.2730,−1.0921,0.2151,0.0236,1.0885,0.1552)
DRE	gLASSO	AIC	(−0.1966,−1.6958,−0.1327,−0.0525,−1.1485,0.1133)
		BIC	(−0.1808,−1.4609,−0.1203,−0.0305,−0.9548,−0.1513)
		GCV	(−0.1966,−1.6958,−0.1327,−0.0525,−1.1485,0.1133)
	gSCAD	AIC	(−0.2012,−1.7511,−0.1483,−0.0569,−1.2630,−0.1141)
		BIC	(−0.2289,−1.8659,−0.1534,−0.0361,−1.2196,−0.1978)
		GCV	(−0.2175,−1.8060,−0.1488,−0.0514,−1.2479,−0.1403)
	gMCP	AIC	(−0.1976,−1.7270,−0.1493,−0.0567,−1.2651,−0.1128)
		BIC	(−0.2289,−1.8659,−0.1534,−0.0361,−1.2196,−0.1979)
		GCV	(−0.1976,−1.7270,−0.1493,−0.0567,−1.2651,−0.1128)

续表

数据集	组惩罚函数	信息准则	振荡组
KIM	gLASSO	AIC	(−0.1668, −1.9732, −0.1871, 0.0169, −1.0603, −0.1789)
		BIC	(−0.1549, −1.9437, −0.1773, 0.0237, −0.9906, −0.1739)
		GCV	(−0.1668, −1.9732, −0.1871, 0.0169, −1.0603, −0.1789)
	gSCAD	AIC	(−0.1889, −2.3857, −0.2169, 0.0284, −1.2093, −0.2094)
		BIC	(−0.1889, −2.3857, −0.2169, 0.0284, −1.2093, −0.2094)
		GCV	(−0.1889, −2.3857, −0.2169, 0.0284, −1.2093, −0.2094)
	gMCP	AIC	(−0.1889, −2.3857, −0.2169, 0.0284, −1.2093, −0.2094)
		BIC	(−0.1889, −2.3857, −0.2169, 0.0284, −1.2093, −0.2094)
		GCV	(−0.1889, −2.3857, −0.2169, 0.0284, −1.2093, −0.2094)

数据集	组惩罚函数	信息准则	趋势组
ADP	gLASSO	AIC	(0.0240, 0.0547, 0.0430, 0.0111, −0.0033)
		BIC	(0.0000, 0.0000, 0.0000, 0.0000, 0.0000)
		GCV	(0.0188, 0.0441, 0.0338, 0.0091, −0.0029)
	gSCAD	AIC	(0.0000, 0.0000, 0.0000, 0.0000, 0.0000)
		BIC	(0.0000, 0.0000, 0.0000, 0.0000, 0.0000)
		GCV	(0.0000, 0.0000, 0.0000, 0.0000, 0.0000)
	gMCP	AIC	(0.0000, 0.0000, 0.0000, 0.0000, 0.0000)
		BIC	(0.0000, 0.0000, 0.0000, 0.0000, 0.0000)
		GCV	(0.0000, 0.0000, 0.0000, 0.0000, 0.0000)
CNC	gLASSO	AIC	(0.0121, 0.0746, 0.0037, −0.0098, 0.0006)
		BIC	(0.0000, 0.0000, 0.0000, 0.0000, 0.0000)
		GCV	(0.0022, 0.0124, 0.0006, −0.0018, −0.0002)
	gSCAD	AIC	(0.0000, 0.0000, 0.0000, 0.0000, 0.0000)
		BIC	(0.0000, 0.0000, 0.0000, 0.0000, 0.0000)
		GCV	(0.0000, 0.0000, 0.0000, 0.0000, 0.0000)
	gMCP	AIC	(0.0000, 0.0000, 0.0000, 0.0000, 0.0000)
		BIC	(0.0000, 0.0000, 0.0000, 0.0000, 0.0000)
		GCV	(0.0000, 0.0000, 0.0000, 0.0000, 0.0000)
DRE	gLASSO	AIC	(0.0140, 0.0940, −0.0122, 0.0611, 0.0169)
		BIC	(0.0000, 0.0000, 0.0000, 0.0000, 0.0000)
		GCV	(0.0140, 0.0940, −0.0122, 0.0611, 0.0169)
	gSCAD	AIC	(0.0041, 0.0235, −0.0022, 0.0144, 0.0026)
		BIC	(0.0000, 0.0000, 0.0000, 0.0000, 0.0000)
		GCV	(0.0004, 0.0027, −0.0002, 0.0016, 0.0005)
	gMCP	AIC	(0.0000, 0.0000, 0.0000, 0.0000, 0.0000)
		BIC	(0.0000, 0.0000, 0.0000, 0.0000, 0.0000)
		GCV	(0.0000, 0.0000, 0.0000, 0.0000, 0.0000)

续表

数据集	组惩罚函数	信息准则	趋势组
KIM	gLASSO	AIC	(-0. 0054, -0. 0082,0. 0335,0. 0168,0. 0195)
		BIC	(0. 0000,0. 0000,0. 0000,0. 0000,0. 0000)
		GCV	(-0. 0054, -0. 0082,0. 0335,0. 0168,0. 0195)
	gSCAD	AIC	(0. 0000,0. 0000,0. 0000,0. 0000,0. 0000)
		BIC	(0. 0000,0. 0000,0. 0000,0. 0000,0. 0000)
		GCV	(0. 0000,0. 0000,0. 0000,0. 0000,0. 0000)
	gMCP	AIC	(0. 0000,0. 0000,0. 0000,0. 0000,0. 0000)
		BIC	(0. 0000,0. 0000,0. 0000,0. 0000,0. 0000)
		GCV	(0. 0000,0. 0000,0. 0000,0. 0000,0. 0000)

数据集	组惩罚函数	信息准则	交易量组
ADP	gLASSO	AIC	(-0. 0122,0. 0012,0. 0019,0. 0043)
		BIC	(0. 0000,0. 0000,0. 0000,0. 0000)
		GCV	(0. 0000,0. 0000,0. 0000,0. 0000)
	gSCAD	AIC	(0. 0000,0. 0000,0. 0000,0. 0000)
		BIC	(0. 0000,0. 0000,0. 0000,0. 0000)
		GCV	(0. 0000,0. 0000,0. 0000,0. 0000)
	gMCP	AIC	(0. 0000,0. 0000,0. 0000,0. 0000)
		BIC	(0. 0000,0. 0000,0. 0000,0. 0000)
		GCV	(0. 0000,0. 0000,0. 0000,0. 0000)
CNC	gLASSO	AIC	(0. 0250, -0. 0002, -0. 0057,0. 0113)
		BIC	(0. 0000,0. 0000,0. 0000,0. 0000)
		GCV	(0. 0000,0. 0000,0. 0000,0. 0000)
	gSCAD	AIC	(0. 0000,0. 0000,0. 0000,0. 0000)
		BIC	(0. 0000,0. 0000,0. 0000,0. 0000)
		GCV	(0. 0000,0. 0000,0. 0000,0. 0000)
	gMCP	AIC	(0. 0000,0. 0000,0. 0000,0. 0000)
		BIC	(0. 0000,0. 0000,0. 0000,0. 0000)
		GCV	(0. 0000,0. 0000,0. 0000,0. 0000)
DRE	gLASSO	AIC	(0. 0000,0. 0000,0. 0000,0. 0000)
		BIC	(0. 0000,0. 0000,0. 0000,0. 0000)
		GCV	(0. 0000,0. 0000,0. 0000,0. 0000)
	gSCAD	AIC	(0. 0000,0. 0000,0. 0000,0. 0000)
		BIC	(0. 0000,0. 0000,0. 0000,0. 0000)
		GCV	(0. 0000,0. 0000,0. 0000,0. 0000)
	gMCP	AIC	(0. 0000,0. 0000,0. 0000,0. 0000)
		BIC	(0. 0000,0. 0000,0. 0000,0. 0000)
		GCV	(0. 0000,0. 0000,0. 0000,0. 0000)

续表

数据集	组惩罚函数	信息准则	交易量组
KIM	gLASSO	AIC	(0. 0000,0. 0000,0. 0000,0. 0000)
		BIC	(0. 0000,0. 0000,0. 0000,0. 0000)
		GCV	(0. 0000,0. 0000,0. 0000,0. 0000)
	gSCAD	AIC	(0. 0000,0. 0000,0. 0000,0. 0000)
		BIC	(0. 0000,0. 0000,0. 0000,0. 0000)
		GCV	(0. 0000,0. 0000,0. 0000,0. 0000)
	gMCP	AIC	(0. 0000,0. 0000,0. 0000,0. 0000)
		BIC	(0. 0000,0. 0000,0. 0000,0. 0000)
		GCV	(0. 0000,0. 0000,0. 0000,0. 0000)

数据集	组惩罚函数	信息准则	波动率组
ADP	gLASSO	AIC	(0. 0042,0. 0054, -0. 0007,0. 0015,0. 0079)
		BIC	(0. 0000,0. 0000,0. 0000,0. 0000,0. 0000)
		GCV	(0. 0000,0. 0000,0. 0000,0. 0000,0. 0000)
	gSCAD	AIC	(0. 0000,0. 0000,0. 0000,0. 0000,0. 0000)
		BIC	(0. 0000,0. 0000,0. 0000,0. 0000,0. 0000)
		GCV	(0. 0000,0. 0000,0. 0000,0. 0000,0. 0000)
	gMCP	AIC	(0. 0000,0. 0000,0. 0000,0. 0000,0. 0000)
		BIC	(0. 0000,0. 0000,0. 0000,0. 0000,0. 0000)
		GCV	(0. 0000,0. 0000,0. 0000,0. 0000,0. 0000)
CNC	gLASSO	AIC	(-0. 0880,0. 0429, -0. 0729,0. 0164, -0. 0590)
		BIC	(0. 0000,0. 0000,0. 0000,0. 0000,0. 0000)
		GCV	(-0. 0539,0. 0316, -0. 0516,0. 0101, -0. 0401)
	gSCAD	AIC	(-0. 4135,0. 1101, -0. 2982,0. 2480, -0. 1808)
		BIC	(0. 0000,0. 0000,0. 0000,0. 0000,0. 0000)
		GCV	(-0. 4135,0. 1101, -0. 2982,0. 2480, -0. 1808)
	gMCP	AIC	(-0. 4135,0. 1101, -0. 2982,0. 2481, -0. 1808)
		BIC	(0. 0000,0. 0000,0. 0000,0. 0000,0. 0000)
		GCV	(-0. 1465,0. 0618, -0. 1273,0. 0611, -0. 1048)
DRE	gLASSO	AIC	(0. 3013, -0. 0152,0. 0488,0. 0224, -0. 1503)
		BIC	(0. 0186, -0. 0010,0. 0036,0. 0018, -0. 0083)
		GCV	(0. 3013, -0. 0152,0. 0488,0. 0224, -0. 1503)
	gSCAD	AIC	(0. 3023, -0. 0221,0. 0608,0. 0075, -0. 1826)
		BIC	(0. 0000,0. 0000,0. 0000,0. 0000,0. 0000)
		GCV	(0. 2221, -0. 0147,0. 0444,0. 0122, -0. 1252)
	gMCP	AIC	(0. 2989, -0. 0234,0. 0624,0. 0037, -0. 1870)
		BIC	(0. 0000,0. 0000,0. 0000,0. 0000,0. 0000)
		GCV	(0. 2989, -0. 0234,0. 0624,0. 0037, -0. 1870)

续表

数据集	组惩罚函数	信息准则	波动率组
KIM	gLASSO	AIC	(-0.0479, -0.0155, 0.0058, -0.0009, -0.0059)
		BIC	(0.0000, 0.0000, 0.0000, 0.0000, 0.0000)
		GCV	(-0.0479, -0.0155, 0.0058, -0.0009, -0.0059)
	gSCAD	AIC	(0.0000, 0.0000, 0.0000, 0.0000, 0.0000)
		BIC	(0.0000, 0.0000, 0.0000, 0.0000, 0.0000)
		GCV	(0.0000, 0.0000, 0.0000, 0.0000, 0.0000)
	gMCP	AIC	(0.0000, 0.0000, 0.0000, 0.0000, 0.0000)
		BIC	(0.0000, 0.0000, 0.0000, 0.0000, 0.0000)
		GCV	(0.0000, 0.0000, 0.0000, 0.0000, 0.0000)

其代码为：

fit - gLASSO < - grpreg(x1, y1, group, penalty = "grLasso",
family = "binomial", lambda = 0.0078)

这里 *lambda* 为 AIC、BIC 和 GCV 三个信息准则选择的 *lambda*，用代码

fit - gLASSO[["beta"]]

查看组系数。同理，对于组 SCAD 惩罚和组 MCP 惩罚，只要将 *penalty = "grLasso"* 改成 *penalty = "grSCAD"* 或 *penalty = "grMCP"* 即可。

从表 5.9 可以看出：

（1）对于 ADP 数据集，组 LASSO 通过 AIC 准则选择的最优 λ 选取了四组技术指标：振荡组、趋势组、交易量组和波动率组。组 LASSO 通过 BIC 准则选择的最优 λ 选取了振荡组。组 LASSO 通过 GCV 准则选择的最优 λ 选取了两组技术指标：振荡组和趋势组。组 SCAD 和组 MCP 通过三个信息准则分别选择的最优 λ 选取了振荡组，且三个信息准则得到的组系数一致。

（2）对于 CNC 数据集，组 LASSO 通过 AIC 准则选择的最优 λ 选取了四组技术指标：振荡组、趋势组、交易量组和波动率组。组 LASSO 通过 BIC 准则选择的最优 λ 选取了振荡组。组 LASSO 通过 GCV 准则选择的最优 λ 选取了三组技术指标：振荡组、趋势组和波动率组。组 SCAD 和组 MCP 通过 AIC 和 GCV 准则分别选择的最优 λ 选取了两组技术指标：振荡组和波动率组。组 SCAD 和组 MCP 通过 BIC 准则分别选择的最优 λ 选取了振荡组。

（3）对于 DRE 数据集，组 LASSO 通过 AIC 和 GCV 准则分别选择的最优 λ 选

取了三组技术指标：振荡组、趋势组和波动率组，且 AIC 准则和 GCV 准则得到的组系数一致。组 LASSO 通过 BIC 准则选择的最优 λ 选取了两组技术指标：振荡组和波动率组。组 SCAD 通过 AIC 和 GCV 准则分别选择的最优 λ 选取了三组技术指标：振荡组、趋势组和波动率组。组 SCAD 和组 MCP 通过 BIC 准则选择的最优 λ 选取了振荡组。组 MCP 通过 AIC 和 GCV 准则分别选择的最优 λ 选取了两组技术指标：振荡组和波动率组，且 AIC 和 GCV 准则得到的组系数一致。

（4）对于 KIM 数据集，组 LASSO 通过 AIC 准则和 GCV 准则分别选择的最优 λ 选取了两组技术指标：振荡组和波动率组，且 AIC 和 GCV 准则得到的组系数一致。组 LASSO 通过 BIC 准则选择的最优 λ 选取了振荡组。组 SCAD 和组 MCP 通过三个信息准则分别选择的最优 λ 选取了振荡组，且三个信息准则得到的组系数一致。

利用 BIC 准则选取最优 λ，建立组 LASSO/SCAD/MCP 惩罚逻辑回归预测股价涨跌趋势。

（1）ADP 数据集。

A. 组 LASSO 惩罚逻辑回归：

$$\hat{P}(Y_t=1|X_t)=\frac{e^{Z_{t,1}}}{1+e^{Z_{t,1}}},\tag{5.5.13}$$

$$\hat{P}(Y_t=0|X_t)=\frac{1}{1+e^{Z_{t,1}}},\tag{5.5.14}$$

其中，$Z_{t,1}=-1.5256-0.5333X_{t,5}-1.5869X_{t,6}-0.1436X_{t,7}+0.0159X_{t,8}+1.0333X_{t,9}+0.1517X_{t,10}$。

B. 组 SCAD 惩罚逻辑回归：

$$\hat{P}(Y_t=1|X_t)=\frac{e^{Z_{t,2}}}{1+e^{Z_{t,2}}},\tag{5.5.15}$$

$$\hat{P}(Y_t=0|X_t)=\frac{1}{1+e^{Z_{t,2}}},\tag{5.5.16}$$

其中，$Z_{t,2}=-1.9503-0.6694X_{t,5}-1.9935X_{t,6}-0.1838X_{t,7}+0.0205X_{t,8}+1.3133X_{t,9}+0.1951X_{t,10}$。

C. 组 MCP 惩罚逻辑回归：

$$\hat{P}(Y_t=1|X_t)=\frac{e^{Z_{t,3}}}{1+e^{Z_{t,3}}},\tag{5.5.17}$$

$$\hat{P}(Y_t=0\mid X_t)=\frac{1}{1+e^{Z_{t,3}}},\tag{5.5.18}$$

其中，$Z_{t,3}=-1.9503-0.6694X_{t,5}-1.9935X_{t,6}-0.1838X_{t,7}+0.0205X_{t,8}+1.3133X_{t,9}+0.1951X_{t,10}$。

（2）CNC 数据集。

A. 组 LASSO 惩罚逻辑回归：

$$\hat{P}(Y_t=1\mid X_t)=\frac{e^{Z_{t,4}}}{1+e^{Z_{t,4}}},\tag{5.5.19}$$

$$\hat{P}(Y_t=0\mid X_t)=\frac{1}{1+e^{Z_{t,4}}},\tag{5.5.20}$$

其中，$Z_{t,4}=-0.9461-0.2546X_{t,5}-0.9934X_{t,6}+0.1345X_{t,7}+0.0164X_{t,8}+0.7612X_{t,9}+0.1389X_{t,10}$。

B. 组 SCAD 惩罚逻辑回归：

$$\hat{P}(Y_t=1\mid X_t)=\frac{e^{Z_{t,5}}}{1+e^{Z_{t,5}}},\tag{5.5.21}$$

$$\hat{P}(Y_t=0\mid X_t)=\frac{1}{1+e^{Z_{t,5}}},\tag{5.5.22}$$

其中，$Z_{t,5}=-1.2604-0.3322X_{t,5}-1.2882X_{t,6}+0.1837X_{t,7}+0.0161X_{t,8}+0.9812X_{t,9}-0.1721X_{t,10}$。

C. 组 MCP 惩罚逻辑回归：

$$\hat{P}(Y_t=1\mid X_t)=\frac{e^{Z_{t,6}}}{1+e^{Z_{t,6}}},\tag{5.5.23}$$

$$\hat{P}(Y_t=0\mid X_t)=\frac{1}{1+e^{Z_{t,6}}},\tag{5.5.24}$$

其中，$Z_{t,6}=-1.3712-0.3597X_{t,5}-1.3921X_{t,6}+0.2017X_{t,7}+0.0158X_{t,8}-1.0575X_{t,9}-0.1829X_{t,10}$。

（3）DRE 数据集。

A. 组 LASSO 惩罚逻辑回归：

$$\hat{P}(Y_t=1\mid X_t)=\frac{e^{Z_{t,7}}}{1+e^{Z_{t,7}}},\tag{5.5.25}$$

$$\hat{P}(Y_t=0\mid X_t)=\frac{1}{1+e^{Z_{t,7}}},\tag{5.5.26}$$

其中，$Z_{t,7}=-1.4348-0.1808X_{t,5}-1.4609X_{t,6}-0.1203X_{t,7}-0.0305X_{t,8}-0.9548X_{t,9}-0.1513X_{t,10}+0.0186X_{t,20}-0.001X_{t,21}+0.0036X_{t,22}+0.0018X_{t,23}-0.0083X_{t,24}$。

B. 组 SCAD 惩罚逻辑回归：

$$\hat{P}(Y_t=1|X_t)=\frac{e^{Z_{t,8}}}{1+e^{Z_{t,8}}}, \tag{5.5.27}$$

$$\hat{P}(Y_t=0|X_t)=\frac{1}{1+e^{Z_{t,8}}}, \tag{5.5.28}$$

其中，$Z_{t,8}=-1.8704-0.2289X_{t,5}-1.8659X_{t,6}-0.1534X_{t,7}-0.0361X_{t,8}-1.2196X_{t,9}-0.1978X_{t,10}$。

C. 组 MCP 惩罚逻辑回归：

$$\hat{P}(Y_t=1|X_t)=\frac{e^{Z_{t,9}}}{1+e^{Z_{t,9}}}, \tag{5.5.29}$$

$$\hat{P}(Y_t=0|X_t)=\frac{1}{1+e^{Z_{t,9}}}, \tag{5.5.30}$$

其中，$Z_{t,9}=-1.8704-0.2289X_{t,5}-1.8659X_{t,6}-0.1534X_{t,7}-0.0361X_{t,8}-1.2196X_{t,9}-0.1978X_{t,10}$。

（4）KIM 数据集。

A. 组 LASSO 惩罚逻辑回归：

$$\hat{P}(Y_t=1|X_t)=\frac{e^{Z_{t,10}}}{1+e^{Z_{t,10}}}, \tag{5.5.31}$$

$$\hat{P}(Y_t=0|X_t)=\frac{1}{1+e^{Z_{t,10}}}, \tag{5.5.32}$$

其中，$Z_{t,10}=-1.8508-0.1549X_{t,5}-1.9437X_{t,6}-0.1773X_{t,7}+0.0237X_{t,8}-0.9906X_{t,9}-0.1739X_{t,10}$。

B. 组 SCAD 惩罚逻辑回归：

$$\hat{P}(Y_t=1|X_t)=\frac{e^{Z_{t,11}}}{1+e^{Z_{t,11}}}, \tag{5.5.33}$$

$$\hat{P}(Y_t=0|X_t)=\frac{1}{1+e^{Z_{t,11}}}, \tag{5.5.34}$$

其中，$Z_{t,11}=-2.2995-0.1889X_{t,5}-2.3857X_{t,6}-0.2169X_{t,7}+0.0284X_{t,8}-1.2093X_{t,9}-0.2094X_{t,10}$。

C. 组 MCP 惩罚逻辑回归：

$$\hat{P}(Y_t = 1 | X_t) = \frac{e^{Z_{t,12}}}{1 + e^{Z_{t,12}}}, \tag{5.5.35}$$

$$\hat{P}(Y_t = 0 | X_t) = \frac{1}{1 + e^{Z_{t,12}}}, \tag{5.5.36}$$

其中，$Z_{t,12} = -2.2995 - 0.1889X_{t,5} - 2.3857X_{t,6} - 0.2169X_{t,7} + 0.0284X_{t,8} - 1.2093X_{t,9} - 0.2094X_{t,10}$。

从模型（5.5.13）至模型（5.5.36）可以看出，振荡组是影响股价涨跌趋势的重要指标组。

5.5.2 不同方法的预测表现

假设 $n_2 = n - n_1$ 为测试集的样本容量。将测试集 $\{(x_t, Y_t), t = n_1 + 1, \cdots, n\}$ 代入模型（5.5.13）至模型（5.5.36）计算概率估计，根据如下准则：

$$\text{如果 } \hat{P}_t > c,\quad \text{则 } \hat{Y}_t = 1,\quad \text{否则 } \hat{Y}_t = 0, \tag{5.5.37}$$

估计预测值 $\hat{Y}_t$，其中 c 为给定阈值。对平衡数据一般取 $c = 0.5$；对于不平衡数据，广泛使用约登指数（Youden index）择取最佳阈值（Raghavan et al.，2016）。表 5.10 列出了约登指数对四个数据集选取的最佳阈值。

表 5.10　约登指数选取的最佳阈值 c

组惩罚函数	最佳阈值 c			
	ADP	CNC	DRE	KIM
gLASSO	0.586	0.520	0.470	0.545
gSCAD	0.600	0.524	0.460	0.547
gMCP	0.600	0.521	0.460	0.547

为了进一步评估组 LASSO/组 SCAD/组 MCP 惩罚逻辑回归的预测性能，对组惩罚逻辑回归和惩罚逻辑回归的预测表现进行比较。惩罚逻辑回归的最优 λ 由 10 折交叉验证得到。组惩罚逻辑回归预测性能的代码为：

```
S1 <- predict(fit-gLASSO, x2, type = "response")
predict1 <- ifelse(S1 > 0.586, "1", "0")
predict1 <- as.factor(predict1)
```

y2 <- as.factor(y2)

confusionMatrix(predict1,y2)

其中，*x*2 为 x_t 中的测试集，*y*2 为 Y_t 中的测试集。

组 LASSO/组 SCAD/组 MCP/LASSO/SCAD/MCP 惩罚逻辑回归的预测表现如表 5.11所示。从表 5.11 可以看出，组惩罚逻辑回归和惩罚逻辑回归的预测精度基本都达到了 70% 以上。对于四个不同数据集，组惩罚逻辑回归的预测精度都高于惩罚逻辑回归，其中 CNC 数据集的组 LASSO 惩罚逻辑回归预测精度达到了 71.56% 。对于组惩罚逻辑回归，每个数据集的组 SCAD 惩罚逻辑回归和组 MCP 惩罚逻辑回归的预测精度一致，预测精度相差不大。

表 5.11　预测性能比较

数据集	惩罚函数	灵敏度	特异度	精确率	准确率
ADP	gLASSO	0.7818	0.6568	0.6499	0.7129
	gSCAD	0.7818	0.6593	0.6515	0.7143
	gMCP	0.7818	0.6593	0.6515	0.7143
	LASSO	0.8606	0.5728	0.6214	0.7020
	SCAD	0.8545	0.5778	0.6225	0.7020
	MCP	0.8545	0.5753	0.6211	0.7007
CNC	gLASSO	0.6955	0.7250	0.6793	0.7116
	gSCAD	0.7075	0.7125	0.6733	0.7102
	gMCP	0.6985	0.7200	0.6763	0.7102
	LASSO	0.7433	0.6650	0.6501	0.7007
	SCAD	0.6955	0.6975	0.6582	0.6966
	MCP	0.7254	0.6800	0.6550	0.7007
DRE	gLASSO	0.6332	0.7772	0.7199	0.7088
	gSCAD	0.6332	0.7746	0.7175	0.7075
	gMCP	0.6332	0.7746	0.7175	0.7075
	LASSO	0.6218	0.7876	0.7258	0.7088
	SCAD	0.7049	0.7073	0.6852	0.7061
	MCP	0.6991	0.7124	0.6873	0.7061
KIM	gLASSO	0.7534	0.6784	0.6980	0.7156
	gSCAD	0.7534	0.6811	0.6997	0.7170
	gMCP	0.7534	0.6811	0.6997	0.7170
	LASSO	0.7699	0.6568	0.6887	0.7129
	SCAD	0.7589	0.6622	0.6891	0.7102
	MCP	0.7233	0.6892	0.6966	0.7061

图5.7至图5.10显示了四个数据集的组LASSO/组SCAD/组MCP/LASSO/SCAD/MCP的ROC曲线。整体来看，组惩罚逻辑回归的AUC都超过了0.76，每个数据集的组惩罚逻辑回归的AUC要稍大于惩罚逻辑回归的AUC，其中ADP数据集的组惩罚逻辑回归的AUC为0.78，但组LASSO/组SCAD/组MCP惩罚逻辑回归的AUC相差不大，因此组惩罚逻辑回归的预测性能优于惩罚逻辑回归。

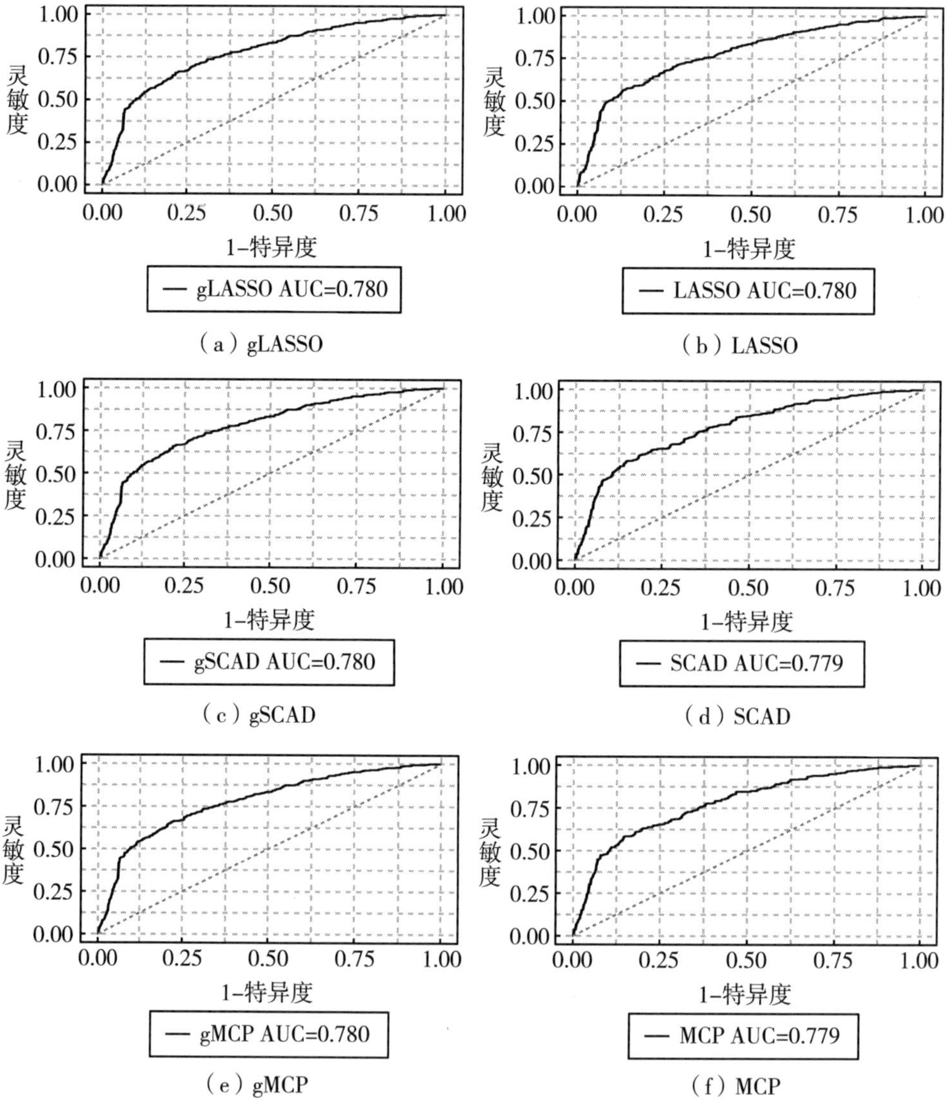

图5.7 ADP对应六种方法产生的ROC曲线

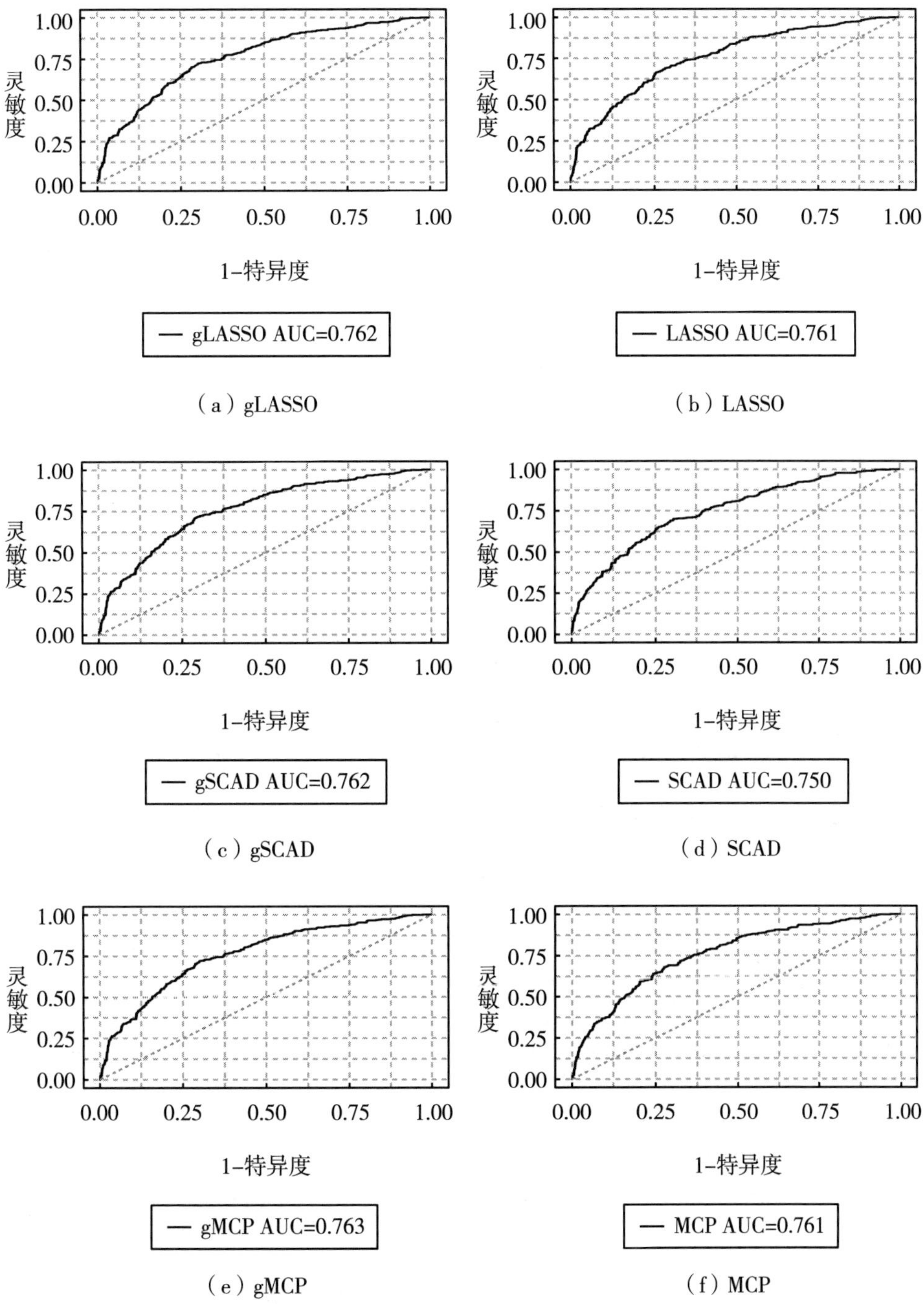

图 5.8　CNC 对应六种方法产生的 ROC 曲线

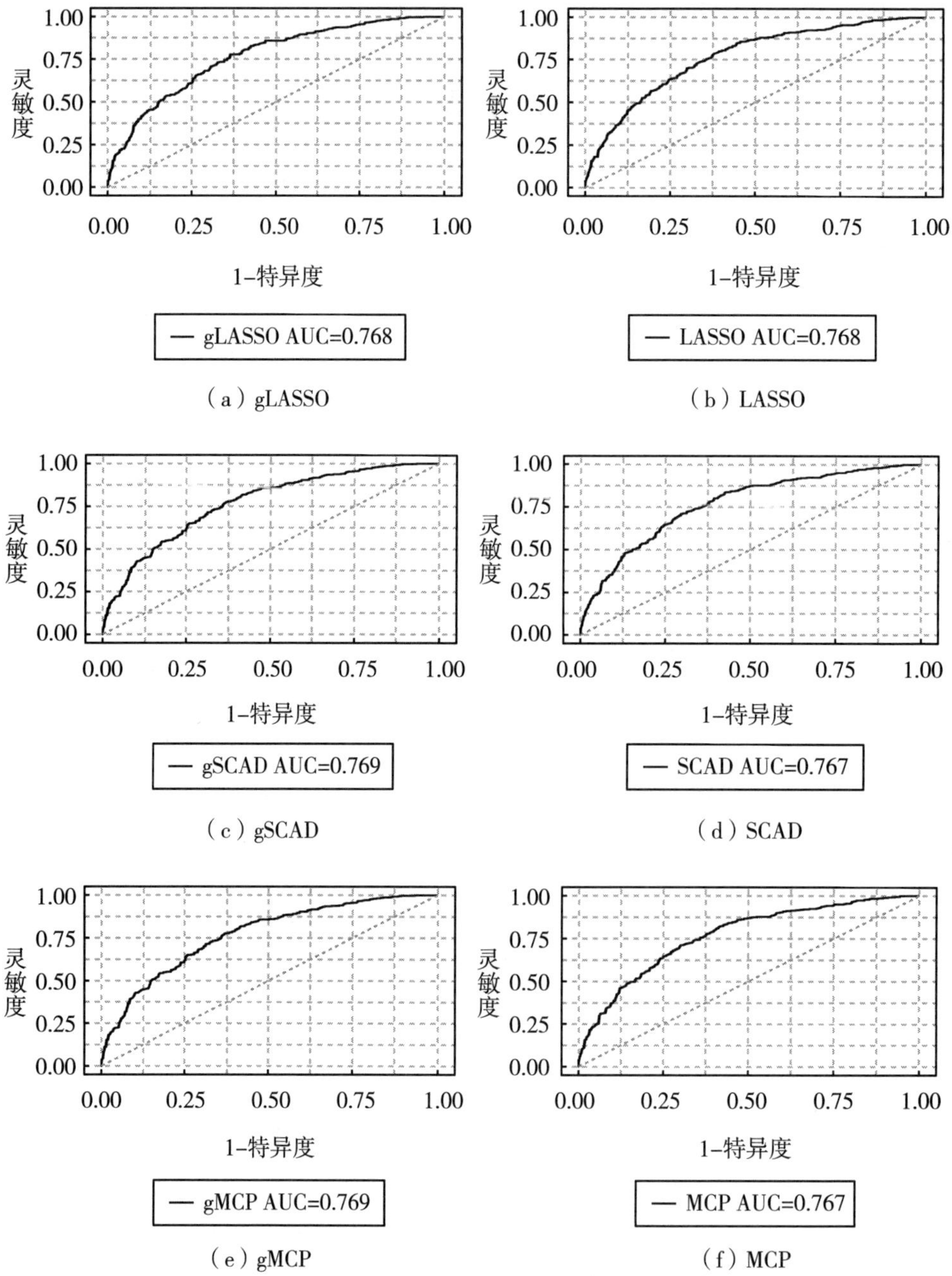

图 5.9 DRE 对应六种方法产生的 ROC 曲线

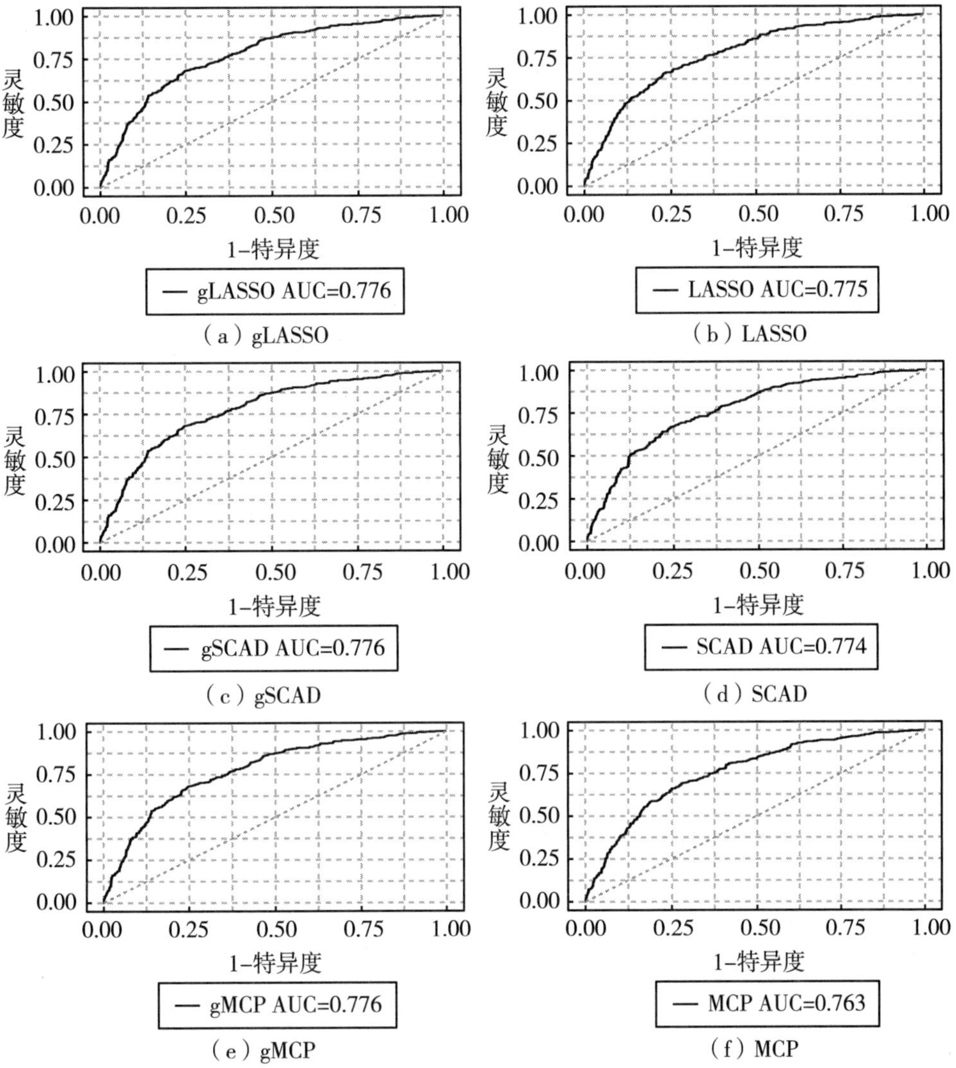

图 5.10 KIM 对应六种方法产生的 ROC 曲线

5.6 结论与展望

近年来提出了很多预测股价走势的方法。为了进一步提高股价趋势预测精度，本章结合技术指标提出了组 LASSO/组 SCAD/组 MCP 惩罚逻辑回归预测股价的涨跌趋势。首先，用组 LASSO/组 SCAD/组 MCP 惩罚逻辑回归筛选出四家不同上市公司的重要技术指标组，对于不同数据集，重要技术指标组不一致，说明筛选重要技术指标的重要性，特别是振荡组是影响股价涨跌趋势一个很重要的技术指标组。其次，组 LASSO/SCAD/MCP 惩罚逻辑回归有很好的预测表现：四个数据集的预测精度都超过了 70%，AUC 值最高达到 0.78。对于每个数据集，组 LASSO/组 SCAD/组 MCP 惩罚逻辑回归的预测性能相差不大。最后，比较组 LASSO/组 SCAD/组 MCP/LASSO/SCAD/MCP 惩罚逻辑回归的预测表现，发现组 LASSO/组 SCAD/组 MCP 惩罚逻辑回归的预测精度和 AUC 优于 LASSO/SCAD/MCP 惩罚逻辑回归。因此，本章将组 LASSO/组 SCAD/组 MCP 惩罚逻辑回归与技术指标相结合，提出了改进股价涨跌趋势预测精度的新方法。本章主要预测股价上涨和下跌两种运动，而对于股价上涨、横盘和下跌三种运动尚未展开预测研究。因此下一章将提出 LASSO/Ridge/ENet 惩罚三项 logit 模型预测股价上涨、横盘和下跌三种运动和三类分类问题的预测精度评价方法等。

第 6 章

三类分类问题的统计学习方法与预测精度评估

6.1 引言

分类问题是统计学习的重要研究领域。分类模型是通过具体的算法或规则构建分类函数，对样本标签进行划分的统计学习方法。分类模型在实际生活中有广泛应用。例如，图像识别（Sun et al.，2005）、信用评估（Psillaki，Tsolas & Margaritis，2010）和气候预测（Slingo & Palmer，2011）等。在统计学习中，SVM、ANN 和 RF 是非常经典的分类方法。例如，Pal 和 Foody（2010）提出了基于特征选择的 SVM，并应用于遥感影像分类问题，结果表明，经过特征选择后的 SVM 预测性能有显著提升；Wang 等（2014）融合了集成学习与多种统计模型，得到了具有更高精度的文本分类方法；Liu 等（2016）使用线性判别分析（Linear Discriminant Analysis，LDA）和 SVM 构建了一种用于 Web 服务分类的主动学习框架，提升了计算速度与分类精度；Zhang 和 Lou（2021）使用基于 BP（Back Propagation）算法的神经网络模型对股价进行分类预测，其预测精度达到 73.29%。机器学习方法能够处理结构复杂的数据，但也具有局限性。例如，ANN 可解释性差，容易出现过拟合情况；LDA 方法对于非高斯分布的样本处理效果不理想；SVM 计算缓慢，需要占用较多的运算资源；RF 易受数据噪声影响，需要大量调参等。

多项 logit 回归（Multinomial Logit Regression，MLR）（McFadden，1973；Greene，2003；Train，2009）是建模多类响应变量最常用的回归模型。MLR 除提供分类信息外，还能提供分类概率，主要用于气象预测、经济预测、疾病诊断等领域的多类分类问题。例如，Hausman 和 Mcfadden（1984）为 MLR 提供两组计算便利的识别检验。Bohning（1992）提出了一种求解 MLR 的下界迭代法，其计算效率有望优于 Newton-Raphson 迭代法。Glonek 和 Mccullagh（1995）提供了 MLR 的定义，对适当大小数据集描述了极大似然估计的计算方法。Krishnapuram 等（2005）介绍了一种基于 MLR 的真多类公式，得到了学习稀疏多类分类器的快速精确算法。Kim、Kwon 和 Song（2006）提出了稀疏 logit 模型的多类推广，将多类分类问题转化为多个二类分类问题，并用于多癌症类型的分类问题，结果表明该方法优于标准 MLR。Pranckevicius（2016）利用 MLR 及亚马逊商品评论数据进行文本分类，结果表明此方法在文本多类分类问题中的精度为 59.12%。Xu（2017）考虑具有分类结果的回归不连续设计，基于 MLR 的非参数扩展，对一般分类结果开发了一个新的回归不连续估计量，并用该方法选择最优带宽和构造对偏差校正稳健的置信区间等关键问题。Zhang 和 Zhou（2018）对协变量给定的分类响应变量模型，提出了一个排列和扩充的断棍结构，允许将任意交叉熵损失二元分类器转换为贝叶斯多项式分类器，提供概率估计，产生非线性分类决策边界。Mao 等（2018）使用 MLR 分别对三种脑神经影像进行了分析，以提高诊断阿尔茨海默病及轻度认知障碍的准确性等。Chernozhukov、Fernάndez-Val 和 Newey（2019）研究了二元和多项选择模型的识别问题，使用控制函数或面板数据将识别结果扩展到具有内生异质性的模型。Bu、Majumdar 和 Yang（2020）考虑了一般 MLR 的最优设计，发展了搜索 D 最优设计的有效算法。Hahn、Hausman 和 Lustig（2020）考虑了一类混合 logit 选择模型，采用 Hausman 和 Mcfadden（1984）的方法发展了一种模型识别检验方法。Murray（2021）对两类对数线性模型——MLR 和计数回归引入了贝叶斯可加回归树，开发了新数据扩展策略等。

MLR 使用极大似然估计方法，要求观察值的样本容量比要估计的真实参数多。由于 MLR 对每个解释变量都要几个系数，故随着预测变量数目增加，参数数目也快速增加，导致极大似然估计快速恶化，解释能力急剧下降，因此有必要采用变量选择方法得到能解释且可靠的 MLR。目前常用的变量选择是惩罚方法，包括 LASSO(Tibshirani,1996)、SCAD(Fan & Li,2001)、ENet(Zou & Hastie,2005)和 MCP(Zhang,2010)等常见方法。这些方法通常只用于单变量响应变量模型。MLR 不是通常的单变量响应变量广义线性模型，因此这些方法不能直接使用。引入惩罚函数后的 MLR 能够提供类指标信息和类概率估计，通过收缩回归系数来提高预测性能，避免多重共线性和过拟合。例如，Zhu 和 Hastie(2004)提出了惩罚 MLR 作为 SVM 的替代方案来分析微阵列癌症诊断问题。Vincent 和 Hansen(2014)研究了基于稀疏组 LASSO 的高维多项分类，提出了一种求解稀疏组 LASSO 优化问题的收敛坐标梯度下降算法。Zahid 和 Tutz(2013)通过边界约束指明一个响应变量类作为参考类，研究了采用对称边界约束 MLR 的 Ridge 估计，得到了与参考类独立的参数估计。Obuchi 和 Kabashima(2018)对 LASSO 或 ENet 惩罚 MLR 的预测似然发展了交叉核实估计的渐近公式，对海量数据和巨维模型实施扰动方法得到公式，降低计算时间等。三项 logit 模型是一个重要的三类分类器，作为 MLR 的特殊情形主要用于生物医学、股价预测和语言学等领域。例如，Van Calster 等(2009)研究了未知部位妊娠的三分类问题，使用三项 logit 模型对妊娠位置进行预测，预测效果良好。本章提出 LASSO/Ridge/ENet 惩罚三项 logit 模型预测股价向上、向下和横向运动和丙型肝炎临床分期问题，提出使用准确度、三类混淆矩阵、ROC 曲面、Kappa 系数、HUM （HyperVolume Under the ROC Manifold） 和 PDI （Polytomous Discrimination Index） 六项指标评估预测表现。

本章结构如下：6.2 节介绍三项 logit 模型、惩罚三项 logit 模型及其估计方法；6.3 节详细介绍了多项 logit 模型的 Ridge 估计；6.4 节引入贝叶斯分类器和预测评价指标；6.5 节三类分类方法预测股价的三种运动方向，提出具有 24 个技术指标的惩罚三项 logit 模型预测三家美股上市公司的股价运动方向；6.6 节三类分类方法在疾病诊断中的应用，提出惩罚三项 logit 模型预测丙型肝炎临床分期。

6.2 L_2 惩罚 MLR 的 Ridge 估计

本节主要回顾 Zahid 和 Tutz （2013） 对具有对称边界约束的 MLR 提出的

Ridge 估计方法，其中 MLR 可以表示为

$$P(Y=r \mid x)=\frac{\exp(x^{\top}\beta^{r})}{\sum_{s=1}^{k}\exp(x^{\top}\beta^{s})}=\frac{\exp(\eta^{r})}{\sum_{s=1}^{k}\exp(\eta^{s})}, \tag{6.2.1}$$

其中，$\beta^{r}=(\beta_0^{r},\cdots,\beta_p^{r})^{\top}$。由于参数$\beta^{1},\cdots,\beta^{k}$不可识别，因此必须施加一些限制条件。常用的边界限制是基于参考类（a reference category，RC）的选择。当选择类 k 时，可以令 $\beta^{k}=(0,\cdots,0)^{\top}$产生 $\eta^{k}=0$。响应变量类中的任何一个类都可以作为参考类。当参考类 s 选成$\beta^{s}=(0,\cdots,0)^{\top}$时，$\eta^{s}=X^{\top}\beta^{s}=0$。当选择参考类 k 时，模型变为

$$P(Y=r \mid x,\beta)=\frac{\exp(x^{\top}\beta^{r})}{1+\sum_{s=1}^{q}\exp(x^{\top}\beta^{s})},r=1,\cdots,q=k-1. \tag{6.2.2}$$

当定义正则项时，另一种更合适的边界约束是对称边界约束（Symmetric Side Constraint，SSC）：

$$\sum_{s=1}^{k}\beta^{*s}=0. \tag{6.2.3}$$

用β^{*s}表示对应参数，MLR 表示为

$$P(Y=r \mid x)=\frac{\exp(x^{\top}\beta^{*r})}{\sum_{s=1}^{k}\exp(x^{\top}\beta^{*s})}=\frac{\exp(\eta^{*r})}{\sum_{s=1}^{k}\exp(\eta^{*s})},r=1,\cdots,k. \tag{6.2.4}$$

来自具有对称边界限制模型的等价参数与来自具有参考类模型的参数不同，因此具有不同的解释。在 $\sum_{s=1}^{k}\beta^{*s}=0$ 的 SSC 情形下，“中位数”响应变量可以看成参考类，用几何均值 $GM(x)=\left(\prod_{s=1}^{k}P(Y=s \mid x)\right)^{1/k}$。由式（6.2.4）可得：

$$\frac{P(Y=r \mid x)}{GM(x)}=\frac{\exp(\eta^{*r})}{\sqrt[k]{\prod_{s=1}^{k}P(Y=s \mid x)}}, \tag{6.2.5}$$

$$\ln\left(\frac{P(Y=r \mid x)}{GM(x)}\right)=x^{\top}\beta^{*r}. \tag{6.2.6}$$

因此，当 $P(Y=r \mid x)$与中位数响应变量 $GM(x)$ 比较时，β^{*r}反映了 x 对 logits 的影响。注意不管采用什么边际限制，对任意响应变量类 r，$s\in\{1,\cdots,k\}$，

$$\ln\left[\frac{P(Y=r \mid x)}{P(Y=s \mid x)}\right]=x^{\top}(\beta^{*r}-\beta^{*s}).$$

令 $\beta^{\top}=(\beta_1^{\top},\cdots,\beta_p^{\top})$和$\beta^{*\top}=(\beta_1^{*\top},\cdots,\beta_p^{*\top})$分别表示 MLR 在参考类边界限制（$\beta^{k}=0$）和对称边界限制（$\sum_{s=1}^{k}\beta^{*s}=0$）的参数向量。考虑响应变量有 3 个类的情况。如果

一个模型只包含截距，则具有边际限制 $\beta_0^3=0$ 的 logits 可以表示为

$$\ln\left(\frac{P^1}{P^3}\right)=\beta_0^1,\ln\left(\frac{P^2}{P^3}\right)=\beta_0^2,$$

具有对称边际限制 $\sum_{s=1}^{3}\beta_0^{*s}=0$ 的 logits 可以表示为

$$\ln\left(\frac{P^1}{P^3}\right)=\beta_0^{*1}-\beta_0^{*3}=2\beta_0^{*1}+\beta_0^{*2},\ln\left(\frac{P^2}{P^3}\right)=\beta_0^{*2}-\beta_0^{*3}=\beta_0^{*1}+2\beta_0^{*2}.$$

由于两种情形下对应的 logits 相等，因此可以得到

$$\beta^*=T\beta,\ \beta=T^{-1}\beta^*, \tag{6.2.7}$$

其中，$\beta^{*\top}=(\beta_0^{*1}\beta_0^{*2})$，$\beta^\top=(\beta_0^1\quad\beta_0^2)$，

$$T=\begin{pmatrix}2/3 & -1/3\\ -1/3 & 2/3\end{pmatrix},\ T^{-1}=\begin{pmatrix}2 & 1\\ 1 & 2\end{pmatrix}.$$

对于一个具有截距和 p 个解释变量的模型，logits 可以表示为

$$\ln\left(\frac{P^s}{P^3}\right)=x^\top\beta^s,s=1,2,$$

$$\ln\left(\frac{P^{*s}}{P^{*3}}\right)=x^\top\beta^{*s},s=1,2.$$

由于这两种情形下的 logit 相等，因此得到 $2(p+1)$ 个方程，解这个方程可以得到

$$B^*=(TB^\top)^\top\quad 或\quad B=(T^{-1}B^{*\top})^\top,$$

其中，T 和 T^{-1} 是 2×2 矩阵，$B=(\beta^1\quad\beta^2)$ 和 $B^*=(\beta^{*1}\quad\beta^{*2})$ 是由具有 RC 和 SSC 的参数向量构成的 $(p+1)\times2$ 阶矩阵。对于一般情形，令 $\beta_j=(\beta_j^1,\cdots,\beta_j^k)^\top$ 和 $\beta_j^*=(\beta_j^{1*},\cdots,\beta_j^{k*})^\top$，$j=0,\cdots,p$ 分别表示具有参考类 k 和对称边界限制的单变量参数向量，则可以得到转化

$$\beta_j^*=T\beta_j,\ j=0,\cdots,p. \tag{6.2.8}$$

这个也可以表示为

$$\begin{bmatrix}\beta_j^{*1}\\ \beta_j^{*2}\\ \vdots\\ \beta_j^{*(k-2)}\\ \beta_j^{*(k-1)}\end{bmatrix}=\begin{bmatrix}\frac{k-1}{k} & -\frac{1}{k} & \cdots & -\frac{1}{k} & -\frac{1}{k}\\ -\frac{1}{k} & \frac{k-1}{k} & \cdots & -\frac{1}{k} & -\frac{1}{k}\\ \vdots & \vdots & \ddots & \vdots & \vdots\\ -\frac{1}{k} & -\frac{1}{k} & \cdots & \frac{k-1}{k} & -\frac{1}{k}\\ -\frac{1}{k} & -\frac{1}{k} & \cdots & -\frac{1}{k} & \frac{k-1}{k}\end{bmatrix}\begin{bmatrix}\beta_j^1\\ \beta_j^2\\ \vdots\\ \beta_j^{k-2}\\ \beta_j^{k-1}\end{bmatrix}$$

其逆变化为

$$\begin{bmatrix} \beta_j^1 \\ \beta_j^2 \\ \vdots \\ \beta_j^{k-2} \\ \beta_j^{k-1} \end{bmatrix} = \begin{bmatrix} 2 & 1 & \cdots & 1 & 1 \\ 1 & 2 & \cdots & 1 & 1 \\ \vdots & \vdots & \ddots & \vdots & \vdots \\ 1 & 1 & \cdots & 2 & 1 \\ 1 & 1 & \cdots & 1 & 2 \end{bmatrix} \begin{bmatrix} \beta_j^{*1} \\ \beta_j^{*2} \\ \vdots \\ \beta_j^{*(k-2)} \\ \beta_j^{*(k-1)} \end{bmatrix}$$

即 $\beta_j = T^{-1}\beta_j^*$，$j=0,\cdots,p$，其中 T^{-1}是一个对角元为 2 非对角元为 1 的 $k\times k$ 矩阵。相同的转化对极大似然估计也成立。具有对称边界限制的参数估计可以采用具有参考类边界限制的转化估计进行计算；反之，具有参考类边界限制的参数估计可以采用具有对称边界限制的转化估计进行计算。

令 $P_i=(P_i^1,\cdots,P_i^q)(q=k-1)$表示 $P_i^r=P(Y=r\mid z_i)$的 $q\times 1$ 维概率向量，MLR 可表示为

$$P_i = h(X_i\beta) = h(\eta_i), \tag{6.2.9}$$

其中，h 是一个向量值响应变量函数，X_i 是一个由 x_i（第一项1是截距项）构成的 $(q\times q(p+1))$ 的设计矩阵，可以表示为 $X_i = \begin{pmatrix} 1 & x_i^\top & 0 & 0 \\ 0 & 1 & x_i^\top & 0 \\ 0 & 0 & \ddots & 0 \\ 0 & 0 & 1 & x_i^\top \end{pmatrix}$和 $\beta=(\beta_1,\cdots,\beta_q)$是长为 $q(p+1)$的未知参数向量。MLR 可以表示为

$$P_i^r = \frac{\exp(X_i^\top\beta^r)}{1+\sum_{s=1}^{q}\exp(X_i^\top\beta^s)}, r=1,2,\cdots,q$$

对于具有参考类 k 的边际限制来说，

$$\ln\left[\frac{P(Y=r\mid x)}{P(Y=s\mid x)}\right] = x^\top\beta^r, r=1,\cdots,q. \tag{6.2.10}$$

log-odds 比较 $P^r=P(Y=r\mid x)$和参考类 k 的概率 $P^k=P(Y=k\mid x)$。由于限制 $\sum_{r=1}^{k}P(Y=r\mid x)=1$ 成立，通过式（6.2.10）给出 q 个 logits：

$$\ln(P(Y=1\mid x)/P(Y=k\mid x)),\cdots,\ln(P(Y=q\mid x)/P(Y=k\mid x)).$$

它们可以唯一决定响应变量概率 $P(Y=1\mid x),\cdots,P(Y=q\mid x)$。因此只有 $q=k-1$ 个

响应变量类和参数向量必须指明。式（6.2.9）中 MLR 和响应变量函数 h 明显依赖参考类的选择。因为具有 SSC 的参数 β^* 可以通过具有 RSC 的参数 β 的再参数化得到，β^* 的极大似然估计的数值计算使用设计矩阵 X 的转换。SSC 的转化设计矩阵具有形式

$$X^* = XT^*,$$

其中，X 是 $q(n\times(p+1))$ 维设计矩阵，具体表示为 $X=(X_1,X_2,\cdots,X_n)^\top$。其中，$X_i$ 是一个 $q\times q(p+1)$ 矩阵，T^* 是一个 $q((p+1)\times(p+1))$ 矩阵，由 T^{-1} 的元构成的，满足 $\beta_j = T^{-1}\beta_j^*(j=0,1,\cdots,p)$。例如，对 $k=3$ 和 $p=2$，

$$\boldsymbol{T}^* = \boldsymbol{T}_{q\times q}^{-1}\otimes\boldsymbol{I}_{(p+1)\times(p+1)} = \begin{bmatrix} 2 & 0 & 0 & 1 & 0 & 0 \\ 0 & 2 & 0 & 0 & 1 & 0 \\ 0 & 0 & 2 & 0 & 0 & 1 \\ 1 & 0 & 0 & 2 & 0 & 0 \\ 0 & 1 & 0 & 0 & 2 & 0 \\ 0 & 0 & 1 & 0 & 0 & 2 \end{bmatrix}$$

其中，$\otimes$表示克罗内克矩阵乘积（Kronecker Matrix Product）。得分函数为

$$s(\beta^*) = \frac{\partial l(\beta^*)}{\partial\beta^*} = \sum_{i=1}^n S_i(\beta^*)$$

具有分量

$$s_i(\beta^*) = \boldsymbol{X}_i^{*\top}\boldsymbol{D}_i(\beta^*)\Sigma_i^{-1}(\beta^*)[\boldsymbol{Y}_i - h(\boldsymbol{\eta}_i^*)],$$

其中，$\boldsymbol{D}_i(\beta^*) = \dfrac{\partial h(\eta_i^*)}{\partial\eta^*}$是 $h(\eta^*)$ 在 $\eta_i^* = \boldsymbol{X}_i^*\beta^*$ 和 $\Sigma(\beta^*) = Cov(y_i)$ 表示给定参数向量 β^* 时，Y 的第 i 个观察的协方差矩阵。矩阵形式为

$$s(\beta^*) = \boldsymbol{X}^{*\top}\boldsymbol{D}(\beta^*)\Sigma^{-1}(\beta^*)[\boldsymbol{Y} - h(\boldsymbol{\eta}^*)],$$

其中，Y 和 $h(\eta^*)$ 分别为

$$\boldsymbol{Y}^\top = (\boldsymbol{Y}_1^\top,\cdots,\boldsymbol{Y}_n^\top), h(\eta^*)^\top = \left(h(\eta_1^*)^\top,\cdots,h(\eta_n^*)^\top\right).$$

矩阵有块对角形式

$$\Sigma(\beta^*) = \mathrm{diag}\left(\Sigma_i^{-1}(\beta^*)\right), \boldsymbol{W}(\beta^*) = \mathrm{diag}\left(\Sigma_i^{-1}(\beta^*)\right), \boldsymbol{D}(\beta^*) = \mathrm{diag}(\boldsymbol{D}_i(\beta^*)).$$

Fisher scoring 迭代可以看成迭代加权最小二乘估计方法，表示为

$$\hat{\beta}^*(m+1) = \hat{\beta}^*(m) + \left(\boldsymbol{X}^{*\top}\boldsymbol{W}(\hat{\beta}^*(m))\boldsymbol{X}^*\right)^{-1}s(\hat{\beta}^*(m)).$$

使用惩罚的正则方法是基于惩罚对数似然

$$l_p(\beta) = \sum_{i=1}^{n} l_i(\beta) - \frac{\lambda}{2}J(\beta),$$

其中，$l_i(\beta)$是第 i 个观察的对数似然，λ 是调整参数，$J(\beta)$是惩罚参数大小的一个函数。在高维问题中，可能会存在极大似然估计不存在的情况，使用正则方法是有益的，因为惩罚估计存在，并且与通常的极大似然估计相比，具有更好的预测误差。Hoerl 和 Kennard(1970)对线性模型引入的 Ridge 惩罚是最古老的惩罚方法之一，Nyquist(1991)将该方法推广到了广义线性模型。使用惩罚 $J(\beta)=\sum_{j=1}^{p}\beta_j^2$，对二元响应变量产生惩罚对数似然

$$l_p(\beta)=\sum_{i=1}^{n} l_p(\beta)-\frac{\lambda}{2}\sum_{j=1}^{p}\beta_j^2.$$

对于多类响应变量模型，不是一个参数向量，而是多个参数向量 $\beta^1,\cdots,\beta^k$ 在一些边界限制下可识别。二元情形下的直接推广是

$$J(\beta)=\sum_{r=1}^{q}\sum_{j=1}^{p}(\beta_j^r)^2=\sum_{j=1}^{p}\beta_j^\top\beta_j,$$

其中，$\beta_j=(\beta_j^1,\cdots,\beta_j^{k-1})^\top$和$\beta_j^k=0$ 指明 k 作为参考类。但是，如果选择不同参考类，对应的 Ridge 估计会产生不同的估计，即使转换后也是如此。定义多类 Ridge 估计的一个自然选择是使用对称限制参数。因此采用定义

$$J(\beta^*)=\sum_{r=1}^{k}\sum_{j=1}^{p}(\beta_j^{r*})^2, \tag{6.2.11}$$

$\sum_{r=1}^{k}\beta_j^{r*}=0$。这个可以重写为

$$J(\beta^*)=\sum_{j=1}^{p}\beta_j^{*\top}P\beta_j^*, \tag{6.2.12}$$

其中，$\beta_j^{*\top}=(\beta_j^{*1},\cdots,\beta_j^{*(k-1)})$和 $P=T^{-1}$。具有边际限制 $\beta^k=0$ 的参数转换可以产生

$$J(\beta)=\sum_{j=1}^{p}\beta_j^\top T^\top PT\beta_j. \tag{6.2.13}$$

当处理边际限制（6.2.3）下 q 个 logits 时，使用矩阵 $T^\top PT$ 而不是恒等矩阵 I 会导致 $J(\beta)$惩罚所有的 k 类参数。对于完整设计，

$$J(\beta^*)=\beta^{*\top}P^*\beta^*, \tag{6.2.14}$$

其中，β^*的维数为 $q(p+1)$，矩阵 P^* 不同于矩阵 T^*，由于截距项不惩罚，故对应

截距β_0 的是0构成的行向量（第$[r(p+1)+1]$行每一个都是$0, r=0,1,\cdots,k-2$）。对多类响应变量进行惩罚的一般可加形式为

$$\lambda J(\beta)=\lambda\sum_{r=1}^{q}\sum_{j=1}^{p}|\beta_j^r|^{\gamma},\gamma>0. \tag{6.2.15}$$

多类 Ridge 和多类 LASSO 分别是$\gamma=2$ 和$\gamma=1$ 的特殊情形。由于收缩不依赖参考类，故当使用参考类时惩罚应该使用对称限制转换不同函数。如果考虑具有 SSC 的多项 logit 模型（6.2.4）和惩罚项（6.2.12），则惩罚对数似然

$$l_p(\beta^*)=\sum_{i=1}^{n}l_i(\beta^*)-\frac{\lambda}{2}J(\beta^*)=\sum_{i=1}^{n}l_i(\beta^*)-\frac{\lambda}{2}\sum_{j=1}^{p}\beta_j^{*\top}\boldsymbol{P}^*\beta_j^*. \tag{6.2.16}$$

对应的惩罚得分函数$s_p(\beta^*)$可以表示为

$$\begin{aligned}s_p(\beta^*)&=\sum_{i=1}^{n}X_i^{*\top}D_i(\beta^*)\Sigma_i^{-1}(\beta^*)[Y_i-h(\eta_i^*)]-\lambda P^*\beta^*\\&=X^{*\top}D(\beta^*)\Sigma^{-1}(\beta^*)[Y-h(\eta^*)]-\lambda P^*\beta^*\end{aligned} \tag{6.2.17}$$

产生估计方程

$$X^{*\top}D(\beta^*)\Sigma^{-1}(\beta^*)[Y-h(\eta^*)]-\lambda P^*\beta^*, \tag{6.2.18}$$

其中，β^*是$q(p+1)$维参数向量，P^*是一个由$P_{q\times q}$和单位矩阵$I_{(p+1)\times(p+1)}$的 Kronecker 积产生的$q[(p+1)\times(p+1)]$矩阵。Fisher scoring 迭代可表示为

$$\hat{\beta}^*(m+1)=\hat{\beta}^*(m)+(\boldsymbol{X}^{*\top}\boldsymbol{W}(\hat{\beta}^*(m))\boldsymbol{X}^*+\lambda P^*)^{-1}s_p(\hat{\beta}^*(m)). \tag{6.2.19}$$

如果$\hat{\beta}^*$是真实参数β的估计，则其协差阵为

$$Cov(\hat{\beta}^*)=(\boldsymbol{X}^{*\top}\boldsymbol{W}(\hat{\beta}^*(m))\boldsymbol{X}^*+\lambda P^*)^{-1}(\boldsymbol{X}^{*\top}\boldsymbol{W}(\hat{\beta}^*(m))\boldsymbol{X}^*)(\boldsymbol{X}^{*\top}\boldsymbol{W}(\hat{\beta}^*(m))\boldsymbol{X}^*+\lambda P^*)^{-1}. \tag{6.2.20}$$

6.3 惩罚三项 logit 模型

6.3.1 三项 logit 模型

三项 logit 模型可表示为

$$P(Y=1|X,\beta)=e^{\beta_0^1+X\beta^1}/\sum_{k=1}^{3}e^{\beta_0^k+X\beta^k},$$

$$P(Y=2 \mid X,\beta) = e^{\beta_0^2+X\beta^2} / \sum_{k=1}^{3} e^{\beta_0^k+X\beta^k},$$

$$P(Y=3 \mid X,\beta) = e^{\beta_0^3+X\beta^3} / \sum_{k=1}^{3} e^{\beta_0^k+X\beta^k}. \tag{6.3.21}$$

其中，响应变量 Y 是 $N\times 1$ 维向量，预测向量 $X=(X_{.1},X_{.2},\cdots,X_{.p})$ 是 $N\times p$ 维矩阵，$\beta=(\beta_0^1,(\beta^1)^\top,\beta_0^2,(\beta^2)^\top,\beta_0^3,(\beta^3)^\top)$ 是 $(3p+3)\times 1$ 维的未知参数向量，$\beta^k=(\beta_1^k,\beta_2^k,\cdots,\beta_p^k)^\top$，$k=1,2,3$ 是第 k 类 $p\times 1$ 维参数向量，$\beta_0^k\in R$ 是第 k 类截距。假设

$$P_{ik}=P(Y_i=k)=\frac{e^{\beta_0^k+X_i\beta^k}}{\sum_{k=1}^{3} e^{\beta_0^k+X_i\beta^k}}, y_i^k=I(Y_i=k), i=1,\cdots,N; k=1,2,3,$$

则三项 logit 模型的似然函数为

$$L(\beta)=\prod_{i=1}^{N}\prod_{k=1}^{3} P_{ik}^{y_i^k}. \tag{6.3.22}$$

对数似然函数为

$$\begin{aligned} l(\beta) = \ln L(\beta) &= \sum_{i=1}^{N}\sum_{k=1}^{3} y_i^k \ln P_{ik} = \sum_{i=1}^{N}\sum_{k=1}^{3} y_i^k \ln \frac{e^{\beta_0^k+X_i\beta^k}}{\sum_{k=1}^{3} e^{\beta_0^k+X_i\beta^k}} \\ &= \sum_{i=1}^{N}\left\{\sum_{k=1}^{3} y_i^k(\beta_0^k+X_i\beta^k) - \ln\left[\sum_{k=1}^{3} e^{\beta_0^k+X_i\beta^k}\right]\right\}. \end{aligned} \tag{6.3.23}$$

极大似然估计可定义为

$$\hat{\beta}=\arg\min_{\beta\in R^{3p+3}}\{l(\beta)\}. \tag{6.3.24}$$

McFadden（1973）证明了多项 logit 模型的对数似然函数是全局凹的，类似地三项 logit 对数似然函数也是全局凹的。下面通过 Newton-Raphson 方法解决优化问题式（6.3.24），该方法需要找到三项 logit 对数似然函数（6.3.23）的梯度向量的一个驻点（Stationary Point，又称为平稳点、稳定点或临界点，即函数的一阶导数为 0 的点）。因为全局凹，这个驻点是唯一的，且是 $\partial l(\beta)/\partial\beta=0$ 的解 $\hat{\beta}$。Newton-Raphson 方法从初始值 β^{old} 开始，然后用改进估计

$$\beta^{new}=\beta^{old}-\boldsymbol{H}^{-1}\partial l(\beta)/\partial\beta \tag{6.3.25}$$

进行迭代，其中海森矩阵 $\boldsymbol{H}=-\partial^2 l(\beta)/\partial\beta\partial\beta^\top$ 和梯度向量 $\partial l(\beta)/\partial\beta$ 都在 β^{old} 取值。每次迭代用牛顿步长 $\delta\beta := -\boldsymbol{H}^{-1}\partial l(\beta)/\partial\beta$ 更新 β^{old}。如果对数似然在 β^{new} 的值更小，则尝试更新 $\delta\beta/2$。线性搜索方法重复采用前次步长的一半直到新对数似然不

低于β^{old}。应用这种线性搜索方法可以保证 Newton-Raphson 迭代收敛（Nocedal and Wright，2000）。Newton-Raphson 算法的每次迭代都要求计算对数似然函数的海森矩阵和梯度向量。式（6.2.3）关于β求导数得到$(3p+3)\times 1$的得分方程

$$\partial l(\beta)/\partial\beta=\tilde{\boldsymbol{X}}^{\top}(\boldsymbol{Y}-\boldsymbol{P}),\tag{6.3.26}$$

和$(3p+3)\times(3p+3)$阶海森矩阵

$$\boldsymbol{H}=\sum_{i=1}^{N}(\operatorname{diag}(\boldsymbol{P}_i)-\boldsymbol{P}_i\boldsymbol{P}_i^{\top})\otimes\boldsymbol{X}_i\boldsymbol{X}_i^{\top}=-\tilde{\boldsymbol{X}}^{\top}\tilde{\boldsymbol{W}}\tilde{\boldsymbol{X}},\tag{6.3.27}$$

其中，

$$\tilde{\boldsymbol{X}}_{3N\times3(3p+3)}=\begin{pmatrix}\boldsymbol{X}&0&0\\0&\boldsymbol{X}&0\\0&0&\boldsymbol{X}\end{pmatrix},\boldsymbol{X}=\begin{pmatrix}X_{1,1}&X_{1,2}&\cdots&X_{1,3p+3}\\X_{2,1}&X_{2,2}&\cdots&X_{2,3p+3}\\\vdots&\vdots&&\vdots\\X_{N,1}&X_{N,2}&\cdots&X_{N,3p+3}\end{pmatrix}$$

$$\boldsymbol{Y}_{N\times3}=\begin{pmatrix}Y_{11}&Y_{12}&Y_{13}\\Y_{21}&Y_{22}&Y_{23}\\\vdots&\vdots&\vdots\\Y_{N1}&Y_{N2}&Y_{N3}\end{pmatrix},\boldsymbol{P}=(\boldsymbol{P}_{\cdot}^{1},\boldsymbol{P}_{\cdot}^{2},\boldsymbol{P}_{\cdot}^{3})=\begin{pmatrix}\boldsymbol{P}_1^1&\boldsymbol{P}_1^2&\boldsymbol{P}_1^3\\\boldsymbol{P}_2^1&\boldsymbol{P}_2^2&\boldsymbol{P}_2^3\\\vdots&\vdots&\vdots\\\boldsymbol{P}_N^1&\boldsymbol{P}_N^2&\boldsymbol{P}_N^3\end{pmatrix}$$

$$\boldsymbol{P}_i=(\boldsymbol{P}_i^1,\boldsymbol{P}_i^2,\boldsymbol{P}_i^3),X_i=(X_{i,1},\cdots,X_{i,3p+3}),i=1,\cdots,N,$$

$$\tilde{\boldsymbol{W}}_{3N\times3N}=\begin{pmatrix}\boldsymbol{W}_1^1&\boldsymbol{W}_1^2&\boldsymbol{W}_1^3\\\boldsymbol{W}_2^1&\boldsymbol{W}_2^2&\boldsymbol{W}_2^3\\\boldsymbol{W}_3^1&\boldsymbol{W}_3^2&\boldsymbol{W}_3^3\end{pmatrix},\delta_{kk'}=\begin{cases}1,&k=k',\\0,&k\neq k',\end{cases}$$

$$\boldsymbol{W}^{kk'}=\begin{pmatrix}\boldsymbol{P}_1^k(\delta_{kk'}-\boldsymbol{P}_1^{k'})&0&\cdots&0\\0&\boldsymbol{P}_2^k(\delta_{kk'}-\boldsymbol{P}_2^{k'})&\cdots&0\\\vdots&\vdots&&\vdots\\0&0&\cdots&\boldsymbol{P}_N^k(\delta_{kk'}-\boldsymbol{P}_N^{k'})\end{pmatrix}$$

是$N\times N$对角矩阵。式（6.3.25）的 Newton-Raphson 迭代可以表示为

$$\beta^{new}=\beta^{old}+(\tilde{\boldsymbol{X}}^{\top}\tilde{\boldsymbol{W}}\tilde{\boldsymbol{X}})^{-1}\tilde{\boldsymbol{X}}^{\top}(\boldsymbol{Y}-\boldsymbol{P}),\tag{6.3.28}$$

这个可以用 IRLS（Iteratively Reweighted Least Squares）(Hastie et al.，2009）实施。IRLS 本质上是一个加权最小二乘回归序列，提供了比明确计算 $\boldsymbol{H}$ 和直接解式

（6.2.6）更优越的数值稳定性。但是，这个方法除了容易实现外，计算结果不是很有效。矩阵 $\tilde{\boldsymbol{X}}$ 和 $\tilde{\boldsymbol{W}}$ 都很大，分别为 $3N\times 3(3p+3)$ 和 $3N\times 3N$，但它们非常稀疏，结构也很整齐。

6.3.2 惩罚三项 logit 模型

当预测变量和观察数目一样大时，三项 logit 模型遭遇完全分离、参数估计不能唯一定义或对数似然的极大值在 0 处等问题。使用正则方法有助于解决这些问题。基于惩罚的正则方法通常求一个惩罚对数似然的极大值。因此这里对三项 logit 模型引入不同惩罚函数建立惩罚三项 logit 模型，不仅可以避免多重共线性与过度拟合现象，而且能提高三类分类的预测精度。惩罚三项 logit 模型的对数似然函数可以表示为

$$Q^{\lambda,\alpha}(\beta_0,\beta)=R_N(\beta_0,\beta)+\lambda\sum_{k=1}^{3}P_\alpha(\beta^k),\tag{6.3.29}$$

其中，

$$R_N(\beta_0,\beta)=-\frac{1}{N}\sum_{i=1}^{N}\left\{\sum_{k=1}^{3}y_i^k(\beta_0^k+X_i\beta^k)-\ln\left[\sum_{k=1}^{3}e^{\beta_0^k+X_i\beta^k}\right]\right\}$$

为经验风险，λ 为调整参数，$P_\alpha(\cdot)$ 为惩罚参数大小的函数。例如，三类 logit 模型的惩罚函数可以表示为 $\sum_{k=1}^{3}\lambda P_\alpha(\beta^k)=\lambda\sum_{k=1}^{3}\sum_{r=1}^{q}\sum_{j=1}^{p}|\beta_j^r|^\gamma$，$\gamma>0$，其中调整参数 λ 决定惩罚力度，惩罚函数决定惩罚估计性质。由于合适的 λ 通常是未知的，因此常选用 CV、AIC 和 BIC 等最优准则选择相对最优 λ。实际上，选择调整参数不能清除一些弱的预测变量。因此通常希望对弱预测变量施加高度惩罚，对强预测变量施加适度惩罚。惩罚极大似然估计可以定义为

$$\begin{aligned}(\hat{\beta}_0,\hat{\beta})&=\arg\min_{(\beta_0,\beta)\in R^{3p+3}}\{Q^{\lambda,\alpha}(\beta_0,\beta)\}\\&=\arg\min_{(\beta_0,\beta)\in R^{3p+3}}\left\{R_N(\beta_0,\beta)+\sum_{k=1}^{3}\lambda P_\alpha(\beta^k)\right\}.\end{aligned}\tag{6.3.30}$$

Friedman、Hastie 和 Tibshirani（2010）提出采用坐标下降算法求解惩罚极大似然估计 $(\hat{\beta}_0,\hat{\beta})$，其中坐标下降算法是指每次固定其他 $p-1$ 维变量，只对一个一维变量进行优化，使所有变量逐个优化，直至算法收敛。但这里算法的收敛性尚未得到

证明。本章采用 R 程序包 glmnet 计算模型参数估计。如果 $P_\alpha(\beta)$ 分别表示 ENet（弹性网）惩罚、LASSO（L_1）惩罚和 Ridge（L_2）惩罚，则可得到三类对数似然函数。

（1）ENet 惩罚三项 logit 模型的对数似然函数。

$$Q_{ENet}^{\lambda,\alpha}(\beta_0,\beta)=R_N(\beta_0,\beta)+\lambda\alpha\sum_{k=1}^{3}\sum_{j=1}^{p}|\beta_j^k|+\frac{\lambda(1-\alpha)}{2}\sum_{k=1}^{3}\sum_{j=1}^{p}(\beta_j^k)^2, \qquad (6.3.31)$$

其中，ENet 惩罚

$$P_\alpha(\beta)=\frac{1-\alpha}{2}\sum_{k=1}^{3}\sum_{j=1}^{p}\|\beta_j^k\|_2^2+\alpha\sum_{k=1}^{3}\sum_{j=1}^{p}|\beta_j^k|=\sum_{k=1}^{3}\sum_{j=1}^{p}\left[\frac{1-\alpha}{2}(\beta_j^k)^2+\alpha|\beta_j^k|\right] \qquad (6.3.32)$$

是 Ridge 惩罚（$\alpha=0$）和 LASSO 惩罚（$\alpha=1$）的折中，$0<\alpha<1$。这个惩罚对 $p\gg N$ 情形或具有许多相关预测变量的情形特别有用。当 α 从 0 向 1 递增时，给定 λ，

$$\min_{(\beta_0,\beta)\in R^{3p+3}} Q_{ENet}^{\lambda,\alpha}(\beta_0,\beta)$$

$$=\min_{(\beta_0,\beta)\in R^{3p+3}}\left\{R_N(\beta_0,\beta)+\lambda\alpha\sum_{k=1}^{3}\sum_{j=1}^{p}|\beta_j^k|+\frac{\lambda(1-\alpha)}{2}\sum_{k=1}^{3}\sum_{j=1}^{p}(\beta_j^k)^2\right\}. \qquad (6.3.33)$$

引入 ENet 惩罚三项 logit 模型的坐标下降算法。如果参数 $(\beta_0,\beta)=(\beta_0^1,\beta^1,\beta_0^2,\beta^2,\beta_0^3,\beta^3)$ 的当前估计为 $(\tilde{\beta}_0^1,\tilde{\beta}^1,\tilde{\beta}_0^2,\tilde{\beta}^2,\tilde{\beta}_0^3,\tilde{\beta}^3)$，则对经验风险

$$R_N(\beta_0,\beta)=-\frac{1}{N}\sum_{i=1}^{N}\left\{\sum_{k=1}^{3}y_i^k(\beta_0^k+X_i\,\beta^k)-\ln\left[\sum_{k=1}^{3}e^{\beta_0^k+X_i\beta^k}\right]\right\}$$

的部分二次渐近

$$R_{Qk}(\beta_0^k,\beta^k)=-\frac{1}{2N}\sum_{i=1}^{N}W_i^k(\zeta_i^k-\beta_0^k-X_i\beta^k)^2+C(\{\tilde{\beta}_0^k,\tilde{\beta}^k\}_{k=1}^3), \qquad (6.3.34)$$

执行部分牛顿步，每次只允许一个类 (β_0^k,β^k) 发生变化，其中，

$$W_i^k=\tilde{P}_i^k(1-\tilde{P}_i^k)\text{(权重)},\ \tilde{P}_i^k=\frac{\exp(\tilde{\beta}_0^k+X_i\tilde{\beta}^k)}{\sum_{k=1}^{3}\exp(\tilde{\beta}_0^k+X_i\tilde{\beta}^k)}\text{(类概率估计)},$$

$$\zeta_i^k=\tilde{\beta}_0^k+X_i\tilde{\beta}^k+\frac{y_i^k-\tilde{P}_i^k}{\tilde{P}_i^k(1-\tilde{P}_i^k)}\text{(工作响应变量)}. \qquad (6.3.35)$$

对每组 (λ,γ)，对 k 循环产生一个外部循环，先关于当前参数 $(\tilde{\beta}_0^1,\tilde{\beta}^1,\tilde{\beta}_0^2,\tilde{\beta}^2,\tilde{\beta}_0^3,\tilde{\beta}^3)$ 计算部分二次渐近，然后应用坐标下降算法解 ENet 惩罚加权最小二乘

问题

$$\min_{(\beta_0,\beta)\in R^{3p+3}}\left\{R_{Qk}(\beta_0^k,\beta^k)+\lambda\alpha\sum_{k=1}^{3}\sum_{j=1}^{p}|\beta_j^k|+\frac{\lambda(1-\alpha)}{2}\sum_{k=1}^{3}\sum_{j=1}^{p}(\beta_j^k)^2\right\}. \tag{6.3.36}$$

具体方法由以下四步构成。

第一步 令 $m=0$，$(\tilde{\beta}_0(0),\tilde{\beta}_1(0))=(\tilde{\beta}_0^1(0),\tilde{\beta}_1^1(0),\tilde{\beta}_0^2(0),\tilde{\beta}_1^2(0),\tilde{\beta}_0^3(0),\tilde{\beta}_1^3(0))^\top$为初始值。对 $k=1,2,3$ 和 $i=1,2,\cdots,N$，分别计算

$$\tilde{P}^k(0)=(\tilde{P}_1^k(0),\cdots,\tilde{P}_N^k(0)),\tilde{P}_i^k(0)=\frac{\exp\left(\tilde{\beta}_0^k(0)+\sum_{j=1}^{p}X_{ij}\tilde{\beta}_j^k(0)\right)}{\sum_{k=1}^{3}\exp\left(\tilde{\beta}_0^k(0)+\sum_{j=1}^{p}X_{ij}\tilde{\beta}_j^k(0)\right)},$$

$$W_i^k(0)=\tilde{P}_i^k(0)\left(1-\tilde{P}_i^k(0)\right),W^k(0)=\begin{pmatrix}W_1^k(0)&0&\cdots&0\\0&W_2^k(0)&\cdots&0\\\vdots&\vdots&&\vdots\\0&0&\cdots&W_N^k(0)\end{pmatrix},$$

得到初始残差向量

$$r^k(0)=(r_1^k(0),r_2^k(0),\cdots,r_N^k(0))^\top,r_i^k(0)=\frac{y_i^k-\tilde{P}_i^k(0)}{W_i^k(0)}.$$

第二步 在 $m+1$ 次迭代的第 l 步，$l=1,\cdots,p$，执行下面的 A－C。

A. 计算

$$\tilde{P}^k(m)=(\tilde{P}_1^k(m),\cdots,\tilde{P}_N^k(m))^\top,\tilde{P}_i^k(m)=\frac{\exp\left(\tilde{\beta}_0^k(m)+\sum_{j=1}^{p}X_{ij}\tilde{\beta}_j^k(m)\right)}{\sum_{k=1}^{3}\exp\left(\tilde{\beta}_0^k(m)+\sum_{j=1}^{p}X_{ij}\tilde{\beta}_j^k(m)\right)},$$

$$W_i^k(m)=\tilde{P}_i^k(m)(1-\tilde{P}_i^k(m)),W^k(m)=\begin{pmatrix}W_1^k(m)&0&\cdots&0\\0&W_2^k(m)&\cdots&0\\\vdots&\vdots&&\vdots\\0&0&\cdots&W_N^k(m)\end{pmatrix},$$

得到第 m 次迭代的残差

$$r^k(m)=(r_1^k(m),r_2^k(m),\cdots,r_N^k(m))^\top,r_i^k(m)=\frac{y_i^k-\tilde{P}_i^k(m)}{W_i^k(m)}.$$

计算$v_{ij}^k(m)=X_{ij}^kW^k(m)X_{ij}^k, v_j^k(m)=N^{-1}X_j^\top W^k(m)X_j,\ j=1,2,\cdots,p,$

$$\zeta_j^k(m)=N^{-1}X_j^\top W^k(m)r^k(m)+v_j^k(m)\tilde{\beta}_j^k(m), X_j=(X_{1j},\cdots,X_{Nj})^\top,\ j\neq l.$$

$$\zeta_{j(-l)}^k(m)=N^{-1}\sum_{i=1}^N X_{ij}W_i^K(m)r_i^k(m)+\sum_{j=1,\,j\neq l}^p v_j^k(m)\tilde{\beta}_j^k(m).$$

B. 更新第 l 个参数估计

$$\tilde{\beta}_l^k(m+1)=\frac{S\left(\sum_{i=1}^N W_i^k(m)X_{il}(\zeta_i^k(m)-\tilde{\zeta}_{i(-l)}^k(m)),\lambda\alpha\right)}{\sum_{i=1}^N X_{il}W_i^k(m)X_{il}+\lambda(1-\alpha)},\ j=1,\cdots,p,$$

其中，$\zeta_i^k(m)=(\zeta_{i1}^k(m),\cdots,\zeta_{ip}^k(m))^\top, \zeta_{ij}^k(m)=X_{ij}W_i^k(m)r_i^k(m)+v_{ij}^k(m)\tilde{\beta}_j^k(m),$

$$\tilde{\zeta}_{i(-l)}^k(m)=(\tilde{\zeta}_{i(-l),1}^k(m),\cdots,\tilde{\zeta}_{i(-l),l-1}^k(m),0,\tilde{\zeta}_{i(-l),l+1}^k(m),\cdots,\tilde{\zeta}_{i(-l),p}^k(m))^\top,$$

$$\tilde{\zeta}_{i(-l),j}^k(m)=X_{ij}W_{ij}^k(m)r_{ij}^k(m)+\sum_{j=1,j\neq l}^p v_{ij}^k(m)\tilde{\beta}_j^k(m),\ j\neq l.$$

C. 更新 $r^k(m+1)\leftarrow r^k(m)-v_l^k(m)\left(\tilde{\beta}_l^k(m+1)-\tilde{\beta}_l^k(m)\right).$

第三步　更新 $m\leftarrow m+1$。

第四步　重复第二步和第三步直到收敛或达到最大的迭代次数。

评论　坐标下降算法的基本思路：对 $l\in\{1,2,\cdots,p\}$，对目标函数关于单个参数 β_l 求最优值，而 β 的其他参数 β_k，$l\neq k$ 固定取最近的更新值：对 $1\leqslant k\leqslant q$，$k=1,2,3$，

$$\tilde{\beta}_l^k(m+1)=\arg\min_{\beta_l^k\in R^p}Q^{\lambda,\gamma}\left(\tilde{\beta}_1^k(m+1),\cdots,\tilde{\beta}_{l-1}^k(m+1),\beta_l^k,\tilde{\beta}_{l+1}^k(m),\cdots,\tilde{\beta}_p^k(m)\right)$$

接着对所有参数 $\beta_l^k, l=1,\cdots,p$ 迭代循环直到收敛或达到极大值。

（2）LASSO 惩罚三项 logit 模型的对数似然函数。

$$Q_{LASSO}^{\lambda,\alpha}(\beta_0,\beta)=R_N(\beta_0,\beta)+\lambda\sum_{k=1}^3\sum_{j=1}^p|\beta_j^k|. \tag{6.3.37}$$

LASSO 惩罚用类似的量将所有系数或多或小向 0 收缩，并且小系数总是收缩到 0。LASSO 惩罚可以进行变量选择，选择只包含 p 个预测变量子集的稀疏模型。调整参数 λ 可以用 CV 或 AIC 或 BIC 选择。选择一个 λ 的网格值计算每个 λ 的 CV 误差，接着选择使 CV 误差达到最小的调整参数。当调整参数 λ 很大时，LASSO 惩罚会迫使一些系数为 0。假设 $\tilde{P}_{-l}^k(m+1)=(\tilde{P}_{1,-l}^k(m+1),\cdots,\tilde{P}_{N,-l}^k(m+1))^\top$，

$$\widetilde{P}_{i,-l}^{k}(m+1)=\frac{\exp\left(\widetilde{\beta}_{0}^{k}(m+1)+\sum_{j=1}^{l-1}X_{ij}\widetilde{\beta}_{j}^{k}(m+1)+\sum_{j=l+1}^{s}X_{ij}\widetilde{\beta}_{j}^{k}(m)\right)}{\sum_{k=1}^{3}\exp\left(\widetilde{\beta}_{0}^{k}(m+1)+\sum_{j=1}^{l-1}X_{ij}\widetilde{\beta}_{j}^{k}(m+1)+\sum_{j=l+1}^{s}X_{ij}\widetilde{\beta}_{j}^{k}(m)\right)}.$$

应用坐标下降算法迭代得到 LASSO 惩罚三项 logit 模型中参数向量的 LASSO 估计：如果 $\left\|X_l^\top\left(y^k-\widetilde{P}_{-l}^{k}(m+1)\right)\right\|\leqslant\lambda$，则 $\widetilde{\beta}_{l}^{k}(m+1)\leftarrow 0$，否则

$$\widetilde{\beta}_{l}^{k}(m+1)\leftarrow\frac{S(\zeta_l^k(m),\lambda)}{v_l^k(m)},\tag{6.3.38}$$

其中，$\zeta_l^k(m)=N^{-1}X_l^\top W^k(m)r^k(m)+v_l^k(m)\widetilde{\beta}_{l}^{k}(m),X_l=(X_{1l},\cdots,X_{Nl})^\top$，软门限算子

$$S(\zeta_l^k(m),\lambda)=\mathrm{sign}(\zeta_l^k(m))(|\zeta_l^k(m)|-\lambda)_+$$
$$=\begin{cases}\zeta_l^k(m)-\lambda, & 如果\ \zeta_l^k(m)>0,\lambda<|\zeta_l^k(m)|,\\ \zeta_l^k(m)+\lambda, & 如果\ \zeta_l^k(m)<0,\lambda<|\zeta_l^k(m)|,\\ 0, & 如果\ \lambda\geqslant|\zeta_l^k(m)|.\end{cases}$$

（3）Ridge 惩罚三项 logit 模型的对数似然函数

$$Q^{\lambda,\alpha}(\beta_0,\beta)=R_N(\beta_0,\beta)-\frac{\lambda}{2}\sum_{k=1}^{3}\sum_{j=1}^{p}\|\beta_j^k\|_2^2.\tag{6.3.39}$$

调整参数 λ 控制 β^k 的收缩范围。当 $\lambda=0$ 时，解是极大似然估计；当 λ 接近于 1 时，回归系数收缩趋向于 0。当预测变量的维数极高或存在高度相关时，会产生不稳定参数估计。对三项 logit 模型引入 Ridge 惩罚可以清除多重共线性影响，得到方差更小的收缩估计，产生更稳定的收缩模型。岭回归对每个维度的数据都有或多或少的收缩。式（6.3.34）的 Fisher scoring 迭代估计可以参考本章 6.2 节惩罚 MLR 的 Ridge 估计

$$\hat{\beta}^*(m+1)=\hat{\beta}^*(m)+(\widetilde{\boldsymbol{X}}^{*\top}\widetilde{\boldsymbol{W}}^*\widetilde{\boldsymbol{X}}^*+\lambda\boldsymbol{P}^*)^{-1}\widetilde{\boldsymbol{X}}^{*\top}(\boldsymbol{Y}^*-\boldsymbol{P}^*),\tag{6.3.40}$$

其中，$\boldsymbol{P}^*$ 是一个由 $P_{q\times q}=(P_{ij})_{q\times q}$ 和单位矩阵 $I_{(p+1)\times(p+1)}$ 的 Kronecker 积组成的 $q\times((p+1)\times(p+1))$ 矩阵。用坐标下降算法得到 Ridge 惩罚三项 logit 模型 k 类参数向量 β^k 第 l 个参数 β_l^k 的第 $m+1$ 次迭代估计 $\widetilde{\beta}_{l}^{k}(m+1)=\widetilde{\beta}_{l}^{k}(m)+\dfrac{\sum_{i=1}^{N}X_{il}W_i^k(m)(\zeta_i^k(m)-\widetilde{\zeta}_{i(-l)}^{k}(m))}{\sum_{i=1}^{N}X_{il}W_i^k(m)X_{il}+\lambda}$。

6.4 贝叶斯分类器和模型预测评价指标

6.4.1 贝叶斯分类器

贝叶斯分类器$f_{Bayes}:x\to\{1,\cdots,K\}$是风险最小的分类器：

$$E_Y(L(Y,f(X))\mid X=x)=\sum_{k=1}^{K}L(k,f(x))P(Y=k\mid X=x),$$

其中，$L(k,f(x))$表示观察Y用分类器$f(x)$分到类k的损失，

$$P(Y=k\mid X=X_i)=\frac{e^{\beta_0^k+\beta_1^k X_{i1}\cdots+\beta_p^K X_{ip}}}{\sum_{k=1}^{K}e^{\beta_0^k+\beta_1^k X_{i1}\cdots+\beta_p^K X_{ip}}}.$$

考虑$L(Y,f(X))$的 0 −1 损失函数，得到

$$f_{Bayes}=\underset{k=1,\cdots,K}{\operatorname{argmax}}P(Y=k\mid X=x).$$

6.4.2 模型预测精度评估

本节引入 ROC 曲面、PDI、Kappa 系数与 HUM 指标评价三类分类问题的预测精度。ROC 分析可由二类分类问题推广到三类分类问题。例如，Mossman（1990）研究了 ROC 曲面，通过 ROC 曲面的体积评估模型的分类性能；Sampat 等（2009）研究了三类分类表现的评价方法。ROC 曲面的计算基于三类分类混淆矩阵，表 6.1 描述了一个三类分类问题的混淆矩阵。

表 6.1　用于评价三类分类表现的混淆矩阵

	真实类 1：$Y_t(c)=1$	真实类 2：$Y_t(c)=2$	真实类 3：$Y_t(c)=3$	合计
预测类 1：$\hat{Y}_t(c)=1$	$V(1,1)$	$V(1,2)$	$V(1,3)$	$V(1,\cdot)$
预测类 2：$\hat{Y}_t(c)=2$	$V(2,1)$	$V(2,2)$	$V(2,3)$	$V(2,\cdot)$
预测类 3：$\hat{Y}_t(c)=3$	$V(3,1)$	$V(3,2)$	$V(3,3)$	$V(3,\cdot)$
合计	$V(\cdot,1)$	$V(\cdot,2)$	$V(\cdot,3)$	$V(\cdot,\cdot)$

表6.1中

$$Y_t(c)=\begin{cases}1,\text{如果 } Z_t>c,\\2,\text{如果 } -c<Z_t<c,\\3,\text{如果 } Z_t<-c,\end{cases} \tag{6.4.41}$$

表示三类指标函数，c 是给定阈值，Z_t 是指标函数 $Y_t(c)$ 对应的连续响应变量，$V(i,j)$ 表示第 i 类被预测为第 j 类的样本数目。利用三类分类混淆矩阵计算第 k 类的灵敏度与特异度。

第1类的灵敏度：$T_1=V(1,1)/[V(1,1)+V(2,1)+V(3,1)]$；

第2类的灵敏度：$T_2=V(2,2)/[V(1,2)+V(2,2)+V(3,2)]$；

第3类的灵敏度：$T_3=V(3,3)/[V(1,3)+V(2,3)+V(3,3)]$。

第1类的特异度：$1-F_1=[V(2,2)+V(2,3)+V(3,2)+V(3,3)]/[V(1,2)+V(2,2)+V(3,2)+V(1,3)+V(2,3)+V(3,3)]$；

第2类的特异度：$1-F_2=[V(1,1)+V(3,1)+V(1,3)+V(3,3)]/[V(1,1)+V(2,1)+V(3,1)+V(1,3)+V(2,3)+V(3,3)]$；

第3类的特异度：$1-F_3=[V(1,1)+V(2,1)+V(1,2)+V(2,2)]/[V(1,1)+V(2,1)+V(3,1)+V(1,2)+V(2,2)+V(3,2)]$。

根据各类的灵敏度与特异度指标，计算各类的真实分类比率 T^k，在三维空间中使用R软件的mcca程序包绘制ROC曲面。

Kappa系数是用于一致性检验的统计量，也可以用于度量模型的分类精度。Kappa系数的计算基于混淆矩阵，能够从更客观的角度评估模型的预测性能。其计算公式为

$$\text{Kappa}=\left(\sum_{k=1}^{K}p_{kk}-\sum_{k=1}^{K}p_{k+}p_{+k}\right)/\left(1-\sum_{k=1}^{K}p_{k+}p_{+k}\right), \tag{6.4.42}$$

其中，$p_{kk}=P(y_{t+1}=k,\hat{Y}_{t+1}(c)=k)$，$p_{k+}=P(y_{t+1}=k)$，$p_{+k}=P(\hat{Y}_{t+1}(c)=k)$。通常情况下，Kappa系数在0到1之间，Kappa系数取值越高，则分类结果与真实情况越接近。这里 $K=3$。

PDI指标是一个多类分类精度指标，表示来自 K 个类的 n 个样本进行分类的事件发生的概率。对于固定第 k 类样本，PDI_k 的计算公式为

$$\text{PDI}_k=P(p_{kk}>p_{jk},\ j\neq k\mid y_{t+1}=k), \tag{6.4.43}$$

其中，p_{ij}表示将来自第 i 类的样本分到第 j 类的概率。总 PDI 计算公式为 $\mathrm{PDI} = \frac{1}{K}\sum_{k=1}^{K} \mathrm{PDI}_k$。

HUM 是三类分类问题中 ROC 曲面下的体积，也是二类分类 ROC 曲线下的面积 AUC 在三类分类问题中的推广。HUM 是区分三个类的一个全局指标（Li & Fine，2008）。HUM 越大表示预测性能越好。HUM 的计算公式为

$$\mathrm{HUM} = \int_0^{f_1(t_1)} \cdots \int_0^{f_{M-2}(t_1,\cdots,t_{M-2})} f_{M-1}(t_1,\cdots,t_{M-1})\,\mathrm{d}t_{M-1}\cdots\mathrm{d}t_1, \tag{6.4.44}$$

其中，t_i 为第 i 类样本被正确分类的概率，$t_i = f_{i-1}(t_1,\cdots,t_{i-1}), i = 2,\cdots,M$。当 $M = 2$ 时，式（6.4.44）的 HUM 表示二类 ROC 曲线下的面积 AUC；当 $M = 3$ 时，式（6.4.44）的 HUM 表示三类 ROC 曲面下的体积。更多细节可以参考 Li 和 Fine（2008）相关研究。

6.5　三类分类方法预测股价的三种运动方向

6.5.1　绪论

股票市场是一个复杂的、进化的、非线性的动态系统，具有数据强度、噪声、非平稳、非结构化、高度不确定性和隐藏关系等特点（Fan & Yao，2015）。股票市场预测是经济金融等领域的研究热点，其中有效市场假说和随机游走理论（Fama，1970）认为股票市场是一个有效信息市场，股票价格具有随机游走特征，不能通过分析过去的股票数据预测未来的股票市场。近年来一批学者认为股票市场并非完全有效，认为股票市场部分可测（Lo & Mackinlay，1988；Malkiel，2003）。例如，时间序列模型、基本分析、技术分析以及机器学习方法被应用于股价预测领域，且取得了良好的效果（Patel et al.，2015；Bustos & Pomares-Quimbaya，2020）。具有传统模型的时间序列预测方法通常会对模型作假设，通过分析过去的股票价格预测未来的股票价格。例如，Samimi（2009）结合 GARCH 模型和 ARIMA 模型，通过拟合股票价格的时间序列数据预测股票价格的走向。基本分析将影响公司或行业的潜在因素作为预测变量，通常使用经济指

标来反映公司的经营状况并预测对应股票的走势。基本分析的假设前提是一个国家经济的运行状态可以反映公司的发展状况，并影响公司股价。基本分析主要采用宏观经济时间序列指标，如国内生产总值、利率、货币汇率以及客户价格指数等（Boyacioglu & Avci，2010）。技术分析是最常用的预测方法（Cavalcante et al.，2016），技术分析师从价格、交易量、广度和交易活动的历史行为出发，利用图表和技术指标等信息评估股票所处的状态，最后预测价格趋势和交易信号。技术分析师认为，所有市场信息，如投资者情绪以及宏观经济状况等在股票价格中都有体现，因此围绕股票价格和交易量等信息展开分析可预测股市的运动方向（Edwards，Magee & Bassetti，2018；Neely et al.，2014）。机器学习比传统的统计方法和计量模型性能更好（Altman，Marco & Varetto，1994；Patel et al.，2015）。常用的机器学习方法有 ANN、RF 和 SVM 等。这些方法能够对非平稳非线性数据进行建模，进而预测股票的价格或运动趋势（Yoo et al.，2005；Ballings et al.，2015；Cavalcante et al.，2016）。例如，Yu 和 Yan（2020）将股票数据作重构处理，使用深度神经网络（DNNs）模型预测股票价格；Weng 等（2018）利用集成方法和在线数据构造了预测系统，实时预测股票价格的短期变动；Zolfaghari 和 Gholami（2021）将自适应小波变换、长短期记忆（Long Short-Term Memory，LSTM）和 ARIMA-GARCH 模型等方法有机结合预测股票价格的变动趋势。

通过变量选择识别模型的重要预测变量，剔除不重要预测变量，同时得到模型参数估计，提高模型预测性能。经典的变量选择方法包括 LASSO（Tibshirani，1996）、SCAD（Fan & Li，2001）和 ENet（Zou & Hastie，2005）等。惩罚多项 logit 模型通过收缩回归系数，可以避免多重共线性关系和过拟合现象，利用训练样本学习类指标和类概率估计，利用检验样本和预测精度指标评价多类分类问题的预测表现。下面提出具有 24 项技术指标的惩罚三项 logit 模型预测股价的三种运动方向：向上、向下和横向运动（或上涨、下跌与横盘）。首先选取了 3 家美股上市公司的股票数据，并分为训练集与测试集，通过 TTR 程序包计算 24 项技术指标。再使用训练数据建立惩罚三项 logit 模型、ANN、SVM 和 RF 等统计学习方法。最后使用 Kappa 系数、ROC 曲面、PDI、HUM、Accuracy 等多项指标评估预测性能，结果发现惩罚三项 logit 模型预测表现最好。

6.5.2 数据来源与预处理

本节选取了3家美股上市公司在2010年1月1日至2020年12月30日的股价数据为研究对象，分别是NVIDIA（股票代码：NVDA）、Becton Dickinson（股票代码：BDX）以及First Republic Bank（股票代码：FRC）。通过Python中的Efinance程序包获取了3家公司在2010～2020年的基础股价数据，包括开盘价、收盘价、最低价、最高价、成交量及调整价格。每只股票的样本容量为1000，选取70%的观测数据作为训练集，其样本容量 $N=700$；选取30%的观测数据作为测试集，其样本容量 $n=300$。图6.1至图6.3为2010～2020年3只股票的股价数据趋势。

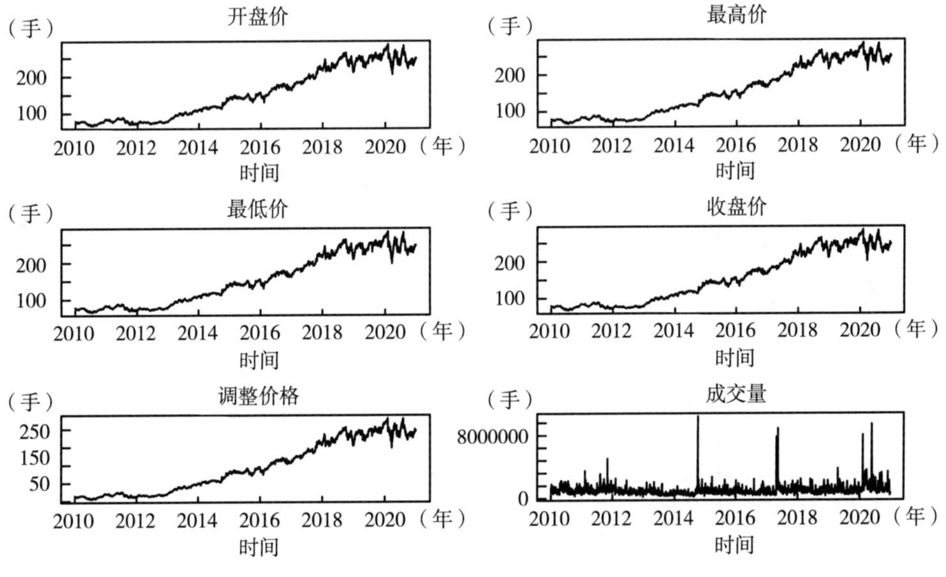

图6.1 BDX股价趋势

目前已有学者提出使用技术指标探索股价、成交量和股票运动方向之间的关系（Kim & Han 2000；Tsai & Hsiao 2010）。这里选择相对强弱指标（RSI），区间震荡线（DPO），加权移动平均线（WMA）等24个技术指标，使用R软件中的TTR程序包计算这些技术指标，指标详情如表6.2所示。

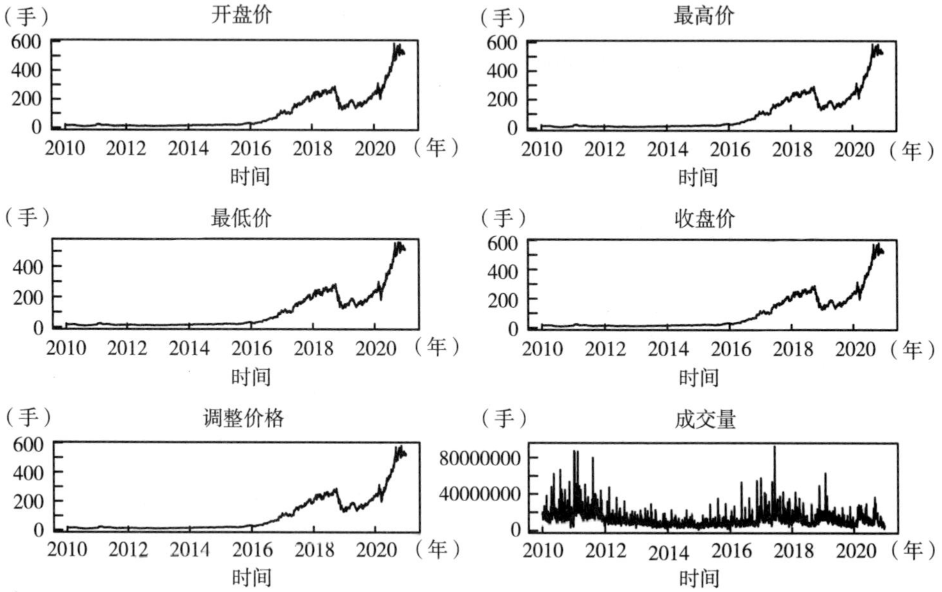

图 6.2 NVDA 股价趋势

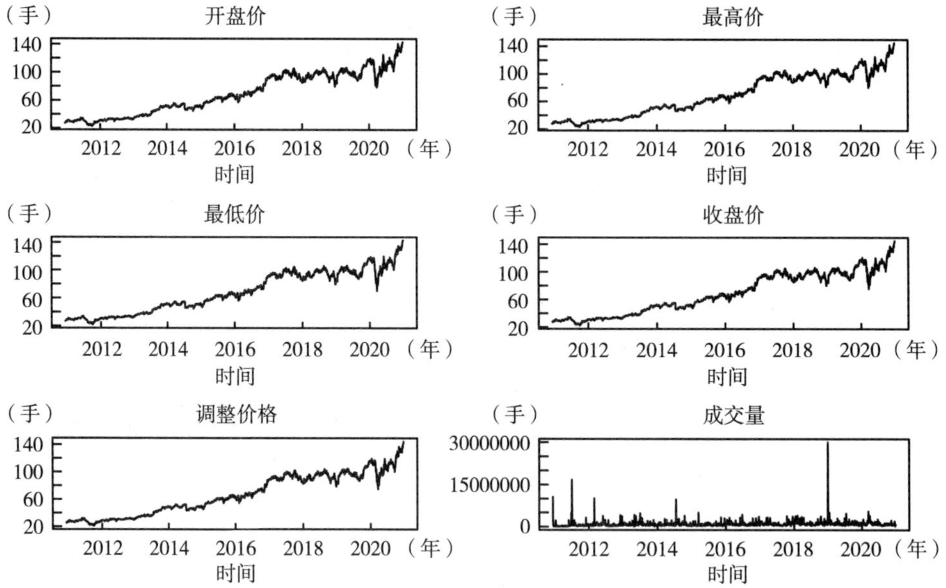

图 6.3 FRC 股价趋势

表 6.2 24 个技术指标

指标缩写	英文名称	中文名称
WMA（$X_{t,1}$）	Weigted Moving Average	加权移动平均线
DEMA（$X_{t,2}$）	Double Exponential Moving Average	双重指数移动平均线
SMA（$X_{t,3}$）	Simple Moving Average	简单移动平均线

续表

指标缩写	英文名称	中文名称
EMA（$X_{t,4}$）	Exponential Moving Average	指数移动平均线
MACD（$X_{t,5}$）	Moving Average Convergence Divergence	平滑异同移动平均线
RSI（$X_{t,6}$）	Relative Strength Index	相对强弱指标
CMO（$X_{t,7}$）	Chande Momentum Oscillator	钱德动量摆动指标
TRIX（$X_{t,8}$）	Triple Exponentially Smoothed Average	三重指数平滑平均线
DPO（$X_{t,9}$）	Detrended Price Oscillator	区间震荡线
ROC（$X_{t,10}$）	Rate of Change	变动率指标
CCI（$X_{t,11}$）	Commodity Channel Index	顺势指标
ADX（$X_{t,12}$）	Average Directional Index	平均趋向指数
Aroon（$X_{t,13}$）	Aroon Indicator	阿隆指标
VHF（$X_{t,14}$）	Vertical Horizontal Filter	十字过滤线
DC（$X_{t,15}$）	Donchian Channel	唐奇安通道
MFI（$X_{t,16}$）	Money Flow Index	资金流量指标
CMF（$X_{t,17}$）	Chaikin Money Flow	佳庆资金流量
CAD（$X_{t,18}$）	Chaikin Accumulation/Distribution Line	累积/派发线
OBV（$X_{t,19}$）	On Balance Volume	平衡交易量
ATR（$X_{t,20}$）	Average True Range	真实波动幅度均值
CV（$X_{t,21}$）	Chaikin Volatility	佳庆离散指标
PA（$X_{t,22}$）	Parkinson Historical Volatility	帕金森历史波动率
BBands（$X_{t,23}$）	Bollinger Bands	布林线指标
EMV（$X_{t,24}$）	Ease of Movement Value	简易波动指标

6.5.3　惩罚三项 logit 模型

为了预测股价上涨、横盘和下跌运动，假设三元响应变量

$$Y_t(c)=\begin{cases}1, C_t-C_{t-1}>c,\\ 2, -c<C_t-C_{t-1}<c,\\ 3, C_t-C_{t-1}<-c,\end{cases} \tag{6.5.45}$$

其中，C_t 为第 t 天的股票收盘价，$c=C_t-C_{t-1}$表示股票价格的波动阈值，Y_t 表示第 t 天股票收盘价的运动方向，$Y_t(c)=1$ 表示股票上涨，$Y_t(c)=2$ 表示股票横盘，$Y_t(c)=3$ 表示股票下跌。p 维预测向量 $X_t=(X_{t,1},\cdots,X_{t,p})^{\top}$表示影响股票价格运动的 p 个因素。设定 $c=0.5\% C_t$，样本划分情况如表 6.3 所示。

表 6.3　　三家公司的训练集和测试集

数据集	c	训练集 $N=700$			测试集 $n=300$		
		上涨	横盘	下跌	上涨	横盘	下跌
BDX		148	357	196	86	112	102
NVDA	$0.5\% C_{t-1}$	218	236	246	101	89	110
FRC		236	226	238	93	95	112

由于 24 个技术指标构成的预测变量尺度不同，因此先对预测变量进行标准化处理，再使用训练集学习 LASSO/Ridge/ENet 惩罚三项 logit 模型，其中调整参数 λ 控制惩罚力度。对于 LASSO/ENet 惩罚三项 logit 模型，随着 λ 增大，更多系数逐渐趋近于 0；对 Ridge 惩罚三项 logit 模型，系数会被压缩，但不会被惩罚为 0。图 6.4 至图 6.12 分别显示了三个数据集的 LASSO/Ridge/ENet 惩罚三项 logit 回归的系数路径。

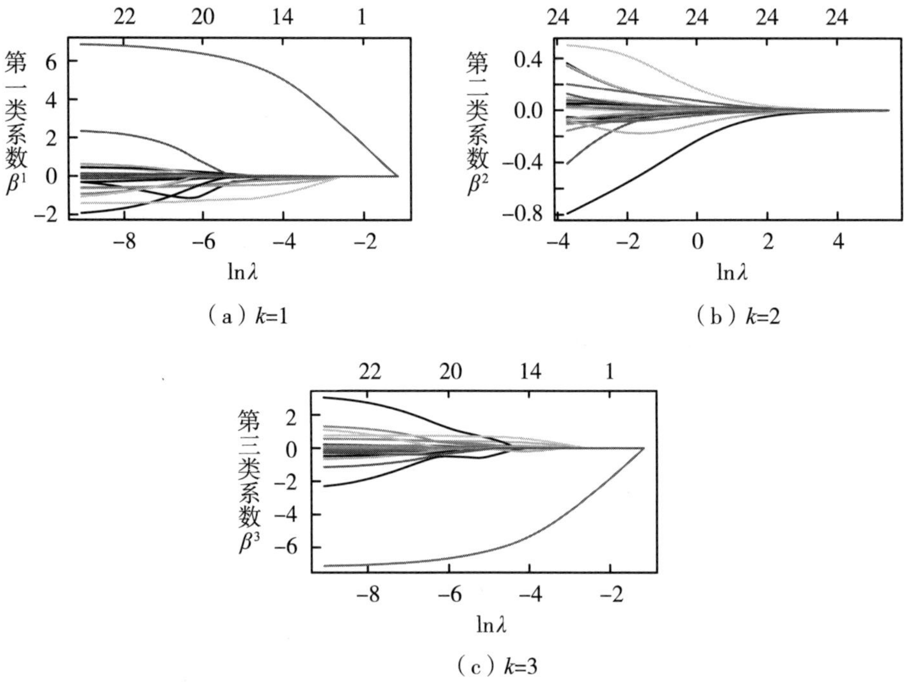

图 6.4　BDX 数据集 LASSO 惩罚三项 logit 回归的三个类的系数路径

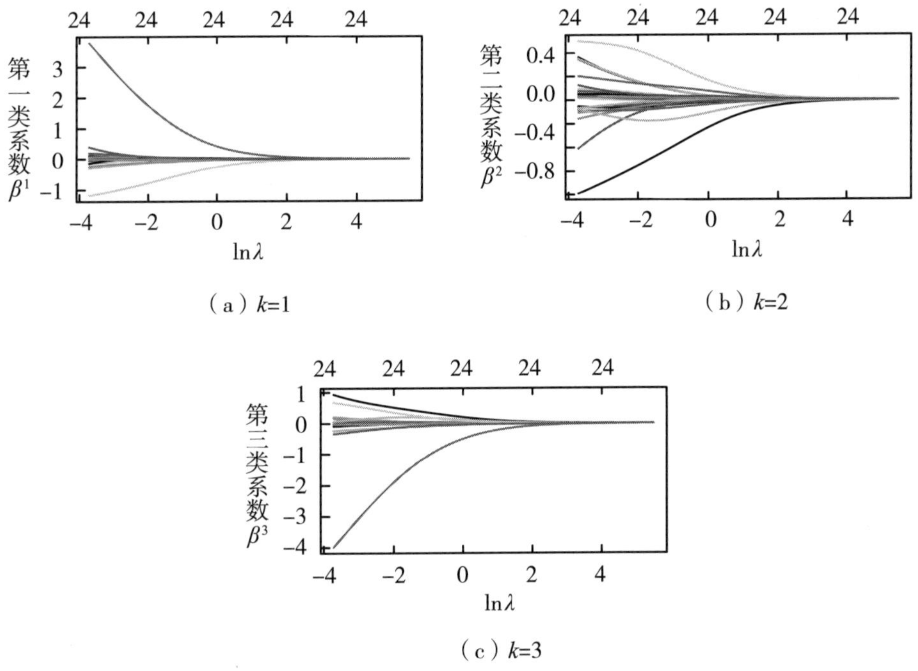

图 6.5　BDX 数据集 Ridge 惩罚三项 logit 回归的三个类的系数路径

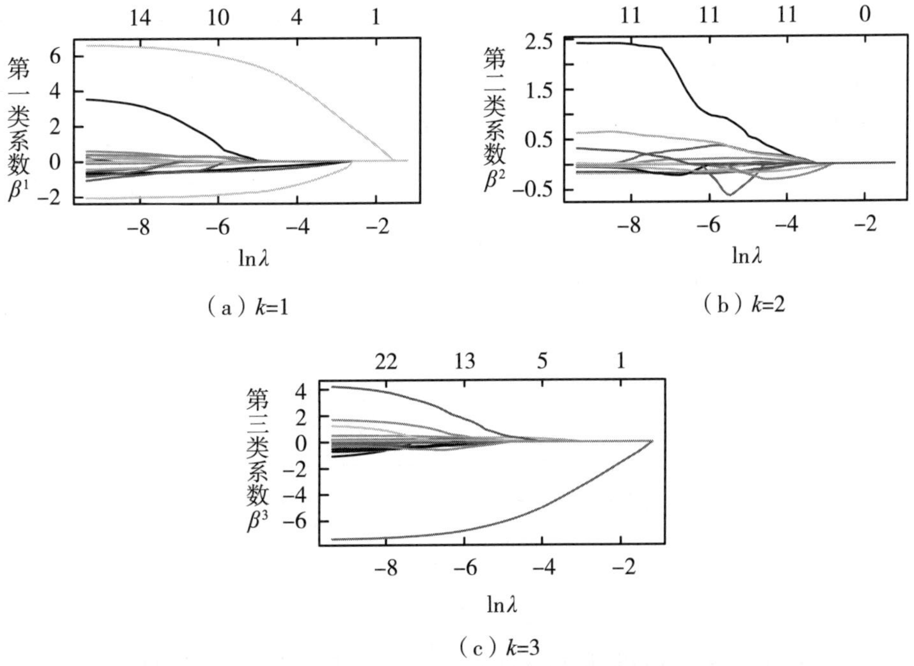

图 6.6　BDX 数据集 ENet 惩罚三项 logit 回归的三个类的系数路径

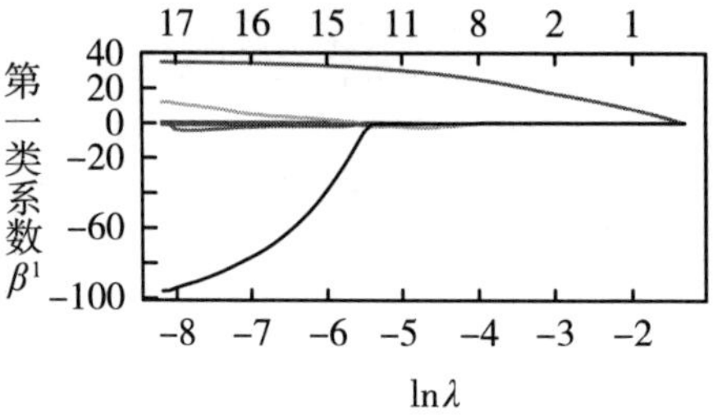

（a）*k*=1

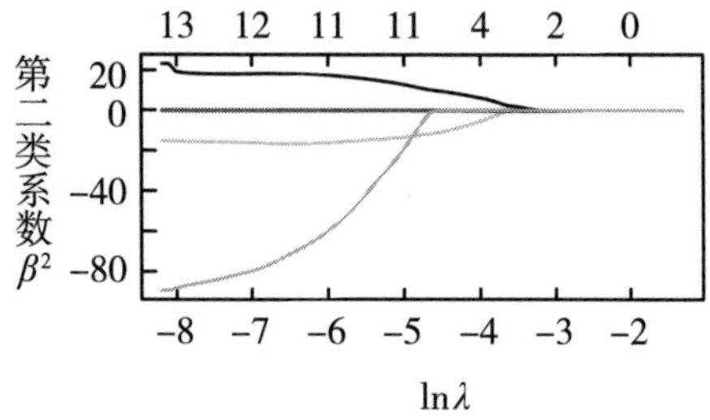

（b）*k*=2

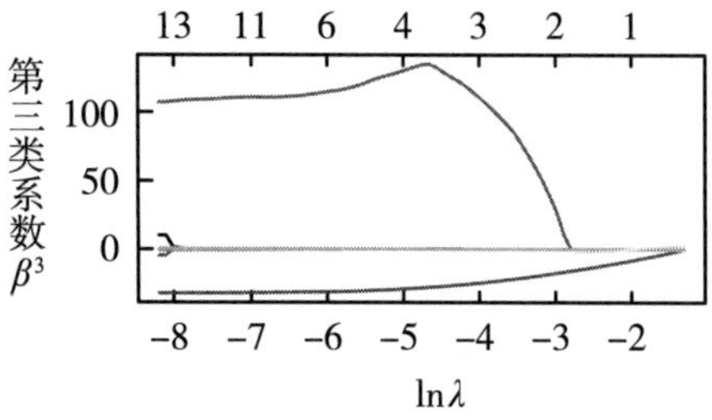

（c）*k*=3

图 6.7 NVDA 数据集 LASSO 惩罚三项 logit 回归的三个类的系数路径

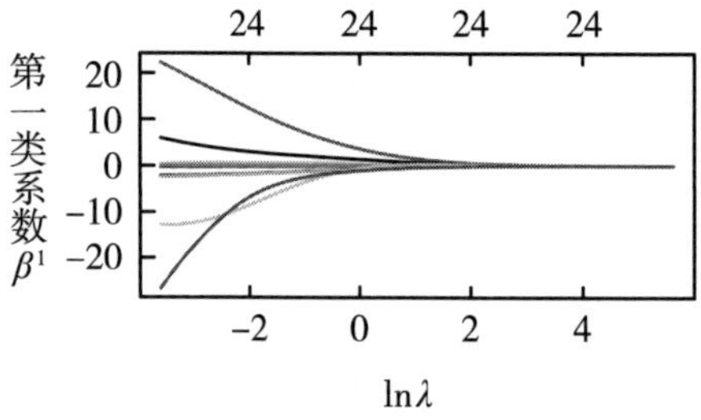

（a）*k*=1

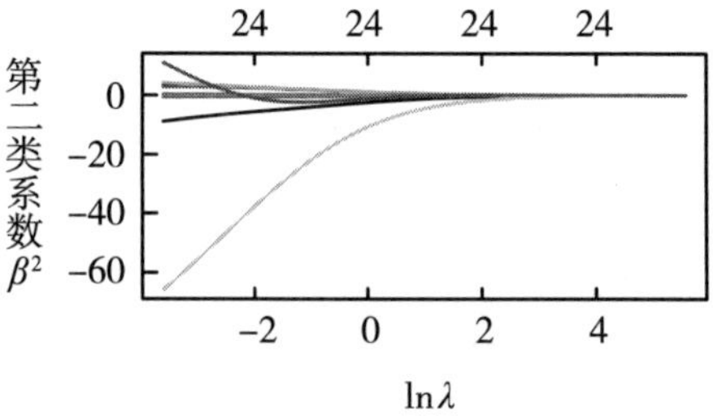

（b）*k*=2

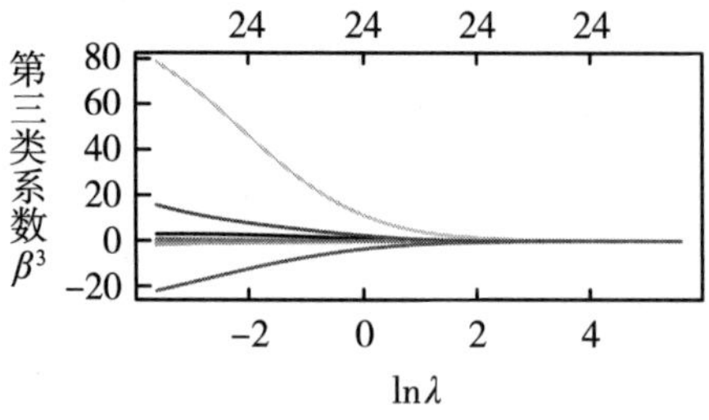

（c）*k*=3

图 6.8 NVDA 数据集 Ridge 惩罚三项 logit 回归的三个类的系数路径

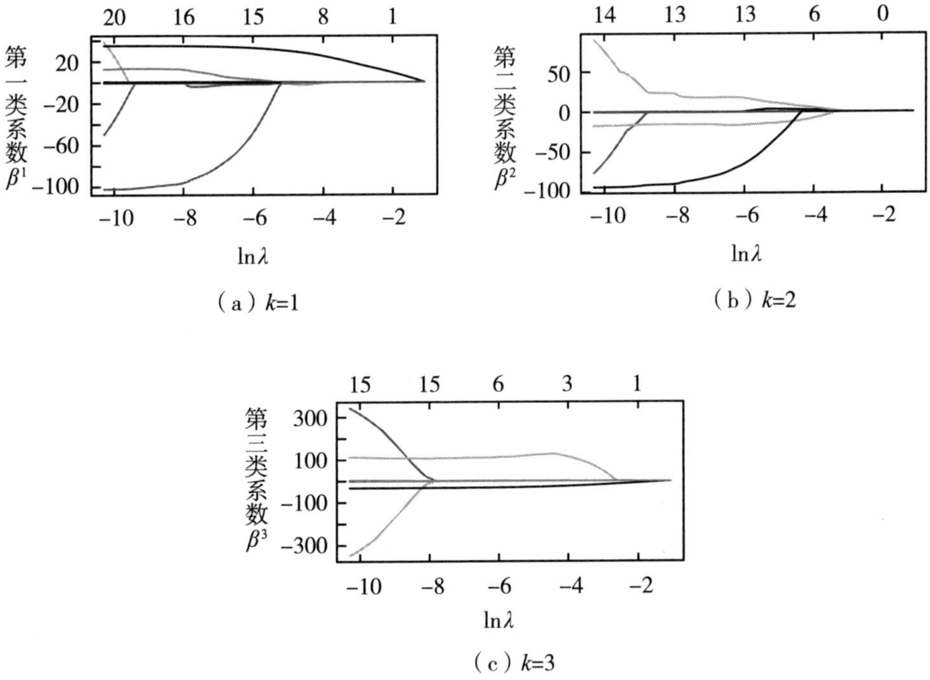

（a）k=1　（b）k=2　（c）k=3

图 6.9　NVDA 数据集 ENet 惩罚三项 logit 回归的三个类的系数路径

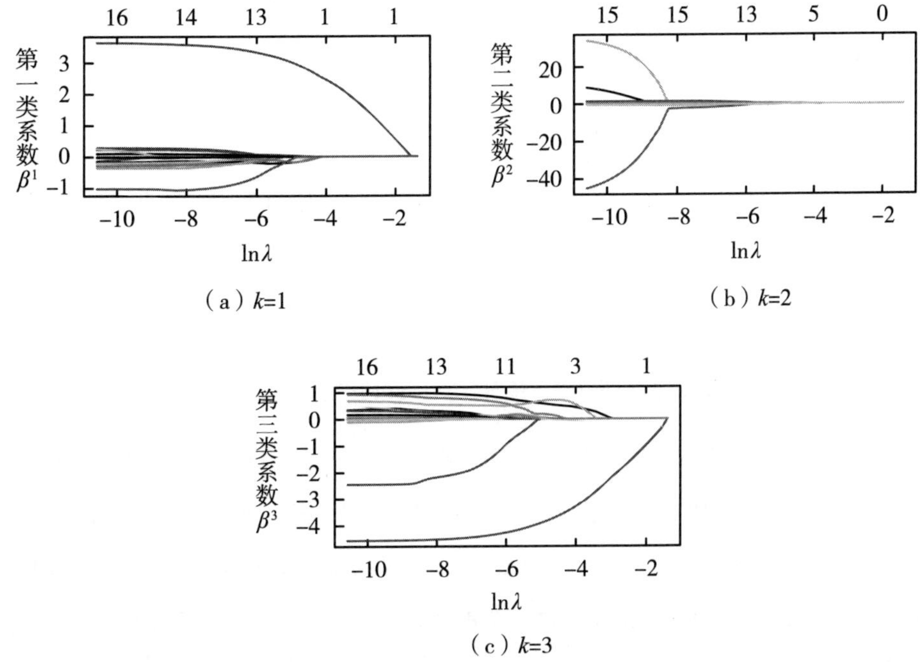

（a）k=1　（b）k=2　（c）k=3

图 6.10　FRC 数据集 LASSO 惩罚三项 logit 回归的三个类的系数路径

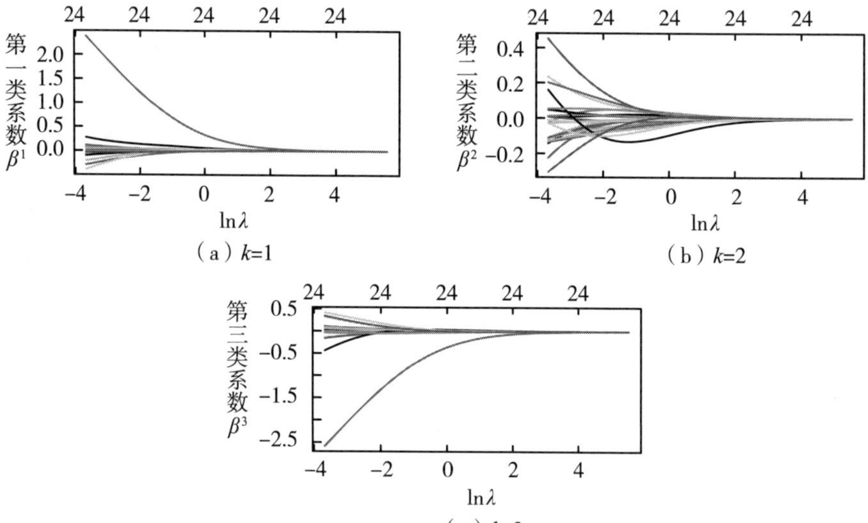

（a）k=1 （b）k=2 （c）k=3

图 6.11 FRC 数据集 Ridge 惩罚三项 logit 回归的三个类的系数路径

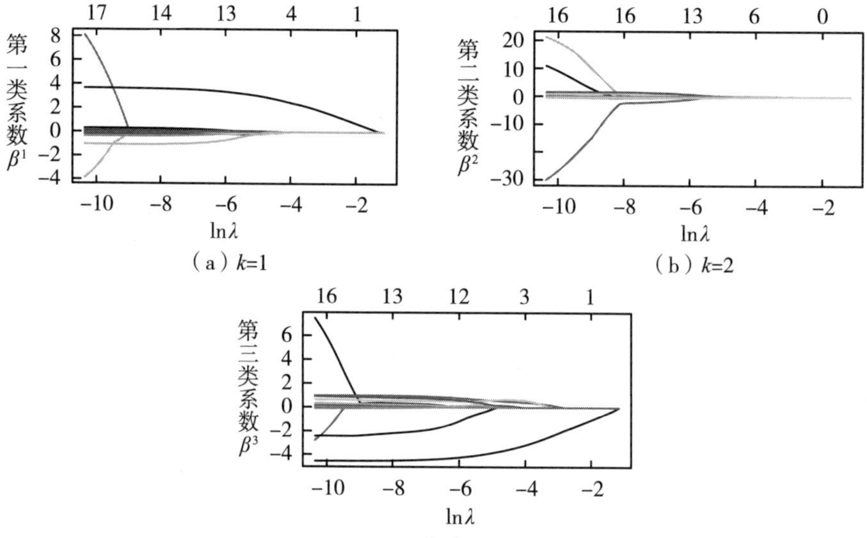

（a）k=1 （b）k=2 （c）k=3

图 6.12 FRC 数据集 ENet 惩罚三项 logit 回归的三个类的系数路径

调整参数 λ 控制 LASSO/Ridge/ENet 惩罚三项 logit 模型的惩罚强度，因此调整 λ 取值可以改进模型估计和预测表现。这里采用 10 折交叉验证选取相对最优 λ，具体见图 6.13 至图 6.15，其中横坐标为 lnλ，纵坐标为分类错误率。由图 6.13 至图 6.15 中可知，对于同一个数据集，选择的相对最优 λ 会随惩罚函数的不同而发生变化。对 LASSO/Ridge/ENet 惩罚三项 logit 模型采用 10 折交叉验证得到 3 个股票数据集的相对最优 λ，如表 6.4 所示。

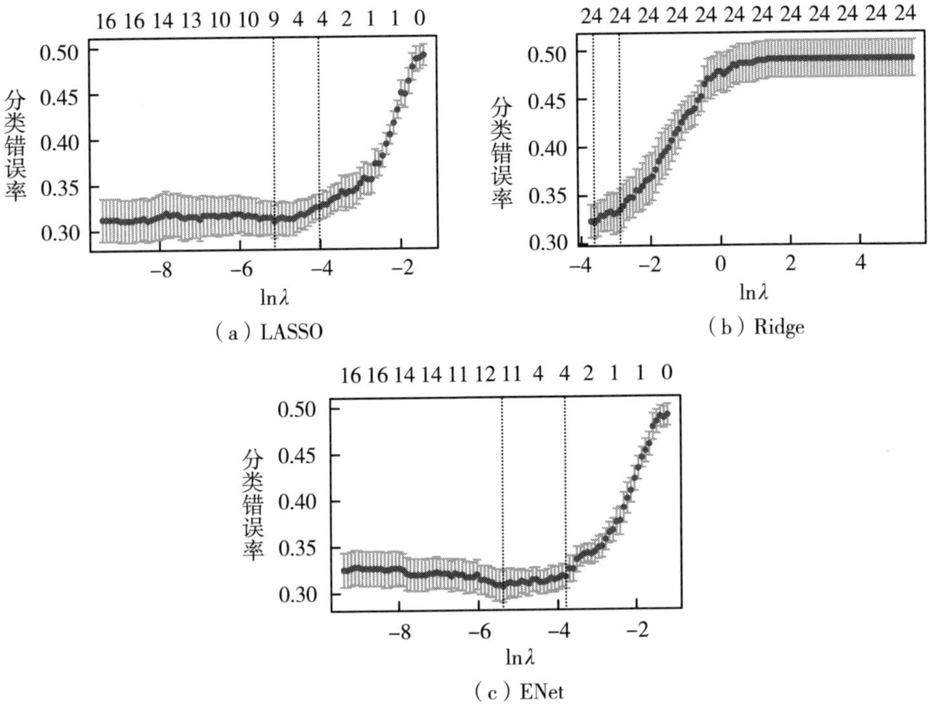

图 6.13　BDX 数据集 10 折交叉验证调整 λ 值

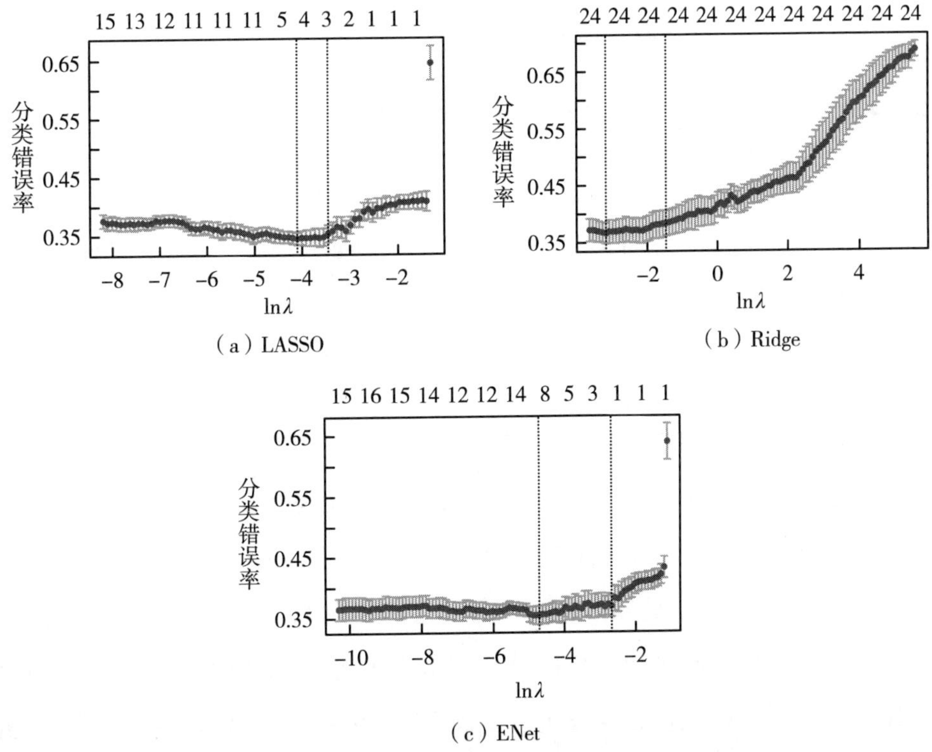

图 6.14　NVDA 数据集 10 折交叉验证调整 λ 值

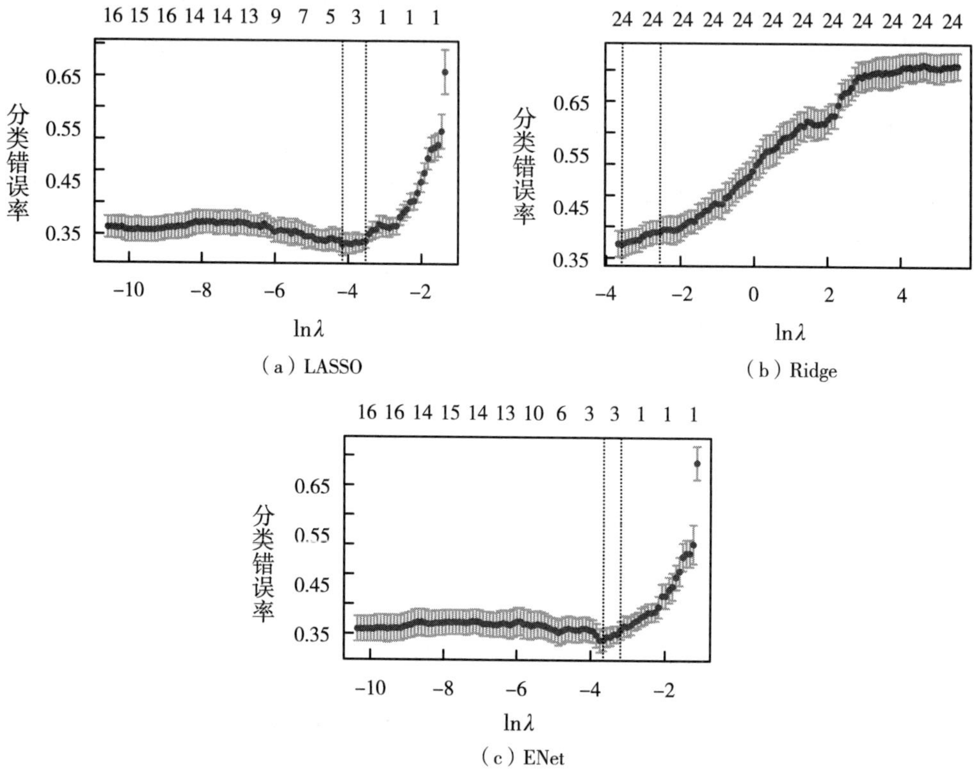

图 6.15　FRC 数据集 10 折交叉验证调整 λ 值

表 6.4　三个数据集的相对最优 λ

数据集	最优 λ		
	LASSO	Ridge	ENet
BDX	0.0391	0.0326	0.0131
NVDA	0.0165	0.0420	0.0089
FRC	0.0452	0.0527	0.0075

选取相对最优 λ 后，利用训练集和坐标下降算法得到 LASSO/Ridge/ENet 惩罚三项 logit 模型的系数估计，其中 LASSO 惩罚模型保留的变量最少；Ridge 惩罚模型保留所有变量，但会将参数压缩；ENet 惩罚是 Ridge 惩罚与 LASSO 惩罚的折中（当 $\alpha=0$ 时为 Ridge 惩罚；当 $\alpha=1$ 时为 LASSO 惩罚），故 ENet 惩罚三项 logit 模型保留的变量介于二者之间。表 6.5 至表 6.7 分别列举了 BDX/NVDA/FRC 数据集下 LASSO/Ridge/ENet 惩罚三项 logit 模型的估计系数。

（1）BDX 数据集。

A. LASSO 惩罚三项 logit 模型

$$\hat{P}(Y_t=1\mid X_t)=\frac{e^{Z_{t,1}}}{\sum_{k=1}^{3}e^{Z_{t,k}}},\hat{P}(Y_t=2\mid X_t)=\frac{e^{Z_{t,2}}}{\sum_{k=1}^{3}e^{Z_{t,k}}},$$

$$\hat{P}(Y_t=3\mid X_t)=\frac{e^{Z_{t,3}}}{\sum_{k=1}^{3}e^{Z_{t,k}}},$$

其中，$Z_{t,1}=-1.0387-0.0725X_{t,7}+5.6679X_{t,8}-0.5290X_{t,9}-0.3426X_{t,10}-0.0659X_{t,13}+0.0466X_{t,18}-1.7632X_{t,23}$,

$Z_{t,2}=-1.3611-0.1828X_{t,4}+0.0339X_{t,11}-0.0157X_{t,12}+0.1104X_{t,14}-0.0021X_{t,15}-0.1315X_{t,16}-0.3320X_{t,19}-0.1553X_{t,20}-0.2152X_{t,21}+0.0119X_{t,22}$,

$Z_{t,3}=-0.3223-0.0563X_{t,6}-6.3898X_{t,8}+0.3388X_{t,9}+0.1063X_{t,10}-0.0186X_{t,11}+0.4556X_{t,19}-0.0006X_{t,22}+0.0794X_{t,23}-0.0663X_{t,24}$.

B. Ridge 惩罚三项 logit 模型

$$\hat{P}(Y_t=1\mid X_t)=\frac{e^{Z_{t,1}}}{\sum_{k=1}^{3}e^{Z_{t,k}}},\hat{P}(Y_t=2\mid X_t)=\frac{e^{Z_{t,2}}}{\sum_{k=1}^{3}e^{Z_{t,k}}},$$

$$\hat{P}(Y_t=3\mid X_t)=\frac{e^{Z_{t,3}}}{\sum_{k=1}^{3}e^{Z_{t,k}}},$$

其中，$Z_{t,1}=-0.7596-0.1198X_{t,1}-0.1034X_{t,2}-0.1085X_{t,3}+0.0026X_{t,4}-0.0069X_{t,5}+0.0489X_{t,6}+0.1201X_{t,7}+3.6629X_{t,8}-0.2752X_{t,9}-0.2270X_{t,10}+0.0002X_{t,11}+0.0443X_{t,12}-0.0581X_{t,13}-0.0570X_{t,14}+0.0320X_{t,15}+0.0873X_{t,16}-0.1024X_{t,17}+0.3747X_{t,18}-0.1223X_{t,19}+0.0351X_{t,20}+0.0108X_{t,21}+0.0001X_{t,22}-1.1607X_{t,23}+0.2020X_{t,24}$,

$Z_{t,2}=0.8880+0.3485X_{t,1}+0.3330X_{t,2}+0.3387X_{t,3}-0.1510X_{t,4}+0.0175X_{t,5}+0.0382X_{t,6}-0.0533X_{t,7}+0.1994X_{t,8}+0.0630X_{t,9}+0.0485X_{t,10}+0.0254X_{t,11}-0.0635X_{t,12}+0.0506X_{t,13}+0.0762X_{t,14}-0.0642X_{t,15}-0.1036X_{t,16}+0.0945X_{t,17}-0.3875X_{t,18}-0.7787X_{t,19}-0.0887X_{t,20}-0.0835X_{t,21}+0.0253X_{t,22}+0.4996X_{t,23}+0.1204X_{t,24}$,

$$Z_{t,3}=-0.1283-0.2286X_{t,1}-0.2295X_{t,2}-0.2301X_{t,3}+0.1483X_{t,4}-0.0106X_{t,5}-0.0871X_{t,6}-0.0667X_{t,7}-3.8624X_{t,8}+0.2121X_{t,9}+0.1784X_{t,10}-0.0257X_{t,11}+0.0191X_{t,12}+0.0075X_{t,13}-0.0192X_{t,14}-0.0322X_{t,15}+0.0162X_{t,16}+0.0078X_{t,17}+0.0127X_{t,18}+0.9011X_{t,19}+0.0536X_{t,20}+0.0727X_{t,21}-0.0254X_{t,22}+0.6610X_{t,23}-0.3224X_{t,24}.$$

C. ENet 惩罚三项 logit 模型

$$\hat{P}(Y_t=1\mid X_t)=\frac{e^{Z_{t,1}}}{\sum_{k=1}^{3}e^{Z_{t,k}}},\hat{P}(Y_t=2\mid X_t)=\frac{e^{Z_{t,2}}}{\sum_{k=1}^{3}e^{Z_{t,k}}},\hat{P}(Y_t=3\mid X_t)=\frac{e^{Z_{t,3}}}{\sum_{k=1}^{3}e^{Z_{t,k}}},$$

其中，$Z_{t,1}=-1.0387-0.0725X_{t,7}+5.6679X_{t,8}-0.5290X_{t,9}-0.3426X_{t,10}-0.0659X_{t,13}+0.0466X_{t,18}-1.7632X_{t,23}$，

$$Z_{t,2}=-1.3611-0.1828X_{t,4}+0.0339X_{t,11}-0.0157X_{t,12}+0.1104X_{t,14}-0.0021X_{t,15}-0.1315X_{t,16}-0.3320X_{t,19}-0.1553X_{t,20}-0.2152X_{t,21}+0.0119X_{t,22},$$

$$Z_{t,3}=-0.3223-0.0563X_{t,6}-6.3898X_{t,8}+0.3388X_{t,9}+0.1063X_{t,10}-0.0186X_{t,11}+0.4556X_{t,19}-0.0006X_{t,22}+0.0794X_{t,23}-0.0663X_{t,24}.$$

(2) NVDA 数据集。

A. LASSO 惩罚三项 logit 模型

$$\hat{P}(Y_t=1\mid X_t)=\frac{e^{Z_{t,1}}}{\sum_{k=1}^{3}e^{Z_{t,k}}},\hat{P}(Y_t=2\mid X_t)=\frac{e^{Z_{t,2}}}{\sum_{k=1}^{3}e^{Z_{t,k}}},\hat{P}(Y_t=3\mid X_t)=\frac{e^{Z_{t,3}}}{\sum_{k=1}^{3}e^{Z_{t,k}}},$$

其中，$Z_{t,1}=-1.1104+19.2862X_{t,8}-0.0425X_{t,9}-0.06812X_{t,10}$，

$$Z_{t,2}=0.0488-0.1663X_{t,3}+0.0387X_{t,13}-0.2878X_{t,21},$$

$$Z_{t,3}=1.0616-19.4472X_{t,8}+59.8892X_{t,23}.$$

B. Ridge 惩罚三项 logit 模型

$$\hat{P}(Y_t=1\mid X_t)=\frac{e^{Z_{t,1}}}{\sum_{k=1}^{3}e^{Z_{t,k}}},\hat{P}(Y_t=2\mid X_t)=\frac{e^{Z_{t,2}}}{\sum_{k=1}^{3}e^{Z_{t,k}}},\hat{P}(Y_t=3\mid X_t)=\frac{e^{Z_{t,3}}}{\sum_{k=1}^{3}e^{Z_{t,k}}},$$

其中，$Z_{t,1}=-2.0857-2.0057X_{t,1}-2.0281X_{t,2}-2.1777X_{t,3}+0.0515X_{t,4}+0.0315X_{t,5}-0.0886X_{t,6}-0.2201X_{t,7}+17.6642X_{t,8}-0.1847X_{t,9}-0.1082X_{t,10}-0.0272X_{t,11}-0.0469X_{t,12}-0.1273X_{t,13}+0.1322X_{t,14}-0.0157X_{t,15}+0.0592X_{t,16}-0.6095X_{t,17}+0.1087X_{t,18}+4.2765X_{t,19}+0.0018X_{t,20}+0.0394X_{t,21}-0.0271X_{t,22}-11.9545X_{t,23}-15.3496X_{t,24}$，

$$Z_{t,2}=1.1448+3.1855X_{t,1}+2.7738X_{t,2}+3.4745X_{t,3}-0.1099X_{t,4}+0.0292X_{t,5}+0.0474X_{t,6}+0.1551X_{t,7}-0.1676X_{t,8}+0.0671X_{t,9}+0.0504X_{t,10}+0.0346X_{t,11}+0.0226X_{t,12}+0.1318X_{t,13}-0.0969X_{t,14}+0.0477X_{t,15}-0.0789X_{t,16}-0.3607X_{t,17}-0.5145X_{t,18}-7.1564X_{t,19}-0.0116X_{t,20}-0.1051X_{t,21}+0.0345X_{t,22}-53.1318X_{t,23}+4.1358X_{t,24},$$

$$Z_{t,3}=0.9408-1.1797X_{t,1}-0.7457X_{t,2}-1.2968X_{t,3}+0.0583X_{t,4}-0.0608X_{t,5}+0.0412X_{t,6}+0.0650X_{t,7}-17.4965X_{t,8}+0.1175X_{t,9}+0.0578X_{t,10}-0.0074X_{t,11}+0.0242X_{t,12}-0.0044X_{t,13}-0.0353X_{t,14}-0.0320X_{t,15}+0.0196X_{t,16}-0.2488X_{t,17}+0.4058X_{t,18}+2.8799X_{t,19}+0.0098X_{t,20}+0.0657X_{t,21}-0.0073X_{t,22}+65.0864X_{t,23}+11.2138X_{t,24}.$$

C. ENet 惩罚三项 logit 模型

$$\hat{P}(Y_t=1\mid X_t)=\frac{e^{Z_{t,1}}}{\sum_{k=1}^{3}e^{Z_{t,k}}},\hat{P}(Y_t=2\mid X_t)=\frac{e^{Z_{t,2}}}{\sum_{k=1}^{3}e^{Z_{t,k}}},\hat{P}(Y_t=3\mid X_t)=\frac{e^{Z_{t,3}}}{\sum_{k=1}^{3}e^{Z_{t,k}}},$$

其中，$Z_{t,1}=-1.3731+19.2649X_{t,8}-0.0808X_{t,9}-0.0857X_{t,10}$，

$Z_{t,2}=0.5519+0.4237X_{t,1}+0.8997X_{t,3}-0.0613X_{t,13}-0.3218X_{t,14}$，

$Z_{t,3}=0.8211-19.1758X_{t,8}+68.8868X_{t,23}$.

（3）FRC 数据集。

A. LASSO 惩罚三项 logit 模型

$$\hat{P}(Y_t=1\mid X_t)=\frac{e^{Z_{t,1}}}{\sum_{k=1}^{3}e^{Z_{t,k}}},\hat{P}(Y_t=2\mid X_t)=\frac{e^{Z_{t,2}}}{\sum_{k=1}^{3}e^{Z_{t,k}}},\hat{P}(Y_t=3\mid X_t)=\frac{e^{Z_{t,3}}}{\sum_{k=1}^{3}e^{Z_{t,k}}},$$

其中，$Z_{t,1}=-0.2903+1.8635X_{t,8}$，$Z_{t,2}=0.3199+0.0186X_{t,4}$，

$Z_{t,3}=0.0295-2.4987X_{t,8}+0.1473X_{t,9}$.

B. Ridge 惩罚三项 logit 模型

$$\hat{P}(Y_t=1\mid X_t)=\frac{e^{Z_{t,1}}}{\sum_{k=1}^{3}e^{Z_{t,k}}},\hat{P}(Y_t=2\mid X_t)=\frac{e^{Z_{t,2}}}{\sum_{k=1}^{3}e^{Z_{t,k}}},\hat{P}(Y_t=3\mid X_t)=\frac{e^{Z_{t,3}}}{\sum_{k=1}^{3}e^{Z_{t,k}}},$$

其中，$Z_{t,1}=-0.1265+0.0577X_{t,1}+0.0977X_{t,2}+0.0408X_{t,3}+0.0271X_{t,4}-0.0837X_{t,5}+0.0424X_{t,6}-0.0893X_{t,7}+2.2474X_{t,8}-0.1881X_{t,9}+0.0799X_{t,10}-0.0140X_{t,11}-0.0379X_{t,12}-0.0543X_{t,13}+0.1046X_{t,14}+0.0494X_{t,15}-0.0088X_{t,16}-0.0459X_{t,17}-0.2680X_{t,18}+0.2521X_{t,19}+$

$$0.0344X_{t,20}+0.0444X_{t,21}-0.0142X_{t,22}-11.9545X_{t,23}-0.0331X_{t,24},$$

$$Z_{t,2}=0.2591-0.1217X_{t,1}+2.7738X_{t,2}-0.0964X_{t,3}-0.0099X_{t,4}+0.2113X_{t,5}+$$
$$0.0474X_{t,6}+0.0077X_{t,7}-0.1914X_{t,8}-0.1064X_{t,9}-0.1212X_{t,10}+$$
$$0.0537X_{t,11}+0.0046X_{t,12}+0.0462X_{t,13}-0.1009X_{t,14}-0.0271X_{t,15}+$$
$$0.0139X_{t,16}-0.0141X_{t,17}+0.4098X_{t,18}+0.1172X_{t,19}-0.1295X_{t,20}-$$
$$0.1213X_{t,21}+0.0541X_{t,22}-0.0429X_{t,23}-0.2770X_{t,24},$$

$$Z_{t,3}=-0.1326+0.0639X_{t,1}+0.0929X_{t,2}+0.0555X_{t,3}-0.0172X_{t,4}-$$
$$0.1276X_{t,5}+0.0323X_{t,6}+0.0816X_{t,7}-2.4388X_{t,8}+0.2945X_{t,9}+$$
$$0.0412X_{t,10}-0.0397X_{t,11}+0.0333X_{t,12}+0.0080X_{t,13}-0.0037X_{t,14}-$$
$$0.0223X_{t,15}-0.0051X_{t,16}+0.0601X_{t,17}-0.1418X_{t,18}-0.3693X_{t,19}+$$
$$0.0950X_{t,20}+0.0769X_{t,21}-0.0399X_{t,22}+0.3877X_{t,23}+0.3102X_{t,24}.$$

C. ENet 惩罚三项 logit 模型

$$\hat{P}(Y_t=1\mid X_t)=\frac{e^{Z_{t,1}}}{\sum_{k=1}^{3}e^{Z_{t,k}}},\hat{P}(Y_t=2\mid X_t)=\frac{e^{Z_{t,2}}}{\sum_{k=1}^{3}e^{Z_{t,k}}},\hat{P}(Y_t=3\mid X_t)=\frac{e^{Z_{t,3}}}{\sum_{k=1}^{3}e^{Z_{t,k}}},$$

其中，$Z_{t,1}=-0.3478-0.027X_{t,7}-2.5829X_{t,8}-0.0734X_{t,9}+0.0051X_{t,14}-$

$$0.0712X_{t,18}+0.0062X_{t,21},$$

$$Z_{t,2}=0.3894+0.1755X_{t,5}-0.0474X_{t,10}+0.0431X_{t,11}+0.0192X_{t,18}-$$
$$0.0912X_{t,20}-0.0623X_{t,21}+0.0308X_{t,22},$$

$$Z_{t,3}=-0.0415-0.3361X_{t,8}+0.4542X_{t,9}-0.0314X_{t,11}-0.0001X_{t,22}+$$
$$0.6492X_{t,23}+0.0501X_{t,24}.$$

表 6.5　　BDX 数据集的系数估计

类别	LASSO			Ridge			ENet		
	$k=1$	$k=2$	$k=3$	$k=1$	$k=2$	$k=3$	$k=1$	$k=2$	$k=3$
$\hat{\beta}_0^k$	−1.0387	−1.3611	−0.3223	−0.7596	0.8880	−0.1283	−1.0387	1.3611	−0.3223
$\hat{\beta}_1^k$	0.0000	0.0000	0.0000	−0.1198	0.3485	−0.2286	0.0000	0.0000	0.0000
$\hat{\beta}_2^k$	0.0000	0.0000	0.0000	−0.1034	0.3330	−0.2295	0.0000	0.0000	0.0000
$\hat{\beta}_3^k$	0.0000	0.0000	0.0000	−0.1085	0.3387	−0.2301	0.0000	0.0000	0.0000
$\hat{\beta}_4^k$	0.0000	−0.1828	0.0000	0.0026	−0.1510	0.1483	0.0000	−0.1828	0.0000
$\hat{\beta}_5^k$	0.0000	0.0000	0.0000	−0.0069	0.0175	−0.0106	0.0000	0.0000	0.0000

续表

类别	LASSO			Ridge			ENet		
	$k=1$	$k=2$	$k=3$	$k=1$	$k=2$	$k=3$	$k=1$	$k=2$	$k=3$
$\hat{\beta}_6^k$	0.0000	0.0000	0.0563	0.0489	0.0382	-0.0871	0.0000	0.0000	-0.0563
$\hat{\beta}_7^k$	-0.0725	0.0000	0.0000	0.1201	-0.0533	-0.0667	-0.0725	0.0000	0.0000
$\hat{\beta}_8^k$	5.6679	0.0000	-6.3898	3.6629	0.1994	-3.8624	5.6679	0.0000	-6.3898
$\hat{\beta}_9^k$	-0.5290	0.0000	0.3388	-0.2752	0.0630	0.2121	-0.5290	0.0000	0.3388
$\hat{\beta}_{10}^k$	-0.3426	0.0000	0.1063	0.2270	0.0485	0.1784	-0.3426	0.0000	0.1063
$\hat{\beta}_{11}^k$	0.0000	0.0339	-0.0186	0.0002	0.0254	-0.0257	0.0000	0.0339	-0.0186
$\hat{\beta}_{12}^k$	0.0000	-0.0157	0.0000	0.0443	-0.0635	0.0191	0.0000	-0.0157	0.0000
$\hat{\beta}_{13}^k$	0.0659	0.0000	0.0000	-0.0581	0.0506	0.0075	0.0659	0.0000	0.0000
$\hat{\beta}_{14}^k$	0.0000	0.1104	0.0000	-0.0570	0.0762	-0.0192	0.0000	0.1104	0.0000
$\hat{\beta}_{15}^k$	0.0000	0.0021	0.0000	0.0320	0.0642	0.0322	0.0000	0.0021	0.0000
$\hat{\beta}_{16}^k$	0.0000	-0.1315	0.0000	0.0873	-0.1036	0.0162	0.0000	-0.1315	0.0000
$\hat{\beta}_{17}^k$	0.0000	0.0000	0.0000	-0.1024	0.0945	0.0078	0.0000	0.0000	0.0000
$\hat{\beta}_{18}^k$	0.0466	0.0000	0.0000	0.3747	-0.3875	0.0127	0.0466	0.0000	0.0000
$\hat{\beta}_{19}^k$	0.0000	-0.3320	0.0000	-0.1223	-0.7787	0.9010	0.0000	-0.3320	0.4556
$\hat{\beta}_{20}^k$	0.0000	-0.1553	0.0000	0.0351	-0.0887	0.0536	0.0000	-0.1553	0.0000
$\hat{\beta}_{21}^k$	0.0000	-0.2152	0.0000	0.0108	-0.0835	0.0727	0.0000	0.0119	0.0000
$\hat{\beta}_{22}^k$	0.0000	0.0119	-0.0006	0.0001	0.0253	-0.0254	0.0000	0.0000	-0.0006
$\hat{\beta}_{23}^k$	-1.7632	0.0000	0.0794	-1.1607	0.4996	0.6610	-1.7632	0.0000	0.0794
$\hat{\beta}_{24}^k$	0.0000	0.0000	-0.0663	0.2020	0.1204	-0.3224	0.0000	0.0000	-0.0663

表 6.6　NVDA 数据集的系数估计

类别	LASSO			Ridge			ENet		
	$k=1$	$k=2$	$k=3$	$k=1$	$k=2$	$k=3$	$k=1$	$k=2$	$k=3$
$\hat{\beta}_0^k$	-1.1104	0.0488	1.0616	-2.0857	1.1448	0.9408	-1.3731	0.5519	0.8211
$\hat{\beta}_1^k$	0.0000	0.0000	0.0000	-2.0057	3.1855	-1.1797	0.0000	0.4237	0.0000
$\hat{\beta}_2^k$	0.0000	0.0000	0.0000	-2.0281	2.7738	-0.7457	0.0000	0.0000	0.0000
$\hat{\beta}_3^k$	0.0000	0.1663	0.0000	-2.1777	3.4745	-1.2968	0.0000	0.8997	0.0000
$\hat{\beta}_4^k$	0.0000	0.0000	0.0000	0.0515	-0.1099	0.0583	0.0000	0.0000	0.0000
$\hat{\beta}_5^k$	0.0000	0.0000	0.0000	0.0315	0.0292	-0.0608	0.0000	0.0000	0.0000
$\hat{\beta}_6^k$	0.0000	0.0000	0.0000	-0.0886	0.0474	0.0412	0.0000	0.0000	0.0000

续表

类别	LASSO			Ridge			ENet		
	$k=1$	$k=2$	$k=3$	$k=1$	$k=2$	$k=3$	$k=1$	$k=2$	$k=3$
$\hat{\beta}_7^k$	0.0000	0.0000	0.0000	−0.2201	0.1551	0.0650	0.0000	0.0000	0.0000
$\hat{\beta}_8^k$	19.2862	0.0000	−19.4472	17.6642	−0.1676	−17.4965	19.2649	0.0000	−19.1758
$\hat{\beta}_9^k$	−0.0425	0.0000	0.0000	−0.1847	0.0671	0.1175	−0.0808	0.0000	0.0000
$\hat{\beta}_{10}^k$	−0.0681	0.0000	0.0000	−0.1082	0.0504	0.0578	−0.0857	0.0000	0.0000
$\hat{\beta}_{11}^k$	0.0000	0.0000	0.0000	−0.0272	0.0346	−0.0074	0.0000	0.0000	0.0000
$\hat{\beta}_{12}^k$	0.0000	0.0000	0.0000	−0.0469	0.0226	0.0242	0.0000	0.0000	0.0000
$\hat{\beta}_{13}^k$	0.0000	0.0387	0.0000	−0.1273	0.1318	−0.0044	0.0000	0.0613	0.0000
$\hat{\beta}_{14}^k$	0.0000	0.0000	0.0000	0.1322	−0.0969	−0.0353	0.0000	0.0000	0.0000
$\hat{\beta}_{15}^k$	0.0000	0.0000	0.0000	−0.0157	0.0477	−0.0320	0.0000	0.0000	0.0000
$\hat{\beta}_{16}^k$	0.0000	0.0000	0.0000	0.0592	−0.0789	0.0196	0.0000	0.0000	0.0000
$\hat{\beta}_{17}^k$	0.0000	0.0000	0.0000	0.6095	−0.3607	−0.2488	0.0000	0.0000	0.0000
$\hat{\beta}_{18}^k$	0.0000	0.0000	0.0000	0.1087	−0.5145	0.4058	0.0000	0.0000	0.0000
$\hat{\beta}_{19}^k$	0.0000	0.0000	0.0000	4.2765	−7.1564	2.8799	0.0000	0.0000	0.0000
$\hat{\beta}_{20}^k$	0.0000	0.0000	0.0000	0.0018	−0.0116	0.0098	0.0000	0.0000	0.0000
$\hat{\beta}_{21}^k$	0.0000	−0.2878	0.0000	0.0394	−0.1051	0.0657	0.0000	−0.3218	0.0000
$\hat{\beta}_{22}^k$	0.0000	0.0000	0.0000	−0.0271	0.0345	−0.0073	0.0000	0.0000	0.0000
$\hat{\beta}_{23}^k$	0.0000	0.0000	59.8892	−11.9545	−53.1318	65.0864	0.0000	0.0000	68.8868
$\hat{\beta}_{24}^k$	0.0000	0.0000	0.0000	−15.3496	4.1358	11.2138	0.0000	0.0000	0.0000

表 6.7 FRC 数据集的系数估计

类别	LASSO			Ridge			ENet		
	$k=1$	$k=2$	$k=3$	$k=1$	$k=2$	$k=3$	$k=1$	$k=2$	$k=3$
$\hat{\beta}_0^k$	−0.2903	0.3199	−0.0295	−0.1265	0.2591	−0.1326	−0.3478	0.3894	−0.0415
$\hat{\beta}_1^k$	0.0000	0.0000	0.0000	0.0577	−0.1217	0.0639	0.0000	0.0000	0.0000
$\hat{\beta}_2^k$	0.0000	0.0000	0.0000	0.0977	−0.1907	0.0929	0.0000	0.0000	0.0000
$\hat{\beta}_3^k$	0.0000	0.0000	0.0000	0.0408	−0.0964	0.0555	0.0000	0.0000	0.0000
$\hat{\beta}_4^k$	0.0000	0.0180	0.0000	0.0271	−0.0099	−0.0172	0.0000	0.0000	0.0000
$\hat{\beta}_5^k$	0.0000	0.0000	0.0000	−0.0837	0.2113	−0.1276	0.0000	0.1755	0.0000
$\hat{\beta}_6^k$	0.0000	0.0000	0.0000	−0.0747	0.0424	0.0323	0.0000	0.0000	0.0000
$\hat{\beta}_7^k$	0.0000	0.0000	0.0000	−0.0893	0.0077	0.0816	−0.0271	0.0000	0.0000

续表

类别	LASSO			Ridge			ENet		
	$k=1$	$k=2$	$k=3$	$k=1$	$k=2$	$k=3$	$k=1$	$k=2$	$k=3$
$\hat{\beta}_8^k$	1.8635	0.0000	-2.4987	2.2474	0.1914	-2.4388	2.5829	0.0000	-0.3361
$\hat{\beta}_9^k$	0.0000	0.0000	0.1473	-0.1881	-0.1064	0.2945	-0.0734	0.0000	0.4542
$\hat{\beta}_{10}^k$	0.0000	0.0000	0.0000	0.0799	-0.1212	0.0412	0.0000	0.0000	0.0000
$\hat{\beta}_{11}^k$	0.0000	0.0297	0.0000	-0.0140	0.0537	-0.0397	0.0000	-0.0126	-0.0314
$\hat{\beta}_{12}^k$	0.0000	0.0000	0.0000	-0.0379	0.0046	0.0333	0.0000	0.0000	0.0000
$\hat{\beta}_{13}^k$	0.0000	0.0000	0.0000	-0.0543	0.0462	0.0080	0.0000	0.0000	0.0000
$\hat{\beta}_{14}^k$	0.0000	0.0000	0.0000	0.1146	-0.1009	-0.0037	0.0051	0.0000	0.0000
$\hat{\beta}_{15}^k$	0.0000	0.0000	0.0000	0.0494	-0.0271	-0.0223	0.0000	0.0000	0.0000
$\hat{\beta}_{16}^k$	0.0000	0.0000	0.0000	-0.0088	0.0139	-0.0051	0.0000	0.0000	0.0000
$\hat{\beta}_{17}^k$	0.0000	0.0000	0.0000	-0.0459	-0.0141	0.0601	0.0000	0.0000	0.0000
$\hat{\beta}_{18}^k$	0.0000	0.0000	0.0000	-0.2680	0.4098	-0.1418	-0.0712	0.0000	0.0000
$\hat{\beta}_{19}^k$	0.0000	0.0000	0.0000	0.2521	0.1172	-0.3693	0.0000	0.0000	0.0000
$\hat{\beta}_{20}^k$	0.0000	0.0000	0.0000	0.0344	-0.1295	0.0950	0.0000	-0.0130	0.0000
$\hat{\beta}_{21}^k$	0.0000	0.0000	0.0000	0.0444	-0.1213	0.0769	0.0062	-0.0026	0.0000
$\hat{\beta}_{22}^k$	0.0000	0.0000	0.0000	-0.0142	0.0541	-0.0399	0.0000	0.00281	-0.0001
$\hat{\beta}_{23}^k$	0.0000	0.0000	0.0000	-0.3448	-0.0429	0.3877	0.0000	0.0000	0.6492
$\hat{\beta}_{24}^k$	0.0000	0.0000	0.0000	-0.0331	-0.2770	0.3102	0.0000	0.0000	0.0501

表6.8至表6.10提供了BDX/NVDA/FRC三种数据集的三类混淆矩阵。

表6.8　　BDX数据集的三类混淆矩阵

惩罚函数	真实类	预测类			
		上涨($k=1$)	横盘($k=2$)	下跌($k=3$)	合计
LASSO	上涨($k=1$)	$V(1,1)=69$	$V(1,2)=15$	$V(1,3)=8$	$V(1,\cdot)=92$
	横盘($k=2$)	$V(2,1)=22$	$V(2,2)=42$	$V(2,3)=31$	$V(2,\cdot)=95$
	下跌($k=3$)	$V(3,1)=6$	$V(3,2)=19$	$V(3,3)=88$	$V(3,\cdot)=113$
	合计	$V(\cdot,1)=97$	$V(\cdot,2)=76$	$V(\cdot,3)=137$	
Ridge	上涨($k=1$)	$V(1,1)=68$	$V(1,2)=17$	$V(1,3)=7$	$V(1,\cdot)=92$
	横盘($k=2$)	$V(2,1)=22$	$V(2,2)=41$	$V(2,3)=32$	$V(2,\cdot)=95$
	下跌($k=3$)	$V(3,1)=7$	$V(3,2)=20$	$V(3,3)=86$	$V(3,\cdot)=113$
	合计	$V(\cdot,1)=97$	$V(\cdot,2)=78$	$V(\cdot,3)=125$	

续表

惩罚函数	真实类	预测类			
		上涨($k=1$)	横盘($k=2$)	下跌($k=3$)	合计
ENet	上涨($k=1$)	$V(1,1)=68$	$V(1,2)=16$	$V(1,3)=8$	$V(1,\cdot)=92$
	横盘($k=2$)	$V(2,1)=22$	$V(2,2)=46$	$V(2,3)=27$	$V(2,\cdot)=95$
	下跌($k=3$)	$V(3,1)=6$	$V(3,2)=20$	$V(3,3)=87$	$V(3,\cdot)=113$
	合计	$V(\cdot,1)=96$	$V(\cdot,2)=82$	$V(\cdot,3)=122$	

表 6.9　　NVDA 数据集的三类混淆矩阵

惩罚函数	真实类	预测类			
		上涨($k=1$)	横盘($k=2$)	下跌($k=3$)	合计
LASSO	上涨($k=1$)	$V(1,1)=76$	$V(1,2)=11$	$V(1,3)=15$	$V(1,\cdot)=102$
	横盘($k=2$)	$V(2,1)=32$	$V(2,2)=13$	$V(2,3)=38$	$V(2,\cdot)=83$
	下跌($k=3$)	$V(3,1)=12$	$V(3,2)=9$	$V(3,3)=94$	$V(3,\cdot)=115$
	合计	$V(\cdot,1)=120$	$V(\cdot,2)=33$	$V(\cdot,3)=147$	
Ridge	上涨($k=1$)	$V(1,1)=64$	$V(1,2)=19$	$V(1,3)=19$	$V(1,\cdot)=102$
	横盘($k=2$)	$V(2,1)=22$	$V(2,2)=25$	$V(2,3)=36$	$V(2,\cdot)=83$
	下跌($k=3$)	$V(3,1)=8$	$V(3,2)=19$	$V(3,3)=88$	$V(3,\cdot)=115$
	合计	$V(\cdot,1)=94$	$V(\cdot,2)=63$	$V(\cdot,3)=143$	
ENet	上涨($k=1$)	$V(1,1)=72$	$V(1,2)=15$	$V(1,3)=15$	$V(1,\cdot)=102$
	横盘($k=2$)	$V(2,1)=24$	$V(2,2)=23$	$V(2,3)=36$	$V(2,\cdot)=83$
	下跌($k=3$)	$V(3,1)=9$	$V(3,2)=15$	$V(3,3)=91$	$V(3,\cdot)=115$
	合计	$V(\cdot,1)=105$	$V(\cdot,2)=53$	$V(\cdot,3)=142$	

表 6.10　　FRC 数据集的三类混淆矩阵

惩罚函数	真实类	预测类			
		上涨($k=1$)	横盘($k=2$)	下跌($k=3$)	合计
LASSO	上涨($k=1$)	$V(1,1)=62$	$V(1,2)=21$	$V(1,3)=9$	$V(1,\cdot)=92$
	横盘($k=2$)	$V(2,1)=21$	$V(2,2)=49$	$V(2,3)=25$	$V(2,\cdot)=95$
	下跌($k=3$)	$V(3,1)=6$	$V(3,2)=21$	$V(3,3)=86$	$V(3,\cdot)=113$
	合计	$V(\cdot,1)=89$	$V(\cdot,2)=91$	$V(\cdot,3)=120$	

续表

惩罚函数	真实类	预测类			
		上涨($k=1$)	横盘($k=2$)	下跌($k=3$)	合计
Ridge	上涨($k=1$)	$V(1,1)=68$	$V(1,2)=17$	$V(1,3)=7$	$V(1,\cdot)=92$
	横盘($k=2$)	$V(2,1)=22$	$V(2,2)=40$	$V(2,3)=33$	$V(2,\cdot)=95$
	下跌($k=3$)	$V(3,1)=7$	$V(3,2)=20$	$V(3,3)=86$	$V(3,\cdot)=113$
	合计	$V(\cdot,1)=97$	$V(\cdot,2)=77$	$V(\cdot,3)=126$	
ENet	上涨($k=1$)	$V(1,1)=67$	$V(1,2)=17$	$V(1,3)=8$	$V(1,\cdot)=92$
	横盘($k=2$)	$V(2,1)=21$	$V(2,2)=45$	$V(2,3)=29$	$V(2,\cdot)=95$
	下跌($k=3$)	$V(3,1)=6$	$V(3,2)=19$	$V(3,3)=88$	$V(3,\cdot)=113$
	合计	$V(\cdot,1)=94$	$V(\cdot,2)=81$	$V(\cdot,3)=125$	

表 6.11 展示了三种数据集下六种方法（LASSO/Ridge/ENet/ANN/SVM/RF）的预测表现（Kappa/PDI/HUM/准确率）。

表 6.11　　三个数据集六种方法的预测表现

数据集	模型	Kappa	PDI	HUM	准确率
BDX	LASSO	0.4715	0.4633	0.5918	0.6533
	Ridge	0.4398	0.4351	0.5835	0.6333
	ENet	0.4621	0.4605	0.5909	0.6467
	ANN	0.3741	0.4077	0.4946	0.5867
	SVM	0.1472	0.1297	0.4834	0.4600
	RF	0.3610	0.4050	0.5766	0.5767
NVDA	LASSO	0.4134	0.3923	0.5237	0.6167
	Ridge	0.3718	0.3648	0.5317	0.5900
	ENet	0.4160	0.3837	0.5207	0.6200
	ANN	0.3311	0.3219	0.4299	0.5667
	SVM	0.2349	0.2218	0.3833	0.5133
	RF	0.2831	0.4841	0.3324	0.5267
FRC	LASSO	0.4908	0.4720	0.6218	0.6567
	Ridge	0.4658	0.4564	0.6280	0.6467
	ENet	0.4961	0.4783	0.6287	0.6667
	ANN	0.3236	0.3100	0.4791	0.5533
	SVM	0.2902	0.3122	0.4591	0.5267
	RF	0.3014	0.3444	0.5196	0.5300

图 6.16 至图 6.18 提供了三种数据集六种预测模型的 ROC 曲面动态。

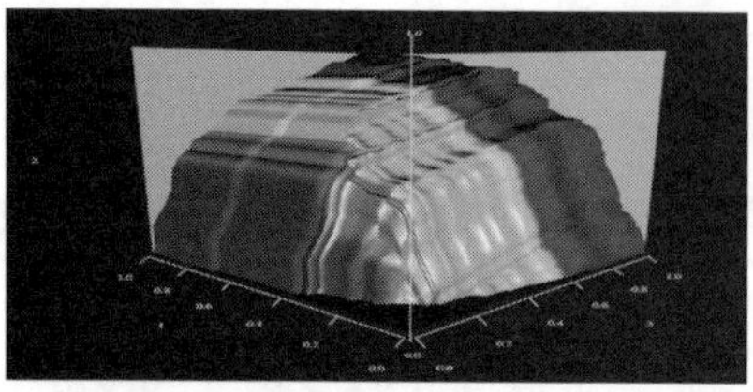

(a) LASSO

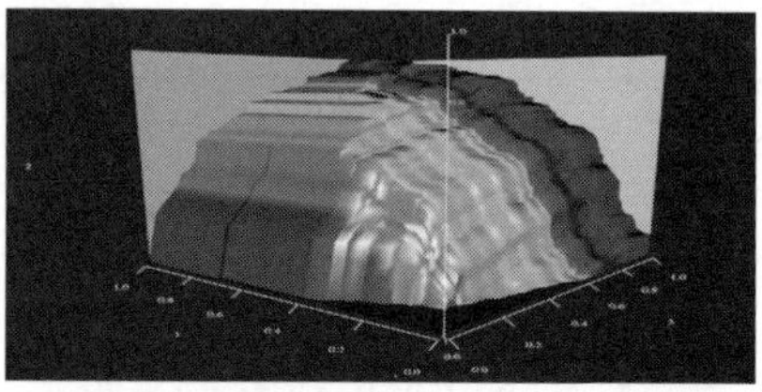

(b) Ridge

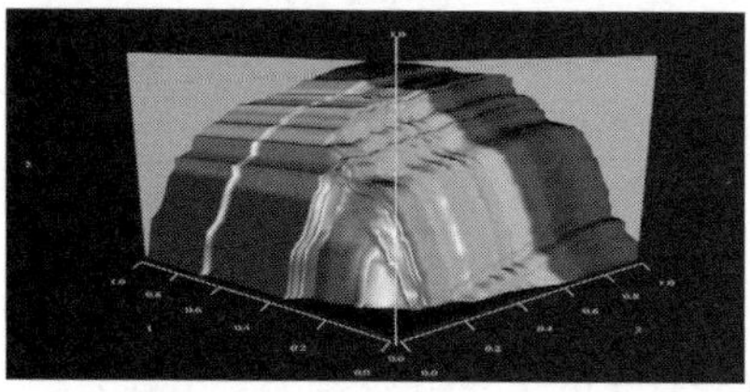

(c) ENet

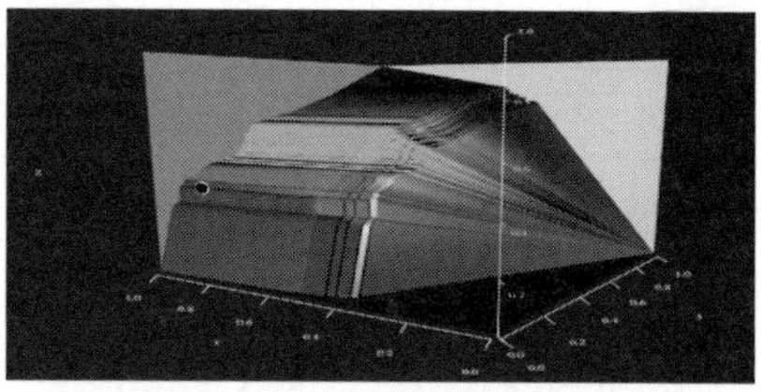

(d) ANN

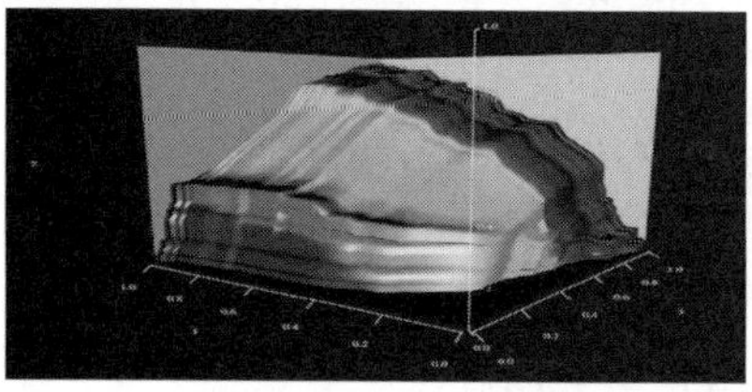

(e) SVM

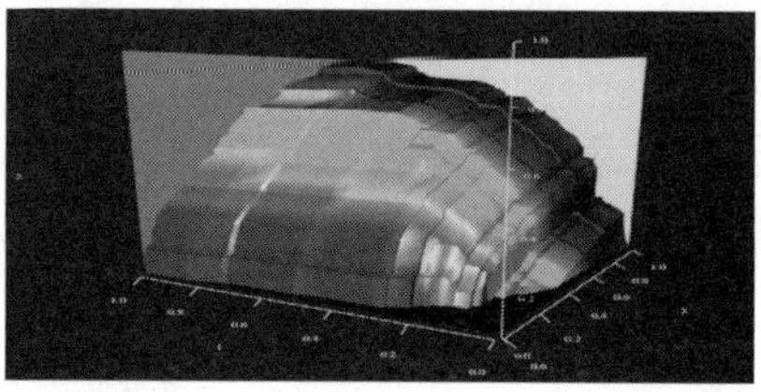

(f) RF

图 6.16 BDX 数据集六种预测模型的 ROC 曲面动态截图

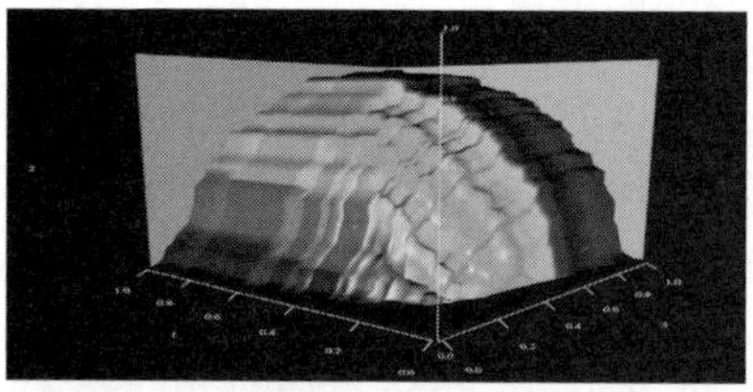

(a) LASSO

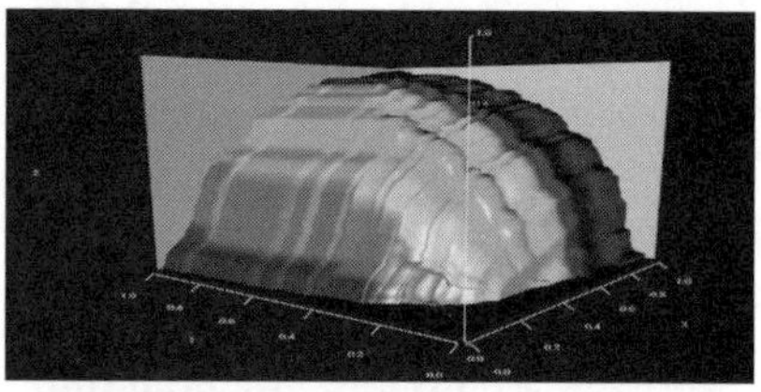

(b) Ridge

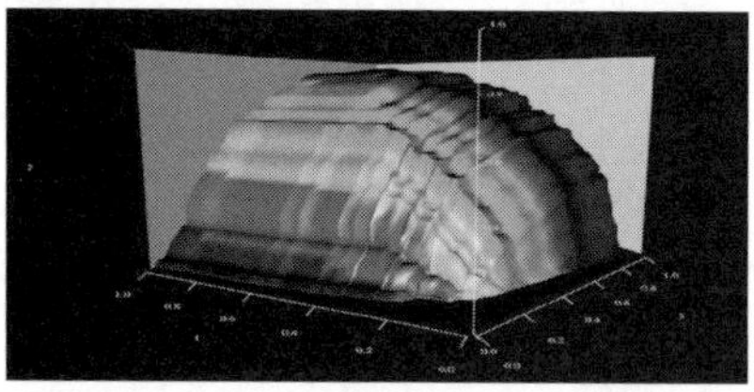

(c) ENet

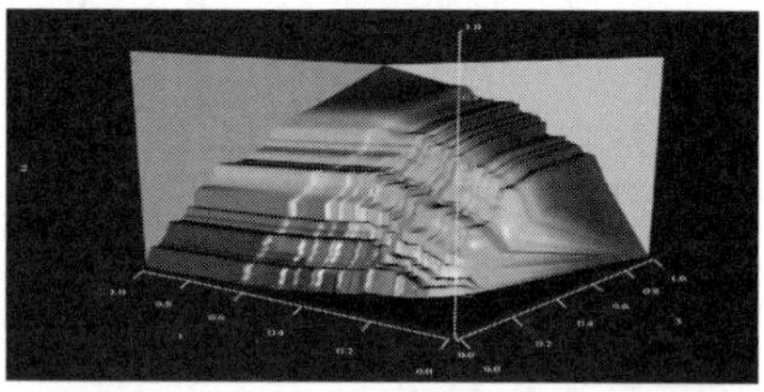

(d) ANN

(e) SVM

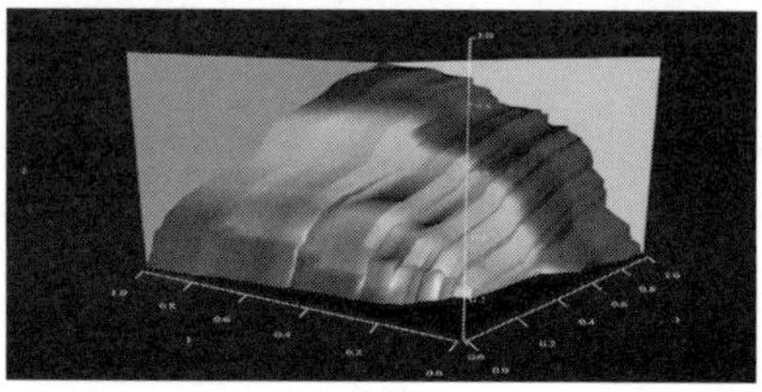

(f) RF

图 6.17 NVDA 数据集六种预测模型的 ROC 曲面动态截图

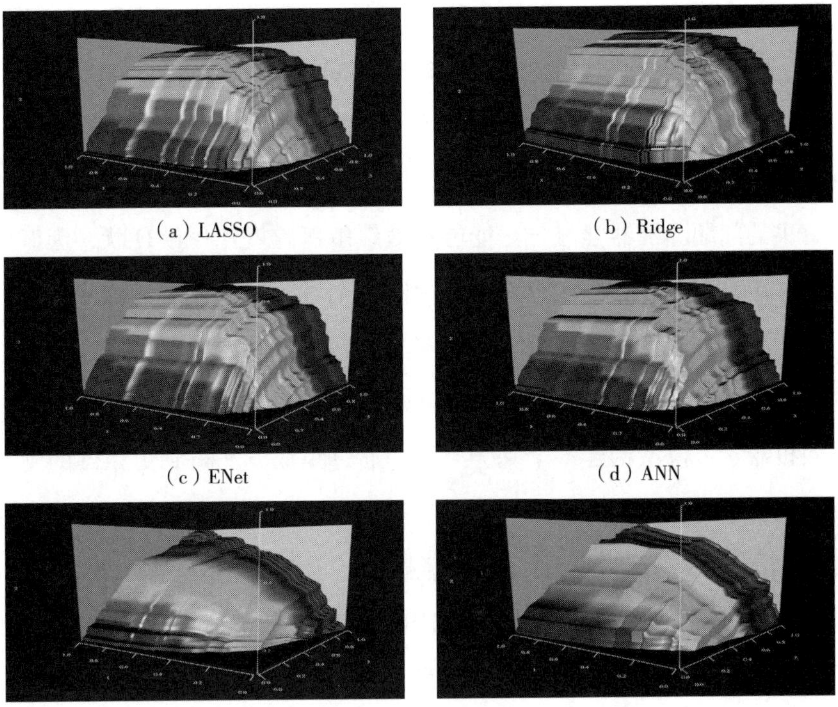

（a）LASSO （b）Ridge

（c）ENet （d）ANN

（e）SVM （f）RF

图 6.18 FRC 数据集六种预测模型的 ROC 曲面动态截图

6.6 三类分类方法在疾病诊断中的统计学习

6.6.1 绪论

丙型肝炎病毒（HCV）感染是慢性肝炎的主要成因，同时也是肝细胞癌（HCC）的重要诱发因素。肝癌是一种原发于肝脏的恶性肿瘤，根据世界卫生组织数据，肝癌患者数量在各类癌症中位居第五，致死率在各类癌症中位居第三。丙型肝炎病毒的感染具有持续性与长期性，在此过程中，感染者的肝部器官会随着时间推移不断纤维化，且诱发肝癌的风险逐步上升。通常情况下，需要使用电子计算机扫描（CT）与磁共振成像（MRI）技术对患者的丙型肝炎临床分期进行诊断，但是此方法成本较高，在经济较为落后的地区难以普及（Hafeez et al.，2011）。目前的研究表明，部分因素与 HCC 风险具有较强的相关性，包括人口统计学指标（如性别、年龄等）、感染指标（如血清 HCV 水平）和疾病相关指标（如甲胎蛋白水平、是否存在肝硬化等)。因此，可以利用统计学习方法，开发丙型肝炎的分期预测模型，降低检测成本并提高诊断效率（Kelleher et al.，2005)。

近年来，机器学习方法在各行业得到了广泛应用，例如安保系统、语音识别、图像处理以及文本分析等。在医学领域，医疗资源分配不均衡，疾病检测成本高是亟待解决的问题。机器学习方法能够有效缓解医疗资源短缺现状，为医生诊断提供辅助（Audureau et al.，2020)。常用的统计学习方法包括朴素贝叶斯、决策树、ANN、RF与SVM等。目前统计学习方法在糖尿病、中风、癌症与心脏病等疾病的诊断领域具有较为成熟的应用（Liao & Lee，2002)。例如，Liu等（2012）使用不同机器学习模型构建多个基分类器，通过集成方法得到更稳健的阿尔兹海默症诊断系统。Joshi和Chawan（2018）利用包含7项患者生理指标的糖尿病数据集与SVM、ANN和逻辑模型提出了预测方法，比较了预测表现，发现SVM预测性能最好。Rezaii、Walker和Wolff（2019）对患者日常语言中的特征进行提取，构建了基于语义密度的精神疾病检测模型，预测精度可达93%。Weston（2019）通过患者的医学影像数据，构建了基于卷积神经网络的腹部CT多脏器智能分割模型，且其分割精度优于人工分割。Vieira等（2020）使用机器学习方法和神经影像数据对精神疾病进行检测，评估了机器学习模型和深度学习模型在神经解剖学领域的可靠性。

由于生物医学领域的数据维度高、结构复杂，常规统计学习方法有时难以达到较高的预测性能，因此发展能够有效降低数据维度、消除数据噪声的高维数据统计学习方法在医学领域显得尤为重要（Huang & Breheny，2006)。胡雪梅和蒋慧凤（2021）比较了逻辑回归、SVM、ANN和基于五类统计指标的ARL的预测表现，发现逻辑回归预测表现最好。Jiang、Hu和Jia（2022）利用惩罚逻辑回归和机器学习方法研究了股票回报上涨和下跌的预测方法。Yang、Hu和Jiang（2022）提出具有24项技术指标的组LASSO/SCAD/MCP惩罚逻辑回归预测股票回报上涨和下跌情况。惩罚逻辑回归可进一步提高模型的拟合能力与预测精度。因此，下面采用惩罚三项logit模型预测丙型肝炎病毒的临床分期。

丙型肝炎病毒感染者的临床分期本质上是一个三类分类问题。本节选取了埃及艾因·夏姆斯大学的丙型肝炎感染者数据集，将患者的12项生理指标作为预测变量，将诊断结果（非丙肝：$Y=1$；丙型肝炎恶化阶段：$Y=2$；肝硬化阶段：$Y=$

3）作为三元响应变量。首先，将原始数据集的70%划分为训练集，30%划分为测试集。再使用训练集构建了LASSO/Ridge/ENet惩罚三项logit模型、ANN、SVM和RF等预测模型。最后，使用测试集和Kappa、PDI、HUM、准确率和ROC曲面评价六种模型的预测表现。发现LASSO/Ridge/ENet惩罚三项logit模型可以有效预测丙型肝炎临床分期三类分类问题，其预测表现优于ANN、SVM和RF。所提方法不仅能够有效降低检测成本，而且能为医生提供决策支持。

6.6.2　数据来源与预处理

数据集来源于UCI数据库，由艾因·夏姆斯大学提供，数据下载链接为https://archive.ics.uci.edu/ml/datasets/HCV+data。原始数据共包含608个样本，13个变量。第1列变量为患者的诊断结果（非丙肝：$Y=0$；丙型肝炎：$Y=1$；肝部纤维化：$Y=2$；肝硬化：$Y=3$）；第2列至第3列为患者的人口统计学变量；第4列至第13列为患者的医学检验变量。本节的数据预处理步骤如下：

（1）根据患者的诊断结果进行重新编码，由四类（非丙肝：$Y=0$；丙型肝炎：$Y=1$；肝部纤维化：$Y=2$；肝硬化：$Y=3$）转化为三类（非丙肝：$Y=1$；丙型肝炎恶化阶段：$Y=2$；肝硬化阶段：$Y=3$）。

（2）考虑到各变量间的量纲差异，对数据集中的12个预测变量进行标准化处理，再将70%的数据集分为训练集，用于学习模型，30%的数据集分为测试集，用于评估模型预测性能。下面引入LASSO/Ridge/ENet惩罚三项logit模型预测丙型肝炎临床三期：非丙肝、丙型肝炎恶化阶段和肝硬化阶段，使用Kappa、PDI、HUM和ROC曲面评价模型预测表现。先对数据集进行探索性分析，预测变量详情如表6.12所示。

表6.12　预测变量名称与说明

变量名称	变量解释
Age（年龄，X_1）	患者年龄
Gender（性别，X_2）	患者性别
ALB（白蛋白，X_3）	血清白蛋白测量值
ALP（碱性磷酸酶，X_4）	碱性磷酸酶测量值

续表

变量名称	变量解释
ALT（丙氨酸转氨酶，X_5）	丙氨酸转氨酶测量值
AST（天冬氨酸转氨酶，X_6）	天冬氨酸转氨酶测量值
BIL（胆红素，X_7）	胆红素含量，当肝细胞损伤时会引起 BIL 升高
CHE（胆碱酯酶，X_8）	胆碱酯酶含量，部分肝脏疾病会引起 CHE 降低
CHOL（胆固醇，X_9）	胆固醇测量值，CHOL 升高会引起患心血管疾病的风险增大
CREA（肌酐，X_{10}）	肌酐测量值，CREA 升高反映肾功能受损
GGT（谷氨酰转肽酶，X_{11}）	谷氨酰转肽酶测量值，GGT 升高时通常反映胆道梗阻或肝细胞严重受损
PROT（血清总蛋白，X_{12}）	血清总蛋白测量值，PROT 是反映肝脏合成功能的一项非常重要的指标

表 6.12 中 12 个预测变量存在相关关系，这里通过 ggcorrplot 包计算各变量间的相关系数并作数据可视化处理。图 6.19 表示预测变量的相关系数矩阵，而颜色深浅表示正负相关性强弱（黑色深浅表示正相关强弱，灰色深浅表示负相关强弱。1 表示黑色，正相关强；0 表示白色，不相关；-1 表示深灰色，负相关强）。观察图 6.19 可知，大部分预测变量间存在相关性，其中 ALT 与 PROT、CHOL 间具有较强的正相关；CHE 与 BIL 间存在较强的负相关。

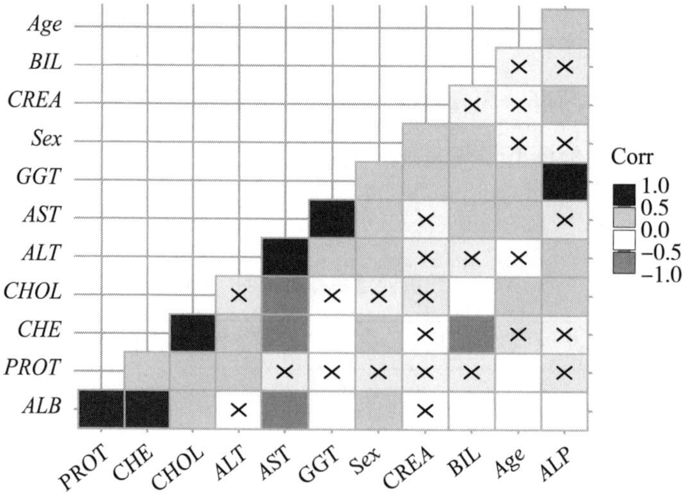

图 6.19 预测变量的相关系数矩阵

为了消除预测变量间的不同量纲，先对 12 个预测变量进行标准化处理。608 例患者中非丙肝患者 533 例，丙肝恶化期患者 45 例，肝硬化患者 30 例，样本分布不存在显著失衡的情况，详情如表 6. 13 所示。

表 6. 13　　三类样本的分布情况

临床分期	样本容量
非丙肝	533
丙型肝炎恶化期	45
肝硬化	30

6. 6. 3　模型估计

利用训练集分别建立 LASSO/ENet 惩罚三项 logit 模型，使用坐标下降算法得到模型估计量，调整参数 λ 控制惩罚力度。当 λ 增大时，更多的系数会被惩罚为 0；而对 Ridge 惩罚三项 logit 模型而言，系数只会被压缩，不会被惩罚为 0。图 6. 20 至图 6. 22 为三种惩罚方法的系数路径。

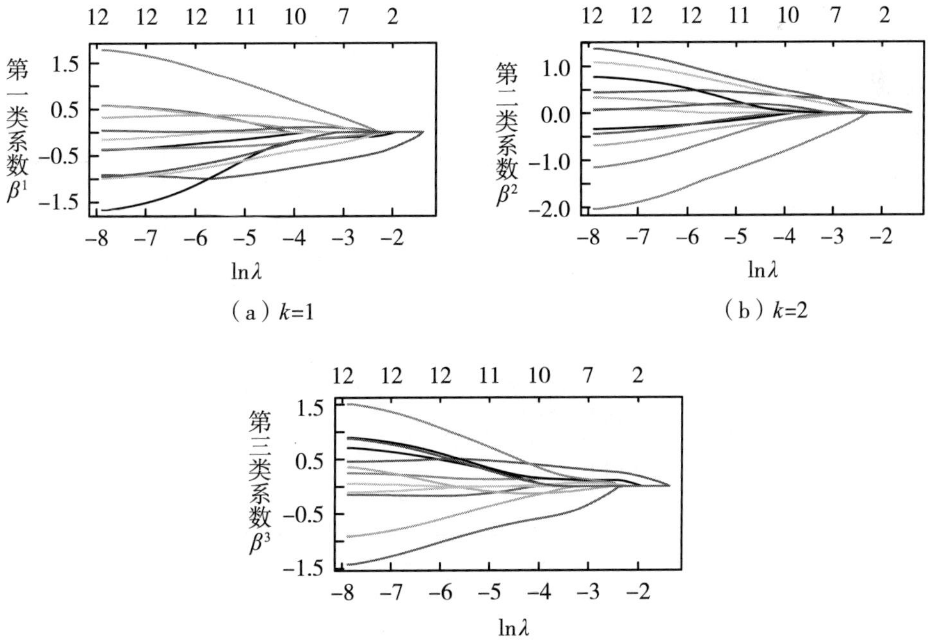

（a）k=1　　（b）k=2

（c）k=3

图 6. 20　LASSO 惩罚的三个类的系数路径

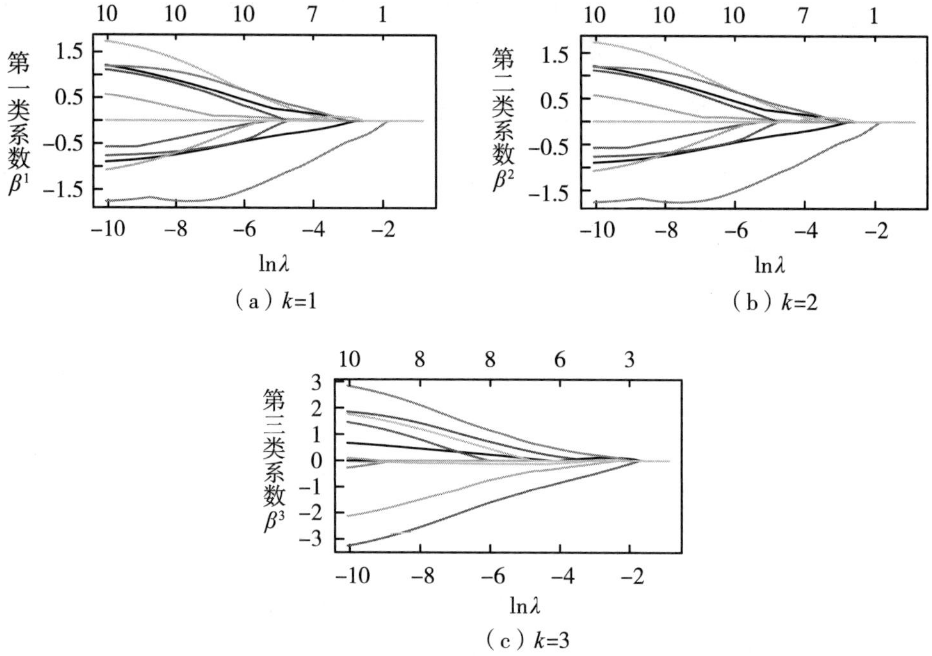

图 6.21　ENet 惩罚的三个类的系数路径

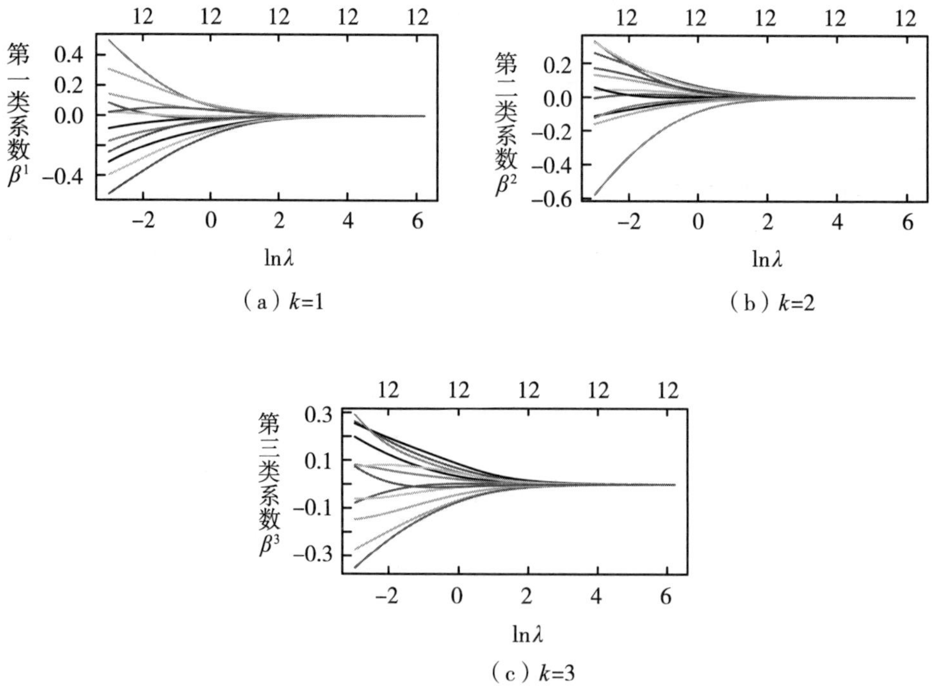

图 6.22　Ridge 惩罚的三个类的系数路径

由于参数 λ 能够控制模型对预测变量的惩罚力度，因此需要对模型进行参数调优。在训练集上，利用 12 个预测变量和响应变量建立惩罚三项 logit 模型，使用 10 折交叉验证方法选取相对最优的 λ 值。对每个 λ 值，黑点表示目标参量的均值，可建立目标参量的置信区间。两条虚线分别指示两个特殊 λ 值：一个是 *lambda*. min，即给出最小交叉核实误差的 λ 值；另一个是 *lambda*. 1se，即给出交叉核实误差最小值的 1 倍标准差范围的 λ 值，如图 6. 23 所示。利用 10 折交叉验证方法选取模型准确性较高的 λ 作为相对最优调整参数，如表 6. 14 所示。

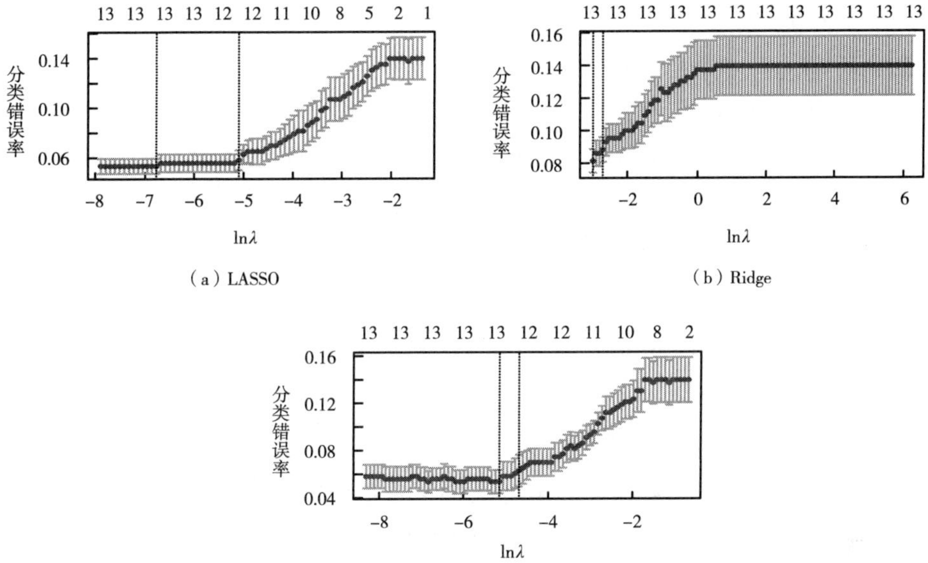

(a) LASSO (b) Ridge (c) ENet

图 6. 23 10 折交叉验证选取最优 λ 取值

表 6. 14 **10 折交叉验证选取的相对最优 λ**

惩罚函数	LASSO	Ridge	ENet
λ	-0. 0072	0. 0508	0. 0083

从表 6. 14 可观察到三种惩罚方法对应的相对最优 λ 有所不同。LASSO 惩罚方法和 ENet 惩罚方法对应的相对最优 λ 值接近，而 Ridge 惩罚对应的相对最优 λ 显著大于 LASSO/ENet 惩罚对应的相对最优 λ。这表明 Ridge 惩罚方法中各个系数会受到更大的惩罚。利用训练集数据和相对最优 λ 分别建立 LASSO/Ridge/ENet 惩罚三项 logit 模型。表 6. 15 为 LASSO/Ridge/ENet 惩罚三项 logit 模型的参数估计值。

表 6.15　　LASSO/Ridge/ENet 惩罚三项 logit 模型的参数估计值

参数	LASSO 惩罚			ENet 惩罚			Ridge 惩罚		
	第1类	第2类	第3类	第1类	第2类	第3类	第1类	第2类	第3类
$\hat{\beta}_0^k$	2.9120	-0.9976	-1.9144	5.4317	-2.1323	-3.2993	2.4302	-0.8060	-1.6241
$\hat{\beta}_1^k$	0.0000	0.0000	0.0000	-0.0044	0.2406	0.0000	-0.0428	0.0008	0.0420
$\hat{\beta}_2^k$	0.0838	0.0000	0.0000	0.9778	0.0000	-0.3872	0.0498	0.0309	-0.0807
$\hat{\beta}_3^k$	0.1867	0.0000	-0.2531	0.6239	0.0000	-1.6337	0.2107	0.0645	-0.2753
$\hat{\beta}_4^k$	0.2107	-1.1753	0.0000	1.3176	-2.9730	0.0000	0.2783	-0.3921	0.1137
$\hat{\beta}_5^k$	-0.0409	0.0000	0.0030	-0.9438	0.0000	0.4673	-0.1227	0.0632	0.0594
$\hat{\beta}_6^k$	-1.2995	0.0000	0.0000	-1.1437	0.0000	0.0266	-0.4854	0.2353	0.2501
$\hat{\beta}_7^k$	-0.6406	0.0000	0.0000	-2.437	0.2236	0.0000	-0.3147	0.0821	0.2325
$\hat{\beta}_8^k$	0.0000	0.4869	-1.1340	0.0000	1.7133	-2.3725	0.1189	0.3062	-0.4251
$\hat{\beta}_9^k$	0.7685	0.0000	0.0000	0.6994	-1.3179	0.0000	0.3367	-0.1634	-0.1733
$\hat{\beta}_{10}^k$	-0.0000	0.0000	0.5733	0.0000	-1.441	1.7367	-0.1513	-0.0865	0.2378
$\hat{\beta}_{11}^k$	-0.7303	0.4211	0.0000	-1.6016	1.2392	0.0000	-0.4083	0.2978	0.1105
$\hat{\beta}_{12}^k$	-0.6334	0.1675	0.0000	-1.7846	0.0000	0.0000	-0.2666	0.2541	0.0125

观察表 6.15 可知，LASSO 惩罚三项 logit 模型中保留的变量最少，Ridge 惩罚三项 logit 模型中保留了所有的变量。ENet 惩罚结合了 Ridge 惩罚与 LASSO 惩罚，模型中保留的变量数目介于二者之间。即 LASSO 惩罚方法能够最有效地降低模型复杂度，但可能损失较多信息；Ridge 不具备变量选择的能力，对于不重要变量，其回归系数依旧有 $\beta_j \neq 0$；ENet 惩罚方法同时具备 Ridge 惩罚与 LASSO 惩罚的特点。利用 10 折交叉验证选取的最优 λ 分别建立了 LASSO/Ridge/ENet 惩罚三项 logit 模型，并用于丙型肝炎的疾病预测。通过变量选择得到如下预测模型。

（1）LASSO 惩罚三项 logit 模型。

$$\hat{P}(Y=1 \mid X)=\frac{e^{Z_1}}{\sum_{k=1}^{3} e^{Z_k}},\hat{P}(Y=2 \mid X)=\frac{e^{Z_2}}{\sum_{k=1}^{3} e^{Z_k}},\hat{P}(Y=3 \mid X)=\frac{e^{Z_3}}{\sum_{k=1}^{3} e^{Z_k}}, \tag{6.6.46}$$

其中，$Z_1=2.9120+0.838X_2+0.1867X_3+0.2107X_4-0.0409X_5+1.2995X_6-$

$0.6406X_7+0.7685X_9-0.7303X_{11}-0.6334X_{12}$，

$Z_2 = -0.9976 - 1.1753X_4 + 0.4869X_8 + 0.4211X_{11} + 0.1675X_{12}$,

$Z_3 = -1.9144 - 0.2531X_3 - 1.1340X_8 + 0.5733X_{10}$.

（2） ENet 惩罚三项 logit 模型。

$$\hat{P}(Y=1\mid X)=\frac{e^{Z_1}}{\sum_{k=1}^{3}e^{Z_k}},\hat{P}(Y=2\mid X)=\frac{e^{Z_2}}{\sum_{k=1}^{3}e^{Z_k}},\hat{P}(Y=3\mid X)=\frac{e^{Z_3}}{\sum_{k=1}^{3}e^{Z_k}},\tag{6.6.47}$$

其中，$Z_1 = 5.4317 - 0.0044X_1 + 0.9778X_2 + 0.6239X_3 + 1.3176X_4 - 0.9438X_5 - 1.1437X_6 - 2.437X_7 + 0.6994X_9 - 1.6016X_{11} - 1.7846X_{12}$,

$Z_2 = -2.1323 - 0.2406X_1 - 2.9730X_4 + 0.2236X_7 + 1.7133X_8 - 1.3179X_9 - 1.441X_{10} + 1.2392X_{11}$,

$Z_3 = -3.2993 - 0.3872X_2 - 1.6337X_3 + 0.4673X_5 + 0.0266X_6 - 2.3725X_8 + 1.7367X_{10}$.

（3） Ridge 惩罚三项 logit 模型。

$$\hat{P}(Y=1\mid X)=\frac{e^{Z_1}}{\sum_{k=1}^{3}e^{Z_k}},\hat{P}(Y=2\mid X)=\frac{e^{Z_2}}{\sum_{k=1}^{3}e^{Z_k}},\hat{P}(Y=3\mid X)=\frac{e^{Z_3}}{\sum_{k=1}^{3}e^{Z_k}},\tag{6.6.48}$$

其中，$Z_1 = 2.4302 - 0.0428X_1 + 0.0498X_2 + 0.2107X_3 + 0.2783X_4 - 0.1227X_5 - 0.4854X_6 - 0.3147X_7 + 0.1189X_8 + 0.3367X_9 - 0.1513X_{10} - 0.4083X_{11} - 0.2666X_{12}$,

$Z_2 = -0.8060 - 0.0008X_1 + 0.0309X_2 + 0.0645X_3 - 0.3921X_4 + 0.0632X_5 - 0.2353X_6 + 0.0821X_7 + 0.3062X_8 - 0.1634X_9 - 0.0865X_{10} + 0.2978X_{11} + 0.2541X_{12}$,

$Z_3 = -1.6241 + 0.0420X_1 - 0.0807X_2 - 0.2753X_3 + 0.1137X_4 + 0.0594X_5 + 0.2501X_6 + 0.2325X_7 - 0.4251X_8 - 0.1733X_9 + 0.2378X_{10} + 0.1105X_{11} + 0.0125X_{12}$.

6.6.4　模型预测表现评价

前面使用训练集数据和坐标下降算法建立了 LASSO/Ridge/ENet 惩罚三项

logit 模型及其参数估计，下面研究不同模型的预测表现。

通过混淆矩阵表 6.16 计算三个类的特异度与灵敏度。除混淆矩阵之外，还使用 Kappa 系数、PDI、HUM、准确率和 ROC 曲面等指标评估 LASSO/Ridge/ENet 惩罚三项 logit 模型的预测性能，并与 ANN、SVM 和 RF 进行比较，详情如表 6.17 所示。图 6.24 展示了六种预测方法的 ROC 曲面动态截图。

表 6.16　　三类混淆矩阵

惩罚函数	真实类	预测类			
		非丙肝 ($k=1$)	丙肝恶化期 ($k=2$)	肝硬化 ($k=3$)	合计
LASSO	非丙肝($k=1$)	$V(1,1)=161$	$V(1,2)=6$	$V(1,3)=1$	$V(1,\cdot)=168$
	丙肝恶化期($k=2$)	$V(2,1)=6$	$V(2,2)=10$	$V(2,3)=1$	$V(2,\cdot)=17$
	肝硬化($k=3$)	$V(3,1)=1$	$V(3,2)=2$	$V(3,3)=2$	$V(3,\cdot)=5$
	合计	$V(\cdot,1)=168$	$V(\cdot,2)=18$	$V(\cdot,3)=4$	
Ridge	非丙肝($k=1$)	$V(1,1)=161$	$V(1,2)=0$	$V(1,3)=2$	$V(1,\cdot)=163$
	丙肝恶化期($k=2$)	$V(2,1)=12$	$V(2,2)=4$	$V(2,3)=1$	$V(2,\cdot)=17$
	肝硬化($k=3$)	$V(3,1)=1$	$V(3,2)=2$	$V(3,3)=2$	$V(3,\cdot)=5$
	合计	$V(\cdot,1)=174$	$V(\cdot,2)=6$	$V(\cdot,3)=5$	
		非丙肝 ($k=1$)	丙肝恶化期 ($k=2$)	肝硬化 ($k=3$)	合计
EN	非丙肝($k=1$)	$V(1,1)=163$	$V(1,2)=1$	$V(1,3)=0$	$V(1,\cdot)=165$
	丙肝恶化期($k=2$)	$V(2,1)=7$	$V(2,2)=5$	$V(2,3)=0$	$V(2,\cdot)=12$
	肝硬化($k=3$)	$V(3,1)=2$	$V(3,2)=1$	$V(3,3)=6$	$V(3,\cdot)=9$
	合计	$V(\cdot,1)=172$	$V(\cdot,2)=7$	$V(\cdot,3)=6$	

表 6.17　　六种方法的预测表现

模型	Kappa	PDI	HUM	准确率
LASSO	0.6928	0.5408	0.7706	0.9405
Ridge	0.4195	0.3456	0.8177	0.9027
ENet	0.6539	0.4737	0.9196	0.9405
ANN	0.4343	0.2424	0.3099	0.9027
SVM	0.2203	0.0588	0.7750	0.8973
RF	0.3109	0.3185	0.6522	0.8811

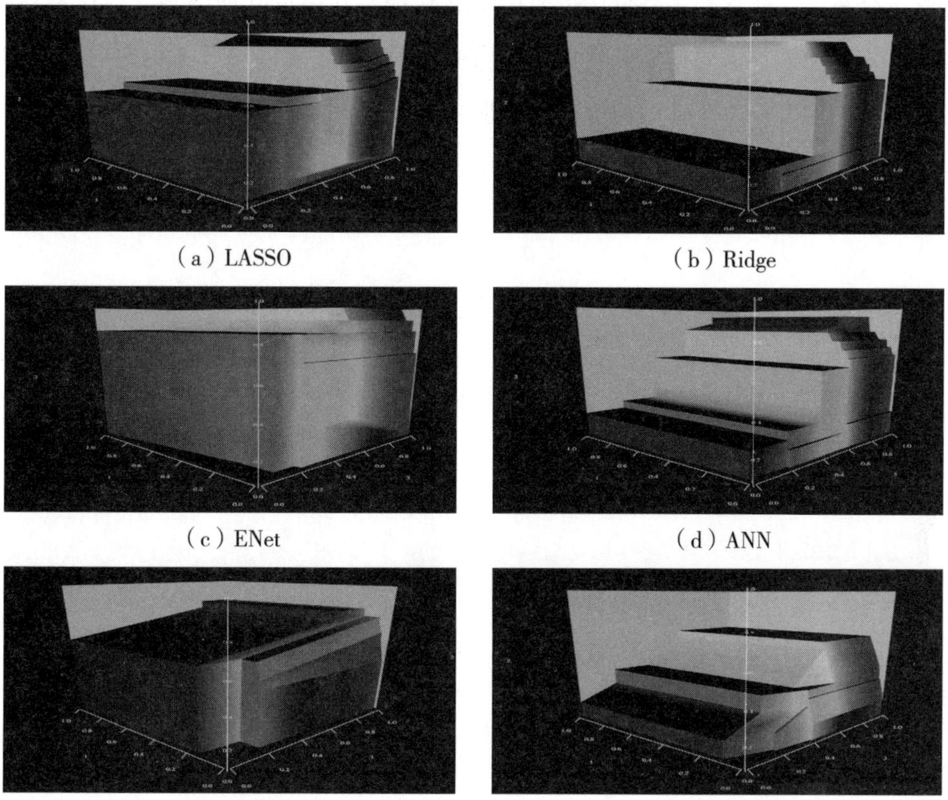

（a）LASSO　（b）Ridge

（c）ENet　（d）ANN

（e）SVM　（f）RF

图 6.24　六种预测方法的 ROC 曲面动态截图

6.7　结论与展望

本章重点介绍惩罚多项 logit 回归的 Ridge 估计和 Newton-Raphson 迭代估计方法、LASSO/Ridge/ENet 惩罚三项 logit 回归的坐标下降算法及其迭代加权估计方法，提出六种分类器：LASSO/Ridge/ENet 惩罚三项 logit 模型，以及 ANN、SVM 和 RF 预测三类分类问题，不仅结合技术指标提出了预测股价上涨、横盘和下跌三种运动的新方法，而且结合来自医学诊断数据的 12 个预测变量预测丙型肝炎病毒的临床分期（非丙肝、丙肝恶化期和肝硬化），还引入了五种指标评估六种方法的预测性能。为了提高预测精度，今后将发展组 LASSO/SCAD/MCP 惩罚三项 logit 模型，利用训练集建立组惩罚似然函数并转换加权最小二乘问题，发展组坐标下降算法，建立组 LASSO/SCAD/MCP 估计，利用贝叶斯分类器估计类指标和类概率，引入三类混淆矩阵、Kappa、PDI、HUM 和准确率等指标和 ROC 曲面评价预测精度，分析医学图像等分类问题。

第 7 章

四种惩罚泊松回归在生育意愿和区域创新中的统计学习研究

7.1 引言

惩罚函数不仅可以避免模型过拟合和多重共线性现象，而且可以提高模型预测精度。例如，Tibshirani（1996）提出了 LASSO 惩罚获得有偏参数估计量。Fan（1997）提出了 SCAD 惩罚避免不连续和偏差。Zhang（2010）提出了 MCP 惩罚。为了解非凸最优问题，Friedman、Hastie 和 Tibshirani（2007，2010）及 Breheny 和 Huang（2011，2015）提出了坐标下降算法，讨论了算法的收敛性质等。

泊松回归是建模计数数据的一种有效回归分析方法。随着数据维数的不断提高，惩罚泊松回归开始成为高维计数数据的重要回归分析方法。例如，在理论和算法方面，Hossain 和 Ahmed（2012）对泊松回归提出了模型参数向量的 Stein 型收缩估计，比较了 LASSO、自适应 LASSO 和 SCAD 的相对表现。Ivano、Picard 和 Rivoirard（2016）运用词库比对法和数据驱动权重估计了 LASSO 泊松回归和组 LASSO 惩罚泊松回归的强度函数。Chowdhury 等（2018）提出了一种具有组 L_1 惩罚的零膨胀泊松回归的混合似然估计，采用一种有效分组下降算法估计参数。Guastavino 和 Benvenuto（2018）利用 Kullback-Leibler 散度的全局二次逼近对稀疏泊松回归提出了一种渐近无偏自适应 L_1 惩罚估计。Jia、Xie 和 Xu（2019）对泊松回归引入加权得分函数，构造了一个类似于稀疏平方根 LASSO 的新惩罚函数，并证明了该惩罚具有 L_1 相合性。Choosawat 等（2020）研究了岭回归、LASSO 和自适应 LASSO 稀疏统计模型的预测表现。在实际应用方面，Tang、Xiang 和 Zhu（2014）将 EM（Expectation Maximum）算法与自适应 LASSO 惩罚相结合，研究了保险业风险因素的选择问题。Wang 等（2015）利用惩罚似然函数研究正则化零膨胀泊松回归模型，并开发了一种新的 EM 算法。Ollier 等（2021）使用惩罚泊松回归方法预测鼻咽癌化疗和放疗的总体生存率。Hu、Xu 和 Li（2023）基于惩罚泊松回归探讨了中国期望生育孩子数目与影响因素之间的关系研究。Li、Hu 和 Yang（2023）研究了惩罚泊松回归在区域创新中的统计预测研究。这里主要介绍惩罚泊松回归及其算法在生育意愿和区域创新中的统计学习研究。

本章其余部分结构如下：7.2 节介绍了惩罚泊松回归及其循环坐标下降算法；7.3 节利用惩罚泊松回归研究中国居民生育意愿问题；7.4 节利用惩罚泊松回归研究区域创新产出问题；7.5 节是总结和展望。

7.2 模型与算法

7.2.1 惩罚泊松回归

泊松回归是常用的计数模型，可以定义为

$$Y_i | X_i \sim \text{Poisson}(\mu_i),\ \mu_i = E(Y_i | X_i) = \exp(X_i^\top \bar{\beta}),\ i = 1, \cdots, n_1, \tag{7.2.1}$$

或

$$E(Y_i | X_i) = \exp(X_i^\top \bar{\beta}), \varepsilon_i = Y_i - E(Y_i | X_i), \tag{7.2.2}$$

其中，Y_i 是响应变量的第 i 个样本观察值，$X_i = (1, X_{i1}, X_{i2}, \cdots, X_{ip})^\top$ 为第 i 个预测向量，$\bar{\beta} = (\beta_0, \beta)^\top$ 由截距项 β_0 和 p 维参数向量 $\beta = (\beta_1, \cdots, \beta_p)^\top$ 构成，μ_i 为泊松变量 Y_i 给定 X_i 时的条件均值，n_1 为训练集的样本量，则泊松变量 Y_i 的条件概率密度函数为

$$P(Y_i = y_i | X_i) = \frac{\exp(-\exp(x_i^\top \bar{\beta})) \cdot \exp((x_i^\top \bar{\beta}) y_i)}{y_i!}, \tag{7.2.3}$$

其极大似然函数为

$$L(\bar{\beta})=\prod_{i=1}^{n_1}\frac{\exp(-\exp(x_i^\top\bar{\beta}))\cdot\exp((x_i^\top\bar{\beta})y_i)}{y_i!},\tag{7.2.4}$$

对数似然函数为

$$\ln(L(\bar{\beta}))=\sum_{i=1}^{n_1}[-\exp(x_i^\top\bar{\beta})+(x_i^\top\bar{\beta})y_i-\ln(y_i!)].\tag{7.2.5}$$

经验损失函数为

$$l(\bar{\beta})=\frac{1}{n_1}\sum_{i=1}^{n_1}[\exp(x_i^\top\bar{\beta})-(x_i^\top\bar{\beta})y_i].\tag{7.2.6}$$

关于 $\bar{\beta}$ 求导数并令它为0，得到得分（score）方程

$$g(\bar{\beta})=\frac{\partial\ln(L(\bar{\beta}))}{\partial\bar{\beta}}=\sum_{i=1}^{n_1}[y_i-\exp(x_i^\top\bar{\beta})]x_i=X^\top(Y-P)=0,\tag{7.2.7}$$

其中，$X=(x_1^\top,\cdots,x_{n_1}^\top)^\top$，$Y=(y_1,\cdots,y_{n_1})$，$P=(P_1=\exp(x_1^\top\bar{\beta}),\cdots,P_{n_1}=\exp(x_{n_1}^\top\bar{\beta}))$。令 $W_i=P_i=\exp(x_i^\top\bar{\beta})$ 和 $W=\mathrm{diag}(P_1,P_2,\cdots,P_{n_1})$，则海森矩阵

$$H(\bar{\beta})=\frac{\partial^2\ln(L(\bar{\beta}))}{\partial\bar{\beta}\cdot\partial\bar{\beta}^\top}=\sum_{i=1}^{n_1}[-\exp(x_i^\top\bar{\beta})x_ix_i^\top]=-X^\top WX\tag{7.2.8}$$

为负定且全局凸，满足 $\bar{\beta}$ 在二阶偏导下存在最大值的条件。同时式（7.2.7）关于 $\bar{\beta}$ 是非线性方程，可以利用迭代算法进行求解，这里采用 Newton-Raphson 算法求解

$$\hat{\bar{\beta}}(m+1)=\hat{\bar{\beta}}(m)-\left[H\left(\hat{\bar{\beta}}(m)\right)\right]^{-1}g\left(\hat{\bar{\beta}}(m)\right),\tag{7.2.9}$$

其中，m 代表第 m 次迭代。根据式（7.2.7）和式（7.2.8），式（7.2.9）可以改写为

$$\begin{aligned}\hat{\bar{\beta}}(m+1)&=\hat{\bar{\beta}}(m)+(X^\top\widetilde{W}X)^{-1}X^\top(Y-\widetilde{P})\\&=(X^\top\widetilde{W}X)^{-1}(X^\top\widetilde{W}X)\hat{\bar{\beta}}(m)+(X^\top\widetilde{W}X)^{-1}X^\top(Y-\widetilde{P})\\&=(X^\top\widetilde{W}X)^{-1}X^\top\widetilde{W}[X\hat{\bar{\beta}}(m)+\widetilde{W}^{-1}(Y-\widetilde{P})]:=(X^\top\widetilde{W}X)^{-1}X^\top\widetilde{W}\widetilde{Y},\end{aligned}\tag{7.2.10}$$

其中，$\widetilde{W}=\mathrm{diag}(\widetilde{P}_1,\widetilde{P}_2,\cdots,\widetilde{P}_{n_1})$，$\widetilde{P}=(\widetilde{P}_1,\cdots,\widetilde{P}_{n_1})$，$\widetilde{P}_i=\exp\left(x_i^\top\hat{\bar{\beta}}(m)\right)=\widetilde{W}_i$。通过求解加权最小二乘问题得到迭代估计

$$\hat{\bar{\beta}}\leftarrow\arg\min\{(\widetilde{Y}-X\bar{\beta})^\top\widetilde{W}(\widetilde{Y}-X\bar{\beta})\}. \tag{7.2.11}$$

因此，Newton-Raphson 算法可以转化为加权最小二乘法。对于高维或大维参数向量 $\bar{\beta}$，通常需要引入变量选择方法清除不相关预测变量，保留重要预测变量。一种有效方法是对泊松回归引入惩罚函数得到惩罚泊松回归，降低多重共线性关系和过拟合现象，通过收缩回归系数提高模型预测精度。惩罚泊松回归的对数似然函数为

$$Q(\beta;\lambda,\gamma)=l(\bar{\beta})+P(\beta;\lambda,\gamma), \tag{7.2.12}$$

其中，经验损失函数 $l(\bar{\beta})$ 由式（7.2.6）定义，$P(\beta;\lambda,\gamma)$ 表示以下四种惩罚函数：

a. Ridge 惩罚函数：$P_{L_2}(\beta;\lambda,\gamma)=\lambda\|\beta\|_2=\lambda\sum_{j=1}^{p}\beta_j^2$；

b. LASSO 惩罚函数：$P_{LASSO}(\beta;\lambda,\gamma)=\lambda|\beta|_1=\lambda\sum_{j=1}^{p}|\beta_j|$；

c. SCAD 惩罚函数：

$$P_{SCAD}(\beta_j;\lambda,\gamma)=\lambda\int_0^{|\beta_j|}\min\left\{1,\frac{(\lambda\gamma-x)_+}{\gamma-1}\right\}dx$$
$$=\begin{cases}\lambda|\beta_j|, \text{如果}|\beta_j|\leqslant\lambda,\lambda>0,\\ \dfrac{2\lambda\gamma|\beta_j|-(\beta_j^2+\lambda^2)}{2(\gamma-1)}, \text{如果}\lambda<|\beta_j|\leqslant\lambda\gamma,\\ \dfrac{\lambda^2(\gamma+1)}{2}, \text{如果}|\beta_j|>\lambda\gamma,\gamma\geqslant 2.\end{cases}$$

d. MCP 惩罚函数：

$$P_{MCP}(\beta_j;\lambda,\gamma)=\lambda\int_0^{|\beta_j|}\left(1-\frac{x}{\lambda\gamma}\right)_+dx=\begin{cases}\dfrac{2\lambda\gamma-\beta_j^2}{2\gamma}, \text{如果}|\beta_j|\leqslant\lambda,\lambda>0,\\ \dfrac{\lambda^2\gamma}{2}, \text{如果}|\beta_j|>\lambda,\gamma\geqslant 1.\end{cases}$$

根据 Fan 和 Li（2001），一个好的惩罚函数应该具有 Oracle 属性，即无偏性、稀疏性和连续性。表 7.1 列出了这四个惩罚函数的性质。LASSO 惩罚对所有变量赋予相同的惩罚力度，可能导致部分相关解释变量惩罚过度，产生有偏估计。

Ridge 惩罚缩小相关预测变量的回归系数，但不能将回归系数压缩到 0，不能达到变量选择的目的。而 SCAD 惩罚和 MCP 都具有 Oracle 属性。

表 7.1 **四种惩罚函数的性质**

惩罚函数	无偏性	稀疏性	连续性	Oracle 性质
Ridge	√	×	√	×
LASSO	×	√	√	×
SCAD	√	√	√	√
MCP	√	√	√	√

7.2.2 循环坐标下降算法

坐标下降法与局部线性/二次逼近算法相比，在求解惩罚线性或广义线性回归时具有以下优点：（1）对单个分量的优化具有单一的封闭解形式；（2）更新可以非常迅速地计算；（3）如果初始值离最优解不远，计算解的连续路径往往只需要几次迭代就能得到渐近最优解。对于高维回归，坐标下降算法更新速度快，大大减少了迭代次数，提高了计算速度。对于惩罚泊松回归，采用坐标下降算法进行计算

$$\hat{\beta}=\arg\min_{\beta}Q(\beta;\lambda,\gamma)=\arg\min_{\beta}\{l(\bar{\beta})+P(\beta;\lambda,\gamma)\}. \tag{7.2.13}$$

主要原理是固定其余分量更新值 β_l，$l\neq j$，对单个分量 β_j 求目标函数的最小值，在迭代遍历所有分量后收敛。迭代结果包含 $\lambda_{\max}$ 对应的 $\beta=0$ 到 $\lambda_{\min}$ 对应的参数系数 $\beta_j\neq 0, j=1,\cdots,p$。对于式（7.2.13），由于 $l(\bar{\beta})$ 和一阶偏导 $g(\bar{\beta})$ 均可微且非线性，因此 $\bar{\beta}$ 只能通过迭代算法求解，最大化无惩罚对数似然函数（7.2.5）的 Newton-Raphson 算法相当于迭代加权最小二乘算法。关于当前估计值 $\hat{\bar{\beta}}(m)$ 的对数似然函数 $l(\bar{\beta})$ 的泰勒展开式为

$$l(\bar{\beta})=l\left(\hat{\bar{\beta}}(m)\right)+\nabla l\left(\hat{\bar{\beta}}(m)\right)^{\top}\left(\bar{\beta}-\hat{\bar{\beta}}(m)\right)+$$
$$\frac{1}{2}\left(\bar{\beta}-\hat{\bar{\beta}}(m)\right)^{\top}\nabla^{2}l\left(\hat{\bar{\beta}}(m)\right)\left(\bar{\beta}-\hat{\bar{\beta}}(m)\right)$$

$$= l\left(\hat{\bar{\beta}}(m)\right) + \frac{1}{n_1}\sum_{i=1}^{n_1} x_i^\top\left(y_i - \tilde{P}_i\right)\left(\bar{\beta} - \hat{\bar{\beta}}(m)\right) -$$

$$\frac{1}{2n_1}\left(\bar{\beta} - \hat{\bar{\beta}}(m)\right)^\top \sum_{i=1}^{n_1} x_i x_i^\top \tilde{W}_I\left(\bar{\beta} - \hat{\bar{\beta}}(m)\right)$$

$$= l\left(\hat{\bar{\beta}}(m)\right) - \frac{1}{n_1}\sum_{i=1}^{n_1} \tilde{W}_i x_i^\top\left(\hat{\bar{\beta}}(m) - \bar{\beta}\right)\tilde{W}_i^{-1}\left(y_i - \tilde{P}_i\right) -$$

$$\frac{1}{2n_1}\sum_{i=1}^{n_1} \tilde{W}_i\left[x_i^\top\left(\bar{\beta} - \hat{\bar{\beta}}(m)\right)\right]^2$$

$$= -\frac{1}{2n_1}\sum_{i=1}^{n_1} \tilde{W}_i\left\{\left[x_i^\top\left(\hat{\bar{\beta}}(m) - \bar{\beta}\right)\right]^2 + 2x_i^\top\left(\hat{\bar{\beta}}(m) - \bar{\beta}\right)\tilde{W}_i^{-1}\left(y_i - \tilde{P}_i\right) +\right.$$

$$\left.\left[\tilde{W}_i^{-1}\left(y_i - \tilde{P}_i\right)\right]\right\}^2 + l\left(\hat{\bar{\beta}}(m)\right) + \frac{1}{2n_1}\sum_{i=1}^{n_1} \tilde{W}_i\left[\tilde{W}_i^{-1}\left(y_i - \tilde{P}_i\right)\right]^2$$

$$= -\frac{1}{2n_1}\sum_{i=1}^{n_1} \tilde{W}_i\left[x_i^\top\hat{\bar{\beta}}(m) + \tilde{W}_i^{-1}\left(y_i - \tilde{P}_i\right) - x_i^\top\bar{\beta}\right]^2 + l\left(\hat{\bar{\beta}}(m)\right) +$$

$$\frac{1}{2n_1}\sum_{i=1}^{n_1} \tilde{W}_i^{-1}\left(y_i - \tilde{P}_i\right)^2$$

$$= -\frac{1}{2n_1}\sum_{i=1}^{n_1} \tilde{W}_i\left(\tilde{Y}_i - x_i^\top\bar{\beta}\right)^2 + C\left(\hat{\bar{\beta}}(m)\right)\left(\tilde{Y}_i := x_i^\top\hat{\bar{\beta}}(m) + \tilde{W}_i^{-1}\left(y_i - \tilde{P}_i\right)\right)$$

$$= L_Q(\bar{\beta}),$$

其中，$l\left(\hat{\bar{\beta}}(m)\right) = \frac{1}{n_1}\sum_{i=1}^{n_1}\left[\exp\left(x_i^\top\hat{\bar{\beta}}(m)\right) - \left(x_i^\top\hat{\bar{\beta}}(m)\right)y_i\right]$ 和最后一项常数项

$$C\left(\hat{\bar{\beta}}(m)\right) = \frac{1}{n_1}\sum_{i=1}^{n_1}\left[\exp(x_i^\top\hat{\bar{\beta}}(m)) - \left(x_i^\top\hat{\bar{\beta}}(m)\right)y_i\right] + \frac{1}{2n_1}\sum_{i=1}^{n_1}\tilde{W}_i^{-1}\left(y_i - \tilde{P}_i\right)^2.$$

牛顿更新通过最小化 $L_Q(\bar{\beta})$ 得到。因此提出坐标下降算法来解决惩罚加权最小二乘问题

$$\hat{\bar{\beta}}^{\lambda,\gamma} = \arg\min_{\beta}\{L_Q(\bar{\beta}) + P(\beta;\lambda,\gamma)\}. \tag{7.2.14}$$

具体包括以下四个步骤。

步骤 1 截距项 β_0 的初值 $\hat{\beta}_0(0)$ 由 R 软件的穷举法获得，参数向量 $\beta = (\beta_1,\cdots,\beta_p)$ 的初值 $\hat{\beta}(0) = (\hat{\beta}_1(0),\cdots,\hat{\beta}_p(0))$ 通过以下步骤获取：对于 LASSO，$\left(\hat{\beta}_1(0),\cdots,\hat{\beta}_p(0)\right) = \hat{\beta}(0)(\lambda_{\max} = \lambda_1)$；

对于 SCAD, $\left(\hat{\beta}_1(0),\cdots,\hat{\beta}_p(0)\right)=\hat{\beta}(0)(\lambda_{\min}=\lambda_1,\gamma=3.8)$；对于 MCP,

$$\left(\hat{\beta}_1(0),\cdots,\hat{\beta}_p(0)\right)=\hat{\beta}(0)(\lambda_{\min}=\lambda_1,\gamma=3),$$

其中，$\lambda_{\min}$为预先指定的递增调优参数 $\Lambda=\{\lambda_1,\cdots,\lambda_L\},L=100$ 的最小值。计算

$$\widetilde{P}(0)=\left(\widetilde{P}_1(0),\cdots,\widetilde{P}_{n_1}(0)\right)^{\top},\widetilde{P}_i(0)=\exp\left(x_i^{\top}\hat{\hat{\beta}}_i(0)\right),$$

$$\widetilde{W}(0)=\mathrm{diag}\left(\widetilde{P}_1(0),\cdots,\widetilde{P}_{n_1}(0)\right),$$

并得到初始残差向量 $r(0)=(r_1(0),\cdots,r_{n_1}(0))^{\top},r_i(0)=y_i-\widetilde{P}_i(0)$.

步骤 2　第 $m+1$ 次迭代的第 $j(j=1,\cdots,p)$ 步，执行 A ~ C。

A. 令 $\hat{\hat{\beta}}(m)=\left(\hat{\beta}_0(m),\hat{\beta}^{\lambda,\gamma}(m)\right)^{\top}$为第 m 次迭代值。计算

$$\widetilde{P}(m)=\left(\widetilde{P}_1(m),\cdots,\widetilde{P}_{n_1}(m)\right)^{\top},\widetilde{P}_i(m)=\exp\left(x_i^{\top}\hat{\hat{\beta}}(m)\right),$$

$$\widetilde{W}(m)=\mathrm{diag}\left(\widetilde{P}_1(m),\cdots,\widetilde{P}_{n_1}(m)\right),$$

得到残差向量 $r(m)=(r_1(m),\cdots,r_{n_1}(m))^{\top}$，其中 $r_i(m)=y_i-\widetilde{P}_i(m)$。令 $x_{\cdot j}=(x_{1j},\cdots,x_{n_1 j})^{\top}$，计算

$$V_j(m)=x_{\cdot j}^{\top}\widetilde{W}(m)x_{\cdot j}/n_1, \tag{7.2.15}$$

$$Z_j(m)=x_{\cdot j}^{\top}\widetilde{W}(m)r(m)/n_1+V_j(m)\hat{\beta}_j^{\lambda,\gamma}(m). \tag{7.2.16}$$

B. 更新第 j 步参数变量 β_j。

a. 第 j 步 LASSO 估计为

$$\hat{\beta}_{j,LASSO}^{\lambda}(m+1)\longleftarrow\frac{S(Z_j(m),\lambda)}{V_j(m)}, \tag{7.2.17}$$

其中，软门限算子为 $S(Z_j(m),\lambda)=\mathrm{sign}(Z_j(m))(|Z_j(m)|-\lambda)_+$。

b. 第 j 步 SCAD 估计为

$$\hat{\beta}_{j,SCAD}^{\lambda,\gamma}(m+1)\longleftarrow\begin{cases}\dfrac{S(Z_j(m),\lambda)}{V_j(m)}, & \text{如果}|Z_j(m)|\leqslant\lambda(V_j(m)+1),\\ \dfrac{S\left(Z_j(m),\dfrac{\gamma\lambda}{\gamma-1}\right)}{V_j(m)-\dfrac{1}{\gamma-1}}, & \text{如果 }\lambda(V_j(m)+1)<|Z_j|\leqslant V_j(m)\lambda\gamma,\\ \dfrac{Z_j(m)}{V_j(m)}, & \text{如果}|Z_j(m)|>V_j(m)\lambda\gamma,\gamma>1/V_j(m).\end{cases}$$

(7.2.18)

c. 第 j 步 MCP 估计为

$$\hat{\beta}_{j,MCP}^{\lambda,\gamma}(m+1)\leftarrow\begin{cases}\dfrac{S(Z_j(m),\lambda)}{V_j(m)-\dfrac{1}{\gamma}}, & \text{如果}\,|Z_j(m)|\leqslant V_j(m)\lambda\gamma,\gamma>1+1/V_j(m),\\ \dfrac{S(Z_j(m),\lambda)}{V_j(m)}, & \text{如果}\,|Z_j(m)|>V_j(m)\lambda\gamma.\end{cases}\tag{7.2.19}$$

C. 更新 $\gamma(m+1)=\gamma(m)-x_j^{\top}[\hat{\beta}_j^{\lambda,\gamma}(m+1)-\hat{\beta}_j^{\lambda,\gamma}(m)]$.

步骤 3 更新 $m\leftarrow m+1$。

步骤 4 重复第 2 步和第 3 步直到收敛。

算法 1、算法 2 和算法 3 提供了利用循环坐标下降算法估计 LASSO/SCAD/MCP 惩罚泊松回归参数的具体伪代码。

7.2.3 10 折交叉验证算法

在本节中，首先设置 SCAD 惩罚泊松回归的 $\gamma=3.8$，MCP 泊松回归的 $\gamma=3$，然后应用 K 折交叉验证算法选择相对最优的调整参数 λ。K 折交叉验证的基本思想是将训练样本分成 K 个不相交的大小相等的子集 $\{S_k\}_{k=1}^{K}$，保留一个子集 $\{S_k\}$ 作为验证集,剩下的 $K-1$ 个子集 $\{S_k\}_{k\neq K}$ 作为训练集，然后重复交叉验证 K 次，使得 K 个子集均作为一次验证集。本章选择 $K=10$，$l=1$，…，L，$L=100$，调整参数 $\Lambda=\{\lambda_1,\cdots,\lambda_L\}$。因此 10 折交叉验证（$CV$）的预测误差为

$$CV(l)=\frac{1}{1467}\sum_{k=1}^{10}\left\{\sum_{i\in S_k}\left[y_i-\exp\left(x_i^{\top}\hat{\bar{\beta}}_{-S_k}^{\lambda_l,\gamma}\right)\right]^2\right\},\tag{7.2.20}$$

其中，$\hat{\bar{\beta}}_{-S_k}^{\lambda_l,\gamma}$ 为剔除第 k 个子样本 S_k 得到的参数估计。$CV(l)$ 越小，模型拟合越好，因此 $\hat{l}=\arg\min_{l} CV(l)$。最终根据所选的 $\hat{l}$，可以确定相对最优的调整参数 $\lambda_{\hat{l}}$。下面的算法 4 提供了关于如何应用 K 折交叉验证算法来选择最优调整参数 λ 的伪代码。

算法 1　LASSO 惩罚泊松回归的循环坐标下降算法

Require：训练集 $\{x_i = (x_{i,1}, x_{i,2}, \cdots, x_{i,p}), y_i\}_{i=1}^{n_1}$，逐步递增的调整参数 $\Lambda = \{\lambda_1, \cdots, \lambda_L\}$，给定容忍限 ε 和最大迭代次数 M。

1：初值 $\hat{\boldsymbol{\beta}}(0) = (\hat{\beta}_0(0), \hat{\beta}(0))$，其中截距项 $\hat{\beta}_0(0)$ 由 R 软件穷举法获得，$(\hat{\beta}_1(0), \cdots,$ $\hat{\beta}_p(0)) = \hat{\beta}_0(\lambda_{\min} = \lambda_1)$.

2：**for** 每个 $i \in \{1, 2, \cdots, n_1\}$, $m = 0, 1 \cdots$, **do**

3：　　**repeat**

4：　　　$\hat{\eta}_i \Leftarrow \hat{\beta}_0(m) + x_i^{\top} \hat{\beta}^{\lambda_l, \gamma}(m)$

5：　　　$\tilde{P}_i \Leftarrow \exp(\hat{\eta}_i)$

6：　　　$\tilde{P} \Leftarrow (\tilde{P}_1, \cdots, \tilde{P}_{n_1})$

7：　　　$\tilde{W} \Leftarrow \mathrm{diag}(\tilde{P}_1, \cdots, \tilde{P}_{n_1})$

8：　　　$\hat{\eta} \Leftarrow (\hat{\eta}_1, \cdots, \hat{\eta}_{n_1})$

9：　　　$Y \Leftarrow (y_1, \cdots, y_{n_1})$

10：　　$r \Leftarrow Y - \tilde{P}$

11：　　$\tilde{Y} \Leftarrow \hat{\eta} + r$

12：　　**while** 不收敛 **do**

13：　　　**for** 每个 $j \in \{1, 2, \cdots, p\}$，每个 $l \in \{L, L-1, \cdots, 1\}$, **do**

14：　　　　$v_j \Leftarrow x_{\cdot j}^{\top} \tilde{W} x_{\cdot j} / n$

15：　　　　$Z_j \Leftarrow \dfrac{1}{n} x_{\cdot j}^{\top} \tilde{W} \left(\tilde{Y} - x_{\cdot -j} \beta_{-j} \right)$

16：　　　　$\hat{\beta}_{j, LASSO}^{\lambda_l, \gamma}(m+1) \Leftarrow \dfrac{S(Z_j, \lambda_l)}{v_j}$

17：　　　　$r \Leftarrow r - x_{\cdot j}^{\top} \left(\hat{\beta}_j^{\lambda_l, \gamma}(m+1) - \hat{\beta}_j^{\lambda_l, \gamma}(m) \right)$

18：　　　**end for**

19：　　**end while**

20：　　**until** $\left\| \hat{\beta}^{\lambda_l, \gamma}(m+1) - \hat{\beta}^{\lambda_l, \gamma}(m) \right\|_2^2 \leqslant \varepsilon$ 或执行最大迭代次数 M

21：**end for**

Ensure：$\hat{\beta}^{\lambda_l, \gamma}$

算法 2　SCAD 惩罚泊松回归的循环坐标下降算法

Require：训练集 $\{x_i=(x_{i,1},x_{i,2},\cdots,x_{i,p}),y_i\}_{i=1}^{n1}$，逐步递增的调整参数 $\Lambda=\{\lambda_1,\cdots,\lambda_L\}$，$\gamma=3$，给定容忍限 ε 和最大迭代次数 M。

1：初值 $\hat{\hat{\beta}}(0)=(\hat{\beta}_0(0),\hat{\beta}(0))$，其中截距项 $\hat{\beta}_0(0)$ 由 R 软件穷举法获得，$(\hat{\beta}_1(0),\cdots,\hat{\beta}_p(0))=\hat{\beta}_0(\lambda_{\min}=\lambda_1,\gamma=3.8)$.

2：**for** 每个 $i\in\{1,2,\cdots,n_1\}$，$m=0,1\cdots$，**do**

3：　**repeat**

4：　　$\hat{\eta}_i\Leftarrow\hat{\beta}_0(m)+x_i^{\top}\hat{\beta}^{\lambda_l,\gamma}(m)$

5：　　$\widetilde{P}_i\Leftarrow\exp(\hat{\eta}_i)$

6：　　$\widetilde{P}\Leftarrow(\widetilde{P}_1,\cdots,\widetilde{P}_{n_1})$

7：　　$\widetilde{W}\Leftarrow\mathrm{diag}(\widetilde{P}_1,\cdots,\widetilde{P}_{n_1})$

8：　　$\hat{\eta}\Leftarrow(\hat{\eta}_1,\cdots,\hat{\eta}_{n_1})$

9：　　$Y\Leftarrow(y_1,\cdots,y_{n_1})$

10：　　$r\Leftarrow Y-\widetilde{P}$

11：　　$\widetilde{Y}\Leftarrow\hat{\eta}+r$

12：　　**while** 不收敛 **do**

13：　　　**for** 每个 $j\in\{1,2,\cdots,p\}$，每个 $l\in\{L,L-1,\cdots,1\}$，**do**

14：　　　　$v_j\Leftarrow x_{\cdot j}^{\top}\widetilde{W}x_{\cdot j}/n$

15：　　　　$Z_j\Leftarrow\frac{1}{n}x_{\cdot j}^{\top}\widetilde{W}(\widetilde{Y}-x_{\cdot -j}\beta_{-j})$

16：　　　　**if** $|Z_j|\leqslant\lambda_l(v_j+1)$ **then**

17：　　　　　$\hat{\beta}_{j,SCAD}^{\lambda_l,\gamma}(m+1)\Leftarrow\frac{S(Z_j,\lambda_l)}{v_j}$

18：　　　　**else if** $\lambda_l(v_j+1)<|Z_j|\leqslant v_j\lambda_l\gamma$ **then**

19：　　　　　$\hat{\beta}_{j,SCAD}^{\lambda_l,\gamma}(m+1)\Leftarrow\frac{S(Z_j,\gamma\lambda_l/(\gamma-1))}{V_j-1/(\gamma-1)}$

20：　　　　**else**

21：　　　　　$\hat{\beta}_{j,SCAD}^{\lambda_l,\gamma}(m+1)\Leftarrow\frac{Z_j}{v_j}$

22：　　　　**end if**

23：　　　　$r\Leftarrow r-x_{\cdot j}^{\top}\left(\hat{\beta}_j^{\lambda_l,\gamma}(m+1)-\hat{\beta}_j^{\lambda_l,\gamma}(m)\right)$

24：　　　**end for**

25：　　**end while**

26：　**until** $\|\hat{\beta}^{\lambda_l,\gamma}(m+1)-\hat{\beta}^{\lambda_l,\gamma}(m)\|_2^2\leqslant\varepsilon$ 或执行最大迭代次数 M

27：**end for**

Ensure：$\hat{\beta}^{\lambda_l,\gamma}$

算法3　MCP 惩罚泊松回归的循环坐标下降算法

Require：训练集 $\{x_i = (x_{i,1}, x_{i,2}, \cdots, x_{i,p}), y_i\}_{i=1}^{n_1}$，逐步递增的调整参数 $\Lambda = \{\lambda_1, \cdots, \lambda_L\}$，$\gamma = 3$，给定容忍限 ε 和最大迭代次数 M。

1：初值 $\hat{\hat{\beta}}(0) = (\hat{\beta}_0(0), \hat{\beta}(0))$，其中截距项 $\hat{\beta}_0(0)$ 由 R 软件穷举法获得，$(\hat{\beta}_1(0), \cdots,$
　　$\hat{\beta}_p(0)) = \hat{\beta}_0(\lambda_{\min} = \lambda_1, \gamma = 3)$。

2：**for** 每个 $i \in \{1, 2, \cdots, n_1\}, m = 0, 1 \cdots$，**do**

3：　**repeat**

4：　　$\hat{\eta}_i \Leftarrow \hat{\beta}_0(m) + x_i^\top \hat{\beta}^{\lambda, \gamma}(m)$

5：　　$\tilde{P}_i \Leftarrow \exp(\hat{\eta}_i)$

6：　　$\tilde{P} \Leftarrow (\tilde{P}_1, \cdots, \tilde{P}_{n_1})$

7：　　$\tilde{W} \Leftarrow \mathrm{diag}(\tilde{P}_1, \cdots, \tilde{P}_{n_1})$

8：　　$\hat{\eta} \Leftarrow (\hat{\eta}_1, \cdots, \hat{\eta}_{n_1})$

9：　　$Y \Leftarrow (y_1, \cdots, y_{n_1})$

10：　　$r \Leftarrow Y - \tilde{P}$

11：　　$\tilde{Y} \Leftarrow \hat{\eta} + r$

12：　　**while** 不收敛 **do**

13：　　　**for** 每个 $j \in \{1, 2, \cdots, p\}$，每个 $l \in \{L, L-1, \cdots, 1\}$，**do**

14：　　　　$v_j \Leftarrow x_{\cdot j}^\top \tilde{W} x_{\cdot j} / n$

15：　　　　$Z_j \Leftarrow \frac{1}{n} x_{\cdot j}^\top \tilde{W}(\tilde{Y} - x_{\cdot -j} \beta_{-j})$

16：　　　　**if** $|Z_j| \leq v_j \gamma \lambda_l$ **then**

17：　　　　　$\hat{\beta}_{j,MCP}^{\lambda_l, \gamma}(m+1) \Leftarrow \dfrac{S(Z_j, \lambda_l)}{v_j - 1/\gamma}$

18：　　　　**else**

19：　　　　　$\hat{\beta}_{j,MCP}^{\lambda_l, \gamma}(m+1) \Leftarrow \dfrac{S(Z_j, \lambda_l)}{v_j}$

20：　　　　**end if**

21：　　　　$r \Leftarrow r - x_{\cdot j}^\top \left(\hat{\beta}_j^{\lambda_l, \gamma}(m+1) - \hat{\beta}_j^{\lambda_l, \gamma}(m)\right)$

22：　　　**end for**

23：　　**end while**

24：　**until** $\left\| \hat{\beta}^{\lambda_l, \gamma}(m+1) - \hat{\beta}^{\lambda_l, \gamma}(m) \right\|_2^2 \leq \varepsilon$ 或执行最大迭代次数 M

25：**end for**

Ensure：$\hat{\beta}^{\lambda_l, \gamma}$

算法 4 K 折交叉验证算法选择最优调整参数 $\boldsymbol{\lambda}$

1：准备候选模型$\{Q_l\}_{l=1}^{L}$和递增的调整参数 $\Lambda=\{\lambda_1,\cdots,\lambda_L\}$，其中 $Q_l:=Q_l(\beta;\lambda,\gamma)=l(\bar{\beta})+P(\beta;\lambda_l,\gamma)$是第 l 个调整参数值 λ_l 对应的第 l 个模型。

2：训练集分成 K 个不相交的大小相等的子集$\{S_k\}_{k=1}^{K}$。

3：**for** 每一个候选模型 Q_l，**do**

4： **for** 每次 $k=1$，…，K，**do**

5：   剔除子集 S_k 后，得到$\{Q_l, l\neq k\}$的参数估计 $\hat{\bar{\beta}}_{-S_k}^{\lambda_l,\gamma}$.

6：   计算第 k 次交叉验证的预测误差

$$CV^{(k)}(l)=\frac{1}{|S_k|}\sum_{i\in S_k}\left[y_i-\exp\left(x_i^{\top}\hat{\bar{\beta}}_{-S_k}^{\lambda_l,\gamma}\right)\right]^2,$$

其中$|S_k|$表示 S_k 中的元素个数。

7： **end for**

8： 计算所有 K 次交叉验证的预测误差

$$CV(l)=\frac{1}{K}\sum_{k=1}^{K}CV^{(k)}(l)=\frac{1}{n_1}\sum_{k=1}^{K}\left\{\sum_{i\in S_k}\left[y_i-\exp\left(x_i^{\top}\hat{\bar{\beta}}_{-S_k}^{\lambda_l,\gamma}\right)\right]^2\right\}$$

其中 $n_1=K|S_k|$是训练集样本容量。

9：**end for**

10：最小化交叉验证的预测误差 $CV(l)$，并得到

$$\hat{l}=\arg\min_{l} CV(l)$$

以及最终模型 $Q_{\hat{l}}$。

11：从选择模型 $Q_{\hat{l}}$得到最优调整参数 $\lambda_{\hat{l}}$

7.3 惩罚泊松回归预测中国居民生育意愿

7.3.1 绪论

在过去 40 多年，人口红利极大地推动了中国经济的快速发展，参见 Cai (2010) 相关研究。国家统计局发布的统计数据显示，2010～2015 年出生率稳定在大约 12‰，2015 年的“二孩”政策导致 2016 年出生率增加到 12.95‰，之后开始下降到 2019 年 10.48‰的最低水平。显然，2015 年的“二孩”政策只带来了出生

率的短期上升，如图 7.1 所示。此外，图 7.1 还显示了中国人口发展状况，处于工作年龄的人数从 2013 年开始逐年减少，人口红利的拐点已出现。因此，中国必须优化人口结构，增加劳动力供给，缓解老龄化压力，促进经济发展。

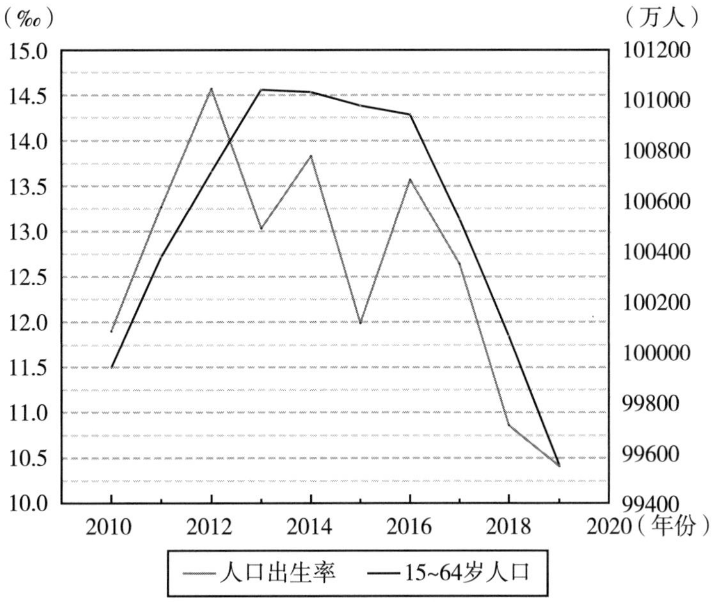

图 7.1　2010～2019 年中国人口出生率和 15～64 岁人口

虽然对于中国是否已经陷入“低生育率陷阱”仍有争议，但中国已经进入了一个低生育率时期已形成共识，一个主要原因是育龄人口的生育意愿降低。生育意愿是指个体对生育行为的态度、看法、理想生育数量等（Siegers，1987；Jiang，Li & Sánchez-Barricarte，2016）。理想生育数量是决定生育率的一个关键因素。正确分析影响低生育意愿的因素有助于激励中国实施“三孩”政策。生育意愿受生育成本与收益、父母受教育程度、主观幸福感、工作与就业等诸多因素影响。Morgan 和 King（2001）认为极低的生育率在国家经济发展中不是不可避免的，在低生育率地区，地方政府可以出台公共政策和潜在的纠正措施以提高生育率。Kana（2010）发现发展中国家的大多数妇女希望至少有一个孩子。Chen、Zhang 和 Wang（2019）证实了生育福利对中国家庭生育意愿的影响更大。Hu 和 Chiang（2021）研究发现非经济价值、经济资源和性别偏好是台湾年轻人低生育率的重要因素。

一般认为，女性受教育程度与生育意愿显著负相关（Miranda，2008；Behrman，2015），女性受教育程度的普遍提高将导致整个社会生育率的下降（Choe & Retherford，2009）。Berrington 和 Pattaro（2013）研究了父母对子女教育的期望、父母自身的早期教育背景和童年教育能力对生育意愿的影响，认为教育差异最终通过生育意愿的中介作用影响生育行为。Kodzi、Johnson 和 Casterline（2012）分析了个人生育意愿的决定因素，认为生育意愿还会受到过去生育能力、社会经济环境和未来福利的影响。Tiefenthaler（2001）认为非工作收入与生育意愿显著负相关，证明女性非工作收入对生育意愿的负向影响显著高于男性。Fang、Eggleston 和 Rizzo（2013）研究了中国女性就业对生育意愿的影响，发现就业降低了女性的生育意愿，非农就业一直是女性生育意愿的主要负面影响因素。Perelli-Harris（2006）认为俄罗斯人的生育意愿受到主观幸福感的强烈影响。Vignoli、Mencarini 和 Alderotti（2020）认为主观幸福感低导致生育意愿低。其他影响生育意愿的因素还包括母亲社会地位（Mcquillan，Greil & Shreffler，2015）、祖父母潜在的养育服务（Ji，Chen & Yong，2015）、性别（Duvander，Fahlén & Brandén，2019）等。

7.3.2 变量与样本

选择中国综合社会调查（Chinese General Social Survey，CGSS）2017 年问卷调查数据作为样本，排除异常值和不适用、未知、拒绝回答的样本，最终筛选出 1956 份问卷调查数据作为样本。以中国居民的生育意愿作为响应变量，其样本值为 CGSS 2017 问卷调查中 A37 问题“如果没有政策限制，你想要几个孩子”的答案，答案是每个个体预期男孩和预期女孩的总数。为了探究影响个体生育意愿的相关因素，这里不仅考虑个体受教育程度、身心健康状况、工作经济状况、情绪状况等个体的异质性因素，也从每个家庭的整体经济状况和家庭成员的规模等家庭异质性来分析这些因素。表 7.2 和表 7.3 列出了选择的响应变量、40 个预测变量及其描述性统计量。

表 7.2　　变量描述

变量	类型	问卷号	变量描述
Y	离散	A37	希望拥有几个孩子
X_1	离散	A2	性别（0：女；1：男）
X_2	连续	A3	年龄
X_3	离散	A37a	上过小学（0：否；1：是）
X_4	离散	A37a	上过中学（0：否；1：是）
X_5	离散	A37a	受过高等教育（0：否；1：是）
X_6	离散	A37a	上过研究生（0：否；1：是）
X_7	连续	A8a	个人去年（2016 年）全年总收入
X_8	连续	A11	现在居房的套内建筑面积（平方米）
X_9	离散	A12	房产所有权（1：自己；2：配偶；3：子女，4：其他人）
X_{10}	离散	A12b	总共拥有几处房产（包括与他人共同拥有）
X_{11}	离散	A15	目前身体健康状况（0：不健康；1：健康）
X_{12}	离散	A285	是否经常使用互联网（0：否；1：是）
X_{13}	离散	D23	是否经常有休闲活动（0：否；1：是）
X_{14}	离散	A31	是否经常社交（0：否；1：是）
X_{15}	离散	A35	对社会公平评价（-2：不公平；-1：较不公平；0：一般；1：较公平；2：公平）
X_{16}	离散	A36	是否幸福（-2：不幸福；-1：较不幸福；0：一般；1：较幸福；2：幸福）
X_{17}	离散	A38	对婚前性行为看法（0：没对错；1：大多不对；2：总不对）
X_{18}	离散	A39	对婚外性行为看法（-2：完全对；-1：有时对；0：没对错；1：大多不对；2：总不对）
X_{19}	离散	A40	对同性性行为看法（-2：完全对；-1：有时对；0：没对错；1：大多不对；2：总不对）
X_{20}	离散	A41	认为养老是否主要由政府负责（0：否；1：是）
X_{21}	离散	A41	认为养老是否主要由子女负责（0：否；1：是）
X_{22}	离散	A41	认为养老是否主要由老人负责（0：是；1：政府/子女/老人责任均摊）
X_{23}	离散	A43	对自身所处社会等级判断（“10 分”代表最顶层，“1 分”代表最底层）
X_{24}	离散	A47	是否认可政府干预生育（-2：同意；-1：较同意；0：无所谓；1：较不同意；2：不同意）

续表

变量	类型	问卷号	变量描述
X_{25}	离散	A58	目前是否务农（0：否；1：是）
X_{26}	离散	A58	目前是否有工作（0：否；1：是）
X_{27}	离散	A59a	是否是老板（0：否；1：是）
X_{28}	离散	A59a	是否有固定雇主（0：否；1：是）
X_{29}	离散	A59a	是否有固定工资（0：否；1：是）
X_{30}	离散	A61	是否参加基本保险（0：否；1：是）
X_{31}	离散	A61	是否参加商业保险（0：否；1：是）
X_{32}	连续	A62	2016 年全年家庭总收入
X_{33}	离散	A63	所在家庭目前居住人口数
X_{34}	离散	A65	所在家庭拥有房产数
X_{35}	离散	A66	是否有家用小汽车（0：否；1：是）
X_{36}	离散	A67	所在家庭是否有投资（0：否；1：是）
X_{37}	离散	A68	目前拥有子女数
X_{38}	离散	A69	目前有无合法配偶（0：否；1：是）
X_{39}	连续	D37	家庭 2016 年总支出
X_{40}	离散	D41	幸福感评分（0 分最低，10 分最高）

表 7.3　　描述性统计量（$N=1956$）

变量	均值	方差	中位数	绝对中位差	最大值	最小值
Y	2	1	2	0	10	0
X_1	0.4801	0.2497	0	0	1	0
X_2	51.7172	271.1737	52	13	101	18
X_3	0.8696	0.1134	1	0	1	0
X_4	0.6293	0.2333	1	0	1	0
X_5	0.1589	0.1337	0	1	1	0
X_6	0.0071	0.0071	0	1	1	0
X_7	33816.7249	4287476069.6839	20000	18500	1000000	0
X_8	117.1257	9022.1713	96	34	1200	7
X_9	1.0097	0.3768	1	0	4	0
X_{10}	0.7183	0.4469	1	0	8	0

续表

变量	均值	方差	中位数	绝对中位差	最大值	最小值
X_{11}	0.5311	0.2491	1	0	1	0
X_{12}	0.4125	0.2424	0	0	1	0
X_{13}	0.9166	0.0764	1	0	1	0
X_{14}	0.2556	0.1903	0	0	1	0
X_{15}	0.1533	1.1467	1	1	2	-2
X_{16}	0.8650	0.7572	1	0	2	-2
X_{17}	0.9974	1.4122	2	1	2	-2
X_{18}	1.7520	0.4014	2	0	2	-2
X_{19}	1.5598	0.7774	2	0	2	-2
X_{20}	0.1876	0.1525	0	0	1	0
X_{21}	0.7071	0.2072	1	0	1	0
X_{22}	0.1053	0.0942	0	0	1	0
X_{23}	4.1242	3.0551	4	1	10	1
X_{24}	-0.2852	1.4275	-1	1	2	-2
X_{25}	0.1963	0.1578	0	0	1	0
X_{26}	0.4437	0.2469	0	0	1	0
X_{27}	0.0787	0.0725	0	0	1	0
X_{28}	0.2269	0.1755	0	0	1	0
X_{29}	0.0541	0.0512	0	0	1	0
X_{30}	0.9391	0.0571	1	0	1	0
X_{31}	0.1196	0.1053	0	0	1	0
X_{32}	82779.2065	107372357214.531	50000	30000	9990998	0
X_{33}	2.7699	1.9859	2	1	11	1
X_{34}	1.1078	0.4861	1	0	11	0
X_{35}	0.2627	0.1938	0	0	1	0
X_{36}	0.0843	0.0772	0	0	1	0
X_{37}	1.7193	1.5421	2	1	12	0
X_{38}	0.7638	0.1804	1	0	1	0
X_{39}	126389.7234	3531499524775.66	2200	13600	49999985	100
X_{40}	6.7531	3.6223	7	1	10	0

7.3.3 参数估计

采用 R 包 glmnet 和 ncvreg 以及坐标下降算法同时完成了四种惩罚泊松回归的变量选择和参数估计。表 7.4 列出了四种惩罚泊松回归的参数估计。

表 7.4　　四种惩罚泊松回归的参数估计

参数估计	LASSO	Ridge	SCAD	MCP
$\hat{\beta}_0^{\lambda,\gamma}$	0.7422	0.7447	0.7407	0.7396
$\hat{\beta}_1^{\lambda,\gamma}$		-0.0005		
$\hat{\beta}_2^{\lambda,\gamma}$	0.1137	0.0777	0.1319	0.1327
$\hat{\beta}_3^{\lambda,\gamma}$	-0.0306	-0.0311	-0.0384	-0.0445
$\hat{\beta}_4^{\lambda,\gamma}$	-0.0237	-0.0267	-0.0074	-0.0025
$\hat{\beta}_5^{\lambda,\gamma}$		-0.0018		
$\hat{\beta}_6^{\lambda,\gamma}$		-0.0011		
$\hat{\beta}_7^{\lambda,\gamma}$	-0.0264	-0.0274	-0.017	-0.0228
$\hat{\beta}_8^{\lambda,\gamma}$	0.0351	0.03101	0.0449	0.0444
$\hat{\beta}_9^{\lambda,\gamma}$		0.00371		
$\hat{\beta}_{10}^{\lambda,\gamma}$		0.00147		
$\hat{\beta}_{11}^{\lambda,\gamma}$		-0.0045		
$\hat{\beta}_{12}^{\lambda,\gamma}$		-0.0164		
$\hat{\beta}_{13}^{\lambda,\gamma}$	-0.0024	-0.0109		
$\hat{\beta}_{14}^{\lambda,\gamma}$		-0.0013		
$\hat{\beta}_{15}^{\lambda,\gamma}$		0.0013		
$\hat{\beta}_{16}^{\lambda,\gamma}$	0.0193	0.0246	0.0112	0.0156
$\hat{\beta}_{17}^{\lambda,\gamma}$		0.0094		
$\hat{\beta}_{18}^{\lambda,\gamma}$		0.0071		
$\hat{\beta}_{19}^{\lambda,\gamma}$		0.0005		
$\hat{\beta}_{20}^{\lambda,\gamma}$		-0.0103		
$\hat{\beta}_{21}^{\lambda,\gamma}$	0.0264	0.0129	0.0341	0.03964
$\hat{\beta}_{22}^{\lambda,\gamma}$		-0.0061		
$\hat{\beta}_{23}^{\lambda,\gamma}$		0.0041		

续表

参数估计	LASSO	Ridge	SCAD	MCP
$\hat{\beta}_{24}^{\lambda,\gamma}$	-0.0094	-0.0152	-0.0026	-0.0019
$\hat{\beta}_{25}^{\lambda,\gamma}$		0.0084		
$\hat{\beta}_{26}^{\lambda,\gamma}$		-0.0031		
$\hat{\beta}_{27}^{\lambda,\gamma}$		-0.0023		
$\hat{\beta}_{28}^{\lambda,\gamma}$		-0.0006		
$\hat{\beta}_{29}^{\lambda,\gamma}$		-0.0036		
$\hat{\beta}_{30}^{\lambda,\gamma}$		0.0013		
$\hat{\beta}_{31}^{\lambda,\gamma}$		-0.0053		
$\hat{\beta}_{32}^{\lambda,\gamma}$		-0.0052		
$\hat{\beta}_{33}^{\lambda,\gamma}$		-0.0085		
$\hat{\beta}_{34}^{\lambda,\gamma}$	0.0193	0.0214	0.0154	0.0211
$\hat{\beta}_{35}^{\lambda,\gamma}$		0.0095		
$\hat{\beta}_{36}^{\lambda,\gamma}$	-0.0032	-0.0133		
$\hat{\beta}_{37}^{\lambda,\gamma}$		-0.0044		
$\hat{\beta}_{38}^{\lambda,\gamma}$	-0.0223	-0.0251	-0.01899	-0.0257
$\hat{\beta}_{39}^{\lambda,\gamma}$		0.0407		
$\hat{\beta}_{40}^{\lambda,\gamma}$	0.0007	0.0091		

从表 7.4 观察到 LASSO 惩罚泊松回归选择了 13 个变量：X_2、X_3、X_4、X_7、X_8、X_{13}、X_{16}、X_{21}、X_{24}、X_{34}、X_{36}、X_{38}和 X_{40}；Ridge 惩罚泊松回归保留了所有变量：$X_1 \sim X_{40}$；SCAD/MCP 惩罚泊松回归选择 10 个相同变量：X_2、X_3、X_4、X_7、X_8、X_{16}、X_{21}、X_{24}、X_{34}和 X_{38}。首先，虽然 LASSO 惩罚泊松回归可以有效地降低模型复杂度，但它仍然可能保留一些不重要变量，如 X_{13}、X_{36}和 X_{40}。其次，SCAD/MCP 惩罚泊松回归的大多数系数估计被压缩到 0。因此，这些变量：X_1、X_5、X_6、X_9、X_{10}、X_{11}、X_{12}、X_{13}、X_{14}、X_{15}、X_{17}、X_{18}、X_{19}、X_{20}、X_{22}、X_{23}、X_{25}、X_{26}、X_{27}、X_{28}、X_{29}、X_{30}、X_{31}、X_{32}、X_{33}、X_{35}、X_{36}、X_{37}、X_{39}、X_{40}未被 LASSO/SCAD/MCP 惩罚泊松回归选择。与 SCAD/MCP 惩罚泊松回归相比，LASSO 惩罚泊松回归多选择了三个变量：X_{13}（个人是否经常进行休闲活动）、X_{36}（家庭是否有投资）和 X_{40}（个人幸福得分）。这些较小的估计系数表明三个变量（X_{13}、X_{36}和 X_{40}）对理想子女数的影响有限。最后，通过 SCAD/MCP 惩罚泊松回归观察所选的 10 个变量，发

现这些估计系数很大，与 Ridge 惩罚泊松回归的估计系数相似。因此，所选的 10 个变量对理想子女数有较大影响。

图 7.2(a)(b)(c)(d)分别代表 LASSO/Ridge/SCAD/MCP 惩罚泊松回归的系数路径图，其中不同曲线代表不同变量，(a)(b)横坐标为 $\ln\lambda$ 且(c)(d)横坐标为 λ，纵坐标为系数估计值 $\hat{\beta}^{\lambda,\gamma}$。在(a)(b)的 $\ln\lambda$ 递增过程中或(c)(d)的 λ 递减过程中，一些系数估计 $\hat{\beta}^{\lambda,\gamma}$ 迅速压缩至 0，实现了变量选择。但 Ridge 惩罚只在右端值为 0，不能实现变量选择。

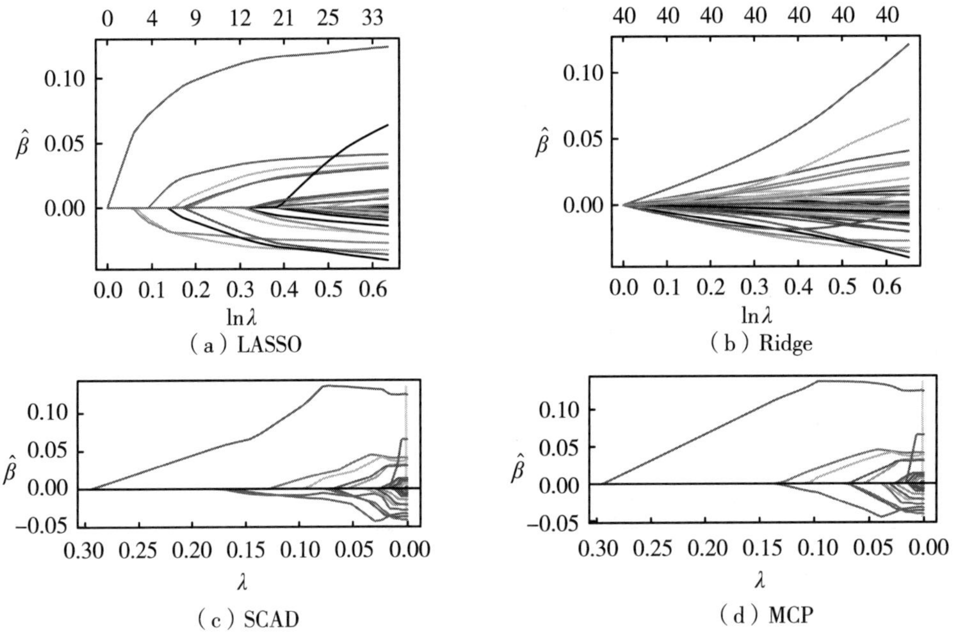

图 7.2　四种惩罚泊松回归的系数路径

图 7.3(a)(b)(c)(d)分别为 LASSO/Ridge/SCAD/MCP 惩罚泊松回归交叉验证误差曲线。横坐标为 $\ln\lambda$，纵坐标为估计的均方预测误差。左边垂直线对应于均方误差最小时的 $\ln\lambda$，右边垂直线对应 1 倍标准误差时的 $\ln\lambda$。虚线上方的数字表示模型选择的变量数目。

表 7.5 列出了四种惩罚泊松回归选取最优 λ 情况。

表 7.5　最优阈值

惩罚函数	LASSO	Ridge	SCAD	MCP
最优 λ	0.0239	0.7657	0.0339	0.0363

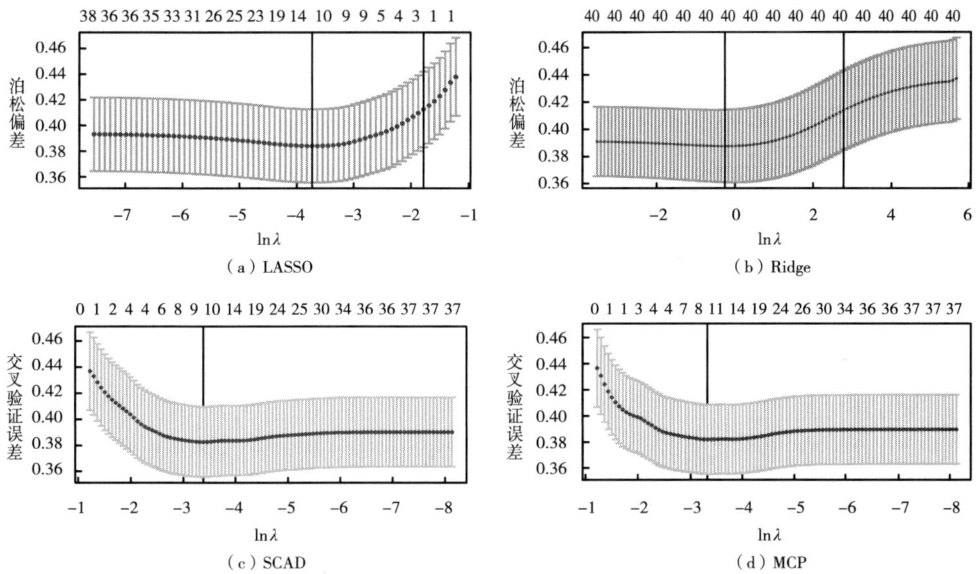

图 7.3 四种惩罚泊松回归的交叉验证误差曲线

为了评价四个惩罚泊松回归的拟合优度，应用三个信息标准：

（1）$R^2_{adjusted} = 1 - \dfrac{\sum_{i=1}^{n_1}(y_i - \hat{y}_i)^2/(n_1 - k - 1)}{\sum_{i=1}^{n_1}(y_i - \bar{y})^2/(n_1 - 1)}$；

（2）$BIC = k\ln(n_1) + n_1\ln(RSS/n_1)$；

（3）$AIC = 2k + n_1\ln(RSS/n_1)$。

其中，k 是参数个数，$n_1 = 1467$ 是训练集的样本容量，$\hat{y}_i$ 为训练集的预测值，y_i 为训练集的真实值，$\bar{y}_i$ 为训练集的均值，RSS 是残差平方和。表 7.6 列出了四种惩罚泊松回归在训练集的拟合优度。

表 7.6　　训练集的拟合优度

准则	LASSO	Ridge	SCAD	MCP
$R^2_{adjusted}$	0.1125	0.0883	0.1184	0.1077
AIC	175.6211	209.5560	176.2442	152.6488
BIC	265.5677	421.1950	250.3178	210.8495

如表 7.6 所示，在 BIC 方面，MCP 泊松回归表现最好，其次是 SCAD 惩罚泊松回归和 LASSO 惩罚泊松回归，Ridge 惩罚泊松回归表现最差。在 AIC/BIC 方面，Ridge 惩罚泊松回归的拟合优度低于其他三种惩罚泊松回归，而 MCP 泊松回

归的拟合优度最高。在 AIC 和 $R^2_{adjusted}$ 方面，结论略有不同，但 MCP 泊松回归优于其他三种惩罚泊松回归。

7.3.4 预测性能

为了评估四种惩罚泊松回归的预测性能，应用表 7.4 中的参数估计来预测 y_i，$i=n_1+1,\cdots,n_1+n_2$。将预测值四舍五入后，选择以下三个指标对预测性能进行评价：

$$MSE(\text{均方误差}) = \frac{1}{n_2}\sum_{i=n_1+1}^{n_1+n_2}(y_i - \hat{y}_i)^2, \tag{7.3.21}$$

$$MAE(\text{平均绝对误差}) = \frac{1}{n_2}\sum_{i=n_1+1}^{n_1+n_2}| y_i - \hat{y}_i |, \tag{7.3.22}$$

$$SMAPE(\text{平均绝对百分比误差}) = \frac{1}{n_2}\sum_{i=n_1+1}^{n_1+n_2}\frac{| \hat{y}_i - y_i |}{(| \hat{y}_i | + | y_i |)/2}. \tag{7.3.23}$$

其中，$n_2=489$ 为测试集的样本量，$\hat{y}_i$ 是真实值 y_i，$i=n_1+1$，…，n_1+n_2 的预测值。如果预测值 $\hat{y}_i$ 与实际值 y_i 完全一致，则 $MSE=0$，$MAE=0$ 且 $SMAPE=0$。表 7.7 列出了四种惩罚泊松回归在测试集上的预测表现。

表 7.7　四种惩罚泊松回归的 MSE/MAE/SMAPE

准则	LASSO	Ridge	SCAD	MCP
MSE	0.9304	0.9713	0.9202	0.9182
MAE	0.5461	0.5541	0.5419	0.5398
SMAPE	0.2687	0.2688	0.2659	0.2655

表 7.7 结果显示，MCP 泊松回归表现最好，其次是 SCAD 惩罚泊松回归和 LASSO 惩罚泊松回归，Ridge 惩罚泊松回归表现最差。

7.4 惩罚泊松回归预测区域创新产出

7.4.1 绪论

随着全球信息化的发展和知识经济时代的到来，全球化的市场体系在激烈的竞争中一直处于不断变化的状态，创新已成为区域竞争优势的主要来源。作为世界上最大的新兴经济体，中国经济正从高速发展向高质量发展转变，经济增长方式和增长势头正在发生转变。创新驱动发展战略提出以来，中国一直把提高创新能力作为提高经济发展质量的重要举措。国家统计局数据显示，2011～2020年，中国专利授权量从960513件增至3639000件，增长近三倍。中国专利授权量年均增长27.89%，如图7.4所示。中国区域创新产出的迅速崛起引起了部分人士的特别关注。因此，了解区域创新产出的影响因素进行预测具有重要意义。

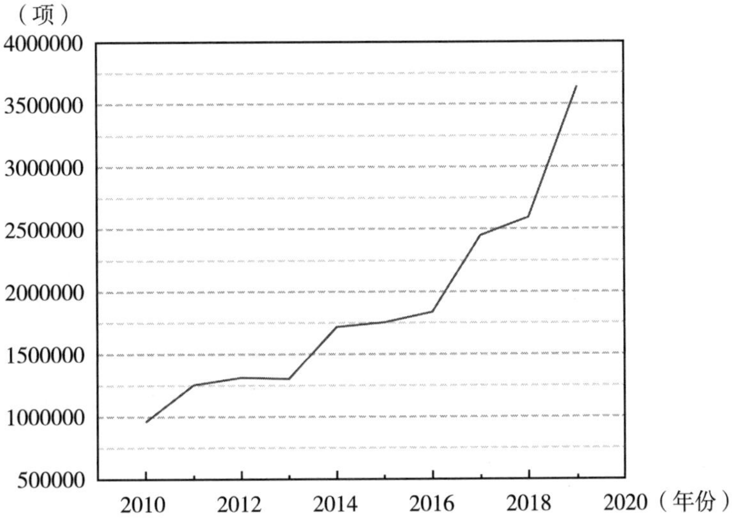

图7.4　中国国家统计局专利授权量

创新能力具有区域差异（Asheim & Gertler，2009）。就中国而言，省级层面的高度政策一致性证明了将省份视为相对自主创新系统的有效性（Li，2009）。从不同省份筛选出区域创新产出的主要影响因素，可以提高预测精度，并指导创新政策的制定。许多学者从不同角度分析了区域创新产出的影响因素。在宏观经济环境方面，Malik（2020）考察了宏观经济指标对创新水平的决定因素。Khyareh和Rostam（2021）发现，宏观经济稳定可以提高创新产出。在居民消费方面，微观层面上，Acemoglu和Linn（2004）证明了居民消费对企业创新活动的促进作用。宏观层面上，Jaeger-Erben、Ruckert-John和Schafer（2015）研究表明，更可持续的消费模式可以增加创新产出。在固定资产投资方面，Skuras、Tsegenidi和Tsekouras（2008）研究了产品创新与固定资本资产投资决策之间的关系。对外贸易可以通过产品传播新思想，被认为是区域创新的关键（Butyter & Wachowska，2015）。此外，发展中国家还广泛采用财政收支政策促进创新和技术发展（Shah，

2006；Yang Li & Li，2020）。在教育方面，Chi 和 Qian（2010）考察了教育在区域创新活动中的重要作用。在 R&D 投入方面，Broekel（2013）研究表明，R&D 补贴是刺激区域创新效率的适宜政策措施。

7.4.2 变量与样本

从表 7.8 中列出的 7 个领域中选取 21 个指标作为解释变量，区域授权专利数作为响应变量。将中国 34 个省级行政区（包括 23 个省、5 个自治区、4 个直辖市、2 个特别行政区）划分为东部地区、中部地区和西部地区，考察三个区域专利产出的预测方法。东部地区包括北京市、天津市、河北省、山东省、上海市、江苏省、浙江省、福建省、台湾省、广东省、海南省、香港特别行政区、澳门特别行政区；中部地区包括黑龙江省、吉林省、辽宁省、内蒙古自治区、山西省、河南省、安徽省、湖北省、湖南省、江西省；西部地区包括陕西省、宁夏回族自治区、甘肃省、青海省、新疆维吾尔自治区、云南省、贵州省、四川省、重庆市、西藏自治区、广西壮族自治区。并根据统计标准和数据可得性选取 2013 ~2017 年的年度数据，数据来源于中国国家统计局网站（https：//data. stats. gov. cn/）。表 7.9 列出了数据集的总结统计量。

表 7.8　　　　变量描述

领域/变量	变量描述
区域专利产出	
Y	地区授权专利（件）
宏观经济环境	
X_1	地区生产总值（亿元）
X_2	地区人均国内生产总值（元/人）
X_3	地区生产总值指数（上年 =100）
居民消费	
X_4	居民消费支出（元）
X_5	家庭消费水平指数（上年 =100）
X_6	居民消费价格指数（上年 =100）
X_7	居民人均可支配收入（元）
X_8	居民人均消费支出（元）

续表

领域/变量	变量描述
固定资产投资	
X_9	固定资产投资总额（亿元）
对外贸易	
X_{10}	事业部所在地国际贸易额（1000 美元）
X_{11}	营业单位所在地出口额（1000 美元）
X_{12}	营业单位所在地进口额（1000 美元）
财政收支情况	
X_{13}	地方政府一般预算收入（1 亿元）
X_{14}	地方政府一般预算支出（1 亿元）
X_{15}	地方政府科技支出（1 亿元）
教育	
X_{16}	普通高等学校专职教师数（万人）
X_{17}	普通高等学校每 10 万人口平均入学率（人）
X_{18}	教育财政（万元）
研发投入	
X_{19}	城镇单位科研技术服务从业人员（1 万人）
X_{20}	规模以上工业企业研发项目专职等额人员（人/年）
X_{21}	规模以上工业企业研发项目数量（项）

注：“上年 =100”是指指标的当年水平，依次用它的上年作为对比基期编成的年距环比指数，用以说明指标逐年发展的情况。

表 7.9　　变量的总结统计量

变量	均值	最大值	中位数	最小值	标准差
Y	40458	250290	24828	121	53647
X_1	21202. 5	85869. 8	17898. 8	828. 2	15813. 1
X_2	49830	137596	41366	22825	23714
X_3	108. 2	112. 4	108. 1	100. 5	1. 9
X_4	19129	53617	16289	6275	9072
X_5	108. 7	118. 8	108. 6	103. 4	2. 5
X_6	101. 9	103. 9	101. 8	100. 6	0. 6
X_7	21723	58988	18979	9740	9329
X_8	15679	39792	13811	6307	6288
X_9	17512. 10	55202. 72	14353. 24	876. 00	11949. 04

续表

变量	均值	最大值	中位数	最小值	标准差
X_{10}	98072405	590778136	39388773	655751	141302476
X_{11}	52473799	363026227	24327425	424174	79366842
X_{12}	45598606	365898251	15574358	50359	75077412
X_{13}	2404. 12	8171. 53	2079. 07	95. 02	1697. 18
X_{14}	4533. 17	10621. 03	4409. 58	922. 48	2033. 38
X_{15}	96. 02	428. 01	59. 38	4. 17	93. 89
X_{16}	4. 96	11. 29	4. 48	0. 25	2. 81
X_{17}	2549	5469	2352	1162	778
X_{18}	9989524	25960645	9302062	1206744	5284358
X_{19}	12. 5	71. 2	10. 1	1. 0	11. 1
X_{20}	74095	455468	47392	43	93004
X_{21}	10184	69180	6609	20	13790

为了预测各省份每年的区域专利授权量，将每个数据集分成两部分：训练集和测试集，训练集用于拟合模型，测试集评价模型预测性能。一个常用分割是70% 的数据集作训练集，30% 的数据集作为测试集。表 7. 10 描述了每个数据集的样本量。

表 7. 10　　三种数据集的样本容量　　单位：个

数据集	东部地区	中部地区	西部地区
样本集	50	50	55
训练集	35	35	38
测试集	15	15	17

7. 4. 3　参数估计

为了研究中国区域创新专利产出的不同因素，首先将中国分为东部、中部和西部三个地区。然后，利用训练集和 CCD 算法，通过 R 包 glmnet 获得 Ridge/LASSO 估计量，通过 R 包 ncvreg 获得 SCAD/MCP 估计量。图 7. 5 显示了基于东部地区训练数据集四个惩罚函数选择的系数路径，其中横坐标是 λ，纵坐标是系数

估计 $\hat{\beta}$。同样图 7.6 和图 7.7 显示了中部地区和西部地区四个惩罚函数所选择的系数路径。

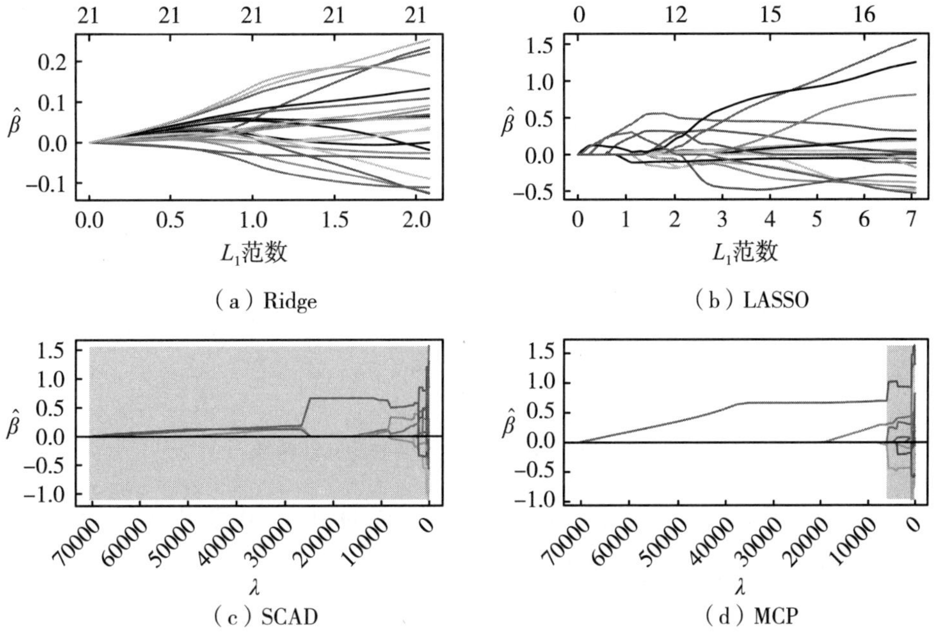

图 7.5　东部地区惩罚泊松回归的系数路径

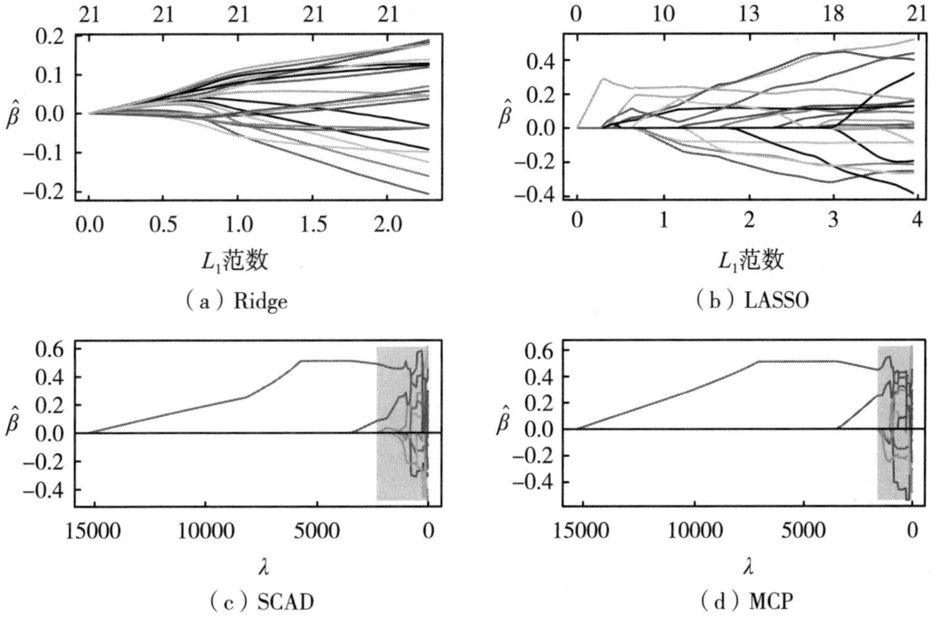

图 7.6　中部地区惩罚泊松回归的系数路径

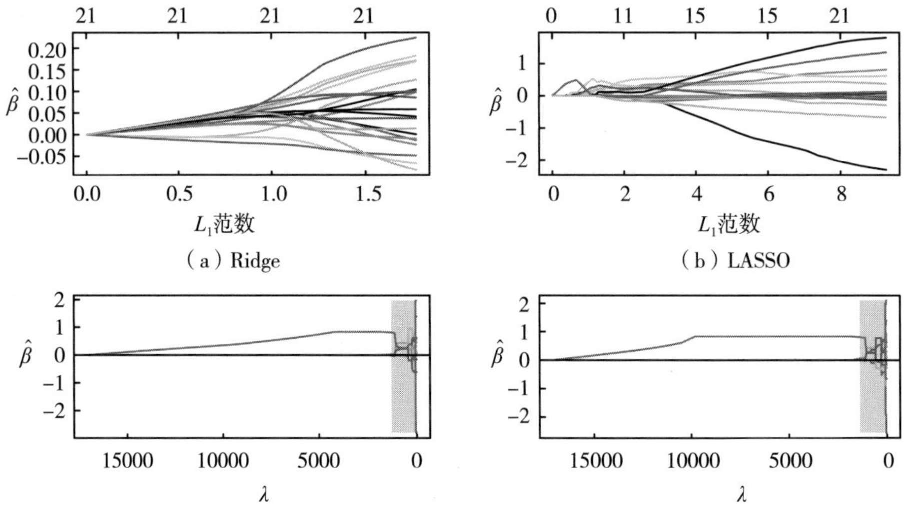

（a）Ridge （b）LASSO （c）SCAD （d）MCP

图 7.7　西部地区惩罚泊松回归的系数路径

可以看出，对于 λ 的大部分值，LASSO、SCAD 和 MCP 惩罚的一些参数估计为 0，这些 0 参数对应的解释变量自然从模型中消除，这证实了三个惩罚的变量选择性，而 Ridge 惩罚没有变量选择性，所有系数估计都不为 0。对于惩罚泊松回归，λ 控制惩罚力度。λ 越大，选择的模型越简单。因此，随着 λ 增大，变量系数趋于 0。这里应用交叉验证（CV）选择最优 λ，随机将训练数据分成十组，并绘制每个地区四个 CV 误差曲线函数（见图 7.8 至图 7.10），横坐标是 $\ln\lambda$，纵坐标是

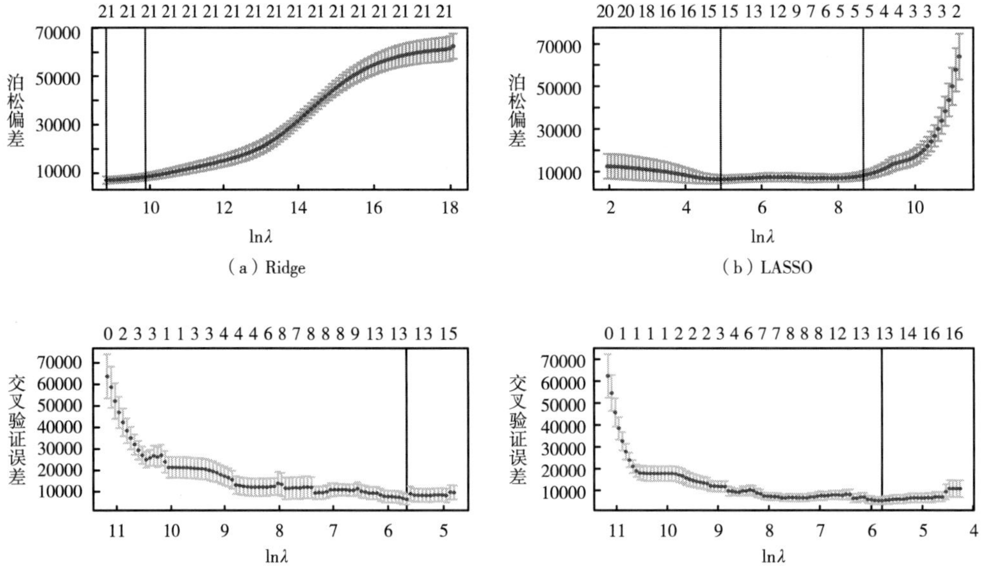

（a）Ridge （b）LASSO （c）SCAD （d）MCP

图 7.8　东部地区惩罚泊松回归的 CV 误差曲线

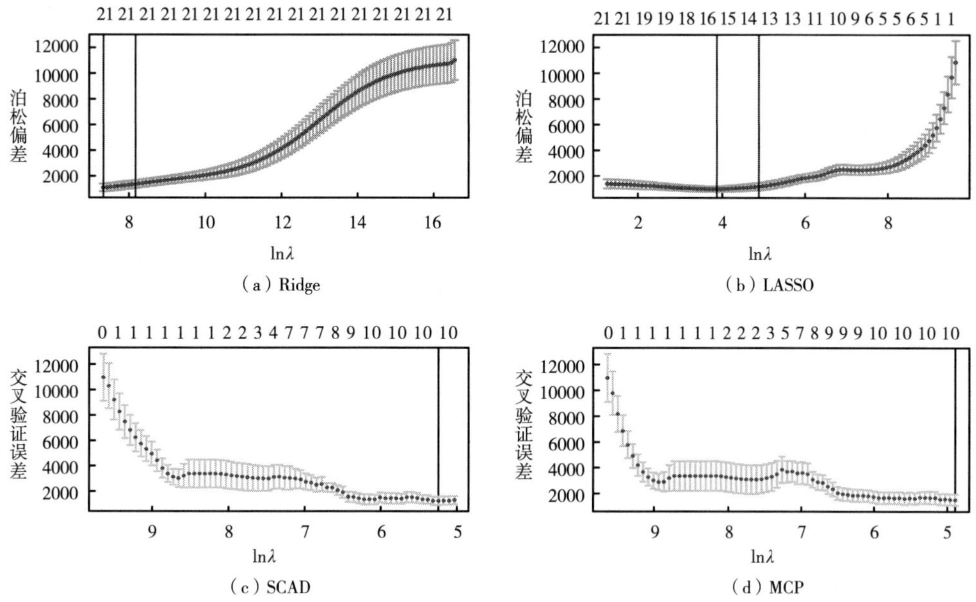

图 7.9　中部地区惩罚泊松回归的 CV 误差曲线

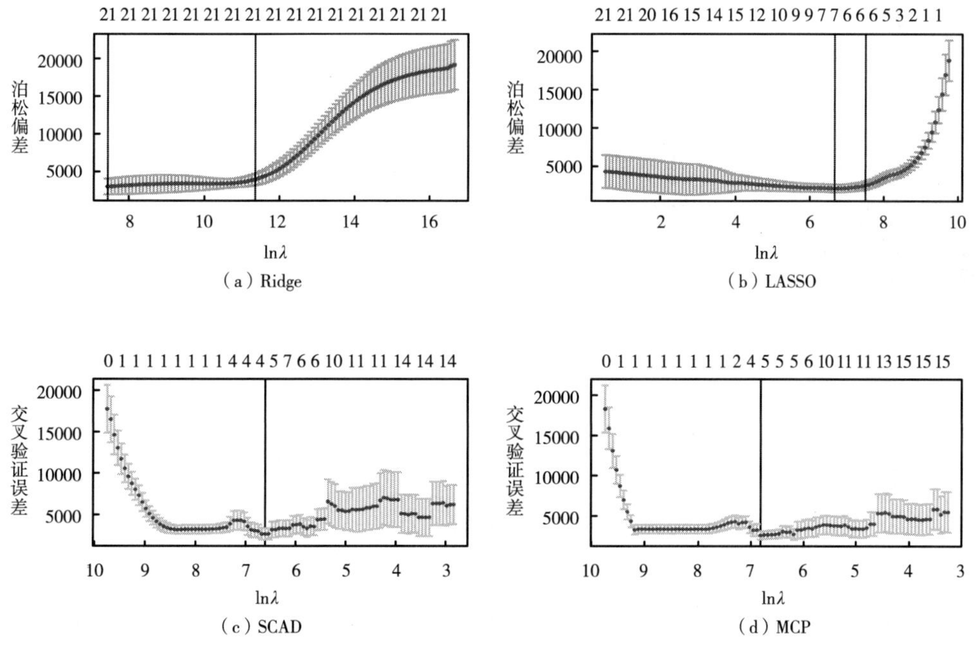

图 7.10　西部地区惩罚泊松回归的 CV 误差曲线

估计的均方预测误差，每个误差条表示 CV 估计量的预测误差加或减一个标准误差。最优模型应具有最小均方误差，其对应的 λ 见表 7.11，均方预测误差最小值处虚线以上的数目表示四种惩罚泊松回归所选择的变量数目。

表 7.11　　四种惩罚泊松回归的 λ

惩罚	ER	CR	WR
L_2	19664.4	1530.392	1712.8
LASSO	78.8873	47.83572	795.0114
SCAD	285.2969	188.6739	741.4397
MCP	328.0222	133.1057	914.0815

确定了 CV 选择的最优 λ 后，应用坐标下降算法得到四种惩罚泊松回归的估计量，变量选择和参数估计结果见表 7.12 至表 7.14。

表 7.12　　东部地区惩罚泊松回归的参数估计

参数估计	LASSO	SCAD	MCP	Ridge
$\hat{\beta}_0^{\lambda,\gamma}$	10.962	10.914	10.9618	11.0398
$\hat{\beta}_1^{\lambda,\gamma}$	0	0	0	0.0637
$\hat{\beta}_2^{\lambda,\gamma}$	0	0	-0.3340	0.0683
$\hat{\beta}_3^{\lambda,\gamma}$	0.1122	0.1893	0.1297	0.0590
$\hat{\beta}_4^{\lambda,\gamma}$	0	0	0	-0.0268
$\hat{\beta}_5^{\lambda,\gamma}$	0.0504	0.0212	0.0997	0.0301
$\hat{\beta}_6^{\lambda,\gamma}$	0.2321	0.1527	0.2513	0.2329
$\hat{\beta}_7^{\lambda,\gamma}$	0.0887	0.2355	0.2358	-0.0007
$\hat{\beta}_8^{\lambda,\gamma}$	0	0	0	0.1077
$\hat{\beta}_9^{\lambda,\gamma}$	0.4445	0.2516	0.1822	0.2519
$\hat{\beta}_{10}^{\lambda,\gamma}$	-0.1776	-0.5003	0	-0.1251
$\hat{\beta}_{11}^{\lambda,\gamma}$	-0.3286	0	-0.5768	-0.0907
$\hat{\beta}_{12}^{\lambda,\gamma}$	-0.0463	-0.9560	0	-0.1275
$\hat{\beta}_{13}^{\lambda,\gamma}$	-0.4699	0	-0.6081	-0.0189
$\hat{\beta}_{14}^{\lambda,\gamma}$	-0.0556	-0.1009	-0.0334	-0.1120
$\hat{\beta}_{15}^{\lambda,\gamma}$	0.7952	0	1.3134	0.0901
$\hat{\beta}_{16}^{\lambda,\gamma}$	0	1.1996	0	0.0818
$\hat{\beta}_{17}^{\lambda,\gamma}$	0.2947	1.0389	0	0.0357
$\hat{\beta}_{18}^{\lambda,\gamma}$	-0.0044	-0.2745	0	-0.0405
$\hat{\beta}_{19}^{\lambda,\gamma}$	0	0	0.1873	0.1319
$\hat{\beta}_{20}^{\lambda,\gamma}$	0.8357	0.5643	1.6057	0.2221
$\hat{\beta}_{21}^{\lambda,\gamma}$	-0.1906	-0.1319	-0.5939	0.1637

表 7.13 中部地区惩罚泊松回归的参数估计

参数估计	LASSO	SCAD	MCP	Ridge
$\hat{\beta}_0^{\lambda,\gamma}$	9.9597	9.916	9.9463	9.9994
$\hat{\beta}_1^{\lambda,\gamma}$	0	0	0	-0.0312
$\hat{\beta}_2^{\lambda,\gamma}$	-0.3114	-0.2159	-0.3518	-0.2062
$\hat{\beta}_3^{\lambda,\gamma}$	0	0	0	0.0463
$\hat{\beta}_4^{\lambda,\gamma}$	0.1063	0.0000	0.1700	0.0701
$\hat{\beta}_5^{\lambda,\gamma}$	-0.0887	-0.0979	-0.1032	-0.0993
$\hat{\beta}_6^{\lambda,\gamma}$	0.0685	0.1810	0.1053	0.0374
$\hat{\beta}_7^{\lambda,\gamma}$	-0.1823	0	0	-0.0925
$\hat{\beta}_8^{\lambda,\gamma}$	0	0	0	0.1184
$\hat{\beta}_9^{\lambda,\gamma}$	0.4300	0.4597	0.4710	0.1782
$\hat{\beta}_{10}^{\lambda,\gamma}$	-0.2159	-0.3241	-0.2699	-0.1606
$\hat{\beta}_{11}^{\lambda,\gamma}$	-0.2200	-0.4525	-0.3389	-0.1252
$\hat{\beta}_{12}^{\lambda,\gamma}$	0.4364	0.5002	0.3599	0.1815
$\hat{\beta}_{13}^{\lambda,\gamma}$	0.1139	0.1392	0.1249	0.1275
$\hat{\beta}_{14}^{\lambda,\gamma}$	0.0073	0	0.0117	-0.0373
$\hat{\beta}_{15}^{\lambda,\gamma}$	0.0181	0	0	0.0454
$\hat{\beta}_{16}^{\lambda,\gamma}$	0	0	0	-0.0375
$\hat{\beta}_{17}^{\lambda,\gamma}$	0	0	0	0.1376
$\hat{\beta}_{18}^{\lambda,\gamma}$	0.1302	0.1239	0.1488	0.0576
$\hat{\beta}_{19}^{\lambda,\gamma}$	0	0	0	0.1241
$\hat{\beta}_{20}^{\lambda,\gamma}$	0.2851	0	0.2528	0.1874
$\hat{\beta}_{21}^{\lambda,\gamma}$	0.2249	0.3871	0.2651	0.1766

表 7.14 西部地区惩罚泊松回归的参数估计

参数估计	LASSO	SCAD	MCP	Ridge
$\hat{\beta}_0^{\lambda,\gamma}$	9.1712	9.1012	9.1306	9.0868
$\hat{\beta}_1^{\lambda,\gamma}$	0	0	0	0.0012
$\hat{\beta}_2^{\lambda,\gamma}$	0	0	0	-0.0125
$\hat{\beta}_3^{\lambda,\gamma}$	0	0	0	0.1273
$\hat{\beta}_4^{\lambda,\gamma}$	0.0165	0	0	0.0981

续表

参数估计	LASSO	SCAD	MCP	Ridge
$\hat{\beta}_5^{\lambda,\gamma}$	0	0	0	-0.0662
$\hat{\beta}_6^{\lambda,\gamma}$	0	0	0	0.0858
$\hat{\beta}_7^{\lambda,\gamma}$	0.0349	0.4332	0	0.0424
$\hat{\beta}_8^{\lambda,\gamma}$	0	0	0	0.0982
$\hat{\beta}_9^{\lambda,\gamma}$	0.1667	0.2712	0.2441	0.1714
$\hat{\beta}_{10}^{\lambda,\gamma}$	0	0	0	-0.0228
$\hat{\beta}_{11}^{\lambda,\gamma}$	0.5129	0	0	0.1694
$\hat{\beta}_{12}^{\lambda,\gamma}$	0	0	0	0.0382
$\hat{\beta}_{13}^{\lambda,\gamma}$	0.0177	0	0.4317	0.0588
$\hat{\beta}_{14}^{\lambda,\gamma}$	0	0	0	-0.0482
$\hat{\beta}_{15}^{\lambda,\gamma}$	0	0	0	0.0148
$\hat{\beta}_{16}^{\lambda,\gamma}$	0	0	0	-0.0088
$\hat{\beta}_{17}^{\lambda,\gamma}$	0.1372	0	0	0.1827
$\hat{\beta}_{18}^{\lambda,\gamma}$	0.2659	0.2222	0.2779	0.2245
$\hat{\beta}_{19}^{\lambda,\gamma}$	0	0	0	0.1051
$\hat{\beta}_{20}^{\lambda,\gamma}$	0	0.2509	0.2643	0.1017
$\hat{\beta}_{21}^{\lambda,\gamma}$	0	0	0	-0.0817

假设 n_1 为训练样本容量，$\hat{y}_i = \exp\left(\hat{\beta}_0 + \sum_{j=1}^{p} x_{ij}\hat{\beta}_{ij}\right)$ 为拟合值，y_i 为真实值，$\bar{y}_i = \frac{1}{n_1}\sum_{i=1}^{n_1}\hat{y}_i$，$\hat{k}$ 为有效系数个数。选取三个指标：

$$R^2 = \frac{\sum_{i=1}^{n_1}(\hat{y}_i - \bar{y}_i)^2}{\sum_{i=1}^{n_1}(y_i - \bar{y}_i)^2}, \tag{7.4.24}$$

$$AIC = 2\hat{k} - 2\ln\left[\frac{-\ln(\ell(\hat{\beta};\hat{y},\hat{x})) + P(\hat{\beta};\hat{\lambda},\hat{\gamma})}{n_1}\right], \tag{7.4.25}$$

$$BIC = \hat{k}\ln(n_1) - 2\ln\left[\frac{-\ln(\ell(\hat{\beta};\hat{y},\hat{x})) + P(\hat{\beta};\hat{\lambda},\hat{\gamma})}{n_1}\right], \tag{7.4.26}$$

评价惩罚泊松回归的拟合优度。R^2 越大，拟合越好；AIC/BIC 越小，拟合越好。

由表7.15观察：(1) 三个地区的四种惩罚泊松回归的 R^2 均接近于1，说明拟合效果很好；(2) 对 AIC 来说，MCP 最小，其次是 SCAD 和 LASSO，Ridge 最大；(3) BIC 类似于 AIC。因此，综合考虑模型的拟合优度和解释性，选择 MCP 泊松回归来解释区域创新产出的影响因素。影响区域创新产出的因素在东部地区和中部地区是相似的，包括地区人均国内生产总值、居民消费水平指数、家庭消费价格指数、固定资产投资总额、事业部所在地国际贸易、营业单位所在地出口、地方政府一般预算收入、规模以上工业企业研发项目专职等额人员、规模以上工业企业研发项目数。西部地区选取固定资产投资总额、地方政府一般预算收入、教育财政、规模以上工业企业研发项目专职等额人员。

表7.15　　三个区域四种惩罚泊松回归的拟合优度

准则（东部地区）	LASSO	SCAD	MCP	Ridge
R^2	0.9688	0.9626	0.9703	0.9433
AIC	24.4139	19.7810	17.8513	33.7012
BIC	47.3093	7.8864	37.6939	65.7548
准则（中部地区）	LASSO	SCAD	MCP	Ridge
R^2	0.9814	0.9750	0.9812	0.9627
AIC	27.5378	17.5044	15.2317	36.8160
BIC	50.8680	33.0578	30.7852	69.4783
准则（西部地区）	LASSO	SCAD	MCP	Ridge
R^2	0.9344	0.8927	0.8920	0.9312
AIC	7.6697	-0.3750	7.2730	37.4285
BIC	19.1328	4.5377	18.7361	71.8178

7.4.4 预测性能

将测试集用于四种惩罚泊松回归，并根据以下规则估计预测值：

$$\hat{y}_i = \exp(x_i^{\top}\hat{\beta}), i = n_1 + 1, \cdots, n, \tag{7.4.27}$$

其中，$n - n_1$ 为测试集的样本容量。根据预测值计算三个预测误差统计量：

$$RMSE = \sqrt{\frac{1}{n - n_1}\sum_{i=n_1+1}^{n}(y_i - \hat{y}_i)^2}, \tag{7.4.28}$$

$$MAE = \frac{1}{n - n_1} \sum_{i=n_1+1}^{n} |y_i - \hat{y}_i|, \tag{7.4.29}$$

$$MAPE = \frac{1}{n - n_1} \sum_{i=n_1+1}^{n} \left| \frac{y_i - \hat{y}_i}{y_i} \right|. \tag{7.4.30}$$

为了评估预测性能，比较了 SCAD/MCP 惩罚泊松回归和 Ridge/LASSO 惩罚泊松回归。表 7.16 显示三个地区数据对 Ridge、LASSO、SCAD 和 MCP 惩罚泊松回归的预测性能。从表 7.16 可知，具有 Oracle 性质的 SCAD/MCP 惩罚泊松回归的预测精度高于没有 Oracle 性质的 Ridge/LASSO 惩罚泊松回归，LASSO 惩罚泊松回归的预测精度明显高于 Ridge 惩罚泊松回归，SCAD 和 MCP 惩罚泊松回归的预测精度相似。

表 7.16　　四种惩罚泊松回归对三个区域的预测性能

预测误差（ER）	LASSO	SCAD	MCP	Ridge
RMSE	21364.27	14092.13	15474.93	38563.29
MAE	15342.25	10244.81	12247.51	20695.52
MAPE	1.9470	1.2357	2.0757	3.0216
预测误差（CR）	LASSO	SCAD	MCP	Ridge
RMSE	17400.34	13262.49	19136.05	20995.24
MAE	11775.35	9172.759	12750.36	13849.52
MAPE	0.4014	0.3572	0.4360	0.4689
预测误差（WR）	LASSO	SCAD	MCP	Ridge
RMSE	3371.108	6546.883	4783.006	3718.992
MAE	2445.059	3953.63	3067.312	2522.276
MAPE	0.8758	0.9218	0.8518	0.720697

7.5 结论与展望

本章主要介绍了惩罚泊松回归的应用研究：7.1 节介绍惩罚泊松回归作为高维计数数据建模工具的相关应用背景；7.2 节介绍惩罚泊松回归与算法，用 Newton-Raphson 方法得到普通泊松回归的参数估计，再引入 LASSO/Ridge/SCAD/MCP

惩罚构造惩罚泊松回归，提出循环坐标下降算法迭代得到参数估计，列出了对应伪代码的实现路径；7.3 节将惩罚泊松回归应用于居民生育意愿的影响研究，利用训练集和 R^2/AIC/BIC 准则比较惩罚泊松回归的拟合优度，利用测试集和 MAE/SMAPE 准则评估四种惩罚泊松回归的预测精度，结果表明 MCP 泊松回归的预测性能优于其他三种惩罚泊松回归；7.4 节介绍了惩罚泊松回归在区域创新中的应用，将样本分为训练集和测试集，分别用于四种泊松回归的拟合优度比较和预测精度评价，结果发现 SCAD/MCP 惩罚泊松回归的预测性能几乎相同，在 RMSE、MAE 和 MAPE 方面优于 Ridge/LASSO 惩罚泊松回归。因此，本章提出的惩罚泊松回归确实提高了高维数据环境下区域创新产出的预测性能。四种惩罚泊松回归是高维计数数据的重要建模方法，其中具有 Oracle 性质的 SCAD/MCP 惩罚泊松回归表现优于 LASSO/Ridge 惩罚泊松回归。为了提高预测性能，下一步将重点研究组 LASSO/SCAD/MCP 惩罚泊松回归和大维泊松回归的最优子抽样算法、二步抽样算法及其估计理论。

第 8 章

半变系数面板数据模型同时预测多个股价

8.1 引言

高维半变系数模型是近年来快速发展的一类重要半参数模型，具有很好的解释能力和广泛的应用前景。该模型不仅能够反映变量之间的线性和非线性关系，而且能体现变量之间的交互关系。例如，Li 等（2002）首次提出半参数变系数模型，提出了函数系数的核加权局部最小二乘估计方法；Zhang 等（2002）提出了局部多项式拟合方法；Xia、Zhang 和 Tong（2004）建立了半变系数模型的有效估计；Fan 和 Huang（2005）对参数向量提出了剖面最小二乘估计方法，研究了估计的渐近性质，同时提出了剖面广义似然比检验方法；Ahmad、Leelahanon 和 Li（2005）提出了广义级数估计方法；Fan、Huang 和 Li（2007）对半变系数纵向数据模型建立了协方差函数的半参数有效估计；Lam 和 Fan（2008）研究了参数个数随样本容量变化的剖面核似然推断；Li 和 Liang（2008）引入了惩罚方法研究了模型参数的变量选择等。

面板数据分析是计量经济中相当活跃的研究领域。Arellano（2003）和 Hsiao（2003）系统概述了参数面板数据模型的研究进展；Ahmad、Leelahanon 和 Li（2005）和 Su、Ulah 和 Tong（2006）研究了具有固定效应的部分线性面板数据模型，提出了剖面似然估计等一系列估计方法；Cai 和 Li（2008）研究了具有未知变系数的动态非参数面板数据模型；Henderson、Carroll 和 Li（2008）研究了具有固定效应的非参数面板数据模型的估计问题，并提出了识别非参数随机效应模型与非参数固定效应模型的检验统计量；Rodriguez-Poo 和 Soberon（2014）和 Sun、Carroll 和 Li（2009）考虑了具有固定效应的变系数面板数据模型，建立了直接半参数估计，局部线性估计和用于检验随机效应与固定效应的统计量；Mammen、Stove 和 Tjostheim（2009）研究了具有个体效应的非参数可加面板数据模型，建立了局部线性平滑向后拟合估计及其渐近性质；Chen、Cao 和 Li（2013）分析了具有固定效应的部分线性单指标面板数据模型，提出了一种去除固定效应的工具变量方法，建立了半参数最小平均方差估计方法；Wu、Luo 和 Li（2008）及 Hu（2014）研究了具有固定效应的半变系数面板数据模型；Cai、Chen 和 Fang（2015）对半参数动态面板数据模型提出了三步半参数估计方法估计参数部分和非参数部分；Hu（2017）假设面板数据包含不可观察的个体效应，将多元局部线性估计、转换技巧和剖面似然有机结合，对具有个体效应的多元半变系数面板数据模型建立了参数部分和非参数部分的半参数固定效应估计、半参数随机效应估计及其相合性与渐近正态性，提出了识别固定效应和随机效应的检验统计量等。

在实际应用方面，Baltagi、Griffin 和 Xiong（2000）应用了具有州效应和年效应的对数线性动态需求模型模拟 1963 ~ 1992 年美国 46 个州的卷烟消费面板数据；Fan、Huang 和 Li（2007）提出了半变系数纵向数据模型，分析 1984 ~ 1991 年随访 283 名感染 HPV 病毒的同性恋男子的人类免疫效率病毒（Human Immunodeficiency Virus，HIV）状况；Lam 和 Fan（2008）提出了逻辑半变系数模型分析斯普林菲尔德第五国家银行的性别歧视问题等；Mammen、Stove 和 Tjostheim（2009）引入了具有个体效应的非参数可加面板模型模拟美国 46 个州的卷烟消费面板数据；Hu（2017）应用半变系数面板数据固定效应模型分析了美国 46 个州 1963 ~ 1992 年的卷烟消费面板数据等。

本章其余部分结构如下：8.2 节介绍了半变系数模型和具有个体效应的半变系数面板数据模型及其估计方法；8.3 节选择 2020 年 8 月至 2020 年 12 月的 5 家美国上市公司股票的技术指标和收盘价作为解释变量，股票收益作为响应变量来建立模型，并比较不同模型的预测效果。

8.2 模型介绍和估计方法

8.2.1 半变系数模型及其估计方法

高维半变系数模型

$$Y=X^{\top}\beta+Z^{\top}\alpha(U)+\varepsilon, \tag{8.2.1}$$

其中，Y 是响应变量，$X=(X_1,\cdots,X_p)^{\top}$，$Z=(Z_1,\cdots,Z_q)^{\top}$ 是解释变量，$\beta=(\beta_1,\cdots,\beta_p)^{\top}$ 是参数向量，$\alpha(\cdot)=(\alpha_1(\cdot),\cdots,\alpha_q(\cdot))^{\top}$ 是 q 维未知函数向量，ε 是均值为0、方差为 σ^2 的随机误差。为了克服“维数祸根”现象，假设 U 是协变量。

任意给定β，模型（8.2.1）可改写为

$$Y^*=Y-\sum_{j=1}^{p}X_j^{\top}\beta_j=Z^{\top}\alpha(U)+\varepsilon. \tag{8.2.2}$$

假设随机变量 U 具有有界支撑 Q，$\{\alpha_k(\cdot),k=1,\cdots,q\}$ 在 $U\in Q$ 具有连续的二阶导数，则在 U_0 的某一邻域，

$$\alpha_k(U)\approx\alpha_k(U_0)+\alpha_k'(U_0)(U-U_0)\equiv a_k+b_k(U-U_0),k=1,\cdots,q,$$

其中，$\alpha_k'(U_0)=\partial\alpha_k(U)/\partial U|_{U=U_0}$。求加权局部最小二乘问题

$$\sum_{t=1}^{n}\left[Y_t-\sum_{j=1}^{p}X_{tj}\beta_j-\sum_{k=1}^{q}(a_k+b_k(U_t-U_0))Z_{tk}\right]^2K_h(U_t-U_0)$$

的极小值，其中 $K_h(\cdot)=h^{-1}K(\cdot/h)$，$K(\cdot)$是对称密度函数，具有紧支撑，$h$ 为控制局部邻域的宽窗或光滑参数。这个最优解为

$$\left(\hat{\alpha}_1(U),\cdots,\hat{\alpha}_q(U),h\hat{b}_1(U),\cdots,h\hat{b}_q(U)\right)^{\top}=(D_U^{\top}W_UD_U)^{-1}D_U^{\top}W_U(Y-X\beta), \tag{8.2.3}$$

其中，$Y=(Y_1,\cdots,Y_n)^{\top}$，$W_U=\mathrm{diag}(K_h(U_1-U),\cdots,K_h(U_n-U))$，

$$X=\begin{pmatrix}X_{11}&\cdots&X_{1p}\\ \vdots&\ddots&\vdots\\ X_{n1}&\cdots&X_{np}\end{pmatrix},Z=\begin{pmatrix}Z_{11}&\cdots&Z_{1q}\\ \vdots&\ddots&\vdots\\ Z_{n1}&\cdots&Z_{nq}\end{pmatrix},D_U=\begin{pmatrix}Z_1^{\top}&\frac{U_1-U}{h}Z_1^{\top}\\ \vdots&\vdots\\ Z_n^{\top}&\frac{U_n-U}{h}Z_n^{\top}\end{pmatrix}$$

显然，$\hat{\alpha}(U)=(I_q \quad 0_q)^{\top}(D_U^{\top}W_UD_U)^{-1}D_U^{\top}W_U(Y-X\beta)$。将 $\hat{\alpha}(U)$ 代替 $\alpha(U)$，则式 (8.2.2) 可改写为 $Y-X\beta=M+\varepsilon_t$，其中 M 的估计为

$$\widehat{M}=\begin{pmatrix}(Z_1^{\top}0)(D_{U_1}^{\top}W_{U_1}D_{U_1})^{-1}D_{U_1}^{\top}W_{U_1}\\ \vdots \\ (Z_n^{\top}0)(D_{U_n}^{\top}W_{U_n}D_{U_n})^{-1}D_{U_n}^{\top}W_{U_n}\end{pmatrix}(Y-X\beta)\equiv S(Y-X\beta),$$

其中，S 是平滑矩阵。将 $\widehat{M}$ 代入式 (8.2.2)，得到

$$(I-S)Y=(I-S)X\beta+\varepsilon, \tag{8.2.4}$$

则 β 的剖面加权最小二乘估计为

$$\hat{\beta}=(X^{\top}(I-S)^{\top}(I-S)X)^{-1}X^{\top}(I-S)^{\top}(I-S)Y. \tag{8.2.5}$$

因此，非参数部分 $\alpha(U)$ 的剖面加权最小二乘估计为

$$\hat{\alpha}(U)=(I_3 \quad 0_{3\times3})(D_U^{\top}W_UD_u)^{-1}D_U^{\top}W_U(Y-X\hat{\beta}). \tag{8.2.6}$$

8.2.2　半变系数面板数据模型

具有个体效应的半变系数面板数据模型表示为

$$Y_{it}=X_{it}^{\top}\beta+Z_{it}^{\top}\alpha(U_{it})+\mu_i+v_{it}, i=1,\cdots,n; t=1,\cdots,m, \tag{8.2.7}$$

其中，$X_{it}=(X_{it,1},\cdots,X_{it,p})^{\top}$，$Z_{it}=(Z_{it,1},\cdots,Z_{it,q})^{\top}$，$U_{it}=(U_{it,1},\cdots,U_{it,s})^{\top}$是预测向量，$\beta=(\beta_1,\cdots,\beta_p)^{\top}$是 $p\times1$ 维未知参数向量，$\alpha(\cdot)=\{\alpha_1(\cdot),\cdots,\alpha_q(\cdot)\}^{\top}$是 $q\times1$ 维未知光滑函数，不可观察个体效应 μ_i 是均值为 0、方差 $\sigma_\mu^2>0$ 有限的独立同分布随机变量，模型误差 v_{it}是均值为 0、方差 $\sigma_v^2>0$ 有限的独立同分布随机变量，且 v_{it}与 μ_i、X_{it}、Z_{it}、U_{it}相互独立。当 μ_i 与 X_{it}、Z_{it}、U_{it}有未知的相关关系时，模型 (8.2.7) 变为半变系数固定效应面板数据模型；当 μ_i 与 X_{it}、Z_{it}、U_{it}独立时，模型 (8.2.7) 变为半变系数随机效应面板数据模型。模型 (8.2.7) 可写成矩阵形式：

$$Y=X\beta+B\{Z,\alpha(U)\}+D_0\mu_0+V, \tag{8.2.8}$$

其中，$Y=(Y_1^{\top},\cdots,Y_n^{\top})^{\top}$，$X=(X_1^{\top},\cdots,X_n^{\top})^{\top}$，$Z=(Z_1^{\top},\cdots,Z_n^{\top})^{\top}$，$V=(v_1^{\top},\cdots,v_n^{\top})^{\top}$；$Y_i^{\top}=(Y_{i1},\cdots,Y_{im})$，$X_i^{\top}=(X_{i1},\cdots,X_{im})$，$Z_i^{\top}=(Z_{i1},\cdots,Z_{im})$，$v_i^{\top}=(v_{i1},\cdots,v_{im})$；$B\{Z,\alpha(U)\}$将所有 $Z_{it}^{\top}\alpha(U_{it})$拉成一个 $nm\times1$ 维列向量；$D_0=I_n\otimes e_m$ 是主对角块为 e_m 的

$nm\times n$ 矩阵，其中，I_n 表示 n 阶单位矩阵，$\otimes$表示 Kronecker 乘积，e_m 表示元素都为 1 的 $m\times 1$ 维向量；$\mu_0=(\mu_1,\cdots,\mu_n)^\top$是 $n\times 1$ 维向量。由于存在不可观察的个体效应 μ_0，因此不能直接估计参数 β 和 $\alpha(U)$。

8.2.3 两类估计方法和检验统计量

假设模型（8.2.8）满足限制条件 $\sum_{i=1}^{n}\mu_i=0$。定义

$$\mu=(\mu_2,\cdots,\mu_n)^\top,\ \mu_0=\left(-\sum_{i=2}^{n}\mu_i,\mu_2,\cdots,\mu_n\right)^\top.$$

模型（8.2.8）可重写为

$$Y=X\beta+B\{Z,\alpha(U)\}+D\mu+V, \tag{8.2.9}$$

其中，$D\mu=\mu_0\otimes e_m$，$D=(-e_{n-1},I_{n-1})^\top\otimes e_m$ 是一个 $nm\times(n-1)$矩阵。定义对角矩

$$K_H(U_i,u)=\begin{bmatrix} K_H(U_{i1},u) & \cdots & 0\\ \vdots & \ddots & \vdots\\ 0 & \cdots & K_H(U_{im},u)\end{bmatrix},$$

$$W_H(u)=\begin{bmatrix} K_H(U_1,u) & \cdots & 0\\ \vdots & \ddots & \vdots\\ 0 & \cdots & K_H(U_n,u)\end{bmatrix},$$

其中，$H=\text{diag}(h_1,\cdots,h_s)$是 $s\times s$ 阶对角带宽矩阵，$K_H\{U_{it},u\}=K\{H^{-1}(U_{it}-u)\}$，$U_{it}$是 $u=(u_1,\cdots,u_s)^\top$邻域内的点。对加权最小二乘问题

$$\min_{\beta,\alpha(U),\mu}[Y-X\beta-B\{Z,\alpha(U)\}-D\mu]^\top W_H(u)[Y-X\beta-B\{Z,\alpha(U)\}-D\mu]. \tag{8.2.10}$$

求最优解。关于 μ 取一阶导数得到

$$D^\top W_H(u)[Y-X\beta-B\{Z,\alpha(U)\}-D\mu(u)]=0.$$

因此，固定效应 μ 的估计为

$$\tilde{\mu}(u)=\{D^\top W_H(u)D\}^{-1}D^\top W_H(u)[Y-X\beta-B\{Z,\alpha(U)\}].$$

为了消除固定效应μ，定义 $M_H(u)=I_{nm}-D\{D^\top W_H(u)D\}^{-1}D^\top W_H(u)$和 $S_H(u):=M_H^\top(u)W_H(u)M_H(u)$。注意到对所有 μ，$M_H(u)D\mu\equiv 0_{nm\times 1}$。用 $\tilde{\mu}(u)$取代μ 清除固定效应μ，得到

$$\min_{\beta,\alpha(U)}[Y-X\beta-B\{Z,\alpha(U)\}]^\top S_H(u)[Y-X\beta-B\{Z,\alpha(U)\}]. \qquad (8.2.11)$$

下面估计未知参数 β 和未知变系数函数 $\{\alpha_1(\cdot),\cdots,\alpha_q(\cdot)\}^\top$。对每个 $\ell=1,\cdots,q$ 和 u 邻域内的点 U_{it},

$$\alpha_\ell(U_{it})\approx\alpha_\ell(u)+\{H\alpha'_\ell(u)\}^\top\{H^{-1}(U_{it}-u)\}+\frac{1}{2}r_{H,\ell}(U_{it},u),$$

其中，$\alpha'_l(u)=\partial\alpha_l(u)/\partial u=\{\partial\alpha_1(u)/\partial u_1,\cdots,\partial\alpha_l(u)/\partial u_s\}^\top$ 是 $s\times1$ 维的一阶导数向量，$H\alpha'_l(u)=\{h_1\cdot\partial\alpha_1(u)/\partial u_1,\cdots,h_s\cdot\partial\alpha_l(u)/\partial u_s\}^\top$ 是 $s\times1$ 维列向量，

$$H^{-1}(U_{it}-u)=\{(U_{it,1}-u_1)/h_1,\cdots,(U_{it,s}-u_s)/h_s\}^\top$$

是 $s\times1$ 维列向量，

$$r_{H,l}(U_{it},u)=\{H^{-1}(U_{it}-u)\}^\top\{H\partial^2\alpha_l(u)/\partial u\partial u^\top H\}\{H^{-1}(U_{it}-u)\}.$$

对 u 邻域内的点 U_{it} 和 $\ell=1,\cdots,q,\alpha_\ell(u)$ 渐近 $\alpha_\ell(U_{it})$，$\alpha'_\ell(u)$ 渐近 $\alpha'_\ell(U_{it})$。定义 $(s+1)\times1$ 维列向量，

$$\theta_\ell(u)=(\alpha_\ell(u),\{H\alpha'_\ell(u)\}^\top)^\top=(\alpha_\ell(u),h_1\cdot\partial\alpha_\ell(u)/\partial u_1,\cdots,h_s\cdot\partial\alpha_\ell(u)/\partial u_s)^\top,$$

则

$$\theta(u)=(\theta_1(u),\cdots,\theta_q(u))^\top=\begin{bmatrix}\alpha_1(u) & h_1\cdot\partial\alpha_1(u)/\partial u_1 & \cdots & h_s\cdot\partial\alpha_1(u)/\partial u_s\\ \vdots & \vdots & \ddots & \vdots\\ \alpha_q(u) & h_1\cdot\partial\alpha_q(u)/\partial u_1 & \cdots & h_s\cdot\partial\alpha_q(u)/\partial u_s\end{bmatrix}$$

是 $q\times(s+1)$ 维矩阵，$\theta(u)$ 的第一列是 $\alpha(u)$。对每个 i 和 t，假设 $G_{it}(u,H)=(1,\{H^{-1}(U_{it}-u)\}^\top)^\top=\{1,(U_{it,1}-u_1)/h_1,\cdots,(U_{it,s}-u_s)/h_s\}^\top$ 是 $(s+1)\times1$ 维列向量，则可以用 $\theta(u)G_{it}(u,H)$ 取代模型（8.2.7）的 $\alpha(U_{it})$。为了使矩阵运算更简单，将 $q\times(s+1)$ 维矩阵 $\theta(u)$ 拉成 $(s+1)q\times1$ 维列向量，

$$\mathrm{vec}\{\theta(u)\}=\{\alpha_1(u),\cdots,\alpha_q(u),h_1\cdot\partial\alpha_l(u)/\partial u_1,\cdots,h_s\cdot\partial\alpha_q(u)/\partial u_s\}^\top.$$

由于 $\mathrm{vec}(ABC)=(C^\top\otimes A)\mathrm{vec}(B),(A\otimes B)^\top=A^\top\otimes B^\top$,

$$Z_{it}^\top\theta(u)G_{it}(u,H)=\{G_{it}(u,H)\otimes Z_{it}\}^\top\mathrm{vec}\{\theta(u)\},$$

其中，$\{G_{it}(u,H)\otimes Z_{it}\}^\top=\left\{\begin{bmatrix}1\\(U_{it,1}-u_1)/h_1\\ \vdots\\(U_{it,s}-u_s)/h_s\end{bmatrix}\otimes\begin{bmatrix}Z_{it,1}\\ \vdots\\ Z_{it,q}\end{bmatrix}\right\}^\top$ 是 $1\times(s+1)q$ 维行向量。

现在考虑加权剖面最小二乘问题

$$\min_{\beta,\theta(u)}[Y-X\beta-R(u,H)\mathrm{vec}\{\theta(u)\}]^{\top}S_H(u)[Y-X\beta-R(u,H)\mathrm{vec}\{\theta(u)\}],$$

(8.2.12)

其中，

$$R(u,H)=\left\{R_1^{\top}(u,H),\cdots,R_n^{\top}(u,H)\right\}^{\top},$$

$$R_i^{\top}(u,H)=\left[\{G_{i1}(u,H)\otimes Z_{i1}\}^{\top},\cdots,\{G_{im}(u,H)\otimes Z_{im}\}^{\top}\right]_{m\times(s+1)q}.$$

即 $R(u,H)=\left[\{G_{11}(u,H)\otimes Z_{11}\}^{\top},\cdots,\{G_{nm}(u,H)\otimes Z_{nm}\}^{\top}\right]^{\top}$ 是 $nm\times(s+1)q$ 维矩阵。给定 β，得到 $(s+1)q\times1$ 维列向量，

$$\mathrm{vec}\{\tilde{\theta}(u)\}=\{R^{\top}(u,H)S_H(u)R(u,H)\}^{-1}R^{\top}(u,H)S_H(u)(Y-X\beta).$$

(8.2.13)

令 $L(u,H):=I_{nm}-R(u,H)\{R^{\top}(u,H)S_H(u)R(u,H)\}^{-1}R^{\top}(u,H)S_H(u)$。由式（8.2.12）和式（8.2.13）得到 β 的半参数固定效应估计为

$$\hat{\beta}_{FE}=\{X^{\top}L^{\top}(u,H)S_H(u)L(u,H)X\}^{-1}X^{\top}L^{\top}(u,H)S_H(u)L(u,H)Y.$$

用 $\hat{\beta}_{FE}$ 取代 β，得到

$$\mathrm{vec}\{\hat{\theta}_{FE}(u)\}=\{R^{\top}(u,H)S_H(u)R(u,H)\}^{-1}R^{\top}(u,H)S_H(u)(Y-X\hat{\beta}_{FE}).$$

用 $\hat{\alpha}_{FE}(u)$ 表示 $\hat{\theta}_{FE}$ 的第一列，则 $\alpha(u)$ 的半参数固定效应估计为

$$\hat{\alpha}_{FE}(u)=S_q\{R^{\top}(u,H)S_H(u)R(u,H)\}^{-1}R^{\top}(u,H)S_H(u)(Y-X\hat{\beta}_{FE}),$$

其中，S_q 提取 $(s+1)q$ 阶单位矩阵的前 q 行。

如果 μ_i 与 $\{X_{it},Z_{it},U_{it}\}$ 无关：$E(\mu_i|\{X_{it},Z_{it},U_{it}\})=0$，则模型（8.2.7）是半变系数随机效应面板数据模型。类似可以建立剖面加权最小二乘问题

$$\min_{\beta,\theta(u)}[Y-X\beta-R(u,H)vec\{\theta(u)\}]^{\top}W_H(u)[Y-X\beta-R(u,H)vec\{\theta(u)\}].$$

(8.2.14)

任意给定 β，

$$vec\{\tilde{\theta}(u)\}=\{R^{\top}(u,H)W_H(u)R(u,H)\}^{-1}R^{\top}(u,H)W_H(u)(Y-X\beta).$$

(8.2.15)

令

$$M(u,H):=I_{nm}-R(u,H)\{R^{\top}(u,H)W_H(u)R(u,H)\}^{-1}R^{\top}(u,H)W_H(u),$$

$\tilde{X}=M(u,H)X$ 和 $\tilde{Y}=M(u,H)Y$，则 β 的半参数随机效应估计

$$\hat{\beta}_{RE}=\{\tilde{X}^{\top}W_H(u)\tilde{X}\}^{-1}\tilde{X}^{\top}W_H(u)\tilde{Y},$$

其中，$vec\{\theta(u)\}$ 的估计为

$$vec\{\hat{\theta}_{RE}(u)\}=\{R^{\top}(u,H)W_h(u)R(u,H)\}^{-1}R^{\top}(u,h)W_h(u)(Y-X\hat{\beta}_{RE}).$$

用 $\hat{\alpha}_{RE}(u)$ 表示 $vec\{\hat{\theta}_{RE}(u)\}$ 的第一列，则 $\alpha(u)$ 的半参数随机效应估计

$$\hat{\alpha}_{RE}(u)=S_q\{R^{\top}(u,H)W_H(u)R(u,H)\}^{-1}R^{\top}(u,H)W_H(u)(Y-X\hat{\beta}_{RE}).$$

为了检验个体效应是固定效应还是随机效应，考虑模型

$$Y_{it}=X_{it}^{\top}\beta+Z_{it}^{\top}\alpha(U_{it})+w_{it},w_{it}=\mu_i+v_{it},$$

其中，随机效应 μ_i 与 $\{X_{it},Z_{it},U_{it}\}$ 无关，固定效应 μ_i 与 $\{X_{it},Z_{it},U_{it}\}$ 具有未知相关结构。检验问题：零假设 H_0 表示 μ_{it} 是随机效应，备择假设 H_1 表示 μ_{it} 是固定效应，可以等价表示为

$$H_0:\mathrm{E}(w_{it}|\{X_{i,1},\cdots,X_{i,m},Z_{i,1},\cdots,Z_{i,m},U_{i,1},\cdots,U_{i,m}\})=0,$$

$$H_1:\mathrm{E}(w_{it}|\{X_{i,1},\cdots,X_{i,m},Z_{i,1},\cdots,Z_{i,m},U_{i,1},\cdots,U_{i,m}\})\neq 0.$$

使用 $J=\mathrm{E}\{w_{it}E(w_{it}|\{X_{it},Z_{it},U_{it}\})f(X_{it},Z_{it},U_{it})\}$ 作为检验基础。在 H_0 下 $J=0$，在 H_1 下 $J>0$。因此，J 可以用来检验 H_0 和 H_1。假设对所有的 $t=1,\cdots,m,f_t(\cdot)=f(\cdot)$。令 $\hat{\beta}$ 和 $\hat{\alpha}(U)$ 分别表示 β 和 $\alpha(U)$ 在固定效应假设下的相合估计，则 w_{it} 的相合估计可表示成 $\hat{w}_{it}=Y_{it}-X_{it}^{\top}\hat{\beta}-Z_{it}^{\top}\hat{\alpha}(U_{it})$。可行检验统计量为

$$\hat{J}=(nm)^{-1}\sum_{i=1}^{n}\sum_{t=1}^{m}\hat{w}_{it}\hat{E}_{-it}(\hat{w}_{it}|X_{it},Z_{it},U_{it})\hat{f}_{-it}(X_{it},Z_{it},U_{it}) \quad (8.2.16)$$

或 $$\hat{J}=\frac{1}{n^2m(m-1)}\sum_{i=1}^{n}\sum_{t=1}^{m}\sum_{j=1}^{n}\sum_{s=1,\{j,s\}\neq\{i,t\}}^{m}\hat{w}_{it}\hat{w}_{js}K_{h,it,js}, \quad (8.2.17)$$

其中，

$$\hat{E}_{-it}(\hat{w}_{it}|X_{it},Z_{it},U_{it})$$
$$=\frac{1}{n(m-1)}\sum_{j=1}^{n}\sum_{s=1,\{j,s\}\neq\{i,t\}}^{m}\hat{w}_{js}K_{h,it,js}/\hat{f}_{-it}(X_{it},Z_{it},U_{it}),$$

$$\hat{f}_{-it}(X_{it},Z_{it},U_{it})=\frac{1}{n(m-1)}\sum_{j=1}^{n}\sum_{s=1,\{j,s\}\neq\{i,t\}}^{m}K_{h,it,js}$$

分别是 $\mathrm{E}(w_{it}|X_{it},Z_{it},U_{it})$ 和 $f(X_{it},Z_{it},U_{it})$ 的留一法估计，其中

$$\hat{w}_{it}=Y_{it}-X_{it}^{\top}\hat{\beta}-Z_{it}^{\top}\hat{\alpha}(U_{it}),$$

$$K_{h,it,js} = K_h(X_{it} - X_{js}, Z_{it} - Z_{js}, U_{it} - U_{js}), K_h(v) = \prod_{l=1}^{p+q+s} h_l^{-1} k(v_l/h_l),$$

$k(\cdot)$是单变量核函数，可以证明$\hat{J}$是

$$J = E\{w_{it}E(w_{it} | X_{it}, Z_{it}, U_{it}) f(X_{it}, Z_{it}, U_{it})\}$$

的相合估计。因此，在零假设下，$\hat{J} \to^p 0$，如果 H_0 为假，$\hat{J} \to^p C$，其中 C 为一个正常数。当$\hat{J}$取正值时，拒绝零假设 H_0。

8.3 半变系数面板数据模型预测金融市场股票收益

8.3.1 绪论

股票市场是一个复杂的、演化的、非线性的动态系统，具有数据强度、噪声、非平稳、高度不确定性和隐藏关系等特点（Hall，1994；Fan & Yao，2015）。股市预测受到许多经济因素、投资者心理和预期以及政治事件等的影响，特别名义利率、通货膨胀率、股息收益率等经济预测指标常作为潜在因素。有效市场假说（Fama，1970）意味着：（1）股票价格已经反映了所有可用信息；（2）股票价格变化遵循随机游走；（3）新信息是不可预测的。然而，经验证据表明市场不是有效的，股票价格是部分可预测的（Malkiel，2003）。如何准确预测股票收益一直是金融市场的难题。近几十年来，时间序列预测、基本分析、技术分析和机器学习等方法取得了一些成功，可以预测股票价格或其运动方向。时间序列预测通常会作一些模型假设，通过分析过去的股票价格来预测未来的股票价格（Engle，1982；Bollerslev，1986；White，2000）。基本分析使用股本回报率、每股收益和市盈率等基本指标以及全球经济、工业和商业指标来预测股价。技术分析使用图表和技术指标来监控价格和交易量的趋势，并利用价格和交易量变动的历史数据预测价格变动和交易信号（Achelist，1995；Murphy，1999；Edwards，Magee & Bassetti，2006）。ANN 和 SVM 等机器学习方法对非平稳和非线性数据进行建模，预测股票价格或其方向变化（Rodolfo et al.，2016），其中 SVM 无法提供类概率估计，而 ANN 由于噪声大、非平稳和复杂维度等在学习模式方面存在一定的局限

性。George、Atsalakis 和 Kimon（2009）从 100 多篇相关发表文章中调查了股市预测技术。Ballings 等（2015）总结了股票价格方向预测的研究进展。此外，一些计量经济学家对股市预测进行了研究。例如，Hong 和 Chang（2003）研究了经济变量的方向变化可以用过去的历史变化来预测。Linton 和 Whang（2007）提出了定量图（quantilogram）来衡量方向可预测性和基于定量图（quantilogram）的统计来检查 S & P 500 股票指数回报的方向可预测性。Han 等（2016）提出了交叉分位数图来衡量分位数依赖性和股票收益方差的可预测性等。

8.3.2　数据来源与数据处理

选取雪佛龙公司（Chevron Corporation，股票代码：CVX）、发现金融服务公司（Discover Financial Services，股票代码：DFS）、伊士曼化学公司（Eastman Chemical Company，股票代码：EMN）、利安德巴塞尔工业公司（LyondellBasell Industries N. V.，股票代码：LYB）和大都会人寿保险公司（National Union Life and Limb Insurance Company，股票代码：MET）五家美国上市公司 2020 年 8 月 1 日至 2020 年 12 月 31 日的每日股票数据来研究股票收益的预测方法。首先将面板数据集分为两组：一组为 2020 年 8 月 1 日至 2020 年 11 月 30 日的数据构成的训练集；另一组为 2020 年 12 月 1 日至 2020 年 12 月 31 日的数据构成的测试集。表 8.1 列出了五只股票的训练集和测试集的样本容量，其中每家上市公司的当日股价数据（开盘价、最高价、最低价、收盘价、成交量）通过 R 程序包 TTR 从雅虎财经中下载得到。

表 8.1　　五只股票训练集和测试集的样本容量

股票	训练集	测试集
CVX	84	21
DFS	84	21
EMN	84	21
LYB	84	21
MET	84	21

选择收盘价（CP）和五个技术指标——顺势指标（Commodity Channel Index,

CCI）、简易波动指标（Ease of Movement Value，EMV）、动量指标（Momentum，MOM）、平均真实波动范围（Average True Range，ATR）、相对强弱指数（Relative Strength Index，RSI）作为六个解释变量，并选择股票收益作为响应变量。表 8.2 列出了六个解释变量和响应变量及其计算公式，更多技术指标的详细说明参考附录或 Murphy（1999）的专著和 R 软件的 TTR 程序包。对 ATR、RSI 和 CP 作对数变换，表 8.3 提供了基于五只股票训练集的五项技术指标的总结统计量。

表 8.2　变量、指标及其计算公式

符号	变量	公式
U_t	CP	C_t
$X_{it,1}$	$\ln CP$	$CCI_t=(M_t-SM_t)/0.015D_t$
$X_{it,2}$	EMV	$EMV_t=MPM_t/BR_t$
$X_{it,3}$	MOM	$MOM_t(n)=C_t-C_{t-n}$
$Z_{it,1}$	$\ln ATR$	$ATR_t(n)=((TH_{t-1}-TL_{t-1})\times(n-1)+(TH_t-TL_t))/n$
$Z_{it,2}$	$\ln RSI$	$RSI_t(n)=100-100/(1+RS_t(n))$
Y_t	股票收益	$\ln C_t-\ln C_{t-1}$

注：C_t 代表第 t 个交易日的收盘价，H_t 代表第 t 个交易日的最高价，L_t 代表第 t 个交易日的最低价，V_t 代表第 t 个交易日的成交量，$SM_t=(\sum_{i=1}^{n}M_{t-i+1})/n$，$D_t=(\sum_{i=1}^{n}|M_{t-i+1}-SM_t|)/n$，其中典型价格 $M_t=(H_t+L_t+C_t)/3$，$MPM_t=(H_t+L_t)/2-(H_{t-1}+L_{t-1})/2$，$BR_t=V_t/(H_t-L_t)$，$RS_t(n)=UP_{avg}(n)/DOWN_{avg}(n)$，其中 $UP_{avg}(n)(DOWN_{avg}(n))$ 是在时间段 n 中上升（下降）日的平均收盘价，$TH_t=\max(H_t,C_{t-1}),TL_t=\max(L_t,C_{t-1})$。

表 8.3　五只股票训练集五个技术指标的总结统计量

股票	技术指标	最大值	中位数	最小值	均值	标准差
CVX	CCI	166.667	-24.588	-166.667	-14.262	88.666
	EMV	0.023	0.000	-0.008	0.000	0.004
	MOM	8.250	-0.250	-4.130	0.039	2.064
	ATR	0.665	0.388	0.225	0.411	0.102
	RSI	1.874	1.657	1.383	1.654	0.118
DFS	CCI	166.667	61.979	-166.408	39.657	86.447
	EMV	0.069	0.001	-0.035	0.002	0.015
	MOM	8.280	-0.080	-4.010	0.318	1.946
	ATR	0.628	0.401	0.213	0.398	0.086
	RSI	1.855	1.792	1.652	1.778	0.052

续表

股票	技术指标	最大值	中位数	最小值	均值	标准差
EMN	CCI	166.667	41.783	-157.719	18.988	93.255
	EMV	0.190	0.005	-0.084	0.009	0.049
	MOM	5.310	0.050	-4.090	0.271	1.879
	ATR	0.611	0.379	0.143	0.386	0.096
	RSI	1.873	1.775	1.615	1.757	0.061
LYB	CCI	166.667	29.235	-155.088	18.558	89.397
	EMV	0.142	0.001	-0.063	0.005	0.028
	MOM	6.720	0.020	-5.500	0.269	2.338
	ATR	0.722	0.437	0.252	0.446	0.099
	RSI	1.843	1.754	1.551	1.741	0.059
MET	CCI	166.667	1.056	-157.307	9.598	91.476
	EMV	0.010	0.000	-0.005	0.000	0.002
	MOM	4.460	0.065	-2.240	0.099	1.022
	ATR	0.406	0.079	-0.052	0.097	0.092
	RSI	1.858	1.731	1.588	1.733	0.060

顺势指标（CCI）是衡量股票价格是否超出正态分布范围的特殊指标，同时该指标属于超买超卖类指标中较特殊的一种。波动在正无穷大和负无穷大之间，但是又不需要以 0 为中轴线，这一点也和波动在正无穷大和负无穷大之间的指标不同。当 CCI 指标曲线运行在 +100 线至 -100 线的正常范围内时，CCI 指标的参考意义不大。一旦 CCI 指标曲线向上突破 +100 线并进入异常区间时，则表明股价开始进入强势状态，投资者应及时买入股票。甚至只要 CCI 指标曲线一直向上运行，就表明股价依然坚挺，投资者所持有的股票一路上涨，股票收益将不断增加。相反，当 CCI 指标曲线突破 -100 线，则进入另一个异常区间，表明股价已经形成弱势状态，投资者应以资金观望为主。甚至只要 CCI 指标曲线一直向下运行，即表明股价仍然疲软，此时股票收益将继续下降，投资者可一路观望。从图 8.1 可以看出，CCI 指标与股票收益大致呈线性关系。

简易波动指标（EMV）将价格与成交量的变化结合成一个波动指标来反映股价或指数的变动状况。事实上，股价的变化和成交量的变化都可以引发该指标数值的变动。当 EMV 指标低于 0 时，代表市场疲软；当 EMV 指标高于 0 时，代表市

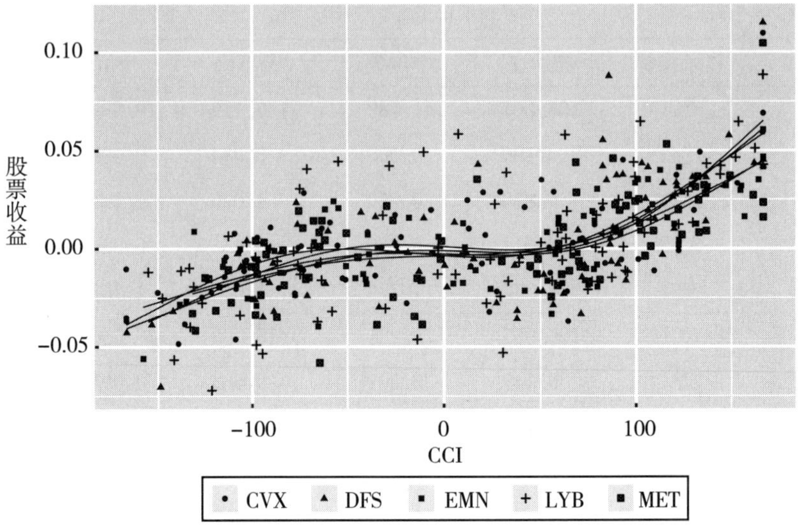

图 8.1 股票收益和 CCI 指标之间的散点图和回归曲线

场强劲。在成交量较小的情况下：当 EMV 指标由负转正时，投资者可以考虑买入股票，此时股票收益会增加；当 EMV 指标由正转负时，投资者可以考虑卖出股票，股票收益会下降。从图 8.2 可以看出，EMV 指标与股票收益呈线性关系。

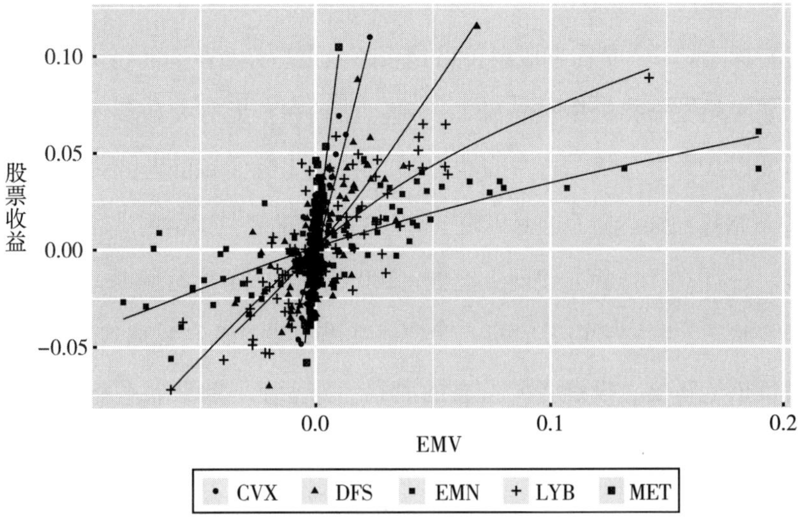

图 8.2 股票收益和 EMV 指标之间的散点图和回归曲线

动量指标（MOM）是专门研究股票价格波动的中短期技术分析工具。在股票市场中，有一种类似于物理学中的恒速原理的现象。如果股价的上涨或下跌趋势继续下去，股价的上涨或下跌速度将大致相同，股票收益将相应增加或减少。MOM 指标是基于股票恒速原理考察股价涨跌速度的指标，根据股价涨跌速度的变化分析股价走势。从图 8.3 可以看出，MOM 指标与股票收益呈线性关系。

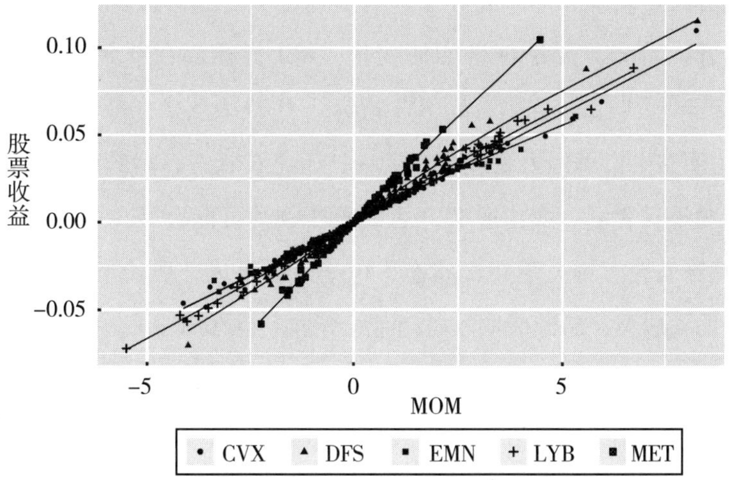

图 8.3　股票收益和 MOM 指标之间的散点图和回归曲线

平均真实波动范围（ATR）衡量市场波动的强度，即显示市场变化率的指标。因此，该技术指标不能直接反映价格走势及其走势稳定性，而只能反映价格波动的程度。较低的 ATR 指标表明市场交易气氛相对冷淡，而较高的 ATR 指标表明交易气氛相对较强。通常，在股价大幅上涨或下跌之前，ATR 指标的值将会变得非常低或非常高，并且股票收益将增加或减少。对 ATR 指标取对数后，从图 8.4 可以看出，ATR 指标与股票收益之间存在非线性关系。

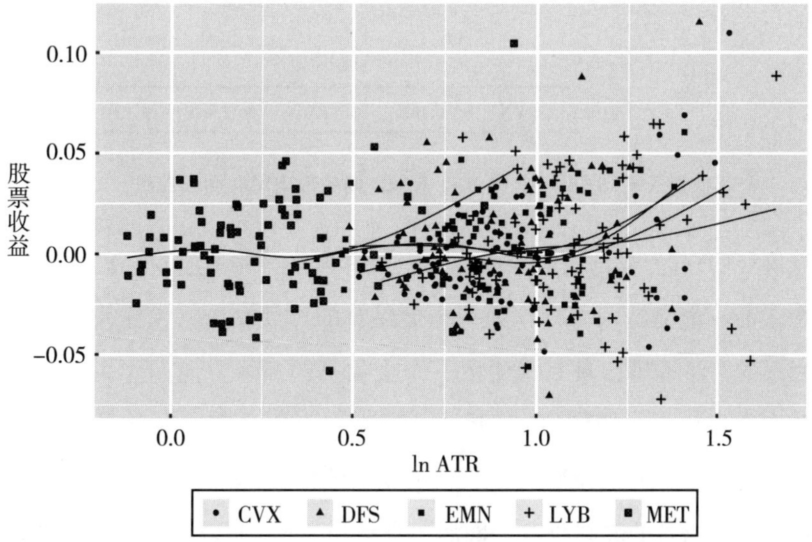

图 8.4　股票收益和 ATR 指标之间的散点图和回归曲线

相对强弱指数（RSI）通过计算股票价格涨跌来估计市场趋势的强弱，并据此预测市场趋势的延续或转向。实际上，该指标显示了股价在整个波动范围内向上波动的百分比。首先，无论价格如何变化，RSI 指标都在 0 到 100 之间。其次，RSI 指标高于 50 表明市场强劲，而 RSI 指标低于 50 表明市场疲软。当 RSI 指标超过 70 时，说明整个市场的力量过强，市场处于超买状态，后续市场可能出现回调或反转，此时投资者可以卖出股票，后续股票收益可能会减少。而当 RSI 指标低于 30 时，意味着在市场处于超卖状态，市场跌幅太大，股价可能会反弹或反转，投资者可以购买股票，后续股票收益可能会增加。当 RSI 指标在 50 左右时，表明市场处于盘整状态，投资者可观望。对 RSI 指标取对数后，从图 8.5 可以看出，ATR 指标与股票收益之间存在非线性关系。

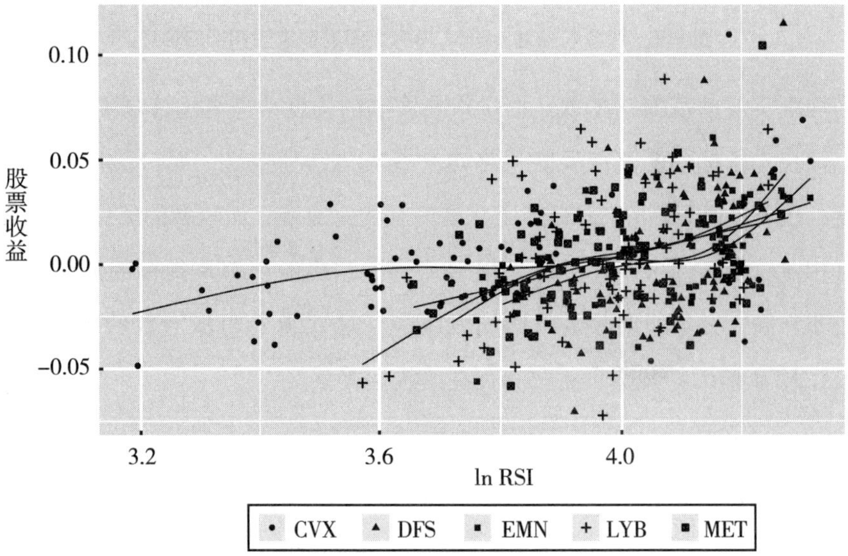

图 8.5　股票收益和 RSI 指标之间的散点图和回归曲线

收盘价（CP）为当日该证券最后一笔交易前一分钟所有交易的成交量加权平均价（含最后一笔交易）。CP 作为一个交易日的可观察价格，往往反映市场资金对一只股票的关注程度，具有预测下一个交易日的演绎方向的作用。在技术分析中使用的四个价格中，CP 是最重要的，因为它不仅是市场参与者普遍认可的价格，而且也是大家一天内接受的价格。同时也只有 CP 是交易的基准，例如 CP 可以判断投资者在当日的股票收益是增加还是减少。对 CP 取对数后，从图 8.6 可以看出，CP 与股票收益之间存在非线性关系。

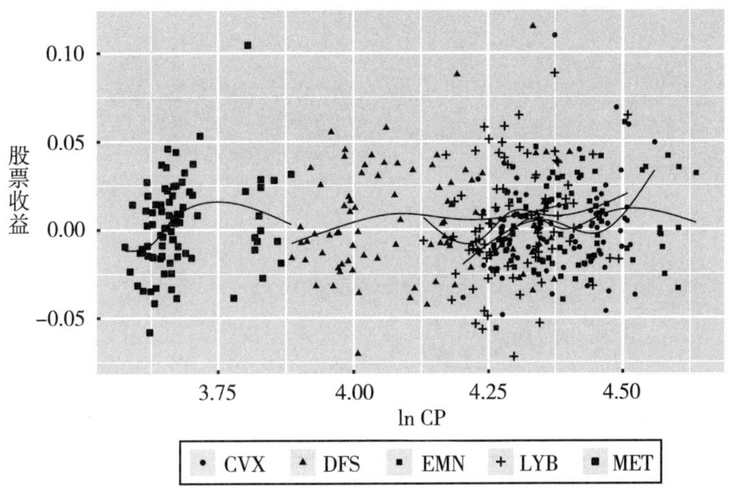

图 8.6　股票收益和 CP 之间的散点图和回归曲线

CP 在技术分析中非常重要，并且在很多技术指标中起着决定性的作用。对于 ATR 指标而言，有三种计算方法：一是当日最高价和最低价之间的波动；二是上一交易日收盘价与当日最高价之间的波动；三是上一交易日收盘价与本交易日最低价之间的波动。对于 RSI 指标而言，该指标通过比较一段时间内的平均收盘涨幅和平均收盘跌幅来分析市场买入和卖出的意愿和强度，从而制定未来市场走势。因此，CP 在一定程度上影响 ATR 和 RSI，其交互作用如图 8.7 所示。

8.3.3　参数估计

采用美国五家上市公司自 2020 年 8 月 1 日至 2020 年 11 月 30 日的每日股票面板数据：$i=1$，…，5 表示第 i 只股票，$t=1$，…，84 表示第 t 天。假设 Y_{it} 表示股票收益，$X_{it,1}$ 表示 CCI 指标的对数，$X_{it,2}$ 表示 EMV 指标，$X_{it,3}$ 表示 MOM 指标，$Z_{it,1}$ 表示 ATR 指标的对数，$Z_{it,2}$ 表示 RSI 指标的对数，U_{it} 表示 $\ln CP_{it}$，μ_i 表示第 i 只股票的个体效应，代表该只股票的特征，v_{it} 表示白噪声。这里采用式（8.2.7）建立模型。将 ATR、RSI 和 CP 作对数化处理，采用 Epanechnikov 核及宽带 $h=\max(U)-\min(U)=1.060312$ 计算 $\hat{\beta}$ 和 $\hat{\alpha}(U)$。然后采用 8.2.3 节的区分固定效应和随机效应的检验统计量分析股票数据，计算得到估计检验统计量为 $\hat{J}=0.0005306376>0$。因此拒绝个体效应为随机效应的零假设，即证实了股票面板数据存在不可观察的固定效应。这说明个体效应与 CCI、EMV、MOM、ATR、RSI、CP 相关。估计结果如表 8.4 和图 8.8 至图 8.11 所示。

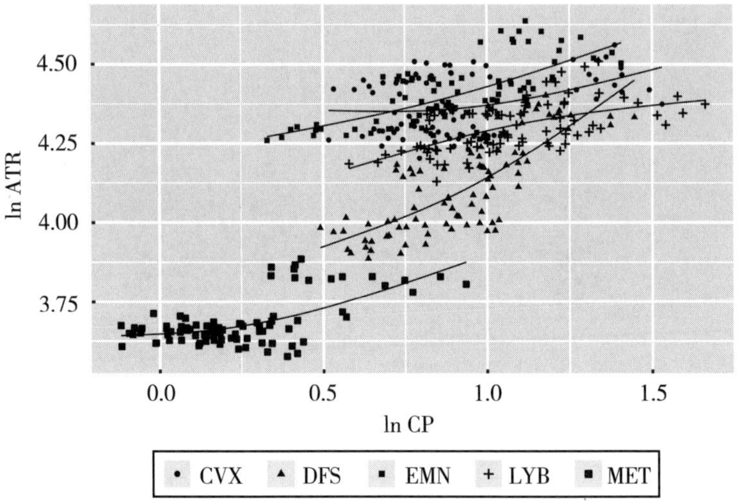

（a）*CP&ATR*

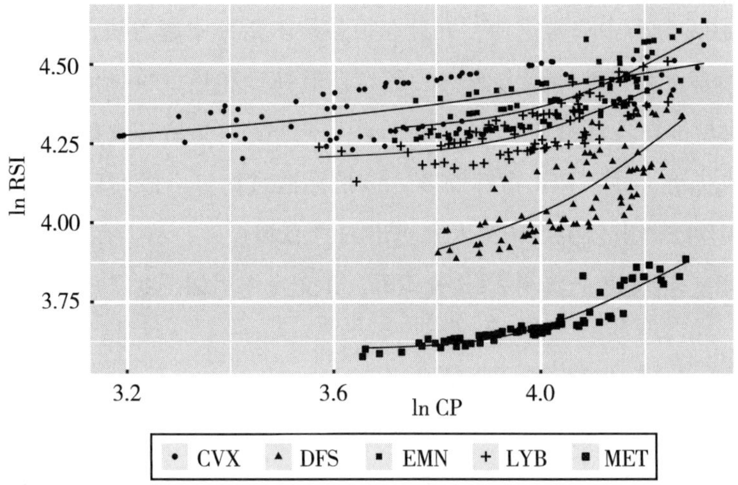

（b）*CP&RSI*

图 8.7　股票收益和 CP 之间的散点图和回归曲线

表 8.4　　$\boldsymbol{\beta}$ 的半参数固定效应估计、半参数随机效应估计
及其置信度为 95%的渐近正态区间估计

	$\hat{\beta}_1$	$\hat{\beta}_2$	$\hat{\beta}_3$
$\hat{\beta}_{FE}$	0.00001740479 [0.00001667537, 0.00001813422]	−0.08336949 [−0.08889068, −0.0778483]	0.01431851 [0.0141835, 0.01445351]
$\hat{\beta}_{RE}$	0.00001673152 [0.00001580094, 0.00001766209]	−0.08138193 [−0.08697915, −0.07578471]	0.01428791 [0.01415005, 0.01442577]

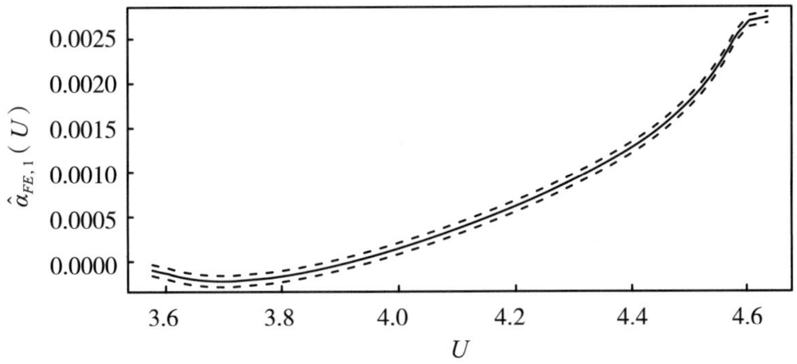

图 8.8　$\hat{\alpha}_{FE,1}(U)$的拟合曲线和置信度为**95%**的渐近正态区间估计

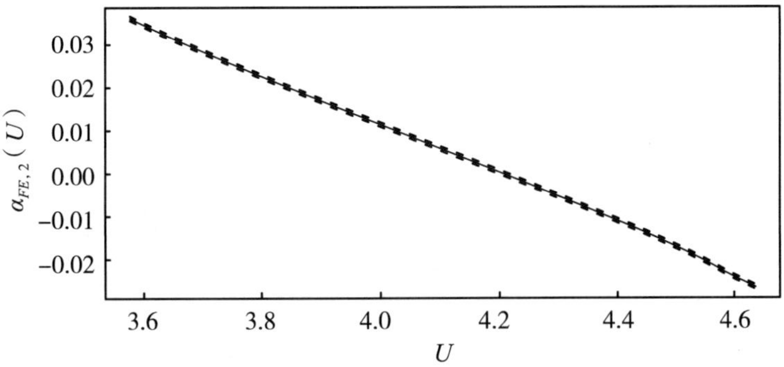

图 8.9　$\hat{\alpha}_{FE,2}(U)$的拟合曲线和置信度为**95%**的渐近正态区间估计

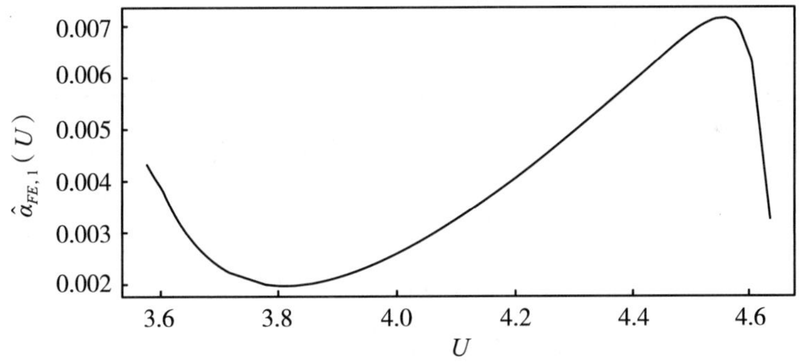

图 8.10　$\hat{\alpha}_{RE,1}(U)$的拟合曲线

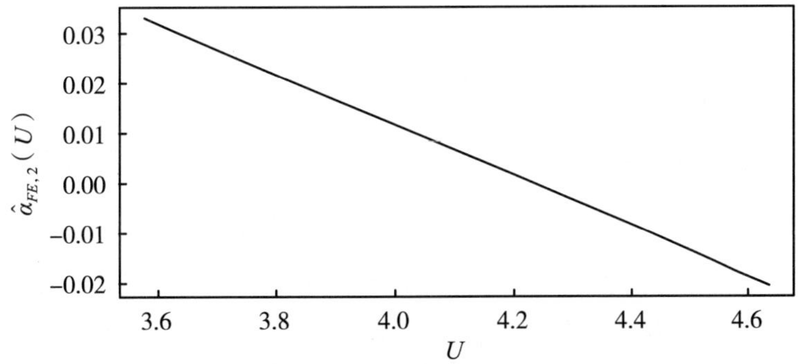

图 8.11　$\hat{\alpha}_{RE,2}(U)$的拟合曲线

8.3.4 预测性能

基于上述分析得到股票收益预测值

$$\hat{Y}_t = X_{1t}\hat{\beta}_{1,FE} + X_{2t}\hat{\beta}_{2,FE} + X_{3t}\hat{\beta}_{3,FE} + \hat{\alpha}_{1,FE}(U_t)Z_{1t} + \hat{\alpha}_{2,FE}(U_t)Z_{2t}.$$

RMSE 是一种常用的衡量模型预测值与观测值之间差异的方法，RMSE 越小越好。使用测试集中的 21 条数据，计算出 RMSE 为 0.008122305。分别与 5 只股票建立的半变系数模型计算得到的 0.045041（CVX）、0.08059926（DFS）、0.03242938（EMN）、0.02803234（LYB）和 0.03749018（MET）比较，结果表明：提出的半参数固定效应面板数据模型表现最好。

从表 8.4 可以看出，CCI 指标和 MOM 指标与股票收益成正相关，这与之前的研究一致。而 EMV 指标对股票收益产生负面影响，这种负面影响是可以合理解释的。一般来说，如果较少的交易量能够带动股价上涨，那么 EMV 指标值就会增加，股票收益就会增加。相反的，股价下跌时也仅伴随较少的成交量，则 EMV 数值将降低，股票收益也会下降。上述两种情况的 EMV 指标值与股票收益成正相关。但是，当股票价格不涨不跌或者股票价格的上涨和下跌都伴随着较大的成交量时，则 EMV 的数值会趋近于零。此时，EMV 指标值与股票收益成负相关。本案例研究的股票交易量较大。因此，当股价上涨时，EMV 指标值下降到接近于零，股票收益增加。

图 8.8 至图 8.11 显示了估计的变系数函数 $\hat{\alpha}_{FE}(U)$ 和 $\hat{\alpha}_{RE}(U)$ 的估计值以及 $\hat{\alpha}_{FE}(U)$ 相应的 95% 置信区间，分别反映了 U 和 Z 对 Y 的不同交互影响。由于无法构造 $\hat{\alpha}_{RE}(U)$ 的渐近正态分布，所以不提供 $\hat{\alpha}_{RE}(U)$ 的置信区间。当收盘价低于 3.9 时，$\hat{\alpha}_{FE,1}(U)$ 为负；当收盘价高于 3.9 时，$\hat{\alpha}_{FE,1}(U)$ 为正（见图 8.8）。当收盘价低于 4.2 时，$\hat{\alpha}_{FE,2}(U)$ 为正；当收盘价高于 4.2 时，$\hat{\alpha}_{FE,2}(U)$ 为负（见图 8.9）。从图 8.8 中可以观察到收盘价与 ATR 指标之间的相互作用对股票收益有积极影响。即当日收盘价高时，当日最高价和最低价之间的波动越大，就会产生更高的 ATR，较高的 ATR 意味着交易气氛浓厚，股票收益将相应增加。从图 8.9 中观察到收盘价和 RSI 指标之间的相互作用对股票收益有负面影响。即当收盘价在一段时间内持续上涨至顶部时，平均收盘涨幅继续加大，市场处于严重超买状态，短期内很

有可能下跌，后续股票收益会下降。

8.4　结论与展望

本章研究了美国5家上市公司的股票收益问题，首先，通过散点图及拟合曲线发现股票收益和影响因素之间存在复杂的相关关系（线性关系、非线性关系以及影响因素之间的交互关系）。由于半变系数模型不仅能反映变量之间的线性和非线性关系，还能体现变量之间的交互影响，因此使用半变系数面板数据模型建模该问题。先提出五家美国上市公司（CVX、DFS、EMN、LYB和MET）股票收益的半变系数模型，并采用轮廓最小二乘法研究股票收益与五个技术指标（CCI、EMV、MOM、lnATR、lnRSI）和CP的动态关系。其次，我们考虑了五只股票收益的潜在特征，并提出了一个具有未观察到的个体效应的半变系数面板数据模型来探索它们之间的关系，建立半参数固定效应估计量和半参数随机效应估计量，应用由Hu（2017）对固定效应和随机效应进行了区分，得出以下结论；（1）未观察到的个体效应为固定效应；（2）CCI、EMV和MOM对股票收益具有正线性影响；（3）lnATR、lnRSI和lnCP对股票收益具有复杂的非线性影响；（4）lnCP与lnATR和lnRSI相互作用，共同对股票收益产生交互作用。最后利用估计的动态关系预测2020年12月的股票收益，发现具有未观察个体的半变系数面板数据模型的表现优于半变系数模型。半变系数面板数据模型具有强大的建模能力，虽然有关半变系数复杂数据模型的估计理论、变量选择和模型识别等研究比较深入，但将该模型与统计学习研究结合起来分析实际问题的成果比较少，因此笔者今后将致力于该模型与其他交叉领域的重要实际问题的应用研究。

附　录

附表 1　　　　**技术指标说明**

指标缩写	中文名称	英文名称
WMA	加权移动平均线	Weigted Moving Average
DEMA	双重指数移动平均线	Double Exponential Moving Average
SMA	简单移动平均线	Simple Moving Average
EMA	指数移动平均线	Exponential Moving Average
MACD	平滑异同移动平均线	Moving Average Convergence Divergence
RSI	相对强弱指标	Relative Strength Index
CMO	钱德动量摆动指标	Chande Momentum Oscillator
TRIX	三重指数平滑平均线	Triple Exponentially Smoothed Average
DPO	区间震荡线	Detrended Price Oscillator
ROC	变动率指标	Rate of Change
CCI	顺势指标	Commodity Channel Index
ADX	平均趋向指数	Average Directional Index
Aroon	阿隆指标	Aroon Indicator
VHF	十字过滤线	Vertical Horizontal Filter
DC	唐奇安通道	Donchian Channel
MFI	资金流量指标	Money Flow Index
CMF	佳庆资金流量	Chaikin Money Flow
CAD	累积/派发线	Chaikin Accumulation/Distribution Line
OBV	平衡交易量	On Balance Volume
ATR	真实波动幅度均值	Average True Range
CV	佳庆离散指标	Chaikin Volatility
PA	帕金森历史波动率	Parkinson Historical Volatility

续表

指标缩写	中文名称	英文名称
BBands	布林线指标	Bollinger Bands
EMV	简易波动指标	Ease of Movement Value
MTM	动量指标	Momentum Index
CLV	收盘价格位置	Close Location Value
SAR	抛物线指标	Stop And Reverse
WPR	威廉指标	Williams' Percent Range
SNR	信号比指标	Signal to Noise Ratio

附表 2　　技术指标计算公式

指标	计算公式
WMA	$WMA_t = [nP_t + (n-1)P_{t-1} + \cdots + P_1]/n!$
DEMA	$DEMA_t = 2EMA_t - EMA(EMA_t)$
SMA	$SMA_t(n) = \frac{C_t + C_{t-1} + \cdots + C_{t-(n-1)}}{n}$
EMA	$EMA_t(n) = [2P_t + (n-1)EMA_{t-1}(n)]/(n+1)$
MACD	$MACD_t(n,m) = MA_t(n) - MA_t(m)$，$n<m$，一般取 $n=12$，$m=26$
RSI	$RSI_t(n) = 100 - 100/[1 + RS_t(n)]$，$RS_t(n) = UP_{avg}(n)/DOWN_{avg}(n)$
CMO	$CMO_t(n) = 100 \times \frac{\sum_{t=i-n}^{t=i} UP_t - \sum_{t=i-n}^{t=i} DW_t}{\sum_{t=i-n}^{t=i} UP_t + \sum_{t=i-n}^{t=i} DW_t}$
TRIX	$MA_t = MA(MA(MA(C_t)))$，$TRIX_t = 100 \times (3MA_t/3MA_{t-1} - 1)$
DPO	$DPO_t(n) = C_t - (\sum_{t=i-n}^{t=i} C_t)/n$
ROC	$ROC_t(n) = C_t/C_{t-n} \times 100$
CCI	$CCI_t = (M_t - SM_t)/0.015D_t \in [-100, 100]$， $SM_t = \sum_{i=1}^{n} M_{t-i+1} / n$，$D_t = \sum_{i=1}^{n} \mid M_{t-i+1} - SM_t \mid /n$
ADX	$ADX_t = [(n-1)ADX_{t-1} + DX_t]/n$
Aroon	$AroonUP_t(n) = 100 \times \frac{n - NH_t(n)}{n}$， $AroonDW_t(n) = 100 \times \frac{n - NL_t(n)}{n}$， $Aroon_t(n) = AroonUP_t(n) - AroonDW_t(n)$

续表

指标	计算公式
VHF	$VHF_t(n) = \dfrac{HH_t(n) - LL_t(n)}{\sum_{i=1}^{n} \mid C_{t-i+1} - C_{t-i} \mid}$
DC	$DC_t(n) = [HH_t(n) + LL_t(n)]/2$
MFI	$MFI_t(n) = 100 - 100 \Big/ \left(1 + \dfrac{\sum_{i=1}^{n} PMF_{t-i+1}}{\sum_{i=1}^{n} NMF_{t-i+1}}\right)$
CMF	$CMF_t = \left(\sum_{t=i-n}^{i} CLV_t \times V_t\right) \Big/ \left(\sum_{t=i-n}^{t=i} V_t\right)$
CAD	$CAD_t(n) = CAD_{t-1} + \dfrac{(C_t - L_t) - (H_t - C_t)}{H_t - L_t} V_t$
OBV	$OBV_t = OBV_{t-1} + \theta \cdot V_t, \theta = \begin{cases} +1, C_t \geqslant C_{t-1}, \\ -1, C_t < C_{t-1} \end{cases}$
ATR	$ATR_t(n) = [(n-1)TR_{t-1} + TR_t]/n$
CV	$CV_t(n) = \dfrac{EMAHL_t - EMAHL_{t-n}}{EMAHL_{t-n} \times 100}$
PA	$\sigma_t(n) = \sqrt{\dfrac{N}{4n \times \ln 2} \sum_{i=1}^{n} \left(\ln \dfrac{H_i}{L_i}\right)^2}$
BBands	$BBands_t = SMA_t\left(\dfrac{H_t + L_t + C_t}{3}\right)$
EMV	$EMV_t = MPM_t/BR_t, BR_t = V_t/10000(H_t - L_t)$, $BR_t = V_t/10000(H_t - L_t), MPM_t = (H_t - L_t)/2 - (H_{t-1} - L_{t-1})/2$
MTM	$MTM_t(n) = C_t - C_{t-n}$
CLV	$CLV_t = [(C_t - L_t) - (H_t - C_t)]/(H_t - C_t)$
SAR	$SAR_t = SAR_{t-1} + AF(H_{t-1} - SAR_{t-1})$，AF 为加速因子
WPR	$WPR_t = (H_t - C_t)/(H_t - L_t) \times 100$
SNR	$SNR_t = \mid C_t - C_{t-n} \mid / ATR_n$

注：O_t 代表开盘价格，C_t 代表收盘价格，H_t 代表最高价格，L_t 代表最低价格，P_t 代表当前价格，$M_t = (H_t + L_t + C_t)/3$ 代表典型价格，V_t 代表交易量，MA_t 代表移动平均指数，SMA_t 代表简单移动平均指数，$UP_{avg}(n)(DOWN_{avg}(n))$ 为 n 日内的上涨（下跌）的平均收盘价，$HH_t(n)(LL_t(n))$ 为 n 日内最高价（最低价）的平均值，N 为时期数。

参考文献

[1] Acemoglu D & Linn J (2004). Market size in innovation: theory and evidence from the pharmaceutical industry [J]. The Quarterly Journal of Economics, 119 (3): 1 -40.

[2] Achelist S (1995). Technical analysis from A to Z: covers every trading tool from the absolute breadth index to the zig zag [M]. Chicago: Probus Publisher.

[3] Ahmad I, Leelahanon S & Li Q (2005). Efficient estimation of a semiparametric partially linear varying coefficient model [J]. The Annals of Statistics, 33 (1): 258 -283.

[4] Akaike H T (1974). A new look at the statistical model identification [J]. IEEE Transactions on Automatic Control, 19 (6): 716 -723.

[5] Akrami M, Arasteh P, Eghbali T, Shahraki H R, Tahmasebi S, Zangouri V, Rezaianzadeh A & Talei A (2018). Introducing novel and comprehensive models for predicting recur-rence in breast cancer using the group LASSO approach: are estimates of early and late recurrence different?[J]. World Journal of Surgical Oncology, 16: 185.

[6] Al-Obeidat F, Spencer B & Alfandi O (2020). Consistently accurate forecasts of tem-perature within buildings from sensor data using ridge and lasso regression [J]. Future Generation Computer Systems, 110: 382 -392.

[7] Alostad H & Davulcu H (2015). Directional prediction of stock prices using breaking news on Twitter [J]. International Conference on Web

Intelligence and Intelligent Agent Technology, 523 – 530.

[8] Altman E I, Marco G & Varetto F (1994). Corporate distress diagnosis: comparisons using linear discriminant analysis and neural networks (the italian experience) [J]. Journal of Banking & Finance, 18 (3): 505 – 529.

[9] Anton C, Carvalho F M, Oliveira E I, Maciel G A R, Baracat E C & Carvalho J P (2012). A comparison of CA125, HE4, risk ovarian malignancy algorithm (ROMA), and risk malignancy index (RMI) for the classification of ovarian masses [J]. Clinics (Sao Paulo), 67 (5): 437 – 441.

[10] Arellano M (2003). Panel data econometrics [M] Oxford: Oxford University Press.

[11] Asheim B T & Gertler M S (2009). The geography of innovation: regional innovation systems [J]. Oxford Handbooks Online, (1): 1 – 30.

[12] Atsalakis G S & Valavanis K P (2009). Surveying stock market forecasting techniques-Part II: Soft computing methods [J]. Expert Systems with Applications, 36: 5932 – 5941.

[13] Audureau E, Carrat F, Layese R, Cagnot C, Asselah T, Guyader D, Nahon P (2020). Per-sonalized surveillance for hepatocellular carcinoma in cirrhosis-using machine learning adapted to HCV status [J]. Journal of Hepatology, 73 (6): 1434 – 1445.

[14] Ayers K L & Cordell H J (2010). SNP selection in genome-wide and candidate gene studies via penalized logistic regression [J]. Genetic Epidemiology, 34 (8): 879 – 891.

[15] Ballings M, Poel D, Hespeels N & Gryp R (2015). Evaluating multiple classifiers for stock price direction prediction [J]. Expert Systems with Applications, 42: 7046 – 7056.

[16] Baltagi B H, Griffin J M & Xiong W W (2000). To pool or not to pool: homogeneous versus heterogeneous estimators applied to cigarette de-

mand [J]. The Review of Economics and Statistics, 82: 117 - 126.

[17] Basak S, Kar S, Saha S & Khaidem L (2019). Predicting the direction of stock market prices using tree-based classifiers [J]. North American Journal of Economics and Finance, 47: 552 - 567.

[18] Behrman J A (2015). Does schooling affect women's desired fertility? Evidence from Malawi, Uganda, and Ethiopia [J]. Demography, 52 (3): 787 - 809.

[19] Berrington A & Pattaro S (2013). Educational differences in fertility desires, intentions and behaviour: A life course perspective [J]. Advances in Life Course Research, 21: 10 - 27.

[20] Blume L, Easley D & O'hara M (1994). Market statistics and technical analysis: the role of volume [J]. The Journal of Finance, 40 (1): 153 - 181.

[21] Böhning D (1992). Multinomial logistic regression algorithm [J]. Annals of the Institute of Statistical Mathematics, 44 (1): 197 - 200.

[22] Bollerslev T (1986). Generalized autoregressive conditional heteroskedasticity [J]. Journal of Econometrics, 31 (3): 307 - 327.

[23] Boonpeng S & Jeatrakul P (2016). Decision support system for investing in stock market by using OAA-neural network [C]. In: proceedings of 2016 Eighth International Conference on Advanced Computational Intelligence. IEEE.

[24] Boyacioglu M A & Avci D (2010). An adaptive network-based fuzzy inference system (AN-FIS) for the prediction of stock market return: the case of the Istanbul stock exchange [J]. Expert Systems with Applications, 37 (12): 7908 - 7912.

[25] Breheny P & Huang J (2011). Coordinate descent algorithms for nonconvex penalized regression, with applications to biological feature selection [J]. Annals of Applied Statistics, 5 (1): 232 - 253.

[26] Breheny P & Huang J (2009). Penalized methods for bi-level variable

selection [J]. Statistics and Its Interface, 2 (3): 369 -380.

[27] Breheny P & Huang J (2015). Group descent algorithms for non-convex penalized linear and logistic regression models with grouped predictors [J]. Statistics and Computing, 25: 173 -187.

[28] Broekel T (2013). Do cooperative research and development (R & D) subsidies stimulate regional innovation efficiency evidence from Germany [J]. Regional Studies, 49 (7): 1087 -1110.

[29] Bu X, Majumdar D & Yang J (2020). Doptimal designs for multinomial logistic models [J]. The Annals of Statistics, 48 (2): 983 -1000.

[30] Bustos O & Pomares-Quimbaya A (2020). Stock market movement forecast: A systematic review [J]. Expert Systems with Applications, 156, 113464.

[31] Butyter D & Wachowska M (2015). Foreign trade and innovation: evidence from Ukraine [J]. Journal of International Studies, 8 (1): 173 -182.

[32] Cai F (2010). Demographic transition, demographic dividend, and ewis turning point in China [J]. China Economic Journal, 3 (2): 107 -119.

[33] Cai Z W & Li Q (2008). Nonparametric estimation of varying coefficient dynamic panel data models [J]. Econometric Theory, 24: 1321 -1342.

[34] Cai Z W, Chen L N & Fang Y (2015). Semiparametric estimation of partially varying-coefficient dynamic panel data models [J]. Econometric Reviews, 34: 695 -719.

[35] Candes E & Tao T (2007). The dantzig selector: statistical estimation when p is much larger than n [J]. Annals of Statistics, 35 (6): 2313 -2351.

[36] Cao L & Tay F E H (2001). Financial forecasting using support vector machines [J]. Neural Computing & Applications, 10: 184 -192.

[37] Cao P, Liu X, Liu H, Yang J, Zhao D, Huang M & Zaizne O (2018). Generalized fused group lasso regularized multi-task feature learning for predicting cognitive outcomes in Alzheimers disease [J]. Computer Methods and Programs in Biomedicine, 162: 19 -45.

[38] Cao Y, Huang J, Li, Y & Zhao X (2016). Sieve estimation of Cox models with latent structures [J]. Biometrics, 72: 1086 -1097.

[39] Cavalcante R C, Brasileiro R C, Souza V L F, Nobrega J P & Oliveira A L I (2016). Computational intelligence and financial markets: a survey and future directions [J]. Expert Systems with Applications, 55 (15): 194 -211.

[40] Cessie S L & Van H J C (1992). Ridge estimators in logistic regression [J]. Joural of the Royal Statistical Society: Series C (Applied statistics), 41 (1): 191 -201.

[41] Chen H & Xiang Y (2017). The study of credit scoring model based on group LASSO [J]. Procedia Computer Science, 122: 677 -684.

[42] Chen J, Cao J T & Li D G (2013). Estimation in partially linear single-index panel data models with fixed effects [J]. Journal of Business & Economic Statistics, 31: 315 -330.

[43] Chen J, Zhou S J, Kang Z & Wen Q (2020). Locality-constrained group lasso coding for microvessel image classification [J]. Pattern Recognition Letters, 30: 132 -138.

[44] Chen L, Guo B, Huang J, He J, Wang H, Zhang S & Chen S (2018). Assessing air-quality in Beijing-Tianjin-Hebei region: The method and mixed tales of PM2. 5 and O3 [J]. Atmo-spheric Environment, 193: 290 -301.

[45] Chen R, Zhao Z & Kan H (2013). Heavy smog and hospital visits in Beijing [J]. American Journal of Respiratory and Critical Care Medicine, 188: 1170 -1171.

[46] Chen S M, Zhang Y & Wang Y B (2019). Individual differences in rela-

tive fertility costs and fertility benefits and their effects on fertility desire for a second child in China: a latent profile analysis [J]. Reproductive Health, 16 (1): 110.

[47] Chen T Q & Guestrin C (2016). XGBoost: a scalable tree boosting system [C]. the 22nd ACM SIGKDD International Conference.

[48] Cheng S H (2015). A hybrid predicting stock return model based on logistic stepwise regression and CART algorithm [C]. In: proceedings of ACIIDS 2015: Intelligent Information and Database Systems. Bali, Indonesia.

[49] Chernozhukov V, Fernάndez-Val I & Newey W K (2019). Nonseparable multinomial choice models in cross-section and panel data [J]. Journal of Econometrics, 211 (1): 104 – 116.

[50] Chi W & Qian X (2010). The role of education in regional innovation activities: spatial evidence from China [J]. Journal of the Asia Pacific economy, 15 (4): 396 – 419.

[51] Choe M K & Retherford R D (2009). The contribution of education to South Korea's fertility decline to 'lowest-low' level [J]. Asian Population Studies, 5 (3): 267 – 288.

[52] Choosawat C, Reangsephet O, Srisuradetchai P & Lisawadi S (2020). Performance Comparison of Penalized Regression Methods in Poisson Regression under High-Dimensional Sparse Data with Multicollinearity [J]. Thailand Statistician, 18 (3): 306 – 318.

[53] Chowdhury S, Chatterjee S, Mallick H, Banerjee P & Garai B (2018). Group regularization for zero-inflated Poisson regression models with an application to insurance ratemaking [J]. Journal of Applied Statistics, 46 (9): 1567 – 1581.

[54] Cortes C & Vapnik V (1995). Support vector networks [J]. Machine Learning, 20 (3): 273 – 297.

[55] Craven P & Wahba G (1979). Smoothing noisy data with spline func-

tions: Estimating the correct degree of smoothing by the method of generalized cross-validation [J]. Numerical Mathematics, 31: 377 - 403.

[56] Díaz-Padilla I, Razak A R A, Minig L, Bernardini M Q & del Campo J M (2012). Prognostic and predictive value of CA-125 in the primary treatment of epithelial ovarian cancer: potentials and pitfalls [J]. Clinical & Translational Oncology, 14 (1): 15 -20.

[57] Donoho D L (2006). For most large underdetermined systems of linear equations the minimal L1-norm solution is also the sparsest solution [J]. Communications on Pure and Applied Mathematics, 59 (6): 797 -829.

[58] Dudoit S, Fridlyand J & Speed T P (2002). Comparison of discrimination methods for the classification of tumors using gene expression data [J]. Journal of the American Statistical Association, 97 (457): 77 -87.

[59] Duvander A Z, Fahlén S & Brandén M (2019). Who makes the decision to have children? Couples' childbearing intentions and actual childbearing [J]. Advances in Life Course Research, (43).

[60] Edwards D R, Magee J & Bassetti W H C (2006). Technical analysis of stock trends, the 9th edition [C]. Taylor & Francis.

[61] Efron B & Hastie T (2016). Computer age statistical inference: algorithms, evidence, and data science [C]. Cambridge University Press.

[62] Elliott G, Granger C & Timmermann A (2013). Handbook of economic forecasting [R]. North Holland Elsevier.

[63] Engle R F (1982). Autoregressive conditional heteroscedasticity with estimates of the variance of United Kingdom inflation [J]. Econometrica, 50 (4): 987 -1008.

[64] Fama E F (1970). Efficient capital markets: A review of theory and empirical work [J]. The Journal of Finance, 25: 383 -417.

[65] Fan J Q & Li R Z (2001). Variable selection via nonconcave penalized likelihood and its oracle properties [J]. Journal of the American Statistical Association, 96 (456): 1348 - 1360.

[66] Fan J Q & Huang T (2005). Profile likelihood inferences on semi-parametric varying-coefficient partially linear models [J]. Bernoulli, 11: 1031 - 1057.

[67] Fan J Q & Yao Q W (2015). The elements of financial econometrics [M]. Beijing: Science Press.

[68] Fan J Q, Huang T & Li R Z (2007). Analysis of longitudinal data with semiparametric estimation of covariance function [J]. Journal of the American Statistical Association, 102 (478): 632 - 641.

[69] Fan J (1997). Comments on wavelets in statistics: a review by A. Antoniadis [J]. Journal of the Italian Statistical Society, 6 (2): 131 - 138.

[70] Fang H, Egglston K Z & Rizzo J A et al (2013). Jobs and kids: female employment and fertility in China [J]. IZA Journal of Labor & Development, 2 (1): 1 - 25.

[71] Frank I E & Friedman J H (1993). A statistical view of some chemometrics regression tools [J]. Technometrics, 35 (2): 109 - 135.

[72] Friedman J H (2001). Greedy function approximation: a gradient boosting machine [J]. Annals of Statistics, 29 (5): 1189 - 1232.

[73] Friedman J, Hastie T & Tibshirani R (2010). Regularization paths for generalized linear models via coordinate descent [J]. Journal of Statistical Software, 33 (1): 1 - 22.

[74] Friedman J, Hastie T, Hoflin H & Tibshirani R (2007). Pathwise coordinate optimization [J]. Annals of Applied Statistics, 1 (2): 302 - 332.

[75] Gama J & Bifet A (2014). A survey on concept drift adaptation [J]. ACM Computing Surveys, 46 (4): 1 - 37.

[76] Garcia-Carretero R, Vigil-Medina L, Barquero-Perez O, Mora-Jimenez I, Soguero-Ruiz C, Goya-Esteban R & Ramos-Lopez J (2020). Logistic LASSO and Elastic Net to characterize vitamin D deficiency in a hypertensive obese population [J]. Metabolic Syndrome and Related Disorders, 18 (2): 79 –85.

[77] George S, Atsalakis A & Kimon P (2009). Surveying stock market forecasting techniques-Part II: Soft computing methods [J]. Expert Systems with Applications, 36: 5932 –5941.

[78] Graham E & Allan T (2013). Handbook of economic forecasting [R]. North Holland: Elsevier.

[79] Hastie T, Tibshirani R & Friedman J H (2009). The elements of statistical learning: data mining, inference and prediction [M]. New York: Springer-Verlag.

[80] Hastie T, Tibshirani R & Friedman J (2017). The elements of statistical learning [M]. Second Edition.

[81] Hausman J & McFadden D (1984). Specification tests for the multinomial logit model [J]. Econometrica, 52 (5): 1219 –1240.

[82] Hafeez A, Mohamud B K, Shiekh M R, Shah S A I & Jooma R (2011). Lady health workers programme in Pakistan: challenges, achievements and the way forward [J]. JPMA, The Journal of the Pakistan Medical Association, 61 (3): 210.

[83] Hellstrom T & Holmstromm K (1998). Predictable patterns in stock returns [R]. Technical Report Series IMa-TOM-1997-09. Malardalen University.

[84] Henderson D J, Carroll R J & Li Q (2008). Nonparametric estimation and testing of fixed effects panel data models [J]. Journal of Econometrics, 144: 257 –275.

[85] Hirano K & Wright J H (2017). Forecasting with model uncertainty: representations and risk reduction [J]. Econometrica, 85 (2): 617 –

643.

[86] Hoerl E & Kennard R W (1970). Ridge regression: biased estimation for nonorthogonal problems [J]. Technometrics, 12: 55 -67.

[87] Hong Y M & Chung J H (2003). Are the directions of stock price changes predictable? Statistical theory and evidence [J]. Working paper, Cornell University.

[88] Hong Y M, Tu J & Zhou G F (2007). Asymmetries in stock returns: statistical tests and economic evaluation [J]. The Review of Financial Studies, 20 (5): 1547 -1581.

[89] Hosmer D W, Lemeshow S & Sturdivant R X (2013). Applied logistic regression (3rd ed) [M]. New York: Wiley.

[90] Hossain S & Ahmed E (2012). Shrinkage and penalty estimators of a poisson regression model [J]. Australian & New Zealand Journal of Statistics, 54 (3): 359 -373.

[91] Hsiao C (2003). Analysis of panel data [M]. Cambridge: Cambridge University Press.

[92] Hu L C & Chiang Y L (2021). Having children in a time of lowest-low fertility: value of children, sex preference and fertility desire among Taiwanese young adults [J]. Child Indicators Research, 2021 (14): 537 -554.

[93] Hu X M (2014). Estimation for semivarying coefficient panel data models with fixed effects [J]. Journal of Systems Science and Complexity, 27: 594 -604.

[94] Hu X M (2017). Semi-parametric inference for semi-varying coefficient panel data model with individual effects [J]. Journal of Multivariate Analysis, 154: 262 -281.

[95] Hu X M, Xu Y C & Li X (2023). The relationship analysis between the expected children number and the influencing factors in China based on penalized Poisson regressions [J]. Chinese Annals of Mathematics,

Series B. Accepted.

[96] Hu X M, Xie Y, Yang Y L & Jiang H F (2023). Group Penalized Logistic Regression Differentiates between Benign and Malignant Ovarian Tumors [J]. Soft Computing, accemptted.

[97] Huang J H, Tsai Y C, Wu P Y, Lien Y H, Chien C Y, Kuo C F, Hung J F, Chen S C & Kuo C H (2020). Predictive modeling of blood pressure during hemodialysis: a comparison of linear model, random forest, support vector regression, XGBoost, LASSO regression and ensemble method [M]. Computer Methods and Programs in Biomedicine.

[98] Huang J, Breheny P & Ma S (2012). A selective review of group selection in high-dimensional models [J]. Statistical Science, 27 (4): 481 -499.

[99] Huang K, Zhuang G, Wang Q, Fu J S, Lin Y, Liu T, Han L & Deng C (2014). Extreme haze pollution in Beijing during January 2013: chemical characteristics, formation mechanism and role of fog processing [J]. Atmospheric Chemistry and Physics Discussion, 14: 7517 -7556.

[100] Huang M W, Chen C W, Lin W C, Ke S W & Tsai C F (2017). SVM and SVM ensembles in breast cancer prediction [J]. The Public Library of Science One, 12 (1): e0161501.

[101] Huang W, Nakamori Y & Wang S Y (2005). Forecasting stock market movement direction with support vector machine [J]. Computers & Operations Research, 32 (10): 2513 -2522.

[102] Huang Y L, Chen D R, Jiang Y R, Kuo S J, Wu H K & Moon W K (2008). Computer-aided diagnosis using morphological features for classifying breast lesions on ultrasound [J]. Ultrasound Obstet Gynecol, 32 (4): 565 -572.

[103] Huo Y, Xin L, Kang C, Wang M, Ma Q & Bin Y (2020). SGL-SVM: a novel method for tumor classification via support vector machine with sparse group Lasso [J]. Journal of Theoretical Biology, 486: 110098.

[104] Isabelle G, Jason W, Stephen B & Vladimir V (2002). Gene selection for cancer classification using support vector machines [J]. Machine Learning, 46 (1-3): 389-422.

[105] Ivanoff S, Picard F & Rivoirard V (2016). Adaptive lasso and group-lasso for functional Poisson regression [J]. The Journal of Machine Learning Research, 17 (1): 1903-1948.

[106] Jaeger-Erben M, Rueckert-John J & Schaefer M (2015). Sustainable consumption through social innovation: a typology of innovations for sustainable consumption practices [J]. Journal of Cleaner Production, 2015 (1): 784-798.

[107] Ji Y, Chen F, Yong C & Zheng Z (2015). Do parents matter intergenerational ties and fertility intention in a low fertility context [J]. Chinese Journal of Sociology, 1 (4): 485-514.

[108] Jia J, Xie F & Xu L (2019). Sparse Poisson regression with penalized weighted score function [J]. Electronic Journal of Statistics, 13 (2): 2898-2920.

[109] Jiang Q, Li Y & Sóanchez-Barricarte J (2016). Fertility intention, son preference, and second childbirth: survey findings from Shanxi province of China [J]. Social Indicators Research, 125 (3): 935-953.

[110] Jiang H F, Hu X M & Jia H (2022). Penalized logistic regressions predict up and down trends [J]. Soft Computing, accempt.

[111] Joes S, Michael D A, Meindert N, Max A V & Bram V G (2004). Ridge-based vessel segmentation in color images of the retina [J]. IEEE Transaction on Medical Imaging, 23 (4): 501-509.

[112] Joshi K, Bharathi H N & Rao J (2016). Stock trend prediction using news sentiment analysis [J]. International Journal of Computer Science and Information Technology, 8 (3): 67-76.

[113] Joshi T N & Chawan P P M (2018). Diabetes prediction using machine learning techniques [J]. Ijera, 8 (1): 9-13.

[114] Kana F (2010). Variations in attitudinal gender preferences for children across 50 less-developed countries [J]. Demographic Research, 23 (1): 1031 - 1048.

[115] Kelleher T B, Mehta S H, Bhaskar R, Sulkowski M, Astemborski J, Thomas D L, Moore R, Afdhal N H (2005). Prediction of hepatic fibrosis in HIV/HCV co-infected patients using serum fibrosis markers: the SHASTA index [J]. Journal of Hepatology, 43 (1): 78 - 84.

[116] Khan J, Wei J S & Ringnér M, Saal L H, Ladanyi M, Westermann F, Berthold F, Schwab M, Antonescu C A, Peterson C, Meltzer P S (2001). Classification and diagnostic prediction of cancers using gene expression profiling and artificial neural networks [J]. Nature Medicine, 7 (6): 673 - 679.

[117] Khan W, Malik U, Ghazanfar M A, Azam M A, Alyoubi K & Alfakeeh A (2020). Predicting stock market trends using machine learning algorithms via public sentiment and political situation analysis [J]. Soft Computing, 24 (15): 11019 - 11043.

[118] Khyareh M M & Rostami N (2021). Macroeconomic conditions, innovation and competitiveness [J]. Journal of the Knowledge Economy, 2021 (41): 1 - 20.

[119] Kikkawa F, Nawa A, Tamakoshi K, Ishikawa H, Kuzuya K, Suganuma N, Hattori S, Furui K, Kawai M & Arii Y (1998). Diagnosis of squamous cell carcinoma arising from mature cystic teratoma of the ovary [J]. Cancer, 82 (11): 2249 - 2255.

[120] Kim Y, Kwon S & Song S H (2006). Multiclass sparse logistic regression for classification of multiple cancer types using gene expression data [J]. Computational Statistics & Data Analysis, 51 (3): 1643 - 1655.

[121] Knight K B & Fu W J (2000). Asymptotics for lasso type estimators [J]. The Annals of Statistics, 28 (5): 1356 - 1378.

[122] Kodzi I A, Johnson D R & Casterline J B (2012). To have or not to have another child: life cycle, health and cost considerations of Ghanaian women [J]. Social Science & Medicine, 74 (7): 966 -972.

[123] Krishnapuram B, Carin L, Figueiredo M A & Hartemink A J (2005). Sparse multinomial logistic regression: Fast algorithms and generalization bounds [J]. IEEE Transactions on Pattern Analysis and Machine Intelligence, 27 (6): 957 -968.

[124] Lam C & Fan J Q (2008). Profile-kernel likelihood inference with diverging number of parameters [J]. Annals of Statistics, 36: 2232 -2260.

[125] Lee A H & Silvapulle M J (1988). Ridge estimation in logistic regression [J]. Communications in Statistics-Simulation and Computation, 17 (4): 1231 -1257.

[126] Lee S, Oh M & Kim Y (2016). Sparse optimization for nonconvex group penalized estimation [J]. Journal of Statistical Computation and Simulation, 86 (3): 597 -610.

[127] Li J H, Bu H & Wu J J (2017). Sentiment-aware stock market prediction: a deep learning method [J]. International Conference on Service Systems and Service Management, 202: 1 -6.

[128] Li J L & Fine J P (2008). ROC analysis with multiple classes and multiple tests: methodology and its application in microarray studies [J]. Biostatistics, 9 (3): 566 -576.

[129] Li J L, Gao M & D'Agostino R (2019). Evaluating classification accuracy for modern learning approaches [J]. Statistics in Medicine, 38: 2477 -2503.

[130] Li Q, Huang C J, Li D & Hu T T (2002). Semiparametric smooth coefficient models [J]. Journal of Business & Economic Statistics, 20 (3): 412 -422.

[131] Li Q, Xie B, You J, Bian W & Tao D (2016). Correlated logistic

model with Elastic Net regularization for multi-label image classification [J]. IEEE Trans Image Process, 5 (8): 3801 -3813.

[132] Li R Z & Liang H (2008). Variable selection in semi-parametric regression modeling [J]. Annals of Statistics, 36: 261 -286.

[133] Li S, Ning K & Zhang T (2021). Sentiment-aware jump forecasting [J]. Knowledge-Based Systems, 228: 107292.

[134] Li X (2009). China's regional innovation capacity in transition: An empirical approach [J]. Research policy, 38 (2): 338 -357.

[135] Li Y, Chen X, Wang Y, Hu J, Shen Z & Ding X (2020). Application of group LASSO regression based Bayesian networks in risk factors exploration and disease prediction for acute kidney injury in hospitalized patients with hematologic malignancies [J]. BMC Nephrology, 21: 162.

[136] Li Y, Sun C, Li P, Zhao Y, Mensah G K, Xu Y, Guo H & Chen J (2020). Hypernetwork construction and feature fusion analysis based on sparse group lasso method on functional fMRI dataset [J]. Frontiers in Neuroscience, 14: 1 -25.

[137] Liao S C & Lee I N (2002). Appropriate medical data categorization for data mining classification techniques [J]. Medical Informatics and the Internet in Medicine, 27 (1): 59 -67.

[138] Lin Y Z, Yu M G, Wang S J, Chappell R & Imperiale T F (2016). Advanced colorectal neoplasia risk stratification by penalized logistic regression [M]. Statistical Methods in Medical Research, 25 (4): 1677 -1691.

[139] Linton O & Whang Y J (2007). The quantilogram: with an application to evaluating directional predictability [J]. Journal of Econometrics, 141 (1): 250 -282.

[140] Liu L, Wang Y, Du S, Zhang W, Hou L, Vedal S, Han B, Yang W, Chen M & Bai Z (2016). Characteristics of atmospheric single parti-

cles during haze periods in a typical urban area of Beijing: a case study in October, 2014 [J]. Journal of Environmental Sciences, 40: 145 - 153.

[141] Liu M, Zhang D & Shen D (2012). Ensemble sparse classification of Alzheimer's disease [J]. NeuroImage, 60 (2): 1106 - 1116.

[142] Liu X, Agarwal S, Ding C & Yu Q (2016). An LDA-SVM active learning framework for web service classification [C]. In 2016 IEEE International Conference on Web Services (ICWS): 49 - 56.

[143] Liu X, Concalves A R, Cao P & Zhao D (2018), Banerjee A. Modeling alzheimer's disease cognitive scores using multi-task sparse group lasso [J]. Computerized Medical Imaging and Graphics, 66: 100 - 114.

[144] Liu X, Goncalves A R, Cao P, Zhao D, Banerjee A & Alzheimer's (2017). Modeling Alzheimer's disease cognitive scores using multi-task sparse group LASSO [J]. Comput Med Imaging Graph, 66: 100 - 114.

[145] Lo A W & MacKinlay A C (1988). Stock market prices do not follow random walks: Evidence from a simple specification test [J]. The Review of Financial Studies, 1 (1): 41 - 66.

[146] Lu M, Fan Z, Xu B, Chen L, Zheng X, Li J, Znati T, Mi Q & Jiang J (2020). Using machine learning to predict ovarian cancer [J]. International Journal of Medical Informatics, Volume 141: 104195.

[147] Malandri L, Xing F Z, Orsenigo C & Vercellis C (2018). Public mood-driven asset allocation: the importance of financial sentiment in portfolio management [J]. Cognitive Computation, 10: 1167 - 1176.

[148] Malik S (2020). Macroeconomic determinants of innovation: evidence from Asian countries [J]. Global Business Review, 2020 (2): 1 - 15.

[149] Malkiel B G (2003). The efficient market hypothesis and its critics [J]. The Journal of Economic Perspectives, 17 (1): 59 - 82.

[150] Mammen E, Stove B & Tjostheim D (2009). Nonparametric additive models for panels of time series [J]. Econometric Theory, 25: 442 - 481.

[151] Mao N, Liu Y, Chen K, Yao L & Wu X (2018). Combinations of multiple neuroimaging markers using logistic regression for auxiliary diagnosis of Alzheimer disease and mild cognitive impairment [J]. Neurodegenerative Diseases, 18 (2 -3): 91 -106.

[152] Mao Y, Zhang H D & Zhu B (2021). Analysis of the continuous heavy pollution process in the winter of 2016 in Beijing, Tianjin, and Hebei [J]. Environmental Science, publishing online.

[153] Macaulay B O, Aribisala B S, Akande S A (2021). Breast cancer risk prediction in African women using random forest classifier [J]. Cancer Treatment and Research Communications, 28, 100396.

[154] McCullagh P, Nelder J A (1989). Generalized linear models [M]. 2nd Edition, London: Chapman Hall.

[155] McCulloch W S, Pitts W (1943). A logical calculus of the ideas immanent in nervous activity [J]. The bulletin of mathematical biophysics, 5, 115 -133.

[156] McFadden D (1973). Conditional logit analysis of qualitative choice behavior [J]. Frontiers in Econometrics, 105 -142.

[157] McGlynn K, Petrick J & London W (2015). Global epidemiology of hepatocellular carcinoma: an emphasis on demographic and regional variability [J]. Clinics in Liver Disease, 19 (2): 223 -238.

[158] Mcquillan J, Greil A L & Shreffler K M et al (2015). The importance of motherhood and fertility intentions among US. Women [J]. Sociological Perspectives, 58 (1): 20 -35.

[159] Mehmet G, Ethem A (2013). Localized algorithms for multiple kernel learning [J]. Pattern Recognition, 46 (3): 757 -807.

[160] Meier L, van de Geer S & Bühlmann P (2008). The group lasso for

logistic regression [J]. Journal of the Royal Statistical Society Series B-Statistical Methodology, 70 (1): 53 –71.

[161] Meinshausen N (2007). A note on the lasso for gaussian graphical model selection [J]. Statistics and Probability Letters, 78 (7): 880 – 884.

[162] Miranda A (2008). Planned fertility and family background: a quantile regression for counts analysis [J]. Journal of Population Economics, 21 (1): 67 –81.

[163] Montazeri M, Montazeri M, Montazeri M & Beigzadeh A (2016). Machine learning models in breast cancer survival prediction [J]. Technology and Health Care, 24 (1): 31 –42.

[164] Morelli D (2002). The relationship between conditional stock market volatility and conditional macroeconomic volatility: empirical evidence based on UK data [J]. International Review of Financial Analysis, 11 (1): 101 –110.

[165] Morgan S P & King R B (2001). Why have children in the 21st century biological predis-position, social coercion, rational choice [J]. European Journal of Population, 17 (1): 3 –20.

[166] Morgul M H, Klunk S, Anastasiadou Z, Gauger U, Dietel C, Reutzel-Selke A, Felgen-dref P, Hau H M, Tautenhahn H M, Schmuck R B, Raschzok N, Sauer I M & Bartels M (2016). Diagnosis of HCC for patients with cirrhosis using miRNA profiles of the tumor-surrounding tissue-A statistical model based on stepwise penalized logistic regression [J]. Experimental and Molecular Pathology, 101 (2): 165 – 171.

[167] Mossman D (1999). Three-way rocs [J]. Medical Decision Making, 19 (1): 78 –89.

[168] Muinao T, Boruah H P D & Pal M (2019). Multi-biomarker panel signature as the key to diagnosis of ovarian cancer [J]. Heliyon, 5 (12).

[169] Münch M M, Peeters C F W, van der Vaart A W & van de Wiel M A (2019). Adaptive group-regularized logistic Elastic Net regression [J]. Biostatistics, 1 –15.

[170] Murphy J J (1999). Technical analysis of the financial markets [M]. New York: Prentice Hall Press.

[171] Murray J S (2021). Log-Linear bayesian additive regression trees for multinomial logistic and count regression models [J]. Journal of the American Statistical Association, 116 (534): 756 –769.

[172] Nabipour M, Nayyeri P, Jabani H, Shahab S & Mosavi A (2020). Predicting stock market trends using machine learning and deep learning algorithms via continuous and binary data; a comparative analysis on the Tehran stock exchange [J]. IEEE Access 99 (8): 150199 – 150212.

[173] Nair B B, Sai S G & Naveen A N (2011). A ga-artificial neural network hybrid system for financial time series forecasting [J]. Information Technology and Mobile Communication, 147 (2): 499 –506.

[174] Neely C J, Rapach D E, Tu J & Zhou G (2014). Forecasting the equity risk premium: the role of technical indicators [J]. Management Science, 60 (7): 1772 –1791.

[175] Nyquist H (1991). Restricted estimation of generalized linear models [J]. Appl Stat, 40: 133 –141.

[176] Obuchi T & Kabashima Y (2018). Accelerating cross-validation in multinomial logistic regression with l1-regularization [J]. The Journal of Machine Learning Research, 19 (1): 2030 –2059.

[177] Ollier E, Blanchard P, Teuff G L & Michiels S (2021). Penalized Poisson model for network meta-analysis of individual patient time-to-event data [J]. Statistics in medicine, 41 (2): 340 –355.

[178] Pal M & Foody G M (2010). Feature selection for classification of hyperspectral data by SVM [J]. IEEE Transactions on Geoscience and

Remote Sensing, 48 (5): 2297 -2307.

[179] Park M Y & Hastie T (2008). Penalized logistic regression for detecting gene interactions [J]. Biostatistics, 9 (1): 30 -50.

[180] Patel J, Shah S, Thakkar P & Kotecha K (2015). Predicting stock market index using fusion of machine learning techniques [J]. Expert Systems with Applications, 42, 2162 -2172.

[181] Pendergrass D, Shen L, Jacob D & Mickley L (2019). Predicting the impact of climate change on severe winter time particulate pollution events in Beijing using extreme value theory [J]. Geophysical Research Letters, 46: 1824 -1830.

[182] Perelli-Harris B (2006). The influence of informal work and subjective well-being on child-bearing in post-Soviet Russia [J]. Population and Development Review, 32 (4): 729 -753.

[183] Picasso A, Merello S, Ma Y K, Oneto L & Cambria E (2019). Technical analysis and sentiment embeddings for market trend prediction [J]. Expert Systems with Applications, 135: 60 -70.

[184] Pranckevicius T & Marcinkeviius V (2016). Application of logistic regression with part-of-the-speech tagging for multi-class text classification [J]. In 2016 IEEE 4th workshop on Advances in Information, Electronic and Electrical Engineering, 1 -5.

[185] Psillaki M, Tsolas I E & Margaritis D (2010). Evaluation of credit risk based on firm performance [J]. European Journal of Operational Research, 201 (3): 873 -881.

[186] Raghavan R, Ashour F S & Bailey B (2016). A Review of cutoffs for nutritional biomarkers [J]. Advances in Nutrition, 7 (1): 112 -120.

[187] Ramaswamy S, Tamayo P, Rifkin R, Mukherjee S, Yeang C, Angelo M, Ladd C, Reich M, Latulippe E, Mesirov J, Poggio T, Gerald W, Loda M, Lander E & Golub T (2001). Multiclass cancer diagnosis using tumor gene expression signature [J]. Proceedings of the Na-

tional Academy of Sciences, 98 (26): 15149 – 15154.

[188] Rezaii N, Walker E & Wolff P (2019). A machine learning approach to predicting psychosis using semantic density and latent content analysis [J]. NPJ Schizophrenia, 5 (1): 1 – 12.

[189] Robbins C L, Whiteman M K, Hillis S D, Curtis K M, McDonald J A, Wingo P A, Kulkarni A & Marchbanks P A (2009). Influence of reproductive factors on mortality after epithelial ovarian cancer diagnosis [J]. Cancer Epidemiology, Biomarkers & Prevention: a publication of the American Association for Cancer Research, cosponsored by the American Society of Preventive Oncology, 18 (7): 2035 – 2041.

[190] Rodolfo C, Rodrigo B, Victor S, Jarley N & Adriano O (2016). Computational intelligence and financial markets: a survey and future directions [J]. Expert Systems with Applications, 55: 194 – 211.

[191] Sakuma Y, Okamoto N, Saito H, Yamada K, Yokose T, Kiyoshima M, Asato Y, Amemiya R, Saitoh H, Matsukuma S, Yoshihara M, Nakamura Y, Oshita F, Ito H, Nakayama H, Kameda Y, Tsuchiya E & Miyagi Y (2009). A logistic regression predictive model and the outcome of patients with resected lung adenocarcinoma of 2 cm or less in size [J]. Lung Cancer, 65 (1): 85 – 90.

[192] Samimi A E A J (2009). Long memory forecasting of stock price index using a fractionally differenced ARMA model [J]. Journal of Applied Sciences Research, 5 (10): 1721 – 1731.

[193] Sampat M P, Patel A C, Wang Y, Gupta S, Kan C W, Bovik A C & Markey M K (2009). Indexes for three-class classification performance assessment — An empirical comparison [J]. IEEE Transactions on Information Technology in Biomedicine, 13 (3): 300 – 312.

[194] Sari P D, Aidi M N & Sartono B (2017). Credit scoring analysis using LASSO logistic regression and support vector machine [J]. Interna-

tional Journal of Engineering and Management Research, 7 (4): 393 -397.

[195] Schwartz G (1978). Estimating the dimension of a model [J]. The Annals of Statistics, 6 (2): 31 -38.

[196] Schwartz J & Neas L M (2000). Fine particles are more strongly associated than coarse particles with acute respiratory health effects in schoolchildren [J]. Epidemiology, 11: 6 -10.

[197] Senol D & Ozturan M (2008). Stock price direction prediction using artificial neural network approach: the case of turkey [J]. Journal of Artificial Intelligence, 1 (2): 70 -77.

[198] Shah A (2004). Fiscal incentives for investment and innovation [M]. World Bank.

[199] Shen J Y & Shafiq M O (2020). Short-term stock market price trend prediction using a comprehensive deep learning system [J]. Journal of Big Data, 7 (1): 66 -98.

[200] Shen L, Jacob D J, Mickley L J, Wang Y & Zhang Q (2018). Insignificant effect of climate change on winter haze pollution in Beijing [J]. Atmospheric Chemistry and Physics, 18 (23): 17489 -17496.

[201] Shimizu Y, Yoshimoto J, Toki S, Takamura M, Yoshimura S, Okamoto Y, Yamawaki S & Doya K (2015). Toward probabilistic diagnosis and understanding of depression based on functional MRI data analysis with logistic group LASSO [J]. Plos One, 10 (5): 139 -152.

[202] Siegers J J (1987). An economic analysis of fertility [J]. De Economist, 135 (1): 94 -111.

[203] Simon N, Friedman J & Hastie T (2013). A blockwise descent algorithm for group-penalized multiresponse multinomial regression [J]. Statistics (in arxiv, Submitted).

[204] Skuras D, Tsegenidi K & Tsekouras K (2008). Product innovation and the decision to invest in fixed capital assets: Evidence from an

SME survey in six European Union member states [J]. Research Policy, 37 (10): 1778 -1789.

[205] Slingo J & Palmer T (2011). Uncertainty in weather and climate prediction [J]. Philosophical Transactions of the Royal Society A: Mathematical, Physical and Engineering Sciences, 369 (1956): 4751 -4767.

[206] Smola A J & Scholkopf B (2004). A tutorial on support vector regression [J]. Statistics and Computing, 14 (3): 199 -222.

[207] Su L, Ulah A & Tong H (2006). Profile likelihood estimation of partially linear panel data models with fixed effects [J]. Econometrics letters, 92: 75 -81.

[208] Sun Q S, Zeng S G, Liu Y, Heng P A & Xia D S (2005). A new method of feature fusion and its application in image recognition [J]. Pattern Recognition, 38 (12): 2437 -2448.

[209] Sun Y, Jiang Q, Wang Z, Fu P, Li J, Yang T & Yin Y (2014). Investigation of the sources and evolution processes of severe haze pollution in Beijing in January 2013 [J]. Journal of Geophysical Research, 119: 4380 -4398.

[210] Tai A, Mickley L, Jacob D, Leibensperger E, Zhang L, Fisher J & Py H (2012). Meteorological modes of variability for fine particulate matter (PM2.5) air quality in the United States: Implications for PM2.5 sensitivity to climate change [J]. Atmospheric Chemistry and Physics, 12 (6): 3131 -3145.

[211] Tang Y, Xiang L & Zhu Z (2014). Risk factor selection in rate making: EM adaptive LASSO for zero-inflated Poisson regression models [J]. Risk Analysis, 34 (6): 1112 -1127.

[212] Tibshirani R (1996). Regression shrinkage and selection via the LASSO [J]. Journal of the Royal Statistical Society, Series B, 58 (1): 267 -288.

[213] Tiefenthaler K J (2001). Bargaining over family size: the determi-

nants of fertility in Brazil [J]. Population Research & Policy Review, 20 (5): 423 -440.

[214] Train K E (2009). Discrete choice methods with simulation [M]. Cambridge university press.

[215] Tropp A J (2006). Algorithms for simultaneous sparse approximation [J]. Part II: Convex relaxation. Signal Processing, 86 (3): 589 - 602.

[216] Van Calster B, Condous G, Kirk E, Bourne T, Timmerman D & Van Huffel S (2009). An application of methods for the probabilistic three-class classification of pregnancies of unknown location [J]. Artificial Intelligence in Medicine, 46 (2): 139 -154.

[217] Vanstone B & Finnie G (2009). An emperical methodology for developing stock market trading systems using artificial neural networks [J]. Expert Syst, Appl, 36: 6668 -6680.

[218] Vieira S, Gong Q Y, Pinaya W H, Scarpazza C, Tognin S, Crespo-Facorro B, T Diana, O Victor, S Esther, E Floortje, Mechelli A (2020). Using machine learning and structural neuroimaging to detect first episode psychosis: reconsidering the evidence [J]. Schizophrenia Bulletin, 46 (1): 17 -26.

[219] Vignoli D, Mencarini L & Alderotti G (2020). Is the effect of job uncertainty on fertility intentions channeled by subjective well-Being? [J]. Advances in Life Course Research, 2020 (46): 100343.

[220] Vincent M & Hansen N R (2014). Sparse group LASSO and high dimensional multinomial classification [J]. Computational Statistics and Data Analysis, 71: 771 -786.

[221] Wang G, Sun J, Ma J, Xu K & Gu J (2014). Sentiment classification: The contribution of ensemble learning [J]. Decision Support Systems, 57: 77 -93.

[222] Wang J, Gao J, Yao H, Wu Z, Wang M & Qi J (2014). Diagnostic ac-

curacy of serum HE4, CA125 and ROMA in patients with ovarian cancer: a meta-analysis [J]. Tumor Biology, 35 (6): 6127 -6138.

[223] Wang L & Zhu J (2010). Financial market forecasting using a two-step kernel learning method for the support vector regression [J]. Annals of Operations Research, 174 (2): 103 -120.

[224] Wang L, Chen G & Li H (2007). Group SCAD regression analysis for micro-array time course gene expression data [J]. Bioinformatics, 23 (12): 1486 -1494.

[225] Wang L, Zhang N, Liu Z, Sun Y, Ji D & Wang Y (2014). The influence of climate factors, meteorological conditions, and boundary-layer structure on severe haze pollution in the Beijing-Tianjin-Hebei region during January 2013 [J]. Advances in Meteorology, 685971.

[226] Wang Y, Li X & Ruiz R (2019). Weighted general group lasso for gene selection in cancer classification [J]. IEEE Transactions on Cybernetics, 49 (8): 2860 -2873.

[227] Wang Z, Ma S, Wang C, Zappitelli M, Devarajan P & Parikh C (2015). EM for regularized zero-inflated regression models with applications to postoperative morbidity after cardiac surgery in children [J]. Statistics in Medicine, 33 (29): 5192 -5208.

[228] Wei F R & Zhu H X (2012). Group coordinate descent algorithms for nonconvex penalized regression [J]. Computational Statistics and Data Analysis, 56 (2): 316 -326.

[229] Wen M, Li P, Zhang L F & Chen Y (2019). Stock market trend prediction using high-order information of time series [J]. IEEE Access, 7: 28299 -28308.

[230] Weng B, Lu L, Wang X, Megahed F M & Martinez W (2018). Predicting short-term stock prices using ensemble methods and online data sources [J]. Expert Systems with Applications, 112, 258 -273.

[231] Weston A D (2019). Automated Segmentation of CT Abdomen for

Quantifying Body Composition Using Deep Learning [D]. College of Medicine-Mayo Clinic.

[232] White H (2000). A reality check for data snooping [J]. Econometrica, 68 (5): 1097 -1126.

[233] Wolberg W H, Street W N & Mangasarian O L (1994). Machine learning techniques to diagnose breast cancer from image-processed nuclear features of fine needle aspi-rates [J]. Cancer Letters, 77 (2 -3): 163 -171.

[234] Wu Q F, Luo X H & Li Y (2008). Partially linear varying-coefficient panel data models with fixed effects [J]. Far East Journal of Theoretical Statistics, 25: 229 -238.

[235] Wulandari I, Notodiputro K A & Sartono B (2019). Variable selection in analyzing life infant birth in indonesia using group LASSO and group SCAD [C]. In: proceedings of the 1st International Conference on Statistics and Analytics. Bogor, Indonesia.

[236] Xia L, Yao Y, Dong Y, Wang M, Ma H & Ma L (2020). Mueller polarimetric microscopic images analysis based classification of breast cancer cells [J]. Optics Communications.

[237] Xia Y C, Zhang W Y & Tong H (2004). Efficient estimation for semivarying-coefficient models [J]. Biometrika, 91: 661 -681.

[238] Xiang L, Xuemei H, Junwen Y (2023). Regularized Poisson regressions predict regional innovation output [J]. Journal of Forecasting, 42: 2197 -2216.

[239] Xing F Z, Cambria E, Malandri L & Vercellis C (2018). Discovering bayesian market views for intelligent asset allocation [J]. Machine Learning and Knowledge Discovery in Data bases, 9 (2): 120 -135.

[240] Xing F Z, Cambria E & Welsch R E (2018). Intelligent asset allocation via market sentiment views [J]. IEEE Computational Intelligence Magazine, 13 (4): 25 -34.

[241] Xing F Z, Cambria E & Zhang Y (2019). Sentiment-aware volatility forecasting [J]. Knowledge-Based Systems, 176 (JUL. 15): 68 - 76.

[242] Yang Y L, Hu X M & Jiang H F. Group penalized logistic regressions predict up and down trends for stock prices [J]. North American Journal of Economics and Finance, 2022, 59, 101564.

[243] Yang Y L, Hu X M & Jiang H F (2022). Group penalized logistic regressions predict up and down trends for stock prices [J]. North American Journal of Economics and Finance, 59, 101564.

[244] Yang S, Li Z & Li J (2020). Fiscal decentralization, preference for government innovation and city innovation: evidence from China [J]. Chinese Management Studies, 14 (2): 391 - 409.

[245] Yi J, Yang G, Zhang Z & Tang Z (2009). An improved elastic net method for traveling salesman problem [J]. Neurocomputing, 72 (4 - 6): 1329 - 1335.

[246] Yoo P D, Kim M H & Jan T (2005). Machine Learning Techniques and Use of Event Information for Stock Market Prediction: A Survey and Evaluation [J]. In International Conference on Computational Intelligence for Modelling, Control and Automation and International Conference on Intelligent Agents, Web Technologies and Internet Commerce (Vol 2, pp. 835 - 841). IEEE.

[247] Yu P & Yan X (2020). Stock price prediction based on deep neural networks [J]. Neural Computing and Applications, 32 (6): 1609 - 1628.

[248] Yu S, Junichiro Y, Shigeru T, Masahiro T, Shinpei Y, Yasumasa O, Shigeto Y & Kenji D (2015). Toward probabilistic diagnosis and understanding of depression based on functional MRI data analysis with logistic group LASSO [J]. PloS one, 10 (5): e0123524.

[249] Yuan M & Lin Y (2006). Model selection and estimation in regression with grouped vari-ables [J]. Journal of the Royal Statistical Society:

Series B (Statistical Methodology), 68 (1): 49 -67.

[250] Zahid F M & Tutz G (2013). Ridge estimation for multinomial logit models with symmetric side constraints [J]. Comput Stat, 28: 1017 - 1034.

[251] Zhang C H (2010). Nearly unbiased variable selection under minimax concave penalty [J]. The Annals of Statistics, 38 (2): 894 -942.

[252] Zhang D & Lou S (2021). The application research of neural network and BP algorithm in stock price pattern classification and prediction [J]. Future Generation Computer Systems, 115: 872 -879.

[253] Zhang J, Cui S C & Xu Y (2018). A novel data-driven stock price trend prediction system [J]. Expert Systems with Applications, 97 (1): 60 -69.

[254] Zhang Q & Zhou M (2017). Permuted and augmented stick-breaking Bayesian multinomial regression [J]. The Journal of Machine Learning Research, 18 (1): 7479 -7511.

[255] Zhang W Y, Lee S Y & Song X Y (2002). Local polynomial fitting in semi-varying coefficient model [J]. Journal of Multivariate Analysis, 82: 166 -188.

[256] Zhao P & Yu B (2006). On model selection consistency of lasso [J]. Journal of Machine Learning Research, 7 (21): 2541 -2563.

[257] Zhu J & Hastie T (2004). Classification of expression arrays by penalized logistic regression [J]. Biostatistics, 5 (3): 427 -443.

[258] Zolfaghari M & Gholami S (2021). A hybrid approach of adaptive wavelet transform, long short-term memory and ARIMA-GARCH family models for the stock index prediction [J]. Expert Systems with Applications, 182, 115149.

[259] Zou H & Hastie T (2005). Regularization and variable selection via the elastic net [J]. Journal of the Royal Statistical Society: Series B, 67 (2): 301 -320.

[260] Zou H (2006). The adaptive lasso and its oracle properties [J]. Journal of the American Statistical Association, 101 (476): 1418 - 1429.

[261] 何诚颖, 陈锐, 薛冰, 等. 投资者情绪、有限套利与股价异象 [J]. 经济研究, 2021, 56 (1): 58 - 73.

[262] 胡雪梅, 谢英, 蒋慧凤. 基于惩罚逻辑回归的乳腺癌预测 [J]. 数据采集与处理, 2021, 36 (6): 1237 - 1249.

[263] 胡雪梅, 李佳丽, 蒋慧凤. 机器学习方法研究肝癌预测问题 [J]. 系统科学与数学, 2022, 42 (2): 1 - 18.

[264] 胡雪梅, 韦小凡. 半变系数模型研究美国爱荷华州埃姆斯市的房价问题 [J]. 系统科学与数学, 2021, 41 (1): 269 - 279.

[265] 胡雪梅, 蒋慧凤. 具有技术指标的逻辑回归模型预测股价的趋势运动 [J]. 系统科学与数学, 2021, 41 (3): 802 - 823.

[266] 胡雪梅, 刘锋. 高维统计模型的估计理论与模型识别 [M]. 北京: 高等教育出版社, 2020.

[267] 李洪喜, 肖立群, 李树威. 右删失数据下半参数转移模型的变量选择方法研究 [J]. 数理统计与管理, 2021, 40 (2): 242 - 256.

[268] 陆静, 喻浩. 产业政策对股票特质波动率的影响及机制研究 [J]. 中国管理科学, 2021, 网络首发.

[269] 王朝阳, 王振霞. 涨跌停、融资融券与股价波动率——基于 AH 股的比较研究 [J]. 经济研究, 2017, 52 (4): 151 - 165.

[270] 许闲, 刘淇, 王怿丹. 自然灾害的股价效应——来自 A 股市场的实证证据 [J]. 世界经济文汇, 2021, (2): 1 - 19.

[271] 袁媛, 田高良, 廖明情. 投资者保护环境、会计信息可比性与股价信息含量 [J]. 管理评论, 2019, 31 (1): 206 - 220.

[272] 周泽将, 汪帅, 王彪华. 经济周期与金融风险防范——基于股价崩盘视角的分析 [J]. 财经研究, 2021, 47 (6): 108 - 123.

图书在版编目（CIP）数据

高维数据模型的统计学习方法和预测精度评估/胡雪梅著.
--北京：经济科学出版社，2023.10
ISBN 978-7-5218-5023-9

Ⅰ.①高… Ⅱ.①胡… Ⅲ.①统计学 Ⅳ.①C8

中国国家版本馆CIP数据核字（2023）第151667号

责任编辑：赵 蕾
责任校对：李 建
责任印制：范 艳

高维数据模型的统计学习方法和预测精度评估
胡雪梅 著
经济科学出版社出版、发行 新华书店经销
社址：北京市海淀区阜成路甲28号 邮编：100142
总编部电话：010-88191217 发行部电话：010-88191522
网址：www.esp.com.cn
电子邮箱：esp@esp.com.cn
天猫网店：经济科学出版社旗舰店
网址：http://jjkxcbs.tmall.com
北京季蜂印刷有限公司印装
787×1092 16开 16.75印张 280000字
2023年10月第1版 2023年10月第1次印刷
ISBN 978-7-5218-5023-9 定价：76.00元
（图书出现印装问题，本社负责调换。电话：010-88191545）